Yves Bottineau
Der Weg der Jakobspilger

Yves Bottineau

# Der Weg
# der Jakobspilger

## Geschichte, Kunst
## und Kultur der Wallfahrt nach
## Santiago de Compostela

Mit einer Einleitung
und einem Kapitel zur Jakobsverehrung in
Deutschland von Klaus Herbers

Aus dem Französischen
von Sybille A. Rott-Illfeld

## Gustav Lübbe Verlag

© 1983 by Les éditions Arthaud, Paris
Titel der Originalausgabe: Les Chemins de Saint-Jacques
© 1987 für die deutschsprachige Ausgabe by
Gustav Lübbe Verlag GmbH, Bergisch Gladbach
Satz: ICS Communikations-Service GmbH, Bergisch Gladbach
Druck und Bindung: Graphischer
Großbetrieb F. Pustet, Regensburg
Schutzumschlag: Manfred Peters, Bergisch Gladbach,
unter Verwendung eines Fotos von Werner
Neumeister mit einem Detail des Tympanons
von Sainte-Foy in Conques.
Die Zitate aus dem *Pilgerführer nach Santiago*
entstammen der im Gunter Narr Verlag, Tübingen,
erschienenen deutschen Ausgabe *Der Jakobsweg*,
ausgewählt, eingeleitet, übersetzt und
kommentiert von Klaus Herbers.
Alle Rechte, auch die der fotomechanischen
Wiedergabe, vorbehalten.
Printed in West Germany
ISBN 3-7857-0450-X

BILDNACHWEIS

ARCHIV FÜR KUNST UND GESCHICHTE BERLIN,
NR. 13, 51, ARCHIV GERSTENBERG 52
BIBLIOTHÈQUE NATIONALE PARIS,
NR. 12 (MS. FR. 2810, F.129v)
BILDARCHIV FOTO MARBURG, NR. 8, 17, 21, 22,
27, 29, 30, 31, 47, 48, 50 SOWIE
TEXTABB. S. 137
JEAN DIEUZAIDE TOULOUSE, NR. 23
KLAUS HERBERS 15, 16
HIRMER FOTOARCHIV MÜNCHEN, NR. 35, 37, 38,
39, 40, 41, 42, 43, 44, 45
ANN MÜNCHOW, AACHEN, NR. 14
WERNER NEUMEISTER, MÜNCHEN, NR. 9, 10,
11, 18, 19, 20, 24, 25, 26, 28, 32, 33, 36, 46, 49
PHOTO SAMUEL AUCH, FRANKREICH, NR. 3
RHEINISCHES BILDARCHIV KÖLN, NR. 2
SCHLESWIG-HOLSTEINISCHES LANDESMUSEUM
FÜR VOR- UND FRÜHGESCHICHTE, NR. 4, 5, 6, 7
SERVICE PHOTOGRAPHIQUE DES ARCHIVES NATIONALES,
PARIS, NR. 34

*Für Jacques Thirion*
*Für Antonio Bonet Correa*

# INHALT

# Einleitung

# Klaus Herbers:
## Pilgern nach Santiago de Compostela. Yves Bottineau und die französisch-spanische Vergangenheit

»Legenden sind zuweilen einflußreicher als die Geschichte«, schreibt Yves Bottineau. Wie sehr die Legende des heiligen Jakobus auf die Geschichte bis in unsere Zeit eingewirkt hat und einwirkt, mögen die folgenden Zeilen verdeutlichen. Eine Legende wirkt jedoch nicht nur auf die Geschichte, sondern bedarf ihrerseits auch bestimmter historischer Voraussetzungen, um ihre prägende Kraft entfalten zu können, wie die Höhen und Tiefen der Jakobusverehrung beweisen. Noch in jüngster Vergangenheit wurde der Jakobuskult für die politischen Geschicke Spaniens bedeutsam. General Francisco Franco erklärte am 21. Juli 1937 den hl. Jakobus erneut zum Nationalpatron. Nur vier Tage später, an seinem Festtag, gewährte der Apostel — wie einst im Mittelalter bei den Schlachten gegen die Mauren — seine Hilfe in der Schlacht von Brunete. Bis auf den heutigen Tag nehmen staatliche Vertreter an den Feierlichkeiten teil, die jedes Jahr am 25. Juli begangen werden. Jedoch blieb die Verehrung des hl. Jakobus nie eine ausschließlich spanische Angelegenheit. Seit dem 10. Jahrhundert kamen Pilger aus aller Herren Länder nach Santiago de Compostela, um dort das Grab des Heiligen zu verehren.

Inzwischen ist diese »europäische« Dimension wieder viel stärker ins allgemeine Bewußtsein getreten; so beantragten die galicischen Bischöfe am 24. Juli 1984 beim Europarat, den Weg nach Santiago de Compostela zu einem europäischen Kulturgut zu deklarieren. Reliquien und Legenden machen Geschichte: Unerheblich bleibt, ob die leiblichen Reste des Apostels Jakobus wirklich in Compostela liegen, viel interessanter ist, wie sich die Legende um den hl. Jakobus und sein Grab langsam entwickelt hat und welche politischen und kulturgeschichtlichen Wirkungen von ihr ausgegangen sind. Alle wesentlichen Merkmale dieser Legende waren im 12. Jahrhundert voll ausgebildet, zu einer Zeit, als schon zahlreiche Pilger von jenseits der Pyrenäen nach Santiago de Compostela strömten.

Yves Bottineau schrieb bereits 1964 eine Geschichte dieser Verehrung und widmete dabei nicht zuletzt den kulturellen Wirkungen der Jakobsfahrten sein besonderes Interesse. Die Initiative des Lübbe-Verlages, eine deutsche Fassung dieses Werkes zu verlegen, ist höchst willkommen; somit muß der Kunstfreund nicht mehr in den verschiedensten Bildbänden, Reiseführern oder Spezialabhandlungen nachsehen, um sich einen ersten Überblick über die mittelalterlichen Pilgerfahrten nach Compostela zu verschaffen. Nicht von ungefähr hat die Beschäftigung mit der Jakobusverehrung bei unseren französischen Nachbarn eine lange Tradition; seit dem Mittelalter kamen die nichtspanischen Pilger zum größten Teil aus dem heutigen Frankreich. Aber nicht nur deshalb ist die Geschichte Frankreichs eng mit der Geschichte des Jakobuskultes verbunden; auch die kulturgeschichtlichen Spuren, welche die Jakobusverehrung in Frankreich hinterließ, sind dort bis heute am deutlichsten sichtbar. Wer als Pilger oder Tourist Kirchen und Klöster Südwestfrankreichs besucht, wird immer wieder auf die Pilgerstraßen nach Santiago de Compostela hingewiesen. Einander ähnliche Bauformen oder wiederkehrende künstlerische Motive werden deutlich; die charakteristischen Pilgerkreuze begrüßt man nach einiger Zeit wie alte Bekannte, und manch einer übernachtet sogar nur noch in solchen Orten, die als Stationen des Jakobsweges gelten, weil in ihnen ein altes Pilgerhospiz steht oder stand. Neben Spanien blieb Frankreich bis heute das klassische Land der Jakobspilgerfahrten. Freilich sollte man auch nicht die zahlreichen Bezugspunkte übersehen, die Deutschland mit dem Jakobuskult verbinden. Darüber berichtet das diesem Buch hinzugefügte Kapitel (Seite 252 ff.). Zuvor ist jedoch zu fragen: Was trieb eigentlich die zahllosen Pilger im Mittelalter auf den beschwerlichen Weg? War es Frömmigkeit, Neugierde, Fernweh? Woher stammt die christliche Vorstellung des Pilgerns, und wie entwickelte sie sich?

Das lateinische Wort *peregrinus* bezeichnet in seinem ursprünglichen Sinn den »Fremden«, denjenigen, der sein Heil in der Fremde sucht. So wurde Abraham, unterwegs in das verheißene Land, als frühester *peregrinus* angesehen. Der Jude und später der Christ galten als Fremde auf der Erde, denn sie waren auf dem Weg zum Reich Gottes. Die Idee, das menschliche Leben als eine Pilgerreise anzusehen, durchzieht die gesamte Literatur, man findet sie ebenso bei Augustin wie bei Dante oder Luther und später. So heißt es zum Beispiel im Beresina-Lied (1812):

*Unser Leben gleicht der Reise*
*eines Wandrers in der Nacht.*
*Jeder hat auf seinem Gleise*
*etwas, das ihm Kummer macht.*

Mit dem Wort »Pilgerschaft« bezeichnete man oft auch das mönchisch-asketische Leben, besonders die Heilssuche der frühen Einsiedler seit dem 3./4. Jahrhundert. Ebenso galt die Mission bei den »Heiden«, jene Fahrt in das Ungewisse, als *peregrinatio*; erlitt ein Glaubensbote gar das Martyrium, so erhöhte sich noch der Wert seiner Missionsfahrt. Bis zum 9. Jahrhundert spielte bei dieser Art des Pilgerns das konkrete Ziel noch eine untergeordnete Rolle. Seit dieser Zeit wird jedoch die *peregrinatio sacra* oder *religiosa* zu einem bestimmten Zielort häufiger. Da man in seinem Leben Christus nachfolgen wollte, erschien es naheliegend, diejenigen Orte zu besuchen, die mit dem Leben und Wirken des Herrn in Verbindung standen. Auch die Gräber der Apostel und frühen Märtyrer entwickelten sich zu solchen Zielen einer *peregrinatio*. Die Pilgerzentren Rom und Jerusalem gewannen aufgrund eschatologischer Vorstellungen zusätzlich an Anziehungskraft. Das irdische Jerusalem galt als Abbild des himmlischen; so garantierte z. B. der Tod an diesem Ort auch die leibliche Nähe zu der heiligen Stätte, wo man das Jüngste Gericht erwartete. Manch einer blieb für den Rest seines Lebens an den Stätten des Heils, so auch in Santiago de Compostela: Im 12. Jahrhundert lehnte ein griechischer Bischof die Rückkehr nach Hause ab, um am Gnadenort begraben zu werden.

Mittelalterliche Pilgerfahrten waren im übrigen eng mit der Entwicklung des Reliquienkultes verbunden. Seit dem 4. Jahrhundert erkannte man den Überresten oder Reliquien von Heiligen übernatürliche Kräfte zu. Bischof Gregor von Nazianz (gest. 390) lehrte, die Leichname der Märtyrer besäßen ebensolche Kraft wie ihre heiligen Seelen. Also nicht nur durch die Anrufung eines Heiligen im Gebet als Fürsprecher, sondern auch durch die Nähe zu seinen Gebeinen ließ sich die Verbindung zu Gott herstellen. Die fortschreitende Christianisierung und die Weihe neuer Kirchen, die der hl. Gebeine für ihre Altäre bedurften, führten zu einem Mangel an Reliquien, so daß sich ein eigener Handelszweig entwickelte. Zuweilen half nur noch der Diebstahl, wenn man die Gebeine eines besonders bedeutenden Heiligen besitzen wollte. Um als Besucher die »Kraft« der Reliquien mitnehmen zu können, schaffte man Berührungsreliquien, indem man zum Beispiel ein Tuch über das Grab eines Heiligen breitete. Auch andere »indirekte« Reliquien wurden immer beliebter; das Holz vom Kreuze Christi wurde wohl in Jerusalem so oft verkauft, »daß vermutlich ein ganzes Lastschiff voll zusammenkäme, wenn man die Partikel alle auf einen Haufen zusammenbrächte«, wie schon mittelalterliche Kritiker glaubten. Entscheidend waren jedoch für mittelalterliche Pilger, die zu den Grabesstätten der Heiligen aufbrachen, der Wunsch und die Hoffnung, in den verschiedensten Nöten Heilung oder Rat zu finden. Dabei ließen sich Heilung an Leib und Seele nicht deutlich voneinander trennen. Die Gewähr dafür, daß sich der mittelalterliche Pilger mit guten Grund auf den Weg machte, boten die Wunder der Heiligen, die von Mund zu Mund weitererzählt, später auch aufgeschrieben wurden. Hierin lag wohl der größte Anreiz, eine Pilgerfahrt freiwillig zu unternehmen. Seit dem 11. Jahrhundert konnte man sich zudem den Erfolg oft durch einen offiziellen Ablaß verbürgen lassen.

Diesen freiwilligen Pilgerfahrten läßt sich der Typus der von kirchlichen oder weltlichen Instanzen verordneten Buß- oder Strafwallfahrt gegenüberstellen, auch wenn die »freiwillige« Pilgerfahrt meistens ebenso mit Bußgesinnung unternommen wurde. Der im Auftrag eines anderen oder einer Gruppe wallfahrende »Delegationspilger« dürfte nicht immer aus den genannten theologischen Gründen zu einer Pilgerfahrt aufgebrochen sein. Auch Reiselust, Fernweh, Sorgen in der Heimat oder wirtschaftliche Interessen trugen zur Entwicklung der Pilgerfahrten bei. So erfahren wir zum Beispiel von Leuten, die im Jahre 1100 wegen einer Pestepidemie im Poitou nach Santiago de Compostela aufbrachen; Erzbischof Hugo von Lyon versuchte 1095, einem peinlichen Konzil durch eine Pilgerfahrt zu entgehen und ein verschuldeter Schneider machte sich im Spätmittelalter aus Angst vor seinen Gläubigern auf den Weg. Von Johannes Otlinger, der 1417 nach Santiago de Compostela pilgerte, wissen wir, daß er gerne Länder, Leute und deren Sitten kennenlernen wollte. Auch der aus dem Rheinland stammende Arnold von Harff gab 1496 zu, wie sehr es ihn (neben den sicherlich auch vorhandenen religiösen Absichten) reizte, Länder und fremde Städte zu besuchen. Pilger- und Handelsfahrten zu verbinden, war wohl bereits im 11. Jahrhundert üblich; die Pilger folgten ja auch häufig den großen Straßen des Fernhandels. Allerdings dürften sich diese Beweggründe im Mittelalter noch zumeist der religiösen Zielsetzung untergeordnet haben, denn die Mühen einer solchen Fahrt waren beträchtlich. Man hat zuweilen die mittelalterlichen Pilgerreisen als die Vorläufer des modernen Massentourismus bezeichnet, diese Interpretation wird jedoch der Wirklichkeit kaum gerecht.

Santiago de Compostela galt seit dem 12. Jahrhundert als Fernwallfahrtsort und wird oft zusammen mit Jerusalem und Rom als drittes bedeutendes Pilgerziel des Mittelalters genannt. So heißt es auf einer Grabinschrift aus Dänemark über einen sonst nicht bekannten Jonas, er habe zweimal Jerusalem, dreimal Rom und einmal Santiago de Compostela besucht. Wie erlangte dieser kleine Ort eine derartige Bedeutung in der Sakrallandschaft des Mittelalters?

Die Gründe für den Erfolg von Jerusalem und Rom scheinen einsichtig: im Heiligen Land lagen die Stätten des Wirkens und Leidens Christi, in Rom war die Grabesstätte der Apostelfürsten Peter und Paul; außerdem residierte dort der Papst als Oberhaupt der Christenheit. Gewiß wird man die Gründe für den Erfolg des kleinen Ortes am »Ende der Welt« *(finis terrae)*, Compostela, nicht bis ins letzte klären können, aber zumindest sei erwähnt, daß man im lateinischen Westen außer in Rom und Venedig nur noch in Santiago auf den Besitz eines Apostelleichnams verweisen konnte. Welche Bedeutung man dieser Tatsache beimaß, läßt sich auch den Berichten der Bistumsgeschichte von Compostela aus dem 12. Jahrhundert, der *Historia Compostelana*, entnehmen. Dort heißt es, der Compostelaner Bischof Diego II. Gelmírez (1098/99 bis 1140) habe festgestellt, daß an allen Stätten der Erde, wo ein Apostel seine letzte Ruhe gefunden habe, entweder das Papsttum, ein Patriarchat oder zumindest ein Erzbistum bestehe, in Santiago de Compostela jedoch lediglich ein Bistum. Auf mehreren Umwegen erlangte er vom Papst die Erhebung seines Bistums zum Erzbistum, der Ruhestätte eines Apostels angemessen. Wie sehr man überall nach dem Besitz eines Apostelgrabes strebte, läßt sich auch gut am Beispiel der Kirche St-Martial in Limoges ablesen. Man versuchte nämlich im 11. Jahrhundert vergeblich, den Papst dafür zu gewinnen, dem heiligen Martial die Apostelwürde zuzuerkennen.

Auch die Kreuzzugsbewegung und die Reconquista (Rückeroberung) förderten die Pilgerfahrten nach Santiago de Compostela. So warb man in Kreuzpredigten dafür, an einem Kreuzzug ins Heilige Land teilzunehmen, um die Pilgerwege dorthin zu sichern; was lag näher, als auch in Spanien die Reconquista fortzusetzen und so mögliche Vorstöße des Islam gegen den christlichen Norden zu unterbinden? Den Kämpfern der spanischen Reconquista versprach Papst Urban II. erstmals 1089 den gleichen Bußstrafennachlaß, wie er bei einer Jerusalemwallfahrt zu erwerben sei. Der hl. Jakobus half in den Schlachten; so heißt es im *Cantar de mio Cid*: »Die Mauren rufen ›Mohamed‹, die Christen ›Santiago‹«. Die hauptsächlich aus Frankreich stammenden Ritter leisteten nicht nur Kampfeshilfe, sondern besuchten auch den Gnadenort Santiago oder siedelten später in den Städten am Pilgerweg.

Man darf jedoch den Erfolg Santiagos nicht nur in Konkurrenz zu den Zentren Jerusalem und Rom betrachten. Mehr als einmal wird überliefert, daß Pilger alle drei Ziele gleichermaßen besuchten; die Wundersammlung des hl. Jakobus weiß von Jerusalempilgern zu berichten, denen der hl. Jakobus beistand und die anschließend dessen Grab in Compostela aus Dankbarkeit verehrten.

Wie eng die Geschichte Frankreichs mit derjenigen Spaniens verknüpft war, verdeutlicht die schon erwähnte französische Unterstützung bei der Reconquista. Aber auch sonst war Frankreich seit dem 11. Jahrhundert auf verschiedene Weise an den Geschicken der Iberischen Halbinsel beteiligt. Der erste namentlich belegte Pilger, der nicht aus der umittelbaren Umgebung kam, um das Grab des hl. Jakobus zu verehren, machte sich von Le Puy auf den Weg. Der dort als Bischof amtierende Godeschalk (936–962) unternahm 951 eine Pilgerfahrt. Le Puy galt als einer der Ausgangspunkte innerhalb Frankreichs für eine Jakobspilgerfahrt. »Vier Wege führen nach Santiago, die sich zu einem einzigen in Puente la Reina in Spanien vereinen; einer geht über Saint-Gilles [. . .], ein anderer über Notre-Dame in Le Puy [. . .], ein weiterer über Sainte-Marie-Madeleine in Vézelay [. . .], ein letzter über Saint-Martin in Tours . . .«, heißt es im ersten Kapitel des berühmten Pilgerführers aus dem 12. Jahrhundert. Dieses einzigartige und sehr anschaulich geschriebene Dokument vermittelt einen guten Eindruck davon, wie unsere Vorfahren nach Compostela strömten und mit welchen Gefahren sie dabei zu rechnen hatten. Zuweilen wird es sogar als ein mittelalterlicher Vorläufer der modernen *Guides Bleus* bezeichnet. Es wurde sicher von einem Franzosen verfaßt; der Autor verrät sich mehrmals, indem er von »uns Franzosen« spricht. Als Verfasser gilt gemeinhin Aimeric Picaud, ein aus Parthenay-le-Vieux im Poitou stammender Priester, der später als Kaplan in der Gegend von Vézelay tätig war. »Kein Land, nicht einmal Spanien, hat das Glück, ein solches Dokument, von einem Landeskind verfaßt, zu besitzen«, heißt es bei Vera und Helmut Hell.

Die in diesem Pilgerführer bezeichneten Ausgangspunkte werden oft als die Sammelstellen für die großen Pilgerzüge bezeichnet. Allerdings vergißt man bei einer solchen Deutung, die zudem quellenmäßig kaum belegbar ist, wie man im Mittelalter pilgerte, nämlich vornehmlich allein oder aber in kleinen Gruppen. Wesentlich einleuchtender erscheint demgegenüber, daß Aimeric Picaud (nehmen wir ruhig an, er war der Verfasser) mit Tours, Vézelay, Le Puy und Saint-Gilles seinen Lesern wichtige Heiligenzentren Frankreichs ebenso wie Compostela zum Besuch empfahl. Auch im weiteren Text werden mit den angegebenen Orten zumeist wichtige Nahwallfahrtszentren genannt; Märtyrergräber waren dem Verfasser wohl besonders wichtig, Marienheiligtümer findet man nur selten. Mit seiner Auswahl beeinflußte er sicherlich den Erfolg ganz bestimmter Orte. Damit prägte er die Struktur des zentral- und südfranzösischen Raumes nicht nur in spiritueller, sondern auch in ökonomischer Hinsicht. Eine große Anzahl von Pilgern mehrte nicht nur das Ansehen und den Ruhm eines Heiligen, sondern brachte auch Wohlstand.

Wie sehr Aimeric »nationalen Vorstellungen« verhaftet blieb, zeigt seine Beschreibung des spanischen Wegabschnittes, der bezeichnenderweise den Namen *camino francés* (»französischer Weg« oder eher »Weg der Franken«) erhielt. Vor allem das Volk der Basken und Navarreser (das er nicht deutlich unterscheidet) erregte seine Abneigung: »Es ist [. . .] unserem französischen Volk in jeder Beziehung feindlich. Für eine Münze tötet ein Navarreser oder Baske, wenn er kann, einen Franzosen.« Auch die Kastilier »sind schlecht und lasterhaft«, hingegen »ähneln [. . .] die Galicier unserem französischen Volk im Vergleich zu allen übrigen kultivierten spanischen Völkern durch ihre Gebräuche am meisten«. Der Autor verabsolutiert seine eigene Herkunft und kann andere Völker und Gebräuche noch nicht als gleichberechtigt gelten lassen. Wahrscheinlich ist ihm der Nordwesten Spaniens auch am vertrautesten; jedenfalls kann man einen längeren Aufenthalt Aimerics in Compostela nicht ausschließen. Seine Einschätzung der spanischen Völker gründet sicherlich aber auch in der Natur des Buches, das zur Ehre des Apostels von Galicien verfaßt wurde. Für das 12. Jahrhundert läßt sich jedoch zudem aus dem historischen Hintergrund erklären, warum Galicien in Sitten und Gebräuchen einem Franzosen vertrauter erscheinen mußte als manch anderer Teil der Iberischen Halbinsel.

Galicien erfuhr seit dem 11. Jahrhundert eine grundlegende Veränderung. Die Gefahr eines Angriffs der Almoraviden schien nach dem Tode Al-Mansurs (1002) endgültig gebannt. Wichtiger war jedoch der Wechsel der Herrscherdynastie. König Sancho el Mayor von Navarra (1004–1035) konnte gegen Ende seiner Regierung bis auf Galicien alle christlichen Reiche im Norden der Iberischen Halbinsel unter seiner Herrschaft vereinigen. Nach einem kurzen Zwischenspiel gelang es seinem Sohn Ferdinand I., in Kastilien und Galicien die Regentschaft zu erlangen (1037–1065). Als dessen Sohn, Alfons VI. (1072–1109), seine Brüder García und Sancho II., die nacheinander nur kurz (1065–1072) Galicien beherrschten, entmachtet hatte, wurde er auch Regent von Galicien. Verschiedene Schwierigkeiten in seinem neuen Reich mögen ihn dazu bewogen haben, die Herrschaft einem französischen Adligen, Raimund von Burgund, anzuvertrauen, der später Urraca, die Tochter Alfons' VI., heiratete. Alfons selbst hatte jedoch bereits durch seine Heirat mit Konstanze von Burgund Verbindungen mit Frankreich geknüpft. Seit dieser Zeit – und das ist entscheidend – scheint der alte galicische Adel abgelöst worden zu sein; zumindest findet man die gewohnten Namen der bisherigen mächtigen Familien nicht mehr in den Quellen. Der jüngere Adel in Galicien war dem neuen Herrscher weitgehend ergeben, wenngleich die Verbindungen locker blieben. Die neuen Könige pflegten nämlich weiterhin zahlreiche Beziehungen zu den großen Adligen jenseits der Pyrenäen, was sich vor allem an ihren Heiraten ablesen läßt. Ein weiteres Charakteristikum zeichnete jedoch die neue Aristokratie aus: sie beherrschte weniger als der frühere Adel die galicische Kirche; sie drängte nicht mehr so sehr in die hohen kirchlichen Schlüsselstellungen.

1072 wurde erstmals ein Bischof französischer Herkunft in dem Ort Tuy zum Bischof erhoben. Ebenso gewann die Klostergemeinschaft von Cluny an Einfluß in Galicien, auch im Bistum Compostela. Im dortigen Kathedralkapitel setzte sich besonders zu Beginn des 12. Jahrhunderts ein bedeutender französischer Einfluß durch. Gewiß waren dies Phänomene, die ebenso andere Teile Spaniens betrafen, aber offensichtlich traten sie hier dem auswärtigen Besucher wie Aimeric Picaud besonders deutlich vor Augen. Man hat die »Durchdringung« der Iberischen Halbinsel mit ausländischen Einflüssen gern als »Europäisierung« bezeichnet, die man sicher noch adäquater »Französisierung« nennen könnte. So hat Marcelin Defourneaux in seinem Buch über die Franzosen in Spanien während des 11. und 12. Jahrhunderts die verschiedenen Formen französischen Einflusses, vielleicht ein wenig überschätzend, dargestellt. Nicht nur wurden Klöster französischer Gemeinschaften wie derjenigen von Saint-Ruf oder Cluny in Spanien zunehmend gegründet, Bischofssitze und Kathedralkapitel mit Franzosen besetzt, sondern es beteiligten sich auch französische Kreuzritter aktiv an der Reconquista. Viele dieser Ritter blieben in Spanien und siedelten in den neuen (zuweilen auch in alten) Orten. In fast allen Städten am Pilgerweg findet man eigene Viertel der Franken *(barrios francos)*. Pilger auf dem Weg nach Compostela, besonders Franzosen, trafen so unterwegs auf ihre Landsleute, die jedoch nicht immer ein spannungsfreies Verhältnis zu den übrigen Bewohnern fanden. Jedenfalls glaubt man, die massive Kritik an den Navarresern im Pilgerführer auch auf die Auseinandersetzungen zwischen den »alten« und »neuen« Bevölkerungsgruppen in den navarresischen Städten zurückführen zu können.

So blieb auch der Weg nach Santiago de Compostela im ganzen Mittelalter ein schwieriges Unterfangen: Der Pilger hatte stets mit

Räubern, Betrug und Naturgewalten zu kämpfen. Eine lange Predigt des Jakobsbuches aus dem 12. Jahrhundert geißelt diese Mißstände. Sie erzählt von betrügerischen Wirten, die Pilger betrunken machten, um sie zu bestehlen, von falschen Maßen und Preisen. Dort heißt es zum Beispiel: »Auch müssen sich die Pilger vor schlechten Wirten hüten, die ihren Ring oder ihr silbernes Siegel nachts in den Pilgertaschen und Beuteln ihrer schlafenden Gäste verstecken; wenn dann die Pilger von der Herberge weggehen und etwa eine Meile aus dem Ort hinausgegangen sind, verfolgen sie diese und rauben sie mit dieser betrügerischen Beschuldigung aus.«

Gerade die Geldwechsler waren wohl häufig die Komplizen der Wirte; sie wechselten die Münzen der Pilger zu einem ungünstigen Kurs: »Wenn zwölf Münzen des Pilgers sechzehn des Bankiers wert sind und der Pilger diese haben möchte, so gibt ihm jener auf Rat des unrechten Pilgerwirtes höchstens dreizehn oder vierzehn Geldstücke.«

Zu der Schar der Betrüger gehörten Händler ebenso wie Ärzte, Zöllner, Gewürzkrämer oder sogar falsche, verkleidete Beichtväter, die den Pilgern das Geld aus der Tasche lockten. Auch Leute, die sich als Bettler verkleideten, gingen die Pilger um Almosen an; selbst Dirnen schreckten nicht davor zurück, die guten Vorsätze manch frommen Mannes zunichte zu machen und ihn zudem noch um sein Geld zu erleichtern. Auch die Altarwächter waren oft auf ihren Vorteil bedacht. In der Stadt Compostela suchte z. B. Bischof Diego Gelmírez im 12. Jahrhundert als Stadtherr die schlimmsten Mißstände zu beheben; er war wie zahlreiche andere daran interessiert, möglichst viele Pilger in Compostela zu empfangen. Dies steigerte nicht nur das Ansehen der Stadt und seiner Kirche, sondern brachte auch wirtschaftliche Vorteile. Das auf die Pilger ausgerichtete Gewerbe, der Verkauf von Nahrungsmitteln und Gebrauchsgegenständen, der Handel mit Devotionalien wie der Pilgermuschel bescherte der Stadt Santiago de Compostela seit dem 12. Jahrhundert beträchtliche Einnahmen. Das Bauprogramm von Diego Gelmírez verschlang Unsummen; die Gaben der Pilger trugen zur Bezahlung nicht unbeträchtlich bei. Auch die Kunstwerke an den Wegen – dies gerät bei Yves Bottineau ein wenig in den Hintergrund – wurden sicherlich durch die große Zahl der Pilger erst möglich.

Ihren Höhepunkt erlebten die Pilgerfahrten nach Santiago de Compostela in der Zeit zwischen dem 12. und 14. Jahrhundert. Frankreich war hieran ohne jeden Zweifel – schon allein aufgrund der Zahl der nachgewiesenen französischen Pilger – führend beteiligt. Erste Anzeichen für eine Krise der *Jacobus-peregrinatio* zeichneten sich im 15. Jahrhundert ab, als die zahlreichen für ihre

Verbrechen nach Compostela entsandten Strafpilger die Wege unsicher machten und die Pilgerfahrt überhaupt in Verruf brachten. Humanistische und reformatorische Kritik haben hier noch verstärkend gewirkt. So heißt es in einem Flugblatt aus der Reformationszeit von ca. 1550—1560:

> *Hernach folget nun sant Jacob*
> *genannt zu Compostel.*
> *Da laufen die narren mit haufen auf*
> *der narren der sind vil.*

Erste Anzeichen eines Neubeginns der Pilgerfahrten zeigten sich erst im 17. Jahrhundert. Nach der französischen Revolution scheinen die Pilgerfahrten nach Santiago de Compostela fast aufgehört zu haben. Jedoch nicht vollständig: »In der Tat dürfte Frankreich das einzige Land gewesen sein, in dem die Compostela-Tradition, wenn auch in bescheidenem Ausmaß, im 19. Jahrhundert weiterlebte«, bemerkt Ilja Mieck zu Recht. Die »Renaissance« der Pilgerfahrten, die zuweilen auf die Bulle Papst Leos XIII. vom 1. November 1884 zurückgeführt wird, scheint jedoch in Spanien vor allem durch Franco, in Frankreich, Deutschland und anderen Ländern eher durch den Europagedanken und den Tourismus gefördert worden zu sein. Frankreich hat aber nicht nur durch seine Pilger die Pilgerfahrten in ihrer europäischen Dimension in dieses Jahrhundert »gerettet«; in Frankreich sind auch wichtige neuere wissenschaftliche Auseinandersetzungen mit dem Jakobuskult zu finden. Durch originelle Gedanken und großangelegte Untersuchungen rückten sie die kulturgeschichtliche Vielfalt des Jakobuskultes erst richtig in den Blick.

Man schrieb das Jahr 1900. Louis Duchesne publizierte einen Aufsatz mit dem Titel *Saint-Jacques de Galice* und eröffnete damit die moderne wissenschaftliche Auseinandersetzung um die Jakobuslegende. Der in der Bretagne geborene katholische Kleriker ist eigentlich hauptsächlich durch seine Ausgabe des *Liber pontificalis*, des offiziellen römischen Buches mit den Lebensbeschreibungen der Päpste, berühmt geworden. Auch auf dem Gebiet der alten Kirchengeschichte war er zu seiner Zeit führend. Obwohl häufig von konservativen Kreisen kritisiert und des Modernismus bezichtigt, erwiesen sich seine wissenschaftlichen Ergebnisse, die durch klaren Blick, Sorgfalt und neue Perspektiven hervorstachen, schon bei seinem Tod als »Klassiker«. Die Abhandlung über die Frühgeschichte des Jakobuskultes — vierzehn Jahre nachdem Papst Leo XIII. die Echtheit der durch Grabungen »erneut« gefundenen Reliquien bestätigt hatte – läßt seine klare, unbestechliche Denkweise erkennen. Obwohl nur ein »Nebenprodukt«, schöpft seine Darstellung doch aus der profunden Kenntnis der alten Kirchengeschichte. Für den französischen Raum hatte Louis Duchesne mit seinen *Fastes épiscopaux de l'ancienne Gaule*, die 1907–1915 in zweiter Auflage erschienen, die Traditionen einiger französischer Heiliger aufgearbeitet und dabei manch lieb gewordene Vorstellung als unhaltbar erwiesen. In diesem Zusammenhang steht auch sein Aufsatz über den hl. Jakobus. Die spätere Forschung hat vielleicht noch einiges präzisiert, aber die entscheidenden Probleme legte Duchesne auf nur dreizehn Seiten knapp und prägnant dar. Dabei unterschied er sechs Etappen bei der Ausbildung der Legende und betonte bei seiner Beweisführung vor allem, daß die Quellen bis zum 7. Jahrhundert den hl. Jakobus nicht mit Spanien in Verbindung brachten. In Spanien hatte der Aufsatz von Duchesne zunächst Kritik hervorgerufen, inzwischen fand er auch hier weitgehend Anerkennung. Jede ernsthafte Arbeit, welche die Predigt des hl. Jakobus in Spanien oder die Translation seiner Gebeine dorthin nachweisen wollte oder in Frage stellte, mußte sich mit den Ergebnissen von Duchesne auseinandersetzen. Somit war mit dieser Studie von französischer Seite ein Grundstein für die kirchengeschichtliche Forschung gelegt. Der große Erfolg und die Wirkungen der Pilgerfahrten nach Santiago de Compostela bedurften jedoch noch weiterer Erläuterung.

Anknüpfungspunkte ergaben sich für die Literaturgeschichte. Die Anfänge der französischen Nationalliteratur sind eng mit dem *Rolandslied* verbunden. Der Literarhistoriker Joseph Bédier, ebenfalls aus einer alten bretonischen Familie stammend, lenkte schon früh – u. a. durch den Einfluß des Altmeisters Gaston Paris – seine Aufmerksamkeit auf die Entstehung der epischen Dichtung. Im Collège de France entwickelte er seine Vorstellungen, die sich in seinem Hauptwerk niederschlugen. Der Titel, *Les légendes épiques* (vier Bände, zwischen 1908 und 1913 erschienen), verdeutlicht unübersehbar, daß Dichtung und Legende für Bédier zur Erklärung der frühen altfranzösischen Literatur zusammengehörten. Seine Vorstellungen entwickelte er zunächst im akademischen Vortrag. In dem erwähnten Werk vertrat Bédier eine neue These zur Entstehung der epischen Dichtungen, insbesondere des französischen Rolandsliedes. »Im Anfang war die Straße«, sagt er und meint damit vor allem die Pilgerstraßen nach Santiago de Compostela, auf denen Pilger und französische Kreuzritter zur Unterstützung der spanischen Reconquista zogen. An den wichtigsten Kultstätten dieser Wege ist nach Bédier die Entstehung der literarischen Werke zu suchen, die zumeist um die Gestalt Karls des Großen (768–814) und um seine Begleiter kreisen. So habe man in Saint-Romain de Blaye das Grab Rolands, in Bordeaux das Horn Rolands gezeigt. Die Kreuzritter des 11. Jahrhunderts hätten sich als Nachfahren des großen Kaisers und seines Heeres gefühlt. Mit Hilfe der lesekundigen Kleriker, welche die Lebensbeschreibung Karls aus der Feder Einhards (gest. 840) kannten, habe dann die epische Dichtung Gestalt angenommen.

Dieser großangelegte Erklärungsversuch ist zwar nicht unwidersprochen geblieben, doch bleibt Bédiers These in einigen wichtigen Punkten richtig. Wenn man auch nicht mehr den Ursprung der epischen Dichtung an den Pilgerstraßen suchen darf (die Zusammenhänge sind wohl weitaus komplizierter), so waren sie doch der Verbreitung und Wirkung gewiß förderlich. In einem Brief von Joseph Bédier an Ferdinand Lot vom 2. April 1906 nennt Bédier nicht weniger als zweiundzwanzig zumeist an den Pilgerstraßen gelegene Kirchen und Klöster, denen wir die Übermittlung altfranzösischer Werke verdanken. So heißt es dort z. B. zu Blaye, Bordeaux und Roncesvalles: Hätte es nicht die große Straße nach Santiago gegeben, besäßen wir weder das *Rolandslied*, noch den *Pseudo-Turpin* noch andere Heldenlieder. Soviel bleibt gewiß: Den Erfolg des Karlsstoffes in Zusammenhang mit den Pilgerfahrten kann man nicht nur in der Literatur, sondern auch an den verschiedensten künstlerischen Darstellungen ablesen. Karl den Großen als angeblichen Entdecker des Jakobsgrabes, der dem Sternenweg folgt, findet man ebenso im Jakobsbuch *(Liber sancti Jacobi,* Buch IV) wie auf dem Aachener Karlsschrein von ca. 1215 (vgl. Abbildung 6). Die Darstellung des »Karlsstoffes« auf Kapitellen, in Kirchenfenstern oder in Figurengruppen wird auch traditionell von den Kunsthistorikern eifrig diskutiert. Auf dem Gebiet der Kunstgeschichte übten die Thesen von Joseph Bédier mit Sicherheit einen entscheidenden Einfluß aus.

So ist auch fast der gesamte zweite Teil des Textes von Yves Bottineau den künstlerischen Problemen der Pilgerfahrten gewidmet; der Autor folgt damit einer alten Tradition der französischen Kunstgeschichte. In Frankreich hat nämlich das Problem der romanischen Architektur insbesondere seit Émile Mâle das Interesse der Kunsthistoriker gefunden. Für Mâle waren die Pilgerfahrten und -straßen ebenso wie für Bédier der Schlüssel zur Erklärung zahlreicher kunsthistorischer Phänomene. Er glaubte, für die verblüffend ähnlich gebauten »Pilgerbasiliken« in Conques, Toulouse, Limoges und Santiago de Compostela sei das Vorbild am ehesten in der Kirche von Saint-Martin in Tours zu suchen. Fast gleichzeitig versuchte der Amerikaner Arthur Kingsley Porter zu erweisen, daß

Santiago de Compostela als Modell für die genannten französischen Kirchen angesehen werden müsse. Nach neueren Forschungen dürfte allerdings der Zusammenhang zwischen den verschiedenen Bauwerken am Pilgerweg weitaus komplizierter sein. Wenn auch Yves Bottineau diese neuere Diskussion darlegt, so wirkt doch bei ihm der Erklärungsversuch von Émile Mâle deutlich nach. Seine − wenn auch vorsichtige − Entscheidung für diesen Deutungsversuch paßt vielleicht besser zu einem französischen Kunsthistoriker; bezeichnenderweise hat Arthur Kingsley Porter eher in Deutschland Anhänger gefunden. Yves Bottineau ist auch durch seine Ausbildung mit Émile Mâle indirekt verbunden. Die leitende Hand des »Altmeisters«, welcher Direktor der École Française de Rome war, hatte bereits die Santiago-Spezialistin Jeanne Vielliard erfahren, die später Mitglied der École des hautes études hispaniques de Madrid (Casa Velasquez) wurde. 1950−1951 war auch Yves Bottineau Mitglied dieses Institutes.

Nach der ersten Auflage seines Buches im Jahre 1964 hat Yves Bottineau vor allem die kunsthistorische Diskussion weiter verfolgt, im Anhang zu seiner zweiten Auflage (Seite 246−251) gibt er vor allem die vorsichtigen und nuancierten Ergebnisse von Marcel Durliat bekannt.

Soviel möge genügen, um das Buch von Yves Bottineau für den deutschsprachigen Leser verständlicher zu machen. Die besondere Rolle, die Frankreich von jeher mit dem Jakobuskult verband, sowie die wissenschaftlichen Traditionen in Frankreich haben seine Darstellung maßgeblich bestimmt. Er richtet sein Augenmerk vor allem auf Frankreich und Spanien; dies ist verständlich und dem Problem durchaus angemessen. Der deutsche Leser sollte jedoch auch von den zahlreichen Spuren wissen, die Deutschland mit dem Jakobuskult verbinden. Deshalb ist dem Text von Bottineau das bereits erwähnte ergänzende Abschlußkapitel beigefügt. Bottineaus Darstellung hilft, die faszinierenden Zusammenhänge von Jakobuslegende und Geschichte zu entdecken. Je tiefer der Leser jedoch in den Text eindringt, desto mehr wird er spüren, wie offen die Diskussion in vielen Punkten noch ist, was auch die Ergänzungen zur Bibliographie (Seite 280−284) andeuten mögen.

# Bibliographische Hinweise

Es sei an dieser Stelle auf einige Werke und Abhandlungen verwiesen, die nicht nur zur älteren und neueren Spezialliteratur hinführen, sondern auch zur Auseinandersetzung anregen.

Grundlegend zum christlichen Pilgern, mit deutlichen Ausblikken auf Santiago de Compostela sind die Aufsätze in dem Sammelband: *Wallfahrt kennt keine Grenzen*, hg. von L. Kriss-Rettenbeck und G. Möhler, München−Zürich 1984; L. Schmugge, »*Pilgerfahrt macht frei*« − *Eine These zur Bedeutung des mittelalterlichen Pilgerwesens* in: Römische Quartalschrift 74/1979, S. 16−31 und P. A. Sigal, *Les marcheurs de Dieu. Pèlerinages et pèlerins au Moyen-Age*, Paris 1974.

Zur Jakobusverehrung und zu den Jakobuspilgerfahrten bleibt nach wie vor grundlegend L. Vázquez de Parga/J. M. Lacarra/ J. Uría Ríu, *Las peregrinaciones a Santiago de Compostela*, 3 Bände, Madrid 1949. Ergänzend sind einige Aufsätze in dem 1985 erschienen Katalog zu benutzen: *Santiago de Compostela, 1000 ans de pèlerinage européen*, Gent 1985. Eine gute Einstimmung gibt aufgrund der zahlreichen Abbildungen der Bildband von V. und H. Hell, *Die große Wallfahrt des Mittelalters*, mit einer Einführung von H. J. Hüffer, Tübingen, 4. Auflage 1985. Für die Zeit ab dem 14. Jahrhundert gewähren zwei Aufsätze mit vielen neuen Ergebnissen einen Überblick: I. Mieck, *Zur Wallfahrt nach Santiago de Compostela zwischen 1400 und 1650. Resonanz, Strukturwandel und Krise*, in: Spanische Forschungen der Görresgesellschaft, 1. Reihe, Gesammelte Aufsätze zur Kulturgeschichte Spaniens, 29, Münster 1978, S. 483−533 und I.Mieck, *Kontinuität im Wandel. Politische und soziale Aspekte der Santiago-Wallfahrt vom 18. Jahrhundert bis zur Gegenwart*, in: Geschichte und Gesellschaft 3/ 1977, S. 299−328.

Zur Frühgeschichte des Kultes in Compostela haben seit Duchesne zahlreiche Forscher gearbeitet. Zu empfehlen sind (neben den Aufsätzen in den zitierten Sammelwerken) folgende Abhandlungen: O. Engels, *Die Anfänge des spanischen Jakobusgrabes in kirchenpolitischer Sicht*, in: Römische Quartalschrift 75/1980, S. 146−170; J. van Herwaarden, *The Origins of the Cult of St. James of Compostela*, in: Journal of Medieval History 6/1980, S. 1−35; R. Plötz, *Der Apostel Jacobus in Spanien bis zum 9. Jahrhundert*, in: Spanische Forschungen der Görresgesellschaft, 1. Reihe, Gesammelte Aufsätze zur Kulturgeschichte Spaniens, 30, Münster 1982, S. 19−145. Zum Jakobsbuch *(Liber Sancti Jacobi)* und zu den Pilgerfahrten im 12. Jahrhundert handelt K. Herbers,

*Der Jakobuskult des 12. Jahrhunderts und der Liber Sancti Jacobi,* Wiesbaden 1984. Den mehrfach zitierten Pilgerführer aus dem 12. Jahrhundert edierte J. Vielliard, *Le Guide du pèlerin de Saint-Jacques de Compostelle,* Mâcon, 5. Auflage 1981, die Zitate entstammen der deutschen Übersetzung von K. Herbers, *Der Jakobsweg. Mit einem mittelalterlichern Pilgerführer unterwegs nach Santiago de Compostela,* Tübingen, 2. Auflage 1986. Dort findet man auch die Passagen zum Betrug der Wirte, Händler usw. aus einer Predigt des Jakobsbuches. Zu Pilgerfahrten und nationalen Vorurteilen handelt L. Schmugge, *Über »nationale« Vorurteile im Mittelalter,* in: Deutsches Archiv für Erforschung des Mittelalters 36/1982, S. 439−459; mit vertiefter theoretischer Reflexion jüngst auch F. Hassauer, *Volkssprachliche Reiseliteratur. Faszination des Reisens und räumlicher Ordo,* in: Grundriß der romanischen Literaturen des Mittelalters XI, 1, Heidelberg 1986, S. 259−283.

Zu Frankreichs Einfluß in Spanien bleibt klassisch (wenn auch vielleicht den französischen Einfluß überschätzend) M. Defourneaux, *Les Français en Espagne aux XI$^e$ et XII$^e$ siècles,* Paris 1949.

Über die Rolle von L. Duchesne in der Kirchengeschichtsschreibung informiert der Band *Monseigneur Duchesne et son temps,* Rom 1972. Die Diskussion um die Thesen von Joseph Bédier haben K. Kloocke, *J. Bédiers Theorie über den Ursprung der Chansons de geste und die daran anschließende Diskussion zwischen 1908 und 1968,* Göppingen 1972 sowie B. Sholod, *Charlemagne in Spain. The Cultural Legacy of Roncesvalles,* Genf 1966, aufgearbeitet. Zur wissenschaftlichen Karriere vgl. F. Lot, *Joseph Bédier, 1864−1938,* Paris 1939.

Über die Nachwirkung von Émile Mâle informiert am besten die Arbeit von M. Durliat, *Pèlerinages et architecture romane,* in: Les dossiers de l'archéologie 20/1977, S. 22−35. Grundsätzlich sei nochmals auf das Literaturverzeichnis sowie auf die weiterführenden Bibliographien der zitierten Sammelbände verwiesen.

# Yves Bottineau
## Vorwort zur zweiten französischen Auflage von 1983

Mitte des 13. Jahrhunderts schickte Ludwig IX. als Gesandten einen Franziskaner flämischer Herkunft namens Wilhelm de Rubroek nach Asien in das »Reich der Steppen«, dessen Geschichte René Grousset so vorzüglich aufgezeichnet hat. Im Jahr 1254 erreichte dieser das »ordou« (Lager) des Großen Khans Möngke (Mangu) und folgte dem Herrscher und seinem Hof nach Karakorum. Im Gefolge des Khans machte er die Bekanntschaft des Mönches Sergius, eines gebürtigen Armeniers, der zunächst Leineweber gewesen war, dann als Einsiedler bei Jerusalem lebte, ehe er sich dem Oberhaupt der Mongolen anschloß. Der Franziskaner hat die Worte seines Gesprächspartners festgehalten: »Er begann mich über den Papst zu befragen, ob ich glaubte, daß er ihn zu sehen wünsche und ob er ihm Pferde geben wolle, um nach Santiago zu reisen.« Die Pilgerfahrt nach Santiago war also schon um 1250 bekannt: selbst ein armenischer Mönch, den es an den Hof des Großkhans verschlagen hatte, wußte davon . . .

Heute, in einer Zeit mühelosen Reisens und umfangreicher Information durch die Medien, hat die Pilgerfahrt eine ganz andere Geltung erlangt. Von ihrer Bedeutung in der Vergangenheit, ihrem Einfluß auf Kunst, Literatur und Glauben zeugen die erfolgreiche Tätigkeit der verdienstvollen »Société des amis de Saint-Jacques de Compostelle« und ihres Studienzentrums im Pariser Stadtteil Marais, sowie die Veröffentlichung des Romans *Les Étoiles de Compostelle* von Henri Vincenot und der Besuch des Papstes Johannes Paul II. in Santiago am Dienstag, dem 9. November 1982. So war es verständlich, daß der Verlag Arthaud das Buch *Les Chemins de Saint-Jacques*, dessen Ausgaben von 1964 und 1966 mehrere Jahre vergriffen waren, nachdrucken wollte. Diese beiden Ausgaben sollten keine Folge von mehr oder weniger anekdotischen Kapiteln über die Pilgerwege darstellen, sondern waren der Versuch einer Synthese jenes kulturellen und zivilisatorischen Phänomens. In diesem Sinn wurde auch die vorliegende Ausgabe gestaltet. Der Text von 1966 – Geschichte der Pilgerfahrt und Beschreibung der Reisewege – wurde unverändert übernommen. Am Ende des Buches findet der Leser jedoch ein Zusatzkapitel über neue kunsthistorische Erkenntnisse aus der Zeit von 1966 bis 1982 sowie eine aktualisierte Bibliographie mit den wichtigsten Neuerscheinungen, Büchern und Artikeln seit 1966.

# Erster Teil:
# Die Geschichte der Pilgerfahrt

# Die doppelte Auffindung des heiligen Jakobus des Älteren

*¿Qué cuerpo es, pues, el que allí se venera*
*y cómo y por qué se inició ese culto?*

*Welch' Leichnam ist es, den man in Santiago verehrt,*
*und wie und warum hat dieser Kult begonnen?*

Miguel de Unamuno
*Andanzas y visiones españolas*

Es gab in Wirklichkeit zwei Auffindungen des Leichnams oder der sterblichen Überreste des hl. Jakobus des Älteren.*Auf die erste im hohen Mittelalter geht die Pilgerfahrt zurück. Da aber die Reliquien, wohl aus Angst vor den Einfällen der Engländer, zwischen 1700 und 1720 versteckt worden waren, erfolgte eine zweite Auffingung im letzten Jahrhundert, die durch Entscheidung des Heiligen Stuhles 1884 bestätigt wurde.

Als Karl der Große über das Abendland und Alfons der Keusche (789–842) über Asturien herrschten, erhielt die Christenheit Kunde von einem aufregenden Ereignis. Am äußersten Rand des im Nordwesten der Iberischen Halbinsel gelegenen kleinen Reiches Asturien, das gegen den Mohammedanersturm ankämpfte, in Galicien an der Küste des Ozeans, dort, wo sich der letzte Zipfel christlichen Bodens ins Meer vorschiebt und zwischen den Wogen verliert, waren die Gebeine des hl. Jakobus des Älteren aufgefunden worden. Laut den wunderbaren Berichten, die sich nach und nach verbreiteten und dabei immer mehr Zusätze erhielten, hatte der Apostel das Morgenland verlassen und war in Iria Flavia (heute El Padrón in Galicien) gelandet, hatte mehrere Jahre in Spanien das Evangelium gepredigt und war dann wieder nach Judäa zurückgekehrt, wo er das Martyrium erlitt. Sein Leichnam wurde von treuen Jüngern in Jaffa auf ein Schiff gebracht und gelangte nach wundersamer Fahrt über das Meer nach Iria Flavia.

Das Grab des Apostels, das in einiger Entfernung von der Stadt landein errichtet wurde, bewachten die Jünger Theodorus und Athanasius, deren sterbliche Reste später neben den seinen beigesetzt wurden. Während der Christenverfolgungen kümmerte sich niemand mehr um die Grabstätte; sie geriet sogar völlig in Vergessen-

---

\* »Santiago« steht im Spanischen sowohl für den Apostel St. Jakobus den Älteren als auch für die Jakobusstadt; der vollständige Name der letztgenannten lautet eigentlich Santiago de Compostela, aber man verwendet meist die Abkürzungen Compostela oder Santiago.

28

heit. Durch den Hinweis eines leuchtenden Sterns wiederentdeckt, wurde das Grab zuerst Gegenstand eines lokalen Kultes, dann Ziel einer Pilgerfahrt, die bald mit Rom und Jerusalem in Wettstreit trat. Die Überlieferung berichtet auch, daß bei der Schlacht von Clavijo im Jahr 844 der Heilige in Gestalt eines Ritters erschien und den Christen gegen die Mauren beistand. Von da an galt er als Schutzherr der Christen im Kampf gegen die Muselmanen und geistiger Führer der Reconquista, des Krieges gegen die Ungläubigen.

Doch nun genug des Wunderbaren! Wenden wir uns den Fragen zu, welche die erste Auffindung, die folgenreichere der beiden, aufwirft, und untersuchen wir sie wissenschaftlich, wobei wir uns auf die vorhandenen Texte stützen. Wann, wo und warum erfolgte die Auffindung? Wie ging sie vonstatten?

Ihr genaues Datum kann nur annähernd bestimmt werden. Manche nehmen die Zeit um 818 an. Konkret weiß man nur, daß die Auffindung ungefähr im ersten Drittel des 9. Jahrhunderts stattfand. Zur Zeit des asturischen Königs Mauregatus (783–788) besang nämlich ein lateinischer Dichter, der vielleicht mit dem berühmten Beatus von Liebana identisch ist, in einem Hymnus ausschließlich die Predigertätigkeit des Apostels in Spanien:

*Regem Johannes dextra solus Asiam*
*Eiusque frater potitus Spaniae.*

Doch die zwischen 806 und 838 entstandenen Zusätze zum Martyrologium des Florus von Lyon* sprechen am Tag des Jakobusfestes nicht nur von der Translation der Überreste des Heiligen, sondern auch von der Verehrung, die sie in Spanien genießen: »Die heiligen Gebeine des seligen Apostels Jakobus, die nach Spanien überführt worden sind, werden am äußersten Ende des Landes am Ufer des bretonischen Meeres verehrt und sind bei den Einwohnern Gegenstand eines ganz besonderen Kultes.« Die Auffindung kann also zwischen den beiden Grenzdaten angesetzt werden, die diese wichtigen Texte liefern, das heißt zwischen 788 und 838, möglicherweise näher dem Jahr 800, als der Papst zu Rom dem bereits ruhmreichen und nicht mehr ganz jungen Karl dem Großen die Kaiserkrone aufs Haupt setzte.

Die Umstände der Grabfindung sind weniger leicht zu bestimmen und die in den Texten genannten Fakten nur zu einem ganz geringen Teil gesichert.

---

* Diese Zusätze wurden in das Martyrologium des Ado von Vienne um 850–860 aufgenommen.

Sonderbarerweise sind die asturischen Dokumente verhältnismäßig unergiebig, und ihre bruchstückhaften Angaben werden nur aufgrund eines anderen Textes verständlich, der im allgemeinen als authentisch angesehen wird, ein wenn auch aus späterer Zeit stammendes wertvolles Dokument, auf das wir noch zurückkommen werden: die *Concordia de Antealtares*. Die zeitgenössischen asturischen Chroniken, diejenige, die man Alfons III. (866—910) zuschreibt, und die sogenannte *Albeldense* (nach dem Kloster Albelda) schweigen über die Auffindung; dieses Schweigen erklärt sich aber vielleicht daher, daß Entdeckungen in dem sehr genau festgelegten Rahmen, in dem die Chroniken verfaßt wurden, keinen Platz hatten. In der zweiten aus dem Jahr 881 freilich sieht man sie als feststehende Tatsache an, denn es ist die Rede von dem Bischof »Sisnandus Iriae Sancto Jacobo pollens«.

Die erste ausdrückliche Erwähnung findet sich in der Chronik des Sampiro. Nach ihr hatte Alfons III. im Jahr 872 die kleine Kirche abgerissen, die Alfons der Keusche an der Auffindungsstelle errichtet hatte, und durch ein sehr schönes Bauwerk ersetzt. Derselbe Alfons III. und Königin Jimena hatten für das neue Gotteshaus ein Kreuz gestiftet, das leider 1906 gestohlen wurde; eine Inschrift erinnerte an die Namen der fürstlichen Spender und an das Jahr der Schenkung, 874; immerhin kann uns das von Alfons II. gestiftete Engelskreuz (808) in der *Cámara santa* von Oviedo eine Vorstellung von dem verschwunden Kreuz geben. Aus den Texten der verschiedenen Schenkungen, die in den Jahren 885, 895 und 898 erfolgten, geht hervor, daß es bereits zu jener Zeit ein Mönchskloster »Antealtares« (wörtlich: »vor den Altären«) gab, ein Name, für den wir bald die Erklärung haben werden, und daß der Bischof von Iria Flavia, Sisnandus, zweifellos in der jungen Ansiedlung Compostela residierte. Der frühere Name dieses Ortes leitet sich eindeutig aus dem Lateinischen her; so liest man etwa von einer Schenkung an den Apostel Jakobus, »dessen heilige und verehrungswürdige Kirche am Ort Arcis marmoricis (Marmorgrabmale) steht, wo bekanntlich sein Leichnam in Galicien bestattet ist«.*

Doch erst 1077 begegnen wir dem zuverlässigen, wenn auch vom Wunderbaren geprägten Bericht von der Entdeckung. In diesem Jahr nämlich war man wegen des Baus der romanischen Kathedrale, die man heute noch in Santiago bewundert, gezwungen, das Kloster Antealtares zu verlegen. Die Vereinbarung, jene *Concordia de Antealtares*, die zwischen dem Bischof Diego Peláez und dem Abt

---

* »Cuius sancta et venerabilis ecclesia sita est in locum arcis marmoricis, ubi corpus eius tumulatum esse dignoscitur territorio Gallecie«. Die Bezeichnung »arcis marmoricis« ist sehr wichtig für das Verständnis des Phänomens der Invention.

des Klosters getroffen wurde, erkennt die angestammten Rechte des Konvents an und legt die den Mönchen für die Verlegung gewährten Entschädigungen fest. Hier sind auch die Überlieferungen aufgezeichnet, die von den über die Invention am besten informierten Männern — dem Bischof und den Mönchen des nach der Entdeckung von Alfons II. gegründeten Klosters — weitergegeben worden waren. Diese Überlieferungen legten besonderen Nachdruck auf das hohe Alter der Kirche San Félix (oder San Fiz) in Solobio, unterhalb der vorgeschichtlichen Siedlung Amaea gelegen, in deren Nähe zur Zeit Karls des Großen und Alfons' II. ein Einsiedler namens Pelagius lebte. Diesem verkündeten die Engel, daß hier der Leichnam des hl. Jakobus ruhe; die Gläubigen von San Félix wurden ihrerseits durch übernatürliche Lichterscheinungen darauf hingewiesen. Man benachrichtigte den Bischof von Iria Flavia, Theodomir, der sich selbst von diesem hellen Schein überzeugte. Er ordnete drei Fastentage an. Danach zog er an der Spitze der Gläubigen zu der auf wunderbare Weise bezeichneten Stelle und entdeckte dort das mit Marmor verkleidete Grabmal des Apostels (*sepulcrum marmoreis lapidibus contectum*). Er verständigte Alfons II. Der König ließ umgehend drei Kirchen erbauen, eine zu Ehren des Apostels, eine zweite zu Ehren des hl. Johannes des Täufers und eine dritte mit drei Altären, die dem Erlöser, dem hl. Petrus und dem hl. Johannes geweiht waren. Eine von einem Abt geleitete Mönchsgemeinschaft, die nach der Regel des Augustinus lebte und in der letztgenannten Kirche ihre Gottesdienste abhielt, war die Keimzelle eben jenes Klosters namens Antealtares, das durch den Bau der romanischen Kathedrale verlegt werden mußte, dem aber die *Concordia* seine Rechte sicherte.

Soweit die spärlichen Angaben, die uns die alten Texte liefern. Aber kann man mit Sicherheit von der Auffindung des Leichnams oder der Überreste des hl. Jakobus des Älteren sprechen?

Die Frage betrifft in Wirklichkeit zwei eng miteinander verknüpfte, doch ganz unterschiedliche Aspekte: die allgemeine Stimmung zu einer Zeit und in einer Gegend, die eine solche Entdeckung psychologisch möglich und faktisch beinahe selbstverständlich gemacht hat, und die besonderen Umstände, die zu einem gegebenen Zeitpunkt die Menschen glauben ließen, daß man den Leichnam des Apostels gefunden hatte.

In der Tat sehen wir, wie sich während der ersten Jahrhunderte des hohen Mittelalters und bis ins erste Drittel des 12. Jahrhunderts die Legende um den Heiligen herausbildet, wie sie erweitert und mit Erfolg verbreitet wird. Zunächst glaubte man, der hl. Jakobus habe Spanien christianisiert, dann, daß er in diesem Land beigesetzt worden sei — letzteres wurde noch entschiedener behauptet, als die Muselmanen das Königreich Asturien bedrohten. Man fand die sterblichen Überreste wieder, und kurz danach wurde der Apostel dank seines Erscheinens bei Clavijo (844) zum Schutzpatron im Kampf gegen die Ungläubigen erkoren.

Die einzelnen Stufen, welche die Entwicklung der Legendentradition dokumentieren, wurden hervorragend analysiert und zusammengefaßt von dem angesehenen Gelehrten Louis Duchesne. In seinem Aufsatz, den er 1900 dem »heiligen Jakobus in Galicien« widmete, findet man auch heute noch keine Zeile, die gestrichen werden müßte. Er unterscheidet sieben Stufen bis zur letzten Ausformung der Legende. In diesem Kapitel, das ausschließlich von der Auffindung handelt, wollen wir nur auf die beiden ersten eingehen. Mgr. Duchesne stellt fest, daß »der Glaube an das spanische Apostolat des heiligen Jakobus letztlich auf eine lateinische Überarbeitung einiger zu Beginn des 7. Jahrhunderts in griechischer Sprache abgefaßten Apostelkataloge zurückgeht. Diese Kataloge sind in keine Weise traditionelle Schriftstücke, auf die man sich stützen könnte«. Er nennt ein Datum, das fast am Ende der von uns angesetzten Zeitspanne liegt, und fügt hinzu: »Um das Jahr 830 entdeckte man auf dem Gemeindegebiet von Amaea in der Diözese Iria Flavia eine antike Grabstätte, die man für das Grab des heiligen Jakobus hielt. Die Verehrung, die bald um sie entstand, wird im Martyrologium des Ado bezeugt, das um das Jahr 860 in Frankreich zusammengestellt wurde.«

Die Details bei der Legendenbildung geben aufs schönste den psychologischen Prozeß wieder, nach dem das Mittelalter in gutem Glauben seine Heiligen, seine Reliquien, seine Kultur — wir sagen nicht: seine Götter, denn es ist ganz klar, daß die Offenbarung und das Wesen der christlichen Botschaft nicht in Zweifel gezogen werden dürfen — schaffen konnte.

Vor dem 7. Jahrhundert ist eine Predigttätigkeit des hl. Jakobus auf der Iberischen Halbinsel nirgends erwähnt. In der umfangreichen christlichen Literatur des 4. bis 8. Jahrhunderts, in der Spanien und Galicien einen herausragenden Platz einnehmen, schweigen alle Autoren zu dieser Frage. Das gilt zum Beispiel für Idatius, den Bischof von Aquae Flaviae bei Compostela, und für Prudentius, der immerhin Spanier war. Gregor von Tours, der über die heiligen Stätten der Halbinsel bestens Bescheid wußte, erwähnt im Zusammenhang mit dem hl. Jakobus keine von ihnen. Der Apostel wird auch nicht von Venantius Fortunatus genannt, der in seinem Schreiben an einen galicischen Bischof, den hl. Martin von Braga, auf die von den Aposteln gegründeten christlichen Kirchen eingeht, ohne jedoch die Spaniens zu berücksichtigen. Im Jahr 416 verteidigt Papst Innozenz in einem Brief die römische Liturgie gegen fremde Einflüsse und erklärt, daß das Abendland nur die des Heiligen Stuhles kennen sollte: hätten nicht diejenigen seinen Völkern das Evangelium gebracht, die von Petrus und seinen Nachfolgern ausgesandt worden waren? Hier wird Spanien ausdrücklich miteinbezogen. Was die Autorität des hl. Hieronymus betreffe, so könne man sich auf sie ebensowenig berufen, erklärt Duchesne. In seinem *Jesajakommentar* nennt er den hl. Jakobus nicht und zitiert Spanien nur, weil er in diesem sehr fernen Land ein Gegenstück zu Illyrien sieht: dieses ist sehr barbarisch, jenes sehr weit weg.

In Wirklichkeit wird die Missionstätigkeit nicht nur verschwiegen, sondern schlichtweg geleugnet, denn die Vorstellung davon — außerhalb Spaniens auf der Grundlage eines völlig belanglosen Textes entstanden — wurde von den Fremden übernommen, während die Spanier selbst ihr noch entgegenwirkten, und von diesen erst nachträglich nur unter ganz bestimmten Umständen anerkannt.

In der ersten Hälfte des 7. Jahrhunderts verbreitete sich nämlich in der westlichen Welt eine lateinische Übersetzung der *Apostelkataloge* (auf griechisch abgefaßt), das *Breviarium Apostolorum*. Den kurzen Apostelviten aus dem Originaltext wurden Texte hinzugefügt. Laut einer dieser Interpolationen predigte der hl. Jakobus in Spanien und kehrte nach Jerusalem zurück, wo er starb. Es ist kaum notwendig, mit einem nochmaligen Zitat von Duchesne zu präzisieren, »daß weder dieser Katalog in seinem griechischen Originaltext, noch die Interpolationen, die seine lateinische Überarbeitung charakterisieren, irgendeine Tradition wiedergeben und noch weniger eine spanische Tradition«. Die Gegenüberstellung zeitgleicher Texte von der Halbinsel und dem Ausland ist hochinteressant, denn sie zeigt, daß die Spanier sich gegen eine Predigttätigkeit wehren, weil sie sie als eine von außen aufgezwungene falsche Tradition empfinden. In England brachte Aldhelm, Abt von Malmesbury, seinen Glauben an die Predigt in der Altarinschrift zum Ausdruck, die er 709 verfaßte und in der vom hl. Jakobus die Rede war: *Primitus Hispanas convertit dogmate gentes.*

In Spanien selbst verarbeitet Julianus von Toledo, der sich nicht gerade durch einen kritischen Geist auszeichnet, im Jahr 686 einige Zusätze aus dem *Breviarium*, lehnt aber ausdrücklich ab, die Predigttätigkeit des hl. Jakobus in Spanien anzuerkennen, und hebt hervor, daß er bei den Juden predigte.

Obwohl unmißverständlich bekämpft, überdauert diese Unwahrheit alles; zur Zeit der islamischen Invasion kommt sie politisch sehr gelegen. 776 taucht sie wieder auf, und zwar in der ersten Fassung

der *Kommentare zur Apokalypse* des Beatus. Dieser, eine einfluß-
reiche und am Hof Asturiens wohlangesehene Persönlichkeit, greift
die Idee nicht nur wieder auf, sondern stellt sie groß heraus, pflanzt
sie in die unversöhnlichen Gehirne eines ganzen Volkes ein: wie
könnte der hl. Jakbus Spanien den Ungläubigen überlassen, das er
zum christlichen Glauben bekehrt hat? Unterstützt von König
Mauregatus, trägt Beatus auf diese Weise dazu bei, den Heiligen
schon vor Clavijo zum Schutzherrn der Halbinsel, die dieser zu
Christus bekehrt hat, zu machen. Nach dem Tode des Königs wird
Asturien heftig von den Arabern angegriffen, entgeht aber ihrer
Herrschaft. Dadurch steigt Santiagos Ansehen.

So war das geistige Klima zur Zeit der Auffindung. Hinzu
kommt noch, daß man im Mittelalter eine große Vorliebe für
Reliquien hatte, ein Phänomen, auf das wir noch zurückkommen
werden. Die Frage, die sich nun stellt, ist folgende: Welche besonderen Vorgänge erklären die Grabentdeckung selbst? Welcher Funke
entzündete das wunderbare Licht, das sich Anfang des 9. Jahrhunderts um Amaea verbreitete?

Gab es überhaupt eine Auffindung im eigentlichen Sinne, wurden tatsächlich der Leichnam oder Teile der sterblichen Hülle des hl.
Jakobus entdeckt? Ein prominenter Historiker, der Benediktiner
Fray Justo Pérez de Urbel, scheint anderer Auffassung zu sein. In
einem Aufsatz vermerkt er, daß in der ersten Erwähnung des Kultes
um die Jakobusreliquien nur von sterblichen Überresten gesprochen
wird, von den Gebeinen des Apostels *(huesos sagrados)*, und er
weist ausdrücklich auf einen merkwürdigen Zufall hin. In der
Kirche Santa María bei Iria Flavia verehrten eine Gruppe Mönche
und vermutlich auch die Christen dieser Gegend Reliquien des
Kreuzes, des hl. Johannes des Täufers, des hl. Petrus, des hl. Paulus,
des hl. Stephanus, des Evangelisten Johannes und des hl. Jakobus
— wobei die des Letztgenannten die bedeutendsten waren. Andererseits wurde in Merida ein Stein entdeckt, dessen Inschrift besagt,
daß in der letzten Hälfte des 7. Jahrhunderts in dieser Stadt der hl.
Maria eine Kirche gestiftet wurde und daß dort Überreste des
Wahren Kreuzes und verschiedener Heiliger aufbewahrt werden,
deren Namen mit denen des Gotteshauses von Iria Flavia identisch
sind. Fray Justo hält dies keineswegs für einen Zufall und erinnert
daran, daß in dem Text über die Kapitulation von Merida sogar die
Mohammedaner erklären, daß eine Anzahl Einwohner nach Galicien geflüchtet sei. Auf diese Weise also wären Geistliche von Santa
María in Merida mit ihren Reliquien in die Gegend von Iria Flavia
gelangt. Daß Asturien danach den Mauren so erfolgreich Widerstand leistete, würde die wachsende Bedeutung der Reliquien des

Heiligen erklären. Doch da die Gebeine so berühmt waren, sahen sich die Mönche, die sie verwahrten, gezwungen, Angaben über ihre Herkunft zu machen, und die wunderbare Reise in dem Bericht aus dem 10. Jahrhundert ist vielleicht die Geschichte der wirklichen Flucht der Geistlichen von Merida, die den Guadiana hinabgefahren und an der Westküste der Halbinsel bis Iria Flavia hinaufgewandert sein sollen. Dieser Erklärung kann man entgegenhalten, daß sie auf einer Annahme basiert, die sich ihrerseits von einem Zufall herleitet und dann eine Reihe von Hypothesen nach sich zog. Vor allem entspricht sie nur teilweise dem wahren Geschehen und steht vor einem anderen Interpretationsversuch zurück, der überzeugender und vor allem logisch ist.

Den Anstoß zu diesem Deutungsversuch gab Louis Duchesne. Seine Idee führte der Kanoniker P. David fort, schließlich legte René Louis in einem unveröffentlichten Referat, das auch die jüngsten Grabungsresultate des Don Manuel Chamoso Lamas berücksichtigt, die verschiedenen Elemente der Erklärung dar.

In den Apostelkatalogen heißt es entweder, die Grabstätte des hl. Jakobus befinde sich in Judäa beziehungsweise Cäsaräa in Palästina oder aber in der Marmarica, dem Wüstengebiet zwischen Nildelta und Großer Syrte. In einem griechischen Text jedoch stand statt, ἐν πόλει τῆς Μαδμαρίκης geschrieben ἐν ἀκῇ τῆς Μαδμαρίκης, was keinen Sinn ergibt. Diese unverständliche Bezeichnung oder diejenigen, die ihr ähnelten, führte im Lateinischen zu einer anderen, die in Schrift und Klang der ersten ursprünglichen am nächsten war, aber etwas völlig anderes bedeutete: *in arca marmorica*, das heißt »in einem Marmorgrabmal«. Diese Übersetzung gab zu der Vermutung Anlaß, daß das Grab des hl. Jakobus des Älteren identisch sei mit dem Gemäuer auf dem Hügel von San Félix in Solobio, der Compostela überragt und früher, wie wir im Text einer Schenkung gesehen haben, *Arcis marmoricis* hieß. In einem frühgeschichtlichen *oppidum* stieß man bei jüngsten Grabungen auf die Reste einer größeren Ansiedlung aus der Römerzeit mit Bädern, Mausoleum und Friedhof.* Im Mittelalter befand sich an derselben Stelle ebenfalls ein Friedhof, der ohne das Vorhandensein des Heiligengrabes, das aber zu dieser Zeit keine Reliquien barg, nicht denkbar ist. Man darf wohl davon ausgehen — und kann man nicht in diesem Sinn die

---

* Die Nekropole, die sich vier Meter unter dem Pflaster der Kathedrale befindet, reicht bis zu den Gewölbefeldern beim *Pórtico de la gloria*. Eine aufregende Entdeckung war die Auffindung des Grabes des Theodomir, Bischof von Iria zur Zeit der Invention. Dieses Grab, dessen Platte anhand einer Inschrift identifiziert worden ist, mußte nach dem Angriff Al Mansurs bei der Wiedererrichtung der Kathedrale durch den Bischof Don Pedro von Mezonzo (Seite 38 und 122) restauriert werden.

Präsenz der von Fray Justo Pérez de Urbel erwähnten Reliquien deuten? –, daß in dieser Gegend die idealen Voraussetzungen herrschten, bei einer Bevölkerung, die wie alle Menschen im Mittelalter Reliquien liebte und die, wie von da an die gesamte Halbinsel, überzeugt war, daß der Apostel Spanien christianisiert hatte, daß er hier beigesetzt worden war und daß er die Christen gegen die Muselmanen verteidigt hatte. Darum suchte man den Leichnam des Heiligen, wie in dem heiligen Text angegeben, in einem Marmorgrab. Die Auffindung erfolgte zweifellos durch einen Einsiedler, Geistlichen oder Mönch; die sterbliche Hülle eines Menschen, die man in dem Marmorgrabmal entdeckte – von letzterem scheint man bei jüngsten Grabungen Spuren gefunden zu haben – und als den Leichnam des Apostels identifizierte, war in Wirklichkeit nur das Skelett aus einem Grab des antiken Friedhofs. Der Name *Compostela* übrigens leitet sich nicht von *campus stellae* her, »Feld des Sterns«, der das Vorhandensein des Leichnams angezeigt haben soll, sondern ganz einfach von *compostum* und *compostela*, was Friedhof bedeutet.

Diese Erklärung trägt sowohl den Texten als auch den Grabungen in der Kathedrale Rechnung. Sie ordnet Compostela in den schwindelerregenden Ablauf einer Geschichte ein, die man bereits vor der Auffindung selbst nachzeichnet; sie führt durch Jahrhunderte zeitabwärts wie durch Abgründe, die sie mit ihrem gleißenden Licht erhellt, und macht neben dem heutigen hl. Jakobus nicht nur den des Mittelalters und des hohen Mittelalters sichtbar, sondern gibt auch Auskunft über die römische Siedlung und den frühgeschichtlichen Wohnplatz. So wären also die Unwissenheit oder das Unverständnis eines Schreibers die weit zurückliegende Ursache für die Invention des Heiligen und der Ursprung eines der erstaunlichsten Phänomene der westlichen Zivilisation, dem der Pilgerfahrt nach Compostela. Man kann also, die Heilige Schrift paraphrasierend, von diesem Fehler sagen: *felix culpa*, glücklicher Irrtum, glücklicher Fehler, glückliche Legende, die in Kunst und Kultur unvorhersehbare Folgen zeitigte. Und wären die zu Beginn des 9. Jahrhunderts aufgefundenen Reliquien auch nicht die des hl. Jakobus des Älteren, so haben doch der Glaube, die Frömmigkeit und die Leiden Tausender und Abertausender Pilger den schon in der Antike bewohnten Ort Santiago geheiligt und lebendig erhalten.

Sicher läßt sich die Entstehung der Pilgerfahrt nicht allein von diesen Voraussetzungen her erklären. Tatsächlich gibt es tiefere Ursachen als diese, nämlich die Bedrohung Spaniens durch die Muselmanen. Im Kampf gegen diese spielte der Kult des Apostels

Jakobus, den Spanien besonders für sich beanspruchte, eine bedeutende Rolle. Die Verehrung der Überreste des Apostels wird allerdings von der gesamten Christenheit geteilt, in leidenschaftlicher Begeisterung für Reliquien.

In ihrem historischen und religiösen Zusammenhang gesehen, scheint die Auffindung des Leichnams des hl. Jakobus, so wie sie oben dargestellt worden ist, nicht mehr als ein berühmter Fall unter vielen anderen zu sein, die im heutigen Denken ohnehin an Bedeutung verloren haben.

Besonders im Mittelalter verlangten die Klöster danach, Reliquien zu besitzen, denn diese waren eine nie versiegende Einnahmequelle. Die Reliquienverehrung, die übrigens aus dem Orient stammt, erreichte damals eine Intensität, die wir uns heute kaum vorstellen können. Es galt übrigens nicht als Sünde, Reliquien zu stehlen oder bestimmte Gebeine gegen andere auszutauschen. So konnte manche mittellose Abtei durch Schenkungen und vermehrte Pilgerbesuche ihre Situation verbessern. Das war beispielsweise in Conques der Fall, als die sterblichen Überreste der heiligen Fides, die in Agen gestohlen worden waren, dorthin gelangten. Auch wurden Leben und Wundertaten so mancher mittelalterlicher Heilger häufig fast vollständig erfunden. Wir erfahren aus solchen Viten oft nichts über die Heiligen, dafür aber um so mehr über das Mittelalter, denn ihr kultureller Einfluß war in vielen Fällen enorm. Émile Mâle schrieb zu Recht: »Diese Legenden, die manchmal ebenso poetisch sind wie die epischen Dichtungen [. . .], bildeten den Ursprung von Pilgerfahrten; sie ließen Kirchen aus dem Boden wachsen, sie bevölkerten diese mit Kunstwerken, sie setzten Millionen Menschen in Bewegung; sie waren zahllosen Seelen Trost und Hoffnung, erlaubten ihnen, schon auf dieser Welt einen Blick in das Reich Gottes zu erhaschen.«

Mit den Reliquien des hl. Jakobus von Compostela jedoch verhält es sich anders. Ihre Auffindung war das Endergebnis einer Entwicklung, die der Kampf gegen die Ungläubigen und die Vorliebe für Reliquien förderten. Jede der beiden Hypothesen, gleichgültig, für welche man sich entscheidet, muß diesen beiden Faktoren Rechnung tragen. Es handelt sich nicht um einen Schwindel, sondern um eine Folge von Irrtümern, in gutem Glauben begangen. Miguel de Unamuno schrieb, daß »ein moderner Mensch kritischen Geistes, auch wenn er noch so katholisch ist, nicht annehmen kann, der Leichnam des heiligen Jakobus des Älteren befinde sich in Compostela«. Und er stellte die Frage: »Welcher Leichnam ist es also, den man dort verehrt? Wie und warum hat dieser Kult begonnen?«

Wird man die erste je mit Sicherheit beantworten können? Die sterblichen Überreste, die man fand, waren diejenigen, die Anfang des 9. Jahrhunderts in dem römischen Grabmal gelegen hatten. Das befriedigendste Wie ist der Irrtum eines Schreibers, der vor vielen Jahrhunderten lebte, eine Erklärung, die sich jedoch durch neue Entdeckungen der Wissenschaft ändern kann. Das Warum ist die Leidenschaft für die Reliquien, ist der mystische Glaube Spaniens, besser gesagt des Königreichs Asturien, an den Schutz des Apostels. Dieses Reich benötigte eine zusätzliche Stärkung des Glaubens, der Hoffnung und des Erfolgs, die ihm der Stern von Compostela, obwohl er nie wirklich geleuchtet hat, an irgendeinem Tag zu Beginn des 9. Jahrhunderts schenkte.

Die sogenannte zweite Invention des Apostels im 19. Jahrhundert wird uns nicht lange beschäftigen. Die Krypta unter der *capilla mayor* der Kathedrale enthielt die Reliquien des hl. Jakobus; zu dieser Krypta stieg man nicht hinab, und selbst der spätere Philipp II. verzichtete im April 1554 darauf, sie aufzusuchen. Ihr Eingang wurde in der Folge unkenntlich gemacht. Um 1660 erhielt die *capilla mayor* eine neue Ausschmückung im Barockstil. Während der ersten zwanzig Jahre des 18. Jahrhunderts wurde sie wegen der Bedrohung durch die Engländer geschlossen, entweder während des Spanischen Erbfolgekrieges oder, was wahrscheinlicher ist, im Jahr 1719. Mit der Zeit geriet die Stelle, wo die Überreste des Apostels ruhten, in Vergessenheit. Das Inthronisationszeremoniell der Erzbischöfe von 1738 erwähnt keinen Besuch der Grabstätte. Es blieb nur die Überlieferung, daß sich das Grab in der Krypta befinde. Doch im 19. Jahrhundert faßte Kardinal Payá y Rico (1874–1886) den Entschluß, die berühmten Reliquien wiederzufinden, koste es, was es wolle. In der Apsis, hinter dem *altar mayor* und der Mauer, welche die Apsis abschließt, fand man in der Nacht des 28. Januar 1879 die Gebeine. Ernste Bedenken können sowohl der Grabungskampagne gelten als auch der Untersuchung, die Papst Leo XIII. in Rom veranlaßte, in der Bulle vom 1. November 1884 die Reliquien für echt zu erklären. Ein gelehrter Priester von Compostela, verehrungswürdig durch Priesteramt und Bildung, schrieb: »Esos restos, sea como sea, han resucitado el actual movimiento de peregrinaciones.« — »Diese Überreste, was immer es damit auf sich hat, haben die heutige Pilgerbewegung wieder aufleben lassen.«

# Die mittelalterliche Jakobuslegende

*Je tiens trop de place dans le ciel*
*pour qu'aucun œil puisse se méprendre.*

*Ich brauche zuviel Raum am Firmament,*
*als daß ein Auge sich täuschen könnte.*

St. Jakobus in: *Der seidene Schuh*
von Paul Claudel

Die Popularität des Apostels am Ort und die Blüte der Pilgerfahrt in
Westeuropa trugen entscheidend zur Entstehung der Jakobslegende
bei. Die Pilger, die nach Santiago kamen, waren begierig, mehr über
das Land und die Wundertaten des Apostels zu erfahren.

Die historisch-kritische Forschung hat mit viel Geduld die
Geheimnisse um Christianisierung und Auffindung enträtselt. Mit
noch größerer Präzision ist sie den einzelnen Beiträgen, aus denen
sich zwischen der Mitte des 9. und dem 12. bis 13. Jahrhundert die
Legende des hl. Jakobus des Älteren bildete, nachgegangen. Doch
selbst wenn man weiß, daß sie auf ganz menschliche Weise entstanden ist, sollte man ihren Reiz und ihre Ursprünglichkeit zu schätzen
wissen. Darum wollen wir sie hier zunächst so wiedergeben, wie sie
den Pilgern seit der Zeit, in der sie feste Gestalt annahm, erzählt
wurde, etwa so, wie wir sie nur wenig später in der *Legenda aurea*
des Jacobus de Voragine finden.

Nachdem Christus zum Vater aufgestiegen war, hatten die Apostel
die verschiedenen Völker, denen sie die Heilsbotschaft überbringen
sollten, unter sich aufgeteilt. Das ferne Spanien war an Jakobus den
Älteren, Bruder von Johannes dem Evangelisten, gefallen. Trotz
seiner Bemühungen blieb seine Missionstätigkeit fruchtlos, der
christliche Same, den er gesät hatte, trug keine Früchte, er sammelte
nur wenige Anhänger um sich, neun oder zehn Schüler oder, wie es
in manchen Texten heißt, nur einen. Darauf kehrte der Apostel
nach Jerusalem zurück. Dort, in der immerhin durch die Predigt
Jesu geheiligten Stadt, hörte die Mehrzahl der Einwohner nicht
mehr auf das Wort Gottes, sondern ließ sich von den Wundern des
berühmten pharisäischen Zauberers Hermogenes und dessen Schü-
lers Philetos betören. Philetos wurde von seinem Meister zu Jakobus
gesandt, um diesen vor den Juden von der Falschheit seiner Lehre zu
überzeugen. Jakobus trug in dieser öffentlichen Auseinandersetzung nicht nur durch das Feuer und die Kraft seiner Worte, sondern
auch durch den Glanz seiner Wunder den Sieg davon. Philetos

kehrte zu Hermogenes zurück, erzählte ihm von den Wundern, die er gesehen hatte, und teilte ihm mit, daß er sich Jakobus anschließen werde. Voller Zorn fesselte Hermogenes ihn mit Hilfe von Zaubersprüchen, so daß Philetos sich nicht mehr bewegen konnte. Doch dieser ließ durch einen Knecht den Apostel von seiner Lage wissen, daraufhin sandte dieser ihm seinen Mantel und ließ ihm ausrichten: »Er soll diesen Mantel nehmen und sagen: ›Der Herr richtet die Gestrauchelten auf und löst die Gebundenen.‹« Kaum hatte Philetos den Mantel berührt, war er vom Bann befreit und begab sich eilends zu Jakobus. Da wurde Hermogenes zornig, rief seine Geister herbei und befahl ihnen, Jakobus und Philetos gefesselt zu ihm zu bringen, damit er sich an ihnen räche. Aber die Geister flogen durch die Luft und flehten den Apostel an:

»Jakobus, Apostel Gottes, erbarme dich unser, denn siehe, wir brennen vor unserer Zeit!«

Und Jakobus sprach:

»Warum seid ihr zu mir gekommen?«

Sie antworteten:

»Hermogenes sendet uns. Er will, daß wir Philetos und dich zu ihm bringen. Aber auf dem Weg zu dir band uns der Engel Gottes mit feurigen Ketten und peinigte uns.«

Und der Apostel sprach weiter:

»Kehrt zu Hermogenes zurück, der euch gesandt hat. Bringt ihn selbst gefesselt her, aber tut ihm nichts zuleide.«

Füße und Hände auf den Rücken gefesselt, stand Hermogenes bald vor Jakobus. Die Geister, die ihn gebracht hatten, waren unterwegs sehr gepeinigt worden, und sie baten Jakobus, sich rächen zu dürfen. Aber dieser erlaubte es ihnen nicht und wandte sich an Philetos: »Jesus Christus hat uns gelehrt, Böses mit Gutem zu vergelten; Hermogenes hat dich gebunden, so mach du ihn frei.«

Aber der seiner Fessel entledigte Hermogenes fürchtete den Zorn der Geister, die er gepeinigt hatte, und damit er sich ihrer erwehre, gab Jakobus ihm seinen Stab. Hermogenes wollte seine Zauberbücher verbrennen, doch Jakobus, der fürchtete, durch den Rauch des Feuers zu viel Aufmerksamkeit zu erregen, hieß ihn, sie ins Meer zu werfen. Von da an verkündete Hermogenes das Wort Gottes und bekehrte viele.

Jakobus' Missionstätigkeit aber entfesselte den Haß der Juden. Abjathar, der Hohepriester, zettelte einen Aufstand im Volk an, ließ Jakobus einen Strick um den Hals legen und dem Herodes Agrippa vorführen, der ihn zum Tode verurteilte. Als er zur Richtstätte ging, lag ein Lahmer am Weg und flehte Jakobus an, daß er ihn gesund mache, was dieser tat mit den Worten: »Im Namen Jesu

Christi, für den ich nun zum Tode geführt werde, steh gesund auf und lobe den Herrn!«

Der Lahme erhob sich. Als das der Schriftgelehrte Josia, der das Seil hielt, mit dem der Heilige gebunden war, sah, warf er sich ihm zu Füßen und wollte Christ werden. Wutentbrannt drohte Abjathar, ihn zusammen mit dem Apostel enthaupten zu lassen, doch vergeblich. Josia antwortete: »Verflucht seist du und alle deine Tage, der Name Jesu aber sei gelobt in alle Ewigkeit!«

Jakobus taufte Josia, beiden wurde gleich darauf das Haupt abgeschlagen.

In ihrem Zorn warfen die Juden Kopf und Rumpf des Heiligen aufs freie Feld, damit sie von Hunden und wilden Tieren gefressen würden. Doch im Schutze der Nacht bargen die Jünger die sterblichen Reste des Heiligen und trugen sie an die Meeresküste. Dort kam, von hoher See her, ein Schiff gefahren, das zwar mit Segeln ausgerüstet, aber unbemannt war. Darauf legten die Jünger den kostbaren Leichnam. Nach manchen Berichten empfahlen sie das Schiff der göttlichen Vorsehung, die es gesandt hatte, und ein Engel geleitete es über das ruhige Meer; andere berichten, daß sie mit an Bord gingen und das Schiff sich fortbewegte, ohne daß sie zu lenken brauchten. Nach sieben Tagen oder vielleicht sogar nach einer einzigen außergewöhnlichen Nacht landete die Wunderbarke in Galicien in Iria Flavia.

Über das, was danach geschah, gehen die Berichte auseinander. In einigen heißt es, die Jünger gingen an Land und wurden Zeugen eines unerhörten Wunders: Der Leichnam des Apostels hob sich in die Lüfte, und er landete mitten im Herzen der Sonne — dann führte ihn dieselbe übernatürliche Kraft, die ihn in die Lüfte gehoben hatte, gen Osten an einen nahen Ort, an dem er sein Grabmal erhalten sollte. Voller Entsetzen glaubten die Jünger schon, ihren Schatz zu verlieren, und in ihrer Sorge eilten, ja rannten sie in Richtung Osten, um den Leichnam zu suchen. Da erfuhren sie, daß er sich in dem Land einer mächtigen Frau, der Königin Lupa, befand. Diese ließ nach anderen Erzählungen den Leichnam des Heiligen vom Schiff nehmen und auf einen großen Stein legen, aber der Stein gab unter ihm nach wie Wachs und formte sich auf wunderbare Weise zu einem Sarg.

Als die Jünger die Königin Lupa um ein Stück Land baten, wo sie den Apostel würdig bestatten könnten, sandte diese sie zum König von Duyo. Dieser mächtige, grausame Herrscher, der Christen bis aufs Blut haßte, ließ die Bittsteller ins Gefängnis werfen. Während er zu Tische saß, überlegte er, auf welche Weise er ihnen den Tod geben sollte, doch während er in seiner Bosheit darüber nachdachte, öffnete ihnen ein Engel die Kerkertür. Als der König dies erfuhr, geriet er außer sich vor Zorn und machte sich auf, die Flüchtigen zu verfolgen. Als er aber zusammen mit seinen heidnischen Kriegsknechten über eine Brücke kam, stürzte diese ein, und sie ertranken alle im Fluß; es heißt auch, die Jünger hätten sich unter das Gewölbe einer ehemaligen Quelle neben der Straße geflüchtet, und dieses Gewölbe sei auf den König und die Seinen gestürzt.

Danach kehrten die Jünger zu Lupa zurück. Diese hatte vom Schicksal des Königs erfahren, wollte besonders vorsichtig sein und die Männer mit Hilfe einer List loswerden. Sie sandte sie auf den Berg Ilianus, ungezähmte Stiere zu fangen, die sie ihnen als friedliche Ochsen beschrieb. Als sie sich dem Berg näherten, fuhr ein Drache, dessen Pestbrodem die Gegend verdorren ließ, mit schrecklichem Pfeifen wider sie. Sie aber machten das Kreuzeichen, und da barst sein Leib mitten hindurch und ging in Rauch auf. Ein zweites Kreuzeichen verwandelte die wilden Stiere in friedliche Rinder. Die Jünger spannten sie vor einen Karren, legten darauf des Jakobus Leichnam, und ohne daß man sie hätte lenken müssen, führten die Stiere die heilige Last in den Palasthof der Königin Lupa. Als diese das sah, erschrak sie sehr, sah von jeder weiteren List gegen den Himmel ab und gewährte den Jüngern alles, worum sie sie baten. Sie ließ eine prächtige Kirche erbauen, die den Leichnam des Apostels aufnehmen sollte, beschenkte die Gläubigen aufs reichlichste und beschloß ihr Leben in guten Werken jeglicher Art. Drei Jünger oder nur zwei, blieben bei der Grabstätte und wurden neben dem Apostel beigesetzt. Die anderen verstreuten sich in alle Richtungen oder kehrten nach Palästina zurück.

Die *Legenda aurea* schweigt über die Auffindung und geht von der Überführung des Leichnams unmittelbar über zu den Wundertaten des hl. Jakobus, deren Aufzählung beeindruckend ist; aber durch ihre Monotonie ermüdend wirkt. Der Apostel vollbrachte sie im allgemeinen für Compostela-Pilger, und es ist selbst dem nicht sachkundigen Leser ein leichtes, gewisse thematische Parallelen bei ihnen festzustellen.

Eine der erstaunlichsten Geschichten ist die von dem Apostel, dem Turm und den Gefangenen. Bernhardus, ein Mann aus der Diözese Modena, liegt gefesselt in einem Turm und ruft den hl. Jakobus an. Dieser erscheint ihm und sagt: »Steh auf und folge mir nach Galicien.« Da fallen Bernhardus die Ketten ab, er klettert auf die Turmspitze und springt, ohne Schaden zu nehmen, sechzig Ellen in die Tiefe. Ebenfalls in einen Turm sperrt ein tyrannischer Herrscher einen ehrbaren Kaufmann, nachdem er ihm all seine

Habe geraubt hat. Der Unglückliche fleht zu dem Apostel. Da neigt sich der Turm, neigt sich so weit, bis seine Spitze die Erde berührt und der Gefangene fliehen kann; die Wächter setzen ihm nach; aber der Heilige macht den Flüchtling für sie unsichtbar.

Besonders schön ist eine Geschichte, in der Jakobus Pilgern, die fälschlicherweise des Diebstahls bezichtigt worden sind, Hilfe angedeihen läßt. Um das Jahr 1020 begibt sich ein Deutscher mit seinem Sohn nach Santiago. In Toulouse macht sein Wirt ihn betrunken und versteckt einen silbernen Becher in seinem Mantelsack. Am nächsten Tag, als sie bereits ein Stück des Weges zurückgelegt haben, läuft er ihnen nach, hält sie wie Räuber fest und beschuldigt sie, ihm einen silbernen Becher gestohlen zu haben. Da sie sich keiner Schuld bewußt sind, protestieren sie energisch: »Man kann uns gern strafen, wenn man ihn in unserem Gepäck findet.« Als man den Mantelsack öffnet und durchsucht, kommt tatsächlich der Becher zum Vorschein. Der Richter verurteilt die Unglücklichen dazu, daß ihre Habe dem Wirt verbleibe, und entscheidet außerdem, daß einer von ihnen gehenkt werden solle, wobei er ihnen die Wahl läßt: entweder Vater oder Sohn. Es kommt zwischen ihnen zu einem ergreifenden Streitgespräch. Schließlich wird der Sohn gehenkt, und der Vater zieht mit großer Trauer im Herzen weiter gen Galicien. Auf dem Rückweg von Compostela sechsunddreißig Tage später geht er weinend zum Richtplatz seines Kindes. Der Sohn aber, der noch am Galgen hängt, spricht zu ihm: »Vater, lieber Vater, weine nicht, denn mir war nie so wohl. St. Jakob hält mich und labt mich mit himmlischer Süßigkeit.« Der Sohn wird vom Galgen genommen, und der arglistige, lügnerische Wirt an seiner Statt gehenkt.

Es gibt noch eine Geschichte um einen Diebstahl, nämlich die einer französischen Familie – Vater, Mutter, Kinder –, die um das Jahr 1100 nach Galicien wallfahrten und in Pamplona Station machen. In dieser Stadt stirbt die Ehefrau, und der Wirt nimmt dem Mann nicht nur sein Geld, sondern auch das Pferd, das die Kinder trug. Auf dem langen Weg, der noch zurückzulegen bleibt, muß der Vater diese bald auf den Schultern tragen, bald an der Hand führen. Zum Glück begegnet ihm unterwegs ein Mann, der ihm seinen Esel für die Kinder leiht. In Compostela angelangt, erscheint ihm, während er am Grabmal des Apostels betet, ein Mann, den er nicht kennt, der aber zu ihm sagt:

»Ich bin der Apostel Jakobus. Ich habe dir meinen Esel geliehen und leihe ihn dir abermals, damit du heimkehren magst. Auch sollst du wissen, daß der Wirt, der dir so Böses angetan, tot ist, und du alles wiederbekommst, was dir gehört.«

Tatsächlich erhielt er in Pamplona seine Habe zurück und ließ, vor seinem Haus angekommen, seine Kinder vom Esel absteigen; kaum war das Tier von seiner Last befreit, verschwand es. Der hl. Jakobus übte seine Macht nicht nur gegen die Bösen aus, sondern sogar gegen den Teufel selbst. War es Satan nicht gelungen, einen Pilger zu überreden, sich zu töten? Der Wirt, den man des Mordes an ihm bezichtigte, sollte gerade gehenkt werden, als der Apostel den Toten zum Leben erweckte. Man erzählte auch von einer anderen wunderbaren Auferstehung. Ein Pilger war in Unkeuschheit gefallen. Da erschien ihm der Teufel in St. Jakobus' Gestalt und sagte zu ihm:»Deine Sünde wird dir erst vergeben werden, wenn du dir dein Geschlecht abgeschnitten hast. Noch besser aber wäre, du würdest dich töten, denn dann wärst du ein Märtyrer.«

Der Jüngling, den es nicht weiter verwunderte, daß er durch dieses heroische, aber ein wenig radikale und höchst gefährliche Mittel in die Ewigkeit gelangen würde, nahm sich den Rat zu Herzen, schnitt sich eines Nachts das Geschlecht ab und stieß sich danach das Schwert durch den Leib. Aber der hl. Jakobus gab ihm das Leben zurück, und»nach drei Tagen, da nur noch die Narben der Wunden an ihm zu sehen waren, machte der Jüngling sich wieder auf den Weg.« Die Legende sagt nichts darüber, ob er auch von seiner Unkeuschheit geheilt wurde. Sicher heiratete er und hatte viele Kinder.

Sehr hübsch ist auch die Geschichte von dem Pilger aus Verona, der sich von einem wunderbaren Brot ernährte, das er jeden Tag, wenn er es aus dem Mantelsack nahm, wieder frisch vorfand. Oder die von einem jungen»Einfältigen« aus Pistoia, der aus Rache, daß sein Vormund ihn um sein Erbteil hatte bringen wollen, Feuer an dessen Korn legte. Er wurde verurteilt, mit einem einfachen Hemd angetan einem wilden Pferd an den Schweif gebunden zu werden, aber als er über den felsigen Untergrund geschleift wurde, blieb sein Hemd unversehrt. Auf dem Scheiterhaufen, zu dem man ihn danach führte, tat das Feuer ihm keinen Schaden. Da merkte das Volk, daß der hl. Jakobus eingegriffen hatte, und begnadigte ihn.

Welcher Apostel könnte größer sein als Jakobus? denken die Menschen des Mittelalters. Er reiste zu seinen Lebzeiten nach Spanien, und Gott vollbrachte nach seinem Tod ein Wunder, indem er seinen Leichnam dorthin zurücksandte. Er bekehrte Hermogenes und Philetos, die von ihren Geistern gefesselt waren, tötete den Drachen, zähmte die Stiere, bekehrte die Königin Lupa. Vor ihm beugen sich die Türme, taugen die Galgen nicht mehr zum Hängen, die Scheiterhaufen nicht mehr zum Verbrennen. Er verlängerte die Dauer eines Nahrungsmittels, ähnlich wie Christus die Brote und Fische vermehrte oder Wasser in Wein verwandelte; erinnert das Wunder von dem täglichen neuen Brot nicht an das der leeren Ölflasche in der Heiligen Schrift? Und gleich Christus und dessen Vater gebietet er dem Tod und erweckt Dahingeschiedene wieder zum Leben. Als Ritter kämpfte er gegen die Mauren. Auf den Wegen nach Compostela ist er stets gegenwärtig, um die Pilger oder Jakobspilger zu beschützen, Unheil von ihnen fernzuhalten. Auch auf den Straßen des Firmaments begegnet man ihm, wo er leuchtet wie ein Stern von besonderer Strahlkraft: glänzte er, als er gen Himmel fuhr, nicht wie eine Sonne? Und schon mehrere Jahrhunderte, bevor Paul Claudel es so großartig in seinem *Seidenen Schuh* formulierte, hätte er stolz ausrufen können: »Ich brauche zuviel Raum am Firmament, als daß ein Auge sich täuschen könnte.«

Jakobus zu übersehen, das war für die Menschen des Mittelalters und selbst später für die Entdecker Indiens, die Zeitgenossen von Prouhèze und Rodrigues, unmöglich. Der hl. Jakobus war glänzender Bestandteil ihres Kosmos wie dieser oder jener Stern, den wir seit unserer Kindheit kennen, weil Vater, Mutter oder ein anderer lieber Mensch uns die Sternbilder erklärt oder vom Geheimnis um das Kreuz des Südens erzählt hat. Wir, die Menschen des 19. und 20. Jahrhunderts, haben eine andere Perspektive. Wir wollen hier nicht im Namen eines eitlen Skeptizismus oder einer anmaßend herzlosen Kritik einen Heiligen töten, wir versuchen vielmehr, zur geistigen Wahrheit vorzustoßen, welche den Hintergrund der Jakobslegende bildet. So ungenau unsere Kenntnis derselben ist, so bleibt sie doch aufgrund all dessen, was wir durch sie über den Geist des Mittelalters erfahren, für uns wertvoll. Wir freilich verstehen unter Wahrheit Genauigkeit, und wir können in dieser Legende die Beiträge und Zusätze aus verschiedenen Epochen unterscheiden wie der Geologe an einer günstigen Stelle der Erdoberfläche die Schichtungen und Faltungen des Untergrunds. Betrachten wir diese Jakobslegende wie eine Landschaft: Zunächst nimmt das Auge eine reizvolle Gegend wahr. Es ist ein Hügelland mit frischgrünen blühenden Wiesen, da und dort eine langgestreckte vom Meer gebildete Bucht. Eine Landschaft wie im *Artus-Roman*, die den lieblichsten Tälern des heutigen Galiciens ähnelt. Hier spielen die Geschichten der *Legenda Aurea*, so wie wir sie oben erzählt haben. Ihr Verfasser, Jacobus de Voragine, wurde um 1230 in Varazzo bei Savona am Golf von Genua geboren; 1244 trat er in den Dominikanerorden ein; 1292 wurde er Erzbischof von Genua und starb 1298.

In seinem Werk nennt er die Personen, die ihm die einzelnen Legenden übermittelt haben: Hugo, Abt von Cluny (1024–1109), Hugo von Saint-Victor, der berühmte Mönch der Abtei dieses Namens in Paris (um 1096/1097–1141) und Papst Calixtus II. (1119–1124). Besonders viel aber verdankt er Jean Béleth, einem Ordensbruder und Theologen, der im 12. Jahrhundert lebte.

Dem Auge des Laien weniger vertraut, vergleichbar, wenn man so will, mit der Humusschicht unter den Blumenwiesen, wäre die *Historia Compostelana* aus dem beginnenden 12. Jahrhundert und der *Liber Sancti Jacobi* (Jakobusbuch), dessen Kompilation in der Handschrift von Compostela, dem *Codex Calixtinus*, um 1139 beendet wurde.

Tief unter der Erde lägen dann vier in verschiedener Richtung laufende Faltungen, das heißt vier Texte, von denen jeder seine eigene Entstehungsgeschichte hat: die *Kleine Passion*, die *Große Passion*, das *Mirakelbuch*, das *Buch der Translation*. Das erste war, was den hl. Jakobus betrifft, von untergeordneter Bedeutung, da es sich vor allem mit den römischen Kaisern und den Königen Judäas befaßte. Die *Große Passion* hingegen behandelte ausführlich die Geschichte von Hermogenes und Philetos, Abjathar und Josia; es ist der Haupttext für den Nachweis der Missionstätigkeit und der Hinrichtung des Apostels in Judäa nach seiner Rückkehr aus Spanien. Ein gewisser Abdias, der Christus mit eigenen Augen gesehen hatte und der, vom hl. Simon und hl. Judas geweiht, erster Bischof von Babylon war, schrieb ihn in hebräischer Sprache. Einer seiner Schüler, Eutropios, übersetzte ihn ins Griechische. Diese Fassung wird im 6. bis 7. Jahrhundert ins Lateinische übersetzt von Julianus Africanus, dessen Text den Titel *Historia certaminis apostolici*, das heißt »Geschichte der Kämpfe der Apostel« trägt. Diese *Historia* findet sich in der *Großen Passion;* sie ist wesentlich für das Verständnis der Aposteldarstellungen in der mittelalterlichen Kunst, gilt aber seit der Gegenreformation als historisch wertlos.

In der *Translatio,* die ursprünglich auf die Mitte des 9. Jahrhunderts zurückgeht, wird berichtet, daß der Leichnam des hl. Jakobus von sieben Heiligen aus der Umgebung von Granada gebracht worden sei, die im Heiligenkult der Halbinsel gemeinhin eine ganz andere Rolle spielten, die man jedoch – ein recht geläufiger Assimilationsvorgang – als Jünger des hl. Jakobus hinstellte. Außerdem ist der Bericht beeinflußt worden durch einen angeblichen Brief des Papstes Leo Ende des 9. Jahrhunderts – nicht Leos III., sondern eines imaginären Heiligen Vaters, eines Zeitgenossen des hl. Jakobus. Dieser Brief seinerseits wird im beginnenden 12. Jahrhundert abgeändert: Man eliminiert die sieben Heiligen, ersetzt sie durch die beiden Schüler Theodorus und Athanasius und erzählt dann, sie seien neben dem Apostel bestattet worden.

Was das Mirakelbuch angeht, so hat die minuziöse Analyse des Kanonikers Pierre David ergeben, daß der Kern vermutlich auf die Jahre 1100–1110 zurückgeht und die Endfassung kurz nach 1135 fertiggestellt wurde.

Diese Einzelheiten mögen langweilig erscheinen, aber sie verschaffen uns einige Klarheit darüber, wie sich die Jakobuslegende gebildet hat und wie in der Folge so manche andere Legende nach ihrem Beispiel entstanden ist. Ihr historischer Wahrheitsgehalt ist gering, wenn es ihn überhaupt gibt.

Wir wollen die Untersuchung der mittelalterlichen Jakobslegende nicht mit einer negativen Aussage beenden. Ob historisch wahr oder nicht, bedenkt man, welchen Erfolg das Christentum in den ersten Jahrhunderten hatte, so wird verständlich, daß Abdias einen so enthusiastischen Bericht schrieb. In einer von der Lebensauffassung und Lebensweise her ganz anderen Welt als der unseren mußte ein Mensch, der noch Christus erlebt hatte, ein ungeheures Ansehen genießen. Sicherlich kann man die Legende historischkritisch untersuchen. Aber was immer man dabei herausfindet, eines steht fest: Sie hatte mehr Einfluß auf die Menschen als die Geschichte. Die Völker leben nicht vom Brot allein, sondern vom Geist, was ihnen besonders zur Ehre gereicht; Schönheit befriedigt sie mehr als Exaktheit.

Kein Wunder also, daß sich die inbrünstige Verehrung des hl. Jakobus nicht auf Europa beschränkte, sondern auch die Neue Welt erfaßte. Man möge uns den Vergleich verzeihen, aber er ist für die Spanier so etwas wie der hl. Martinus und die Jungfrau von Orléans, also Verkünder des Evangeliums und Befreier in einer Person. Ihm soll auch im Jahr 40 in Saragossa, während seines Apostolats auf der Halbinsel, die Heilige Jungfrau, Nuestra Señora del Pilar, erschienen sein. Man hat Städte und Kaps nach ihm benannt, und im 17. Jahrhundert versuchte man sogar, Santiago zum Landespatron, zum obersten Schutzherrn Spaniens zu machen – gegen die hl. Theresa.

Das folgende Schema illustriert besser als alle Analysen die Entstehung der Legende:

Jacobus de Voragine
um 1230 – 1293
Verfasser der *Legenda aurea*
↑
Jean Béleth

*Historia Compostelana* und *Liber Sancti Jacobi* oder
*Codex Calixtinus*
Beginn d. 12. Jhs.                                                  beendet um 1139

| Kleine Passion | Große Passion | Translatio | Mirakelbuch |
|---|---|---|---|
| | ↑ | um die Mitte | Urfassung aus |
| | *Historia certaminis apostolici,* | des 9. Jhs. | der Zeit von |
| | aus dem Griechischen ins Lateinische übersetzt von Julianus Africanus, 6.–7. Jh. | (enthalten in Buch III des *Codex Calixtinus*) und falscher Brief des Papstes Leo gegen Ende des 9. Jhs.; neugefaßt Ende des 11. oder Anfang des 12. Jhs. | 1100–1110; letzte Fassung vermutlich kurz nach 1135. (Enthalten in Buch II des *Codex Calixtinus*.) |
| | ↑ | | |
| | Abdias wird von Eutropios vom Hebräischen ins Griechische übersetzt. | | |
| | ↑ | | |
| | Abdias hat mit eigenen Augen Christus gesehen; erster Bischof von Babylon, geweiht von den Heiligen Simon und Judas; schrieb auf hebräisch. | | |

Laut Luis Sala Balust sind die Verfasser der *Historia Compostelana* vier Kleriker der Kirche von Compostela: zwei Spanier, Nuño Afonso, der Bischof von Mondoñedo wurde, Pedro Gundesindiz und zwei Franzosen, Hugo und Girard. Alle bringen Diego Gelmírez, zunächst Bischof, später Erzbischof von Compostela, tiefe Verehrung entgegen.

## Liber Sancti Jacobi oder Codex Calixtinus

Die *Liber Sancti Jacobi* oder *Codex Calixtinus* genannte Handschrift hat ihren Namen von dem apokryphen Brief Calixtus' II. (gest. 1124), der ihr als Vorwort dient. Ihre beste Fassung wird in den Archiven der Kathedrale von Compostela aufbewahrt; es waren Aimeric Picaud aus Parthenay-le-Vieux, Olivier d'Iscans aus Vézelay und seine Gefährtin Gerberga die Flämin, alle drei Galicien-Pilger, die diese Kopie anfertigen ließen und nach Santiago sandten. Beim *Codex Calixtinus* handelt es sich um eine 1139 vorgenommene Zusammenstellung einer Reihe für die Pilgerfahrt wichtiger Texte, die in mehrere Bücher aufgeteilt sind:

I. Sammlung liturgischer Stücke zu Ehren des hl. Jakobus.

II. Mirakelbuch.

III. Buch der Translatio.

IV. Geschichte Karls des Großen und Rolands oder Pseudo-Turpin.

V. Pilgerführer.

Aimeric Picaud, Olivier d'Iscans und Gerberga haben die in dem Codex enthaltenen Pilgerlieder und musikalischen Liturgietexte verfaßt. Es gibt außer dem Exemplar von Compostela noch verschiedene andere. Picaud gilt übrigens auch als Autor des Pilgerführers.

Joseph Bédier glaubte, der *Liber Sancti Jacobi* sei auf Anregung von Cluny verfaßt worden; heute zweifelt man daran.

Zu den Ausgaben siehe Bibliographie S. 275; über den *Pseudo-Turpin* siehe S. 122.

# Glanzzeit und Niedergang
# der Pilgerfahrt

*Die Menschen des 12. Jahrhunderts haben diese Fernreisen [die Pilgerreisen] sehr gemocht. Das Leben des Pilgers erschien ihnen als das eigentliche Christenleben. Denn was ist der Christ anderes als ein ewiger Reisender, der sich nirgendwo zu Hause fühlt, ein Wanderer auf dem Weg nach einem ewigen Jerusalem.*

Émile Mâle
*L'art religieux du XII<sup>e</sup> siècle en France*

Die Geschichte der Pilgerfahrt ist komplizierter als man gemeinhin glaubt; allzu vereinfachend und schematisch faßt man sie in wenigen Worten zusammen, spricht von dem durchschlagenden Erfolg seit der Auffindung, erwähnt die große Beliebtheit der Wallfahrt im Mittelalter und schließlich den allmählichen Niedergang im 17. und 18. Jahrhundert bis zu der Zeit, als sie fast in Vergessenheit gerät; sodann betont man den erneuten Aufschwung durch den wachsenden internationalen Tourismus heute. Eine solche Darstellung wird der Wirklichkeit nur unzulänglich gerecht.

Compostela war zunächst nur Stätte eines lokalen Kultes, ein asturischer Wallfahrtsort; immerhin war es so bedeutend, daß im Jahr 900 der Bischofssitz von Iria Flavia dorthin verlegt wurde. Pilger aus Frankreich kamen erst im 10. Jahrhundert nach Spanien. Der erste bekannte Wallfahrer war der Bischof von Le Puy, Godeschalk, der die Reise im Jahr 951 unternahm, also ungefähr hundertzwanzig Jahre nach der Auffindung. Es kam auch der Erzbischof von Reims, Hugues de Vermandois, der seinen Bischofsstuhl nicht einnehmen konnte; außer ihm kamen sicher noch andere, Spanier oder Ausländer, über die wir freilich nichts wissen. Ein überzeugender Beweis für die Bedeutung von Compostela ist, daß sein Bischof mit Rom in Konkurrenz zu treten wagt.

Die Gefahren der Reise dämmen die Pilgerwelle zum Grab des hl. Jakobus ein. 961, also zehn Jahre nach Godeschalks Wallfahrt, wird Raimund II., Marquis von Gotien und Graf von Rouergue, unterwegs ermordet. Von etwa 840 bis weit ins nächste Jahrhundert verwüsten die Normannen das Land. Immer wieder unternehmen die Muselmanen Raubzüge in den Norden Spaniens. Auf der Halbinsel liegen Christen und Moslems miteinander in ständigem Territorialstreit und ruinieren gegenseitig ihr Land. Der Islam ist bekanntlich wieder erstarkt. Das Geschlecht der Omaijaden, das im

Orient regierte, war 750 von den Abbasiden gestürzt worden, doch gelang einem seiner Mitglieder, Abd ar-Rahman, die Flucht nach Nordafrika; von dort aus setzte er nach Spanien über, erklärte sich 756 zum unabhängigen Emir und machte seine Hauptstadt Córdoba zu einem Zentrum islamischer Kultur. Davon zeugt die große Moschee, die sich als eindrucksvolles Bauwerk jener Zeit bis heute erhalten hat. 924 fiel Abd ar-Rahman III. in Navarra ein, plünderte Pamplona, zerstörte die dortige Kathedrale. Bald nach diesem Feldzug (929) rief er sich zum Kalifen aus und baute die Moschee von Cordoba aus. In dieser Situation wachsender Bedrohung der Halbinsel durch den Islam und territorialer Rivalität zwischen Kreuz und Halbmond ist das christliche Compostela im Vergleich zum prachtvoll glänzenden Cordoba nichts als ein flackerndes Licht.

Dennoch nehmen in dieser Zeit bis etwa zum Jahr 980 die Gefahren auf den Pilgerwegen ab, und die Zahl der Pilger steigt wieder. Die Reisenden können in Klöstern übernachten und sich ausruhen. Im Herrschaftsgebiet der Könige von Navarra, das bis in die Gegend von Rioja und noch weiter südlich reicht, wird San Martín d'Albelda gegründet, und zwar vermutlich um das Jahr 924. San Millán de la Cogolla erhält eine schöne mozarabische Kirche. In Asturien und León werden ebenfalls einige neue Klöster gegründet, welche durch die Mönche, die aus der Gegend um Córdoba und Toledo kamen, einen andalusischen oder andalusisch beeinflußten Dekor erhalten.

Diese wenigen friedlichen Jahre enden jedoch in Schrecken und Unheil. Alljährlich unternimmt Al-Mansur einen vernichtenden Feld- und Beutezug in die christlichen Staaten der nördlichen Halbinsel. Seine Heerscharen »wüten von der Ebro- bis zur Dueromündung«, wie Élie Lambert schreibt, der die schweren und die guten Zeiten der Pilgerfahrt anschaulich erläutert hat. Sie bringen den Reiseverkehr zum Erliegen, denn sie tauchen überall auf, in Coimbra, Zamora, León, Sahagún, Astorga, Carrión de los Condes, Pamplona, San Millán de la Cogolla. Am 1. August 997 wird sogar Compostela eingenommen, die Basilika aus der Zeit Alfons des Keuschen zerstört, christliche Sklaven müssen die Glocken der Apostelstadt nach Córdoba bringen.

Das 11. Jahrhundert beginnt für die christlichen Reiche unter besseren Vorzeichen. 1002 stirbt der große Feldherr Al-Mansur, sein Sohn kommt einige Jahre später, 1008, ebenfalls ums Leben, und die Omaijadenherrschaft in Córdoba bricht zusammen. Die unablässige Gefahr, die die muselmanischen Einfälle auch für Pilgerwege bedeuteten, ist nun gebannt. Die Reconquista macht gute Fortschritte, denn Sancho der Große, König von Navarra, erobert die am Pilgerweg gelegenen Orte Nájera, Logroño und deren Umland zurück und siedelt wieder Christen dort an. Von nun an werden weder die Pilger noch ihre Wege unmittelbar bedroht; selbst als durch die Machtübernahme der Almoraviden, später der Almohaden, die Ungläubigen wieder an Macht gewinnen, bleiben der Norden und der Nordwesten der Halbinsel unbeeinträchtigt. Obwohl die Muselmanen so weit in den Süden zurückgedrängt worden sind, daß sie Compostela und die Straßen, die dorthin führen, nicht mehr bedrohen, ist die Reconquista noch nicht abgeschlossen. Die christlichen Gebiete müssen zurückgewonnen werden. Zu diesem Zweck sollen Santiago, dem Schutzherrn des Unternehmens, zusätzliche Ehren und Gebete zuteil werden. Dies ist der Grund, weshalb das ausgehende 11. und das 12. Jahrhundert die eigentlich glanzvollste Zeit des hl. Jakobus in Galicien erlebten.

Ihren Erfolg verdankt die Wallfahrt vor allem, das kann nie genug betont werden, der für das Mittelalter so typischen tiefen Frömmigkeit, einer ungeheuren geistlichen Kraft, die mit den Plänen des Papstes und der Äbte von Cluny, den christlichen Reichen Nordspaniens gegen die Ungläubigen zu helfen, eine fruchtbare Verbindung einging. Die Gefahr, die der Islam für den Okzident darstellte, war kein Hirngespinst; selbst in Gallien war sie erst 732 in Poitiers durch Karl Martell abgewendet worden.

Den Hilferufen, die Spanien an Frankreich richtete, kamen die Franzosen in großer Zahl nach. Zwischen 1017 und 1120 wurden zwanzig Hilfexpeditionen zur Rettung der spanischen Christen entsandt. 1064 gelang es Guy Geoffroy, Graf von Poitiers und Bordeaux und Herzog von Aquitanien, die Stadt Barbastro einzunehmen. Und nach den Worten Sugers führt Eble de Roucy im Jahr 1073 »ein großes Heer« heran. Ab 1078 ziehen die Ritter der Gascogne und des Béarn, aber auch Burgunds, der Île-de-France, der Champagne, Normandie und des Limousin in Richtung Navarra, Kastilien und León. An ihrer Spitze stehen die größten Feudalherren der Zeit wie Hugo I. von Burgund, Aimeric I., Vicomte von Narbonne, oder Raimund von Saint-Gilles, Graf von Toulouse. Oft bestanden zwischen den Fürsten zu beiden Seiten der Pyrenäen enge Familienbande. Der König von Kastilien, Alfons VI., heiratete nacheinander Agnes, die Tochter Guy Geoffroys von Aquitanien, dann Constanze, Tochter des Burgunderherzogs Roberts I. und Nichte des heiligen Abts Hugo von Cluny. Aus der zweiten Ehe ging eine Tochter, Urraca, hervor, die ihrerseits Raimund, den Sohn des Grafen von Burgund, Wilhelms des Großen, ehelichte. Ihr Sohn Alfons-Raimund wurde im Jahr 1126 König von Kastilien, Galicien und León. Aber nicht nur die großen Grundherren, sondern auch einfache Christen überschreiten die Berge, die ersten nehmen an Kreuzzügen teil, die nächsten besiedeln die ländlichen Gegenden und Städte, die man den Ungläubigen entrissen hat.

Die Geistlichen und Mönche Frankreichs nahmen die Bischofssitze ein und gründeten Abteien oder reformierten die schon bestehenden. Cluny spielt hierbei eine wesentliche Rolle. Die Reform des Klosters San Juan de la Peña ist im Jahr 1025 abgeschlossen. Es gilt als das erste reformierte Kloster überhaupt. Im Jahr 1090 reist der hl. Hugo nach Spanien. Der von ihm gesandte Bernhard von Sédirac leitet zunächst das Kloster Sahagún, dann wird er Erzbischof von Toledo (1086–1112). Die späteren Prälaten der Halbinsel holt er aus den Cluniazenserabteien in Frankreich: Gerald von Moissac wird Erzbischof von Braga, Pierre von Bourges Bischof von Osma, Bernhard von Agen Bischof von Sigüenza und Erzbischof von Compostela. Moissac, Saint-Victor in Marseille und so manche andere Ordenshäuser werden in Spanien Grundeigentümer, so soll Sainte-Foy in Conques als Schenkung Roncesvalles erhalten haben. Überall wird die römische Liturgie eingeführt, an die Stelle der westgotischen Schrift tritt die französische.

Man kann also in gewisser Hinsicht von einer Symbiose zwischen den christlichen Reichen Spaniens und den großen Lehnsgütern beziehungsweise den mächtigsten Klöstern Frankreichs sprechen. Die Einzelheiten haben uns scheinbar von Compostela entfernt, sie machen jedoch deutlich, weshalb so viele Franzosen nach Nordspanien pilgerten, und erklären den bedeutenden kulturellen Austausch, der über die Pilgerrouten in beide Richtungen stattfand.

Der Jakobuskult am Grab des Apostels in Galicien verdankt seinen Erfolg nicht nur religiösen und politischen Vorgängen. Der Ausbau der Pilgerwege trug ebenfalls entschieden dazu bei. Brücken wurden gebaut, Straßen instand gesetzt, und Santo Domingo de la Calzada erlangte seinen Ruhm und seinen Namen als Straßenbauer.

Klöster des Cluniazenserordens oder Hospize und Augustinerkonvente nehmen die Pilger auf. Der Weg wird ihnen durch Pilgerführer erleichtert, deren Texte sich übrigens für die Historiker als sehr wertvoll erwiesen haben. Compostela selbst hat einen ähnlich starken Zulauf wie Rom oder Jerusalem, und nur die Menschen, die heute nach Lisieux, Lourdes oder Fatima pilgern, können uns einen Eindruck von dem Menschenstrom, der nach Santiago zog, vermitteln. Mit dem Tod des Bischofs Diego Peláez, unter seinem Nachfolger Dalmatius, einem Cluniazensermönch, endete die Abhängigkeit Santiagos vom Erzbistum Braga. Diego Gelmírez, der 1100 Bischof von Santiago wird, erhält 1104 das Pallium und 1120 die Würde des

Erzbischofs. Die Bauarbeiten an der romanischen Kathedrale, die wir noch heute bewundern, werden fortgesetzt; das Domkapitel umfaßt zweiundsiebzig Kanoniker. Außerdem wird die *Historia Compostelana* verfaßt.

Unter den Pilgern befinden sich einige illustre Personen. Von ihnen seien zumindest drei genannt: im Jahr 1125 die Gräfin Mathilde, Witwe des deutschen Kaisers Heinrich V.; 1137 Wilhelm X., Herzog von Aquitanien, der am 9. April, Karfreitag, vor dem Altar Santiagos stirbt, nachdem er die Kommunion empfangen und verfügt hat, daß seine Tochter Eleonore Ludwig VII., den Jüngeren, heiratet; und im Jahr 1154 eben dieser Ludwig VII., nachdem seine Ehe zerbrochen war.

Das Gros der Reisenden bestand nicht aus berühmten Persönlichkeiten. So vermittelt ein Brief Innozenz' III. vom 12. Juni 1207 an den Erzbischof von Compostela eine Vorstellung vom wahren Charakter der Pilgerfahrt. Der Papst erteilt darin die Genehmigung, die Kathedrale nach blutigen Zwischenfällen mit Weihwasser, Wein und Asche zu reinigen. Die Gläubigen, die nach mannigfachen Strapazen und Gefahren endlich an ihrem Ziel angelangt waren, machten sich in dem Bauwerk, das ihnen Tag und Nacht für Kult und Gebet zur Verfügung stand, einander die Altarwache streitig. Dabei kam es mitunter zu heftigen Auseinandersetzungen, ja sogar zu Schlägereien. Wir entfernen uns, wenn wir solche bunten Episoden zitieren, offensichtlich weit von dem Bild, das man im allgemeinen hat. Wie Don Luis Vázquez de Parga schrieb, »stellten sie eine anonyme, ungeordnete und sehr lebhafte Masse Menschen ohne Namen dar, die aus allen Gegenden der christlichen Welt gekommen waren«.

Im 13. und 14. Jahrhundert hält die Beliebtheit Santiagos an, und entlang dem *camino francés* sehen die Reisenden ab jetzt nicht nur die romanischen Kirchen, deren Skulpturen durch Regen und sengende Sonne im Lauf der Jahre Patina ansetzen; denn inzwischen gibt es andere, einen ganz neuen Typus, weiß, voll jugendlicher Kraft und Anmut, aus schwungvoll gemeißeltem Stein. Mit ihren Turmspitzen und ihrem Bogenwerk streben die gotischen Kirchen zum Himmel empor, und in ihren hohen Glasfenstern bewirkt das Licht prachtvoll leuchtende Farben. An romanischen und gotischen Kirchen ziehen Könige, Heilige und anonyme Gläubige vorüber. Alfons IX. wohnt am 21. April 1211 der Weihe der Kathedrale von Compostela bei und besucht sie, diesmal als Pilger, bereits im darauffolgenden November ein weiteres Mal.

Auch der hl. Franz von Assisi soll sich zwischen 1213 und Ende 1215 nach Santiago begeben haben. Um seinen Aufenthalt ranken sich einige bezaubernde Legenden. So wohnte der Heilige bei einem armen Köhler namens Cotolay. Eines Nachts hatte er eine Vision, in der er vom wunderbaren Aufschwung seines Ordens erfuhr. Gott beauftragte ihn, in der Stadt ein Kloster zu errichten. Darauf sagte der Heilige zu seinem Gastgeber, daß nach dem Willen Gottes er, Cotolay, ein Kloster errichten solle. Der Unglückliche hielt ihm entgegen, daß er doch arm sei. Aber der hl. Franziskus verriet ihm einen Brunnen, in dem er einen Schatz finden würde. Der Schatz wurde tatsächlich entdeckt, das Kloster gebaut — so soll das Franziskanerkloster von Santiago entstanden sein.

Zu den Pilgern zählen nicht nur Franzosen, sondern Angehörige aller Völker. Im Juni 1217 tun sich in Darmouth holländische und deutsche Kreuzfahrer zusammen, unterbrechen ihre Reise in La Coruña, von wo aus sie zu Fuß nach Compostela gehen, dann schiffen sie sich wieder ein, um in Lissabon am Kampf der Portugiesen gegen die Muselmanen teilzunehmen.

Der Weg über das Meer wurde häufig genommen. War er weniger gefährlich? Das steht zu bezweifeln, denn Räuber gab es zu Wasser ebenso wie zu Lande, und es sind dramatische Berichte überliefert, denen wir entnehmen können, was die Pilgerfahrt wirklich war: keine romantische Reise in ein fernes Land, sondern ein Unternehmen, bei dem man nicht nur seine Gesundheit, sondern sein Leben aufs Spiel setzte. Englische Seeräuber bedrohten die Schiffsreisen norddeutscher Pilger, wie folgende Geschichte zeigt: Ein Segelschiff aus Danzig sticht im Jahr 1378 mit dem Ziel Compostela in See. Die Hinfahrt geht reibungslos vonstatten, aber auf dem Rückweg wird das Schiff auf der Höhe von Kap Finisterre geentert. Drei Seeleute verlieren ihr Leben, der Kapitän wird verletzt, die Engländer schneiden ihm die Finger ab, um sich seiner Ringe zu bemächtigen, dann werfen sie ihn ins Wasser; sie rauben die übrigen Seeleute und die Passagiere aus, lassen ihnen aber das Leben.

Im 15. Jahrhundert bildet sich, ganz entsprechend der allgemeinen Entwicklung des Mittelalters, ein neuer Typus von Pilger heraus: der Ritter, der sich auf die Reise begibt, um die Welt zu sehen, der die Höfe besucht, auf Turnieren seinen Mut beweist; für ihn ist die Pilgerfahrt nicht mehr als ein frommer Vorwand. So verkündet der Seneschall des Hennegau, von Werchin, seine Absicht, nach Compostela zu reisen und »die Herausforderung für jeden Ritter, von seinem Weg nicht mehr als zwanzig Meilen abzuweichen«, anzunehmen. Ebenso charakteristisch für dieses Jahrhundert ist die große Anzahl von deutschen Pilgern; am 10. April 1473 zum Beispiel laufen von Hamburg vier Schiffe mit

Ziel Santiago aus. Tatsächlich drängen sich Vertreter aller Nationen in der Stadt. So trifft man hier Engländer wie etwa einen Geistlichen, vermutlich John Goodyear aus Chale auf der Insel Wight, der ein Alabasterrelief stiftete, das die Jakobuslegende darstellt und heute in der Kathedrale aufbewahrt wird. Man begegnet Flamen wie dem Maler Jan van Eyck, dessen *Verkündigung*, heute in der National Gallery in Washington, angeblich das Kathedraleninnere darstellt. In ihrem Wunsch, die Welt kennenzulernen, wollte Isabella von Este Anfang des 16. Jahrhunderts nach Compostela reisen. Sie tat es nicht, dafür kamen jedoch eine Reihe anderer berühmter Persönlichkeiten: 1438 Herzog Johann von Kleve mit seiner Schwester Anna, die kurz vorher den Fürsten von Viana geheiratet hatte; 1488 die Katholischen Könige und 1509 der Feldherr Gonzalo von Córdoba.

In der zweiten Hälfte des 15. Jahrhunderts versetzten, wenn auch nur vorübergehend, der Protestantismus und die Religionskriege der Pilgerfahrt nach Galicien einen schweren Schlag. Selbst innerhalb der römischen Kirche hatte es stets einen gewissen Widerstand zwar nicht gegen die Pilgerfahrt an sich, jedoch gegen ihre Auswüchse gegeben. Im 13. Jahrhundert verurteilte Berthold von Regensburg, daß Frauen an der Pilgerfahrt teilnahmen, die nach seiner Auffassung mehr Sünden als Ablässe mit sich brächten, und er ging sogar soweit zu sagen: »Was findest du in Compostela? [. . .] Santiagos Leichnam? [. . .] Es ist nur ein toter Körper und ein Schädel; das Beste von ihm selbst ist im Himmel droben. Aber sage mir, was findest du in deinem Land, wenn der Priester in der Kirche die Messe liest? Eben dort findest du den wahren Gott und den wahren Menschen, mit der Kraft und der Macht, die er im Himmel hat über alle Heiligen und alle Engel.« Diese Äußerung, so direkt und schonungslos sie anmutet, enthält doch eine tiefere Wahrheit: Welche Reliquien sind einer Verehrung würdig, die eigentlich Gott, gegenwärtig in der Eucharistie, vorbehalten ist? Ähnlich kritisch äußert sich der selige Giordano da Rivalta. Er greift im Jahr 1305 all jene an, die eine Reise nach Galicien als Großtat betrachten und sich selbst dazu beglückwünschen, indem sie immer wieder sagen: »Ich bin dreimal nach Rom gezogen, zweimal nach Santiago, und ich habe soundsoviele Pilgerfahrten gemacht.« Der Prediger fügt hinzu, daß all das nichts zähle und daß er nur einer beschränkten Anzahl von Gläubigen zur Pilgerfahrt rate. Die *Nachfolge Christi* des Thomas von Kempen schließlich faßt mit wenigen Worten die vielfachen Gefahren für Körper und Seele zusammen, denen sich der Christ auf solchen Fahrten aussetzt: »Wer viel wallfahren tut, wird selten gut.«

Während der Renaissance war man nicht nur in den Kreisen der Reformierten, sondern auch unter den Humanisten, die Maßlosigkeit verachteten und das freie Spiel des kritischen Denkens pflegten, gegen das Pilgerwesen, gegen alles manchmal gar zu offensichtlich Erfundene, Legendenhafte und Leichtfertige, das ihm anhaftet. Es befriedigte eigentlich in erster Linie die Volksfrömmigkeit, denn es zog die Gläubigen vor allem durch seine emotionale Wirkung, durch die Aura des Wunderbaren an. Die Protestanten aber wollten das Christentum auf seine ursprüngliche Reinheit zurückbringen, und die Humanisten versuchten, es zumindest von den übelsten Schlakken zu befreien. In den Pamphleten der Reformierten wurden die Pilger verspottet, und Erasmus sprach ironisch vom Niedergang Compostelas mit seinen immer geringer werdenden Opfergaben. Die Deutschen, die vordem einen beträchtlichen Teil der Pilger gestellt hatten, werden automatisch der spanischen Inquisition verdächtig, die offenbar keinen Sinn für feine Unterschiede hat: Sie sieht in jedem Deutschen einen Ketzer, ohne zu bedenken, daß Ketzer mit Santiago gar nichts im Sinn gehabt hätten. Im übrigen sind aufgrund der Religionskriege in Frankreich wie im Heiligen Römischen Reich Deutscher Nation die Verbindungen schwierig und das Reisen gefährlich.

Was dem Pilgerwesen aber vor allem schadet, ist die Tatsache, daß sich unter der malerischen und lange Zeit ehrwürdigen Tracht der Jakobspilger, die einst ihrem Träger Schutz bot, inzwischen Landstreicher, Gesetzesbrecher und Spitzbuben aller Art verbergen, was zu der verächtlichen Bezeichnung *coquillard** geführt hat. Die Muschel verliert ihre positive Bedeutung, ihr Anblick löst nur mehr Argwohn aus. Fast überall werden zum Schutz der Einwohner vor Betrügern Verfügungen erlassen. In Bern dürfen seit 1523 bettelnde Pilger nicht mehr im Innern einer Stadt nächtigen. In Freiburg im Breisgau können sie erst dann um milde Gaben bitten, wenn sie unter Eid versichert haben, dies nicht schon ein Jahr zuvor getan zu haben. Und in Compostela, dem Ziel der langen, anstrengenden Reise, dürfen diese gleichen bettelnden Wallfahrer nur drei Tage bleiben, den Tag der Ankunft und der Abreise mit eingerechnet; halten sie diese Frist nicht ein, stellt man sie für vier Stunden an den Pranger.

Philipp II. von Spanien und Ludwig XIV. legten für Pilgerfahrten außerhalb ihrer Reiche eigene Richtlinien fest. Im 17. und 18. Jahrhundert findet, im Gegensatz zur landläufigen Meinung, die Jakobuswallfahrt wieder großen Anklang. Auf der Halbinsel

---

* Von frz. coquille: »Muschel«

entspinnt sich unter den Verehrern des hl. Jakobus, der hl. Theresa und des hl. Michael ein frommer Wettstreit, wem der drei der Titel des alleinigen Schutzpatrons der Spanier zugesprochen werden soll. Trotzdem kehren die Pilger wieder, und erneut suchen berühmte Persönlichkeiten die Wallfahrtsstätte auf: Don Juan de' Austria, der natürliche Sohn Philipps IV. (nicht zu verwechseln mit dem gleichnamigen natürlichen Sohn Karls V., dem Lepanto-Sieger) im Jahr 1668, und Doña Mariana von Neuburg im Jahr 1690, bei ihrer Ankunft in Galicien; letztere kam nach einer mehrmonatigen Seereise, die sie aus ihrer Heimat Deutschland und den Niederlanden an die Küsten der Halbinsel geführt hatte, um Karl II. zu heiraten; sie hatte wegen des Kriegs mit Frankreich nicht den Landweg nehmen können.

Die Jahre vergehen, und im 19. Jahrhundert scheint der Niedergang unaufhaltsam. Vereinzelt nehmen Pilger noch dann und wann die Wallfahrt auf sich. 1876 sollen nicht mehr als dreißig oder vierzig Pilger beim Fest des Heiligen gesehen worden sein. Ihre Zahl stieg in einem Heiligen Jahr, betrug aber nie mehr als achthundert. 1891 sichtet man noch einige Vertreter des Jakobspilgers, wie er durch Kupferstiche bekannt geworden ist: So etwa bat einer in Saint-Jean-de-Luz nach der Messe um Almosen; die Muscheln auf seinem Gewand, das Kupferkreuz und der Pilgerstab versetzten die Kinder in staunende Bewunderung.

Aber schon vor diesem Datum lebte die Pilgerfahrt wieder auf, nachdem nämlich im Jahr 1884 der Heilige Stuhl die Überreste des hl. Jakobus, die bei jüngsten Ausgrabungen gefunden worden waren, für echt erklärt hatte. Die Entscheidung mag vom wissenschaftlichen Standpunkt aus bedauerlich erscheinen; man weiß jedoch, wie sehr die römische Kirche stets die volkstümlichen Formen der Frömmigkeit und sogar ihre künstlerisch abstoßendsten Aspekte, wie Huysmans aufzeigte, gefördert hat; sie möchte den einfachen Menschen nicht brüskieren . . . Die Erscheinungen von Fatima — auf dem Weg von Cova da Iria ist Compostela ein Etappenort, wo man Bequemlichkeit und Prachtentfaltung findet —, die besseren Verkehrswege, der beginnende Tourismus, das kulturelle Ansehen der Stadt und die Politik — der *camino francés* zwischen Frankreich und Spanien läßt sich gut nutzen — haben der Jakobskultstätte zu einem neuen Aufschwung verholfen. Viele junge Leute machen den *camino francés* zu Fuß, nicht nur aus Glaubensgründen, sondern aus Nostalgie und aus Liebe zu Spanien, das von aufregender Schönheit ist, wenn man es langsam zu erkunden und mit Leidenschaft zu lieben versteht.

Was immer der heutige Reisende von den Reliquien des Apostels, die in der Kathedrale aufbewahrt werden, halten mag, wenn er diese wunderbare Stadt betritt, dann sollte er dies nicht als Tourist tun, sondern mit feierlichem Ernst und voller Achtung.

# DIE WEGE

*Quatuor vie sunt que ad Sanctum Jacobum tendentes in unum ad Pontem Reginae, in horis Ispaniae, coadunantur . . .*

*Vier Wege führen nach Santiago, die sich in Puente la Reina in Spanien zu einem einzigen vereinen . . .*

*Der Pilgerführer nach Santiago*

Der Autofahrer fährt nach Santiago über Straßen, die er für die »Jakobswege« hält. Der Geschichtswissenschaftler in seiner Arbeitsstube, bemüht, ihren Verlauf zu rekonstruieren, glaubt, dies mühelos tun zu können. In Wirklichkeit sind sie schwer zu identifizieren. Uns ist hier im wesentlichen daran gelegen, die Wege zu bestimmen, die im Mittelalter von den Jakobspilgern begangen wurden, als die festen Routen entstanden, das heißt vom 11./12. Jahrhundert an.

Die alten Pilgerwege lassen sich nicht nur aufgrund der Bauwerke und Erinnerungsmale jeglicher Art, die ihren Verlauf kennzeichnen, sondern auch dank der zahlreichen Reiseberichte, die auf uns gekommen sind, leicht nachzeichnen. Samuel Purchas veröffentlichte 1625 eine recht wirre, aber farbige und informative Reisebeschreibung in englischer Sprache: der in Versen abgefaßte Text basiert vermutlich auf einem anderen, der zu Ende des 14. Jahrhunderts entstanden ist. Er gibt Auskunft über Geldwechsel, Reliquien und Ablässe. In dem Reisebericht des Nompar de Caumont aus dem Jahr 1417 werden die Etappenorte und ihre Entfernung voneinander in Meilen angegeben. Ende des 15. Jahrhunderts bricht ein Servitenmönch aus der Gegend von Straßburg, Hermann Künig von Vach, in Einsiedeln auf und wandert über Luzern, Bern, Fribourg, Lausanne, Genf, Chambéry, Valence, Montélimar und Montpellier nach Santiago. Im 16. Jahrhundert wird auf französisch *Der Weg von Paris nach Compostela, und wie viele Meilen es von Stadt zu Stadt ist* veröffentlicht. Anfang des 18. Jahrhunderts wird noch auf die Reisebeschreibung des Guillaume Manier, eines Schneiders aus der Picardie, hingewiesen.

Aber keiner von diesen oder anderen Berichten hat die Bedeutung und ist so berühmt wie *Der Pilgerführer nach Santiago*, der in Buch V des *Codex Calixtinus* (um 1139) enthalten ist. Der Verfasser ergeht sich in einer langen Lobrede auf das Poitou und seine Bewohner, weshalb man es als sehr wahrscheinlich annimmt, daß er aus dieser Region stammt und vielleicht jener Aimeric Picaud aus Parthenay-le-Vieux ist, dem manchmal das ganze *Jakobsbuch* oder ein Teil desselben zugeschrieben wird, und der, wie René Louis herausgefunden hat, mit Vézelay Verbindung hatte. Aimeric könnte, wie andere meinen, auch der Chorherr von Jerusalem gewesen sein, der um 1131 in Compostela erschien und ein Schreiben des lateinischen Patriarchen Stephanus überbrachte, das an den Erzbischof Gelmírez gerichtet war.

Der Text des Buches ist außerordentlich wertvoll und liefert jedem, der die Reisewege des 12. Jahrhunderts kennenlernen will, wichtige Informationen. Es sei jedoch auch erwähnt, daß er Fehler, genauer gesagt Unzulänglichkeiten, aufweist. So wird der spanische Teil der Route viel minutiöser beschrieben als die Wege auf französischer Seite. Viele Städte und bekannte Erinnerungsmale, so manche Wege und sog. *bretelles* — Verbindungspfade, auf denen man von einer Route zur anderen gelangt — wurden in Frankreich mit Stillschweigen übergangen. Daher ist es, was die französischen Wege betrifft, angebracht, neben diesem Text die entsprechenden Arbeiten Elie Lamberts zu lesen, sich mit der detaillierten und wohlbekannten Karte zu beschäftigen, die Francis Salet für Frankreich erstellt hat, ebenso mit der anschaulichen Karte von Spanien und Frankreich, die in jüngerer Zeit René de la Coste-Messelière und Claude Petitet mit großer Sorgfalt angefertigt haben.

Sehen wir uns also die Jakobswege an, wie sie zur Zeit Aimeric Picauds verliefen; mischen wir uns im Geist unter die Pilger des 12. Jahrhunderts und glauben wir an alles, woran auch sie geglaubt haben, an das, was im *Pilgerführer*\* steht, aus dem wir ausgiebig zitieren werden. Das erste Kapitel beginnt wie folgt: »Vier Wege führen nach Santiago, die sich in Puente la Reina in Spanien zu einem einzigen vereinen; einer geht über Saint-Gilles, Montpellier, Toulouse und den Somportpaß, ein anderer über Notre-Dame in Le Puy, Sainte-Foy in Conques und Saint-Pierre in Moissac, ein weiterer über Sainte-Marie-Madeleine in Vézelay, Saint-Léonard im Limousin\*\* und die Stadt Périgueux; ein letzter über Saint-Martin in Tours, Saint-Hilaire in Poitiers, Saint-Jean in Angély, Saint-Eutrope in Saintes und die Stadt Bordeaux. Die Wege, die über Sainte-Foy, Saint-Léonhard und Saint-Martin führen, vereinigen sich in Ostabat, und nach dem Überschreiten des Cisa-Passes treffen sie in Puente la Reina auf den Weg, der den Somport-Paß überquert; von dort gibt es nur einen Weg bis Santiago.«

---

\* Von nun an steht für *Führer des Jakobspilgers nach Compostela* der Kurztitel *Pilgerführer*. Alle Zitate, besonders die in diesem und dem nächsten Kapitel, sind der deutschsprachigen Ausgabe von Klaus Herbers, Tübingen, 2. Auflage 1986, entnommen.

\*\* Saint-Léonard oder Saint-Léonard von Noblat (Haute-Vienne).

Der besseren Übersichtlichkeit halber befassen wir uns nacheinander mit den vier französischen Wegstrecken, dann mit dem
Abschnitt, der dreien von ihnen gemein ist, von Ostabat nach
Puente la Reina, und schließlich mit dem Stück auf spanischer Seite,
dem sogenannten *camino francés.*

## Die »Via Tolosana«
(Von Arles über Toulouse nach Puente la Reina)

Von den vier Routen in Frankreich heißt die erste, die über Tou-
louse führt, *Via Tolosana.* Sie benutzten jene Pilger, die aus dem
Orient oder Italien kamen und durch die Alpentäler in Richtung
Avignon oder Aix zogen. Andere folgten vielleicht der an der
Mittelmeerküste verlaufenden *Via Aurelia* über Fréjus, Le Thoronet
und Saint-Maximin; in Marseille begaben sie sich in die Abtei
Saint-Victor, die seit langem Beziehungen mit Spanien unterhielt.
Erst in Arles begann der eigentliche Weg. Diese Stadt besaß den
Leichnam des hl. Trophimus in der Kathedrale, deren Portal aus
dem 12. Jh. uns noch heute durch seine der antiken Kunst ebenbür-
tige Erhabenheit beeindruckt. In der Kirche Saint-Honorat auf den
Alyscamps bei Arles und in vielen anderen Gotteshäusern bot die
Stadt den Pilgern zahlreiche Reliquien zur Verehrung an.
»Zunächst ist von denen, die über den Weg von Saint-Gilles
nach Santiago gehen«, liest man im *Pilgerführer,* »der Leichnam des
hl. Bekenners Trophimus in Arles zu besuchen, den der hl. Paulus
in seinem Brief an Timotheus erwähnt. Vom hl. Paulus zum Bischof
geweiht, wurde er als erster in diese Stadt gesandt, um dort das
Evangelium zu predigen. Aus dieser sehr klaren Quelle empfing
ganz Gallien die Bäche des Glaubens, wie Papst Zosimus schreibt.
Ebenso ist der Leichnam des hl. Bischofs und Märtyrers Cäsarius zu
besuchen, der in dieser Stadt eine Nonnenregel einführte [. . .]. Auf
dem Friedhof von Arles sind die Reliquien des hl. Bischofs Honorat
aufzusuchen [. . .]. In seiner ehrwürdigen und wunderbaren Basilika ruht der kostbare Leichnam des hl. Genesius.« Danach wird
ausführlich die Geschichte des Märtyrers erzählt. »In einem Dorf
bei Arles, das zwischen zwei Rhônearmen gelegen ist und Trinquetaille heißt, befindet sich eine prächtige, sehr hohe Marmorsäule,
die sich auf dem Land hinter der Kirche des Heiligen erhebt; daran
fesselte die treulose Bevölkerung den hl. Genesius und enthauptete
ihn. Bis heute erscheinen dort Purpurspuren von seinem rosaroten
Blut. Der Heilige warf jedoch nach seiner Enthauptung sein eigenes
Haupt mit den Händen in die Rhône, und sein Leichnam wurde vom
Fluß bis zur Basilika des hl. Honorat getragen, wo er ehrwürdig

begraben liegt. Sein Kopf gelangte aber durch die Rhône bis ins Meer und durch einen Engel bis zur spanischen Stadt Cartagena, wo er nun herrlich ruht.« Dazu sei gesagt, daß die Säule des hl. Genesius bis Anfang des 19. Jahrhunderts in dem Dorf Trinquetaille auf ihrem Platz stand.

Über die Alyscamps berichtet der Text nicht weniger weitschweifig als über den Märtyrer: »Dann ist bei der Stadt Arles an einer Alyscamps genannten Stelle ein Friedhof zu besuchen und dem Brauch gemäß für die Verstorbenen Fürsprache einzulegen [. . .]. Nirgends außer auf dem Friedhof kann man so viele und so große auf dem Boden aneinandergereihte Marmorgräber finden. Sie sind unterschiedlich gefertigt, und alte lateinische Buchstaben sind eingemeißelt, allerdings in einer uns unverständlichen Sprache. Je länger man in die Ferne sieht, desto mehr Sarkophage erblickt man. Auf diesem Friedhof gibt es sieben Kirchen, und wenn ein Geistlicher dort für die Verstorbenen die Eucharistie feiert, sei es auch im Auftrag eines Laien, oder wenn ein Kleriker den Psalter liest, ist er der Hilfe jener frommen Verstorbenen, die dort liegen, bei seiner Auferstehung am Jüngsten Tag gewiß. Dort ruhen die Leichname vieler Märtyrer und Bekenner, deren Seelen die Freuden des Paradieses genießen.«

Von Arles aus zogen die Pilger nach Westen weiter. Dabei konnte man einen Abstecher nach Saintes-Maries de la Mer machen, das wegen der Verehrung der Maria Jakobe, Schwester der hl. Jungfrau, der Maria Salome, Mutter des hl. Jakobus, sowie ihrer Magd Sarah berühmt war und noch heute ist. Aber der richtige Weg verlief über Saint-Gilles du Gard. Die Kirche zeigt noch heute ihre herrliche Fassade mit den drei Portalen und den Säulen, die wahrscheinlich aus der zweiten Hälfte des 12. Jahrhunderts stammen. Ihr Ausmaß und ihre Schönheit erinnern daran, wie stark die römischen Einflüsse in der Provence gewesen sind, und wie sie sich gerade im Mittelalter wieder behaupteten. Der *Pilgerführer* verbreitet sich über die Wunder des hl. Ägidius (Saint-Gilles) und beschreibt minuziös den goldenen Schrein, der seine Überreste enthält: »Nach den Propheten und Aposteln ist keiner unter den übrigen Heiligen würdiger, heiliger und glorreicher als er. Niemand gewährt seine Hilfe schneller. Wenn Bedürftige, Bedrängte und Beängstigte ihn anrufen, steht er ihnen gewöhnlich vor allen anderen Heiligen am schnellsten bei. Wie schön und wertvoll ist es, sein Grab zu besuchen! Am Tage, an dem man ihn aus ganzem Herzen anruft, wird man ohne Zweifel glückliche Hilfe erfahren. Ich selbst habe erprobt, was ich behaupte: Einst sah ich im Ort dieses Heiligen, wie jemand den Heiligen anrief und am gleichen Tag dem

Hause eines gewissen Schusters Peyrot durch die Hilfe des hl. Bekenners entkam, bevor dieses sehr alte Gebäude vollständig zusammenstürzte.« Von den Wundern, die er vollbrachte, seien ebenfalls einige zitiert: »Ein Kranker zieht die Tunika des Heiligen an und wird gesund; ein von einer Schlange Gebissener wird durch seine unerschöpfliche Tugend geheilt; ein vom Teufel Besessener wird befreit; ein Seeunwetter hält ein.« Der goldene Schrein, der seinen Leichnam enthält und hinter dem Altar steht, »zeigt links im unteren Rang die Reihe der Figuren von sechs Aposteln, und in ihrer Mitte ist an hervorragender Stelle in angemessener Weise ein Bild Marias getrieben.« In der oberen Reihe sieht man die zwölf Sternzeichen und im dritten Rang zwölf der apokalyptischen Greise. Auf der rechten Seite sind die übrigen zwölf Ältesten dargestellt, sowie Apostel und Tugenden. Das Dach, »in der Art von Fischschuppen gearbeitet«, ist mit Bergkristallen geschmückt. Auf der Schreinfassade thront der Herr zwischen A und $\Omega$ und den vier Evangelisten. Auf der Rückseite sieht man die Himmelfahrt, die zwei Reihen einnimmt, und Christus auf dem Himmelsthron.

Über Lunel und Montpellier wanderten die Jakobspilger gen Toulouse. Ihr Weg führte sie über Aniane, dessen Abtei 780 von Benoît, dem Sohn des Grafen von Maguelonne – sein westgotischer Name war Witiza – gegründet worden war. Dann gelangten die Wanderer ins Gebirge, und Saint-Guilhem-le-Désert bot ihrer Verehrung den Leichnam des heiligen Wilhelm, »eines einflußreichen Grafen und Heerführers Karls des Großen [. . .], im Kriegswesen äußerst erfahren und tüchtig«. Die Kirche in der von rötlichen Bergen eingerahmten malerischen Stadt hat sich bis heute erhalten, der Kreuzgang aber liegt in Trümmern; ein Teil wurde im Museum *The Cloisters* in New York wieder aufgebaut.

Wenn sie Lodève, das eine befestigte Kathedrale besitzt, besucht hatten, durchquerten die Jakobspilger über Murat, La Salvetat und Castres den nördlichen Teil der Montagne Noire. Danach ging es an der Garonne entlang mitten durch das Languedoc bis Toulouse, eine der größten und belebtesten Städte des Weges, auch eine der verehrungswürdigsten aufgrund ihrer vielen Heiligtümer: La Daurade, La Dalbade, die Kirche der Jakobiner, die Rieux-Kapelle der Franziskaner, vor allem aber Saint-Sernin, berühmt, weil hier der Leichnam des auf dem Kapitol der Stadt hingerichteten Märtyrers Saturninus aufbewahrt wird. »Er ist«, lesen wir im *Pilgerführer*, »an einem vornehmen Ort bei der Stadt Toulouse beigesetzt. Dort errichteten die Gläubigen eine große Basilika, in der die Kanonikerregel des hl. Augustinus befolgt wird. An diesem Ort erlangen die Bittenden vom Herrn zahlreiche Wohltaten.«

64

Auf dem Weg durch das bezaubernde Tolosanerland und das Béarn kamen die Pilger nach Gimont, zur Zisterzienserabtei Planselve, nach Auch, dessen Kathedrale ein besonders schönes Chorgestühl aus dem beginnenden 16. Jahrhundert besitzt. In Morlas sahen sie das romanische Portal, auf dem die Ältesten der Apokalypse dargestellt sind, und gelangten dann nach Lescar und Oloron. In Oloron fanden sie ein Hospiz vor und mehrere Kirchen; die Kuppel von Sainte-Croix ist sowohl von der Kunst des Périgord als auch von der spanisch-maurischen Kunst geprägt. Die Kirche Sainte-Marie weist ein schönes romanisches Portal auf. Danach begann der schwere Aufstieg in die Pyrenäen, in dessen Verlauf man in kleinen Kapellen beten und neuen Mut schöpfen konnte. Wenn man dann das Aspe-Tal überwunden hatte, erreichte man auf dem 1562 m hohen Somport-Paß das Hospital von Sainte-Christine.

Manche zogen es vor, von Montpellier aus nicht durch das Languedoc zu gehen, wie oben beschrieben, sondern den Weg über Katalonien zu nehmen. Andere wanderten über Narbonne und Carcassonne, Saint-Girons und die Abtei Bonnefons. Man durchquerte Saint-Gaudens, das in der Nähe der anmutigen Kirche von Valcabrère und der Kathedrale von Saint-Bertrand de Comminges liegt. Dann erreichte man über Capvern, die Zisterzienserabtei Lescale-Dieu, Saint-Pé in Bigorre und schließlich Sainte-Christine über den Col des Moines.

Stellen wir uns den Pilger vor, der den Somport-Paß bezwungen und sich in dem berühmten Hospital ausgeruht hat: »Da öffnet sich das spanische Land den Augen und Schritten in einer seiner stolzesten Landschaften, dem rauhen und kriegerischen Aragonien, wo der Weg die nördlichen Wälle durch das Tal des Rio durchquert, der ihm seinen Namen gegeben hat.« So beschreibt es René de la Coste-Messelière. Zweifellos betrachteten die Jakobspilger lange diese Landschaft, dieses großartige wilde Land, das der Apostel geheiligt hatte, indem er es christianisierte und ihm seinen Leichnam überließ. Von dort aus stiegen sie gen Canfranc und Jaca ab. An dem in den bewaldeten Bergen gelegenen Kloster San Juan de la Peña zogen sie in einigem Abstand vorüber. Sie wandten sich nach Westen, durchwanderten das Gebiet von San Salvador de Leyre, gelangten nach Sangüesa und danach über Monreal, Tiebas und Eunate, das eine polygonale Kapelle besitzt, schließlich nach Puente la Reina.

In dieser Stadt stießen sie, wie man weiß, zu den Pilgern aus Frankreich, die auf den drei in Ostabat zusammenlaufenden Routen gekommen waren. Wir müssen uns daher zunächst mit den anderen Wegen nördlich der Pyrenäen befassen.

### Die »Via Podensis«
(Von Le Puy nach Ostabat)

Weil er über Le Puy* führt, heißt der zweite Weg *Via Podensis*. Nach Lyon, Vienne und Valence erreichten die Jakobspilger, die von Osten kamen, die herrliche inmitten einer Vulkanlandschaft gelegene Stadt, an deren Baudenkmälern sie bereits so manches spanische Element erkennen konnten. Nach Le Puy gelangte man auch über Clermont, Issoire, Sauxillanges, Brioude und die Abtei Chaise-Dieu. Der *Pilgerführer* läßt seine Wegbeschreibung in Le Puy beginnen. Die Route verläuft weiter über das Hospiz von Aubrac, das sich noch heute am Horizont abzeichnet — in dieser unbesiedelten Gegend verbargen sich damals gefährliche Räuber. Nach dem einladenden lieblichen Espalion, nach Estaing, wo sich noch die Saint-Fleuret-Prozession erhalten hat, gelangten die Pilger in die eindrucksvollen Dourdou-Schluchten und rasteten in Conques, einem wichtigen Etappenort an ihrem Weg und einer im Mittelalter weithin berühmten Stadt.

»Die Burgunder und die Deutschen, die über die Straße von Le Puy nach Santiago ziehen«, liest man im *Pilgerführer*, »müssen das Grab der hl. Jungfrau und Märtyrerin Fides besuchen. Sie wurde von Henkern auf dem Berg der Stadt Agen enthauptet, dann brachten Engelschöre ihre heiligste Seele in Gestalt einer Taube zum Himmel und schmückten sie mit dem Lorbeer der Unsterblichkeit. Als der Bischof der Stadt Agen, der hl. Caprasius, dies sah — er hielt sich, um den grausamen Verfolgungen zu entgehen in einer Höhle verborgen —, eilte er, von dem Gedanken an ein eigenes Martyrium beseelt, an den Leidensort der seligen Jungfrau. Dort verdiente er sich in einem mutigen Kampf den Lohn des Martyriums, er bezichtigte sogar seine Henker der Langsamkeit.« Der Text des *Pilgerführers*, der den berühmten Diebstahl unterschlägt, durch den die Abtei am Dourdou in den Besitz der Gebeine der hl. Fides gelangte, sagt nur: »Der kostbare Leichnam der hl. Jungfrau und Märtyrerin Fides wurde in einem Tal, das gemeinhin Conques heißt, von den Christen ehrenhaft beigesetzt; über dem Grab errichteten sie eine schöne Basilika, in der bis heute zum Ruhme Gottes die Benediktregel unverändert befolgt wird. Dort erfahren Gesunde und Kranke zahlreiche Wohltaten. Vor den Toren der Basilika sprudelt eine Quelle, deren Wunderkraft unbeschreiblich ist.«

Von Conques stiegen die Pilger hinab nach Figeac, Marcilhac und Cahors. In der letztgenannten Stadt am Fluß Lot fanden sie ein

---

* von griech. podion: »Fuß«

Hospiz, die Kathedrale Saint-Etienne mit einem Tympanon aus der
Zeit um 1135, das eine sehr schöne Himmelfahrt darstellt, und die
ausgewogene Silhouette der Valentré-Brücke. Durch ein fruchtba-
res Tal wanderten sie auf Moissac, seine Abtei mit ihren Skulpturen
zu und durchquerten vier Bischofsstädte: Lectoure, Condom, Eauze
und Aire-sur-l'Adour. In Ostabat gesellten sie sich dann zu den
Jakobspilgern, die über die beiden anderen, weiter westlich verlaufenden Wege, die wir uns noch ansehen werden, gekommen waren.

Eine wichtige Variante der *Via Podensis* ging nicht von Le Puy
aus, sondern von Brioude und führte über Aurillac, das sehr stark
besuchte Heiligtum Rocamadour, Eysses und Agen nach Condom.

### DIE »VIA LEMOVICENSIS«
(Von Vézelay über Saint-Léonard nach Ostabat)

Der dritte, sogenannte Limousinische Weg nahm seinen Anfang in
Burgund. Vom Osten und Nordosten, von Belgien und den Arden-
nen, aus der Champagne und Lothringen begaben sich die Pilger
nach Vézelay und verehrten in dem prächtigen Gotteshaus auf der
*colline inspirée* Maria Magdalena. Welche Bedeutung hatte die
Heilige für die Reisenden? Der *Pilgerführer* gibt uns darüber Auskunft: »Auf dem Jakobsweg, der über St-Léonard führt, müssen
Pilger zunächst die ehrwürdigen Reliquien der hl. Maria Magdalena
verehren. Sie ist die glorreiche Maria, die im Hause des aussätzigen
Simon die Füße des Erlösers mit Tränen benetzte, diese mit ihren
Haaren trocknete und sie mit einem kostbaren Balsam einrieb und
küßte; ihr wurden zahlreiche Sünden vergeben, weil sie Jesus
Christus, ihren Retter, der alle Menschen liebt, so sehr liebte. Nach
der Himmelfahrt des Herrn verließ sie die Jerusalemer Gegend mit
dem hl. Maximinus und weiteren Jüngern des Herrn. Sie gelangten
auf dem Seeweg über den Hafen Marseille in die Provence. Dort
lebte sie einige Jahre lang in Abgeschiedenheit. Später wurde sie
dann in Aix von dem inzwischen Bischof gewordenen Maximinus
beigesetzt. Ein im mönchischen Leben geheiligter Mann namens
Badilo überführte jedoch viele Jahre später ihre kostbaren Gebeine
nach Vézelay, wo sie bis zum heutigen Tag in einem ehrenhaften
Grab ruhen. An diesem Ort errichtete man eine große und schöne
Basilika sowie eine Mönchsabtei. Sündern werden dort durch die
Liebe dieser Heiligen ihre Missetaten von Gott vergeben. Blinden
wird das Augenlicht geschenkt, Stummen die Zunge gelöst, Lahme
werden aufgerichtet, Besessene befreit und vielen Gläubigen unsag-
bare Wohltaten gewährt.«

Von Vézelay aus konnte der Pilger Städte mit prachtvollen

Bauwerken besuchen wie Avallon, Saulieu und Autun. Eine Variante zu dieser Strecke verlief weiter im Norden über Charité-sur-Loire, Bourges und Déols. Die direkte Route führte über Nevers. In St-Léonard steht noch heute die im *Pilgerführer* gepriesene Kirche. Hier, so heißt es darin, muß der Jakobspilger »die Reliquien des hl. Bekenners Leonhard besuchen, der aus einem hochadeligen fränkischen Geschlecht stammte und am königlichen Hof erzogen wurde. Aus Liebe zum Allerhöchsten entsagte er der gewalttätigen Welt, um an einem Ort in der Gegend von Limoges, der gemeinhin Noblat genannt wird, lange Zeit ein Einsiedlerleben zu führen, das durch häufiges Fasten, zahlreiche Nachtwachen in Kälte und Nacktheit und durch unsägliche Leiden gekennzeichnet war. Nach seinem Heimgang ruhte er in dem Boden, der ihm gehörte, seine Reliquien blieben an dieser Stelle.« Nach einem Tadel für die Mönche von Corbigny*, die fälschlicherweise behaupteten, den Leichnam des Heiligen zu besitzen, fährt der Verfasser fort: »Göttliche Milde verbreitete den Ruf des hl. Bekenners Leonhard von Limoges schon weit und breit auf dem ganzen Erdkreis; seine Stärke führte unzählbare Tausende aus den Gefängnissen. Zu Tausenden sind eiserne Fesseln in seiner Basilika vereint, die teils so fremdartig wirken, daß man sie kaum beschreiben kann. Man sieht sie rundherum, zur Rechten, zur Linken, innen und außen, als Zeugnis für die überaus zahlreichen Wunder des hl. Leonhard. Wenn du dort die Säulen mit so zahlreichen, ja unzähligen Eisenteilen beladen siehst, wirst du noch mehr staunen, als ich jetzt zu sagen vermag. Dort hängen nämlich eiserne Handfesseln, Halseisen, Ketten, Fußeisen, Fußfesseln, Vorhängeschlösser, Joche, Helme, Sicheln und verschiedene Instrumente, von denen der mächtige Bekenner Christi durch seine Stärke Gefangene befreit hat.« Der hl. Leonhard war berühmt dafür, daß er zahlreiche Christen aus den Händen der Heiden befreit hatte, selbst wenn sie geketet waren, wie Boemund, der Sohn Robert Guiskards, der im Orient von den Ungläubigen gefangengenommen worden war.

In Limoges verehrten die Pilger den hl. Martial in der ihm geweihten Abtei, dann mußten sie »in der Stadt Périgueux den Leichnam des hl. Bekenners Fronto besuchen. In Rom wurde er vom hl. Apostel Petrus zum Bischof geweiht und mit einem Priester namens Georg zur Verkündigung in diese Stadt gesandt«. Ihre Geschichte, so wie sie im *Pilgerführer* erzählt wird, ist der *Legenda Aurea* ebenbürtig: »Als sie zusammen aufbrachen, starb Georg auf dem Weg und wurde bestattet, der hl. Fronto kehrte jedoch zum

---

\* Corbigny (Nièvre)

Apostel zurück und meldete den Tod seines Begleiters. Darauf gab Petrus ihm seinen Stab mit den Worten: ›Wenn du diesen meinen Stab auf den Leichnam deines Gefährten legst, so sprich: ›Erhebe dich in Christi Namen aufgrund des Auftrages, den du vom Apostel erhalten hast, und führe ihn aus!‹ Und so geschah es. Durch den Stab des Apostels erweckte der hl. Fronto seinen Begleiter vom Tode, bekehrte die genannte Stadt durch seine Predigt zu Christus, tat zahlreiche Wunder und wurde nach seinem würdigen Tod in dieser Stadt in der Basilika beigesetzt, die in seinem Namen errichtet wurde. Dort werden allen Bittenden zahlreiche Wohltaten gewährt. Manche erzählen sogar, daß er der Schar der Jünger Christi angehört habe.« Das Grab des hl. Fronto — Bruchstücke desselben sind im Périgord-Museum ausgestellt — wurde von den Besuchern gewiß sehr bestaunt. Seine Form war außergewöhnlich, wenn man der Beschreibung Marcel Auberts glauben darf: Es war »rund und mit einem pyramidenförmigen Dach versehen und außen mit Menschengestalten wie in der Antike und Ungeheuern, wilden Tieren verschiedener Art, verziert.«

Wenn der Reisende diese großen Heiligen — Leonhard, Martial und Fronto — verehrt hatte, setzte er seinen Weg in Richtung La Réole und Mont-de-Marsan fort und gelangte nach Ostabat.

## Die »Via Turonensis«
(Von Paris über Tours nach Ostabat)

Der vierte, der »große Weg des hl. Jakobus«, *magnum iter Sancti Jacobi*, führte über Tours, daher der Name »Turonensis«. Was der Autor des *Pilgerführers* über ihn berichtet, ist hochinteressant, auch wenn er ihn nicht vollständig beschreibt. Über diese Route zogen die Pilger Nordeuropas, insbesondere die aus den Niederlanden und Nordfrankreich. Sie betraten Paris, waren von der Stadt ergriffen und bestrebt, alles zu sehen, denn die Hauptstadt war in der ganzen Christenheit berühmt. Der armenische Bischof Arzendjan sagte: »Paris ist eine sehr große und prächtige Stadt. Wer könnte ihre Größe beschreiben?« Und der Deutsche Hermann Künig: »Ich finde nicht so schnell eine Stadt, die Paris gleicht.« Durch die Rue Saint-Denis wanderten die Reisenden zur Kirche Saint-Jacques la Boucherie, von der noch der kräftige, edle Saint-Jacques-Turm steht, ein Überrest, der sich zu unserer Freude erhalten hat. Sie gingen an Notre-Dame vorüber und verließen die Stadt durch die Straße, die den Namen des Apostels trägt.

Über Longjumeau, Montlhéry und Étampes erreichten sie in Orléans die Loire. Hier sollten die Pilger das Kreuzesholz und in

Saint-Samson die Patene, den Hostienteller des letzten Abendmahles, verehren. Die Stadt war aber vor allem bekannt wegen ihres Evurtius-Kultes. Die Abtei, die dem Heiligen geweiht war, barg seine Reliquien. In Sainte-Croix konnten die Gläubigen aus seinem Kelch trinken, mit dem sich ein einzigartiges Wunder verband. Der *Pilgerführer* erzählt es in allen Einzelheiten: »Als der hl. Evurtius einstmals die Messe feierte, erschien über dem Altar in der Höhe die Rechte des Herrn in menschlicher Gestalt, so daß alle Anwesenden sie sahen, und alles, was der Bischof auf dem Altar vollzog, machte sie ebenso. Als er über das Brot und den Kelch das Kreuzzeichen schlug, tat sie es auch; als er Brot und Kelch emporhob, erhob die Hand Gottes auch wahrhaftig Brot und Kelch. Nach dem Ende des Meßopfers verschwand die heilige Hand des Erlösers. Daraus ist zu ersehen: wer auch immer die Meßfeier ausführen mag, Christus selbst ist es, der die Messe singt.«

Wer bereit war, am Nordufer der Loire einen Abstecher nach Osten zu machen, konnte in Saint-Benoît sur Loire vor den Reliquien Benedikts von Nursia, des Begründers des Benediktinerordens, sein Gebet verrichten. Die üblicherweise benutzte Route hingegen führte in westlicher Richtung gen Tours, das berühmt war wegen des Andenkens an den hl. Martin. Die Pilger verglichen ihn gern mit dem hl. Jakobus: der eine hatte Gallien christianisiert, der andere, so glaubten sie, Spanien. »Er soll«, so liest man im *Pilgerführer*, »drei Tote wunderbar zum Leben erweckt und Aussätzigen, Epileptikern, Schwachen, Mondsüchtigen, Besessenen und anderen Kranken die Gesundheit wiedergeschenkt haben.« Und in fast poetischem Ton fährt der Text mit der Beschreibung der Basilika fort, die seine Reliquien beherbergte: »Sein Schrein mit den hl. Reliquien ruht bei der Stadt Tours, er erstrahlt durch viel Silber, Gold und Edelsteine und ist wegen vieler Wunder berühmt. Darüber wurde die ehrwürdige Basilika zu seiner Ehre nach dem Vorbild der Kirche des hl. Jakobus wunderbar erbaut. Dorthin kommen Kranke und werden geheilt, vom Teufel Besessene befreit, Blinde sehend gemacht, Lahme aufgerichtet und alle möglichen Krankheiten geheilt; allen ehrfürchtig Bittenden wird vollkommene Stärkung zuteil. Deshalb wird der ehrenhafte Ruf des hl. Martin durch würdige Lobreden zum Ruhme Christi überall verbreitet.«

Die Jakobspilger durchquerten dann eine Gegend — Poitou und Saintonge genannt —, in welcher die Bauplastik häufig Vorbildern aus dem Orient oder dem islamischen Spanien nachempfunden ist. Aber vermutlich waren sie mehr als an den Einzelheiten der Bauwerke an einer guten Aufnahme durch die Menschen der Gegend und an berühmten Reliquien interessiert. Der Verfasser des *Pilger-führers* — man kann seine Lobpreisungen verstehen, wenn es sich tatsächlich um Aimeric Picaud aus Parthenay handelt —, spricht ausführlich über das »Poitou, fruchtbar, hervorragend und reich an allen Freuden«, und auch über seine Einwohner. Sie sind, versichert er, »stark, gute Krieger, sie beherrschen Bogen, Pfeil und Lanze im Krieg vortrefflich, zeigen Mut in der Schlachtreihe, sind schnell im Lauf, elegant in der Kleidung, von Gesicht schön, gewandt im Wort, großzügig und gastfreundlich«.

Über Montbazon, Sainte-Catherine in Fierbois, Saint-Maure und Châtellerault erreichten die Pilger Poitiers, einen wichtigen Etappenort wegen der Reliquien des hl. Hilarius. Der *Pilgerführer* — wir müssen auch diesmal ausgiebig aus ihm schöpfen — erzählt, wie der Heilige den Gegenpapst Leo bekämpfte; dieser Geschichte schenkt der weniger gläubige oder feinfühlige Jacobus de Voragine keinen Glauben. St. Hilarius, »voll göttlicher Gnade, besiegte die arianische Häresie und lehrte, die Einheit des Glaubens zu üben. Der Häretiker Leo wollte jedoch die hl. Schriften nicht annehmen, verließ das Konzil und starb schändlich an Durchfall auf den Latrinen. Für den hl. Hilarius, der während des Konzils sitzen wollte, erhob sich der Boden und gewährte ihm so eine Sitzfläche. Auch brach er allein durch seine Stimme die Schlösser an den Flügeltüren des Konzilsraumes. Wegen des katholischen Glaubens war er vier Jahre auf einer friesischen Insel im Exil, dort vertrieb er durch seinen Befehl zahlreiche Schlangen; einer weinenden Mutter schenkte er in der Stadt Poitiers ihr Kind zurück, das doppelt gestorben war«, nämlich an Leib und Seele.

Nach dem Besuch von Saint-Hilaire, Notre-Dame-la-Grande und Sainte-Radegonde verließen die Pilger die Stadt. Die nächsten Orte waren Lusignan, Melle mit der Kirche Saint-Hilaire, auf deren Portal Konstantin als Reiter dargestellt ist, für die Christen des Mittelalters Erinnerung an den Sieg des Christentums zur Zeit des Römischen Reichs. In Aulnay-de-Saintonge, dem folgenden Ort, ist dasselbe im Westen Frankreichs sehr verbreitete Motiv dargestellt. In Saint-Jean von Angély verehrte man das Haupt Johannes des Täufers, das von Jerusalem hierher gebracht worden war und in der großen Basilika aufbewahrt wurde: Hundert Mönche beteten Tag und Nacht bei dieser kostbaren Reliquie, und die Wunder, die sie bewirkte, waren ohne Zahl. »Auch als das Haupt zu Wasser und zu Lande transportiert wurde, gewährte es vielfache Beweise seiner Wunderkraft. Auf dem Meer half es bei zahlreichen Stürmen und auf dem Land — so berichtet sein Translationsbuch — erweckte es Tote zum Leben. Man glaubt deshalb, daß dies wirklich das Haupt des ehrwürdigen Vorläufers Christi sei. Seine Entdeckung ereignete sich am 24. Februar, zur Zeit des Kaisers Martian, als dieser Vorläufer erstmals zwei Mönchen anzeigte, wo sein Haupt verborgen lag.«

Der nächste Ort war Saintes. Hier mußten die Pilger vor dem Leichnam des heiligen Bischofs und Märtyrers Eutropius das Knie beugen. Dank des im *Pilgerführer* vollständig wiedergegebenen Schreibens des hl. Dionysius an Papst Clemens wissen wir sehr viel über das Leben des hl. Eutropius.

Er »entstammte einem adeligen persischen Geschlecht, der hervorragendsten Rasse der ganzen Welt, und wurde von einem bewundernswerten Babylonier namens Xerses mit der Königin Guiva gezeugt«. Als er am Hof des Herodes weilte, hörte er von den Wundern Christi und begann, diesen von Ort zu Ort zu suchen. Aber der Erlöser »war bereits jenseits des galiläischen Meeres, das Tiberiadis heißt, zusammen mit einer großen Volksmenge, die ihm seiner Wunder wegen folgte«. Eutropius, der sich ihnen angeschlossen hatte, wurde Zeuge der Vermehrung der Brote und der Fische. Er ging nach Jerusalem, um im Tempel »nach der Heiden Art« den Schöpfer anzubeten, dann kehrte er zu seinem Vater zurück. Dort erzählte er alles, was er beobachtet hatte: »Ich habe«, sagte er, »einen Mann gesehen, der Christus genannt wird und der auf der ganzen Welt nicht seinesgleichen hat. Er erweckt die Toten zu neuem Leben, er macht die Aussätzigen rein, schenkt den Blinden das Augenlicht, den Tauben das Gehör, gibt den Schwachen ihre frühere Kraft zurück und den Kranken die Gesundheit. Was soll ich noch sagen? Vor meinen Augen hat er mit fünf Broten und zwei Fischen fünftausend Menschen gespeist; mit den Resten füllten seine Gefährten zwölf Körbe. Da, wo er sich aufhält, vertreibt er den Hunger, die Unbilden der Witterung, den Tod«.

Als er ein zweites Mal nach Palästina kommt, erlebt er in Jerusalem den Einzug Christi, der soeben Lazarus zum Leben erweckt hat. Er sieht, wie man Blumen, Palmen- und Olivenzweige auf seinen Weg legt. Er schließt sich dem Erlöser an, kehrt in sein Heimatland zurück und kommt ein drittes Mal nach Jerusalem, wo er erfährt, daß der Erlöser gekreuzigt und wieder auferstanden ist. Nach dem Pfingstfest reist er nach Babylon zurück, »brennend vor Liebe zu Christus«. Darauf tötet er in übertriebenem Glaubenseifer »mit dem Schwert die Juden, die ihm in diesem Land begegneten in Erinnerung an diejenigen, die, als sie Christus töteten, Schande über Jerusalem gebracht hatten.« Durch Simon und Thaddäus ist der Glaube nach Babylon gelangt. Der König und Eutropius empfangen die Taufe, und die ganze Stadt bekehrt sich. Abdias wird ihr Bischof, und Eutropius wird zu ihrem Erzdiakon ernannt.

Nachdem er von den Wundern und Tugenden des hl. Petrus vernommen hatte, begab er sich zu ihm nach Rom und verbrachte einige Zeit dort. Dann »ging er auf dessen Befehl und Rat mit anderen Brüdern nach Gallien, um zu predigen. Und als er in eine Stadt namens Saintes kam, sah er, daß sie allseits umschlossen war von alten Befestigungsmauern, geschmückt mit hohen Türmen. Sie war herrlich gelegen, war von vollkommenen Ausmaßen in Länge und Breite, blühend in jeder Beziehung und strotzend von Eßwaren, wohlausgestattet mit schönen Wiesen und sauberen Brunnen, durchflossen von einem großen Fluß, reich an Gemüse-, Obst- und Weingärten in der Umgebung, mit gesunder Luft, angenehmen, in jeglicher Hinsicht reizvollen Plätzen und Straßen; da dachte der eifrige Apostel, daß Gott in seiner Güte diese schöne und bemerkenswerte Stadt von den Irrlehren der Heiden und vom Götzenkult abbringen und den christlichen Gesetzen unterwerfen werde.«

Eutropius begann darum, auf Plätzen und Straßen das Evangelium zu verkünden. Doch die Einwohner verfolgten ihn mit Fackeln und Stöcken, fügten ihm Brandwunden und Schläge zu und vertrieben ihn. Daraufhin baute er sich eine Holzhütte nahe der Stadt. Am Tag durchschritt er die Mauern, um das Volk zu bekehren. Nachts blieb er »unter Gebeten und Tränen wachend in seiner Hütte«. Er bekehrte nur wenige, und erinnerte sich an den Ratschlag des Herrn: »Und wenn man euch nicht aufnimmt und auf eure Worte nicht hört, so verlaßt dieses Haus oder jene Stadt und schüttelt den Staub von euren Füßen.«

Er kehrte nach Rom zurück. Aber der neue Papst, der hl. Clemens, hieß ihn, wieder nach Saintes zu gehen und sich auf das Martyrium vorzubereiten. In Begleitung des hl. Dionysius, dessen Ziel Paris war, kehrte er nach Saintes zurück. Die letzten Stunden seines Apostolats, sein Ende und seine Beisetzung werden auf herzbewegende Weise erzählt: »Als er mit festem Schritt wie von Sinnen die Stadt betrat, predigte er mit [. . .] Inständigkeit den Glauben an den Herrn, indem er von der Menschwerdung Christi, seiner Leidensgeschichte und Auferstehung, seiner Himmelfahrt und allem sprach, was er zum Heil der Menschen auf sich genommen hatte; und vor allem erklärte er, daß niemand in das Reich Gottes eingehen könne, der nicht durch das Wasser und den heiligen Geist erneuert worden sei. Trotzdem schlief er nachts in seiner Hütte wie früher. Doch während er predigte, kam vom Himmel herab die göttliche Gnade, und viele Heiden in der Stadt ließen sich von ihm taufen, darunter eine Tochter des Königs der Gegend mit Namen Eustella, die durch das Wasser der Taufe ein neuer Mensch wurde. Als ihr Vater davon erfuhr, verfluchte er sie und jagte sie aus der Stadt. Aber da sie sah, daß sie wegen ihrer Liebe zu Christus verstoßen worden war, richtete sie sich neben der Hütte des heiligen Mannes ein. Der Vater jedoch liebte seine Tochter und sandte mehrere Male Boten zu ihr, damit sie nach Hause zurückkehre. Aber sie antwortete, sie wolle um des Glaubens an Christus willen lieber außerhalb der Stadt bleiben, als in sie zurückzukommen und von den Götzenbildern beschmutzt werden. Da erfaßte den Vater großer Zorn, und er sandte alle Metzger der Stadt zu ihr – es waren einhundertfünfzig – und befahl ihnen, den hl. Eutropius zu töten und das junge Mädchen in das Haus seines Vaters zurückzubringen. Am 30. April kamen die Metzger mit vielen anderen Heiden zu der erwähnten Hütte, steinigten den heiligen Mann zunächst, schlugen dann den Entblößten mit Stöcken und bleiernen Riemen und töteten ihn schließlich, indem sie ihn mit Äxten und Beilen enthaupteten.«

Eustella begrub den Leichnam in der Hütte, wachte ihr weiteres Leben bei ihm und wurde später neben dem Grab ihres Lehrers beigesetzt. In der Basilika, die später errichtet wurde – das heutige Bauwerk weist noch ein paar herrliche romanische Teile auf –, geschahen zahlreiche Wunder.

Sicher hat diese zugleich tragische und heilige Geschichte von Eutropius und Eustella die Pilger zutiefst gerührt. Weiter führte ihr Weg nach Pons hinab. Vom Hospiz dieser Stadt existieren noch bedeutende Reste, die ein unwissender Reisender vermutlich für ein Stadttor halten würde. Die Jakobspilger durchquerten das Bordelais und die Landes, wo sie allenthalben Hinweisen auf die Rolandssage begegneten. »Aus adeliger Familie stammend und Graf im Gefolge Karls des Großen mit zwölf weiteren Kämpfern, zog er [Roland] aus Glaubenseifer zur Vertreibung der Ungläubigen nach Spanien. Wie man berichtet, war er so stark, daß er in Roncesvalles einen Felsblock mit seinem Schwert durch drei Hiebe von oben bis unten in der Mitte spaltete; und als er in sein Horn blies, soll es durch den Stoß seines Atems in der Mitte zerbrochen sein . . . Nachdem Roland viele Kriege gegen Könige und Völker siegreich beendet hatte, durch Hunger, Kälte und sengende Hitze erschöpft war und ohne Unterlaß heftige Schläge sowie wiederholt Geißelungen für den Namen Gottes erlitten hatte, starb dieser edle Märtyrer Christi [. . .] von Pfeilen und Lanzen durchbohrt« und machte durch seinen Tod den Ort Roncesvalles berühmt. Er wurde in der Kirche Saint-Romain zu Blaye beigesetzt.

In Bordeaux waren in Saint-Seurin (Severinus) nicht nur die Reliquien des Titelheiligen der Kirche zu verehren, der im 5. Jahrhundert Bischof der Stadt gewesen war, sondern auch das Horn des

Helden, das Karl der Große hierher gebracht hatte. In Belin verweilten die Pilger an einem Grabmal, das vielleicht nur ein einfacher Erdhügel war und als letzte Ruhestätte einiger seiner Mitstreiter und Märtyrer für den christlichen Glauben galt: »Oliver, Gondebold, König von Friesland, Ogier, König von Dänemark, Arastagnus, König der Bretagne, Garinus, Herzog von Lothringen, und zahlreiche andere Kämpfer Karls des Großen, die nach dem Sieg über die Heiden für den christlichen Glauben in Spanien ermordet wurden.«

Über Dax, Sorde und die dortige Abtei erreichten die Pilger Ostabat, das am Gebirgsfluß Oloron liegt, unweit der Stelle, an der dieser in den Pau mündet.

Der *Pilgerführer* enthält viele, teilweise ganz köstliche Einzelheiten über die zu durchwandernden Landschaften und ihre Einwohner. In der Saintonge pflege man eine rauhe Sprache, so heißt es dort. Im Land von Bordeaux noch mehr, aber es sei »reich an Fisch und Wein«. Der Verfasser erklärt, daß »um die Landes zu durchqueren, ermattete Pilger drei Tage benötigen« und zeichnet ein wenig schmeichelhaftes Bild von der Region: »Dies ist eine an allem arme Gegend; man findet Brot, Wein, Fleisch und Fisch ebensowenig wie Wasser und Brunnen; es gibt kaum Orte in dieser sandigen Ebene, jedoch bietet das Land Honig, Hirse, Waldhirse und Schweinefleisch. Wenn du diese Landschaft im Sommer durchquerst, so schütze dein Gesicht vor den zahlreichen Roßbremsen, die volkssprachlich *guespe* oder *tavones* genannt werden. Beobachte nicht weniger aufmerksam deine Füße, die im dortigen Sande schnell bis zum Knie versinken können.«

Die Beschreibung der Gascogne klingt trotz mancher Eigentümlichkeiten erfreulicher. Sie wird beschrieben als ein Land, »in dem es viel Weißbrot, besten Rotwein, Wälder, Wiesen, reine Flüsse und Quellen gibt. Die Gascogner haben ein loses Maulwerk, sie sind schwatzhaft, spöttisch, lüstern, Wein und Essen zugeneigt, schlecht mit Kleidung und Geld ausgestattet, aber an den Krieg gewöhnt und in der Gastlichkeit gegenüber Armen zuvorkommend. Wenn sie am Feuer sitzen, essen sie gewöhnlich ohne Tisch und trinken gemeinsam aus einem Becher. Sie essen und trinken viel, sind schlecht gekleidet, sie schlafen alle zusammen auf wenig verfaultem Stroh, sogar das Gesinde mit Herr und Herrin.«

Zu diesem vierten Weg kamen übrigens noch mehrere andere hinzu. Von England und den westlichen Provinzen zogen die Pilger über Chartres, Bonneval, Châteaudun, Vendôme und Montoire oder über Le Mans nach Tours hinab. Über Angers gelangten sie nach

Poitiers und nach Saint-Jean d'Angély über Nantes. Den Engländern, Normannen und Bretonen war der Mont Saint-Michel in seiner sagenumwobenen Bucht, die das Meer bei Flut füllt und aus der es sich bei Ebbe zurückzieht, es wert, dort ein Gebet zu verrichten und sich eine kurze Weile staunend umzusehen. Schließlich konnte man von Poitiers aus, statt nach Saintes zu gehen, hinabwandern gen Charroux, Angoûleme und Brantôme, bevor man wieder auf die Route der Landes stieß.

VON OSTABAT NACH PUENTE LA REINA

Nach Ostabat, wo sich der zweite, der dritte und der vierte Weg vereinigten, wanderte man über Saint-Jean-Pied-de-Port und den Cisa-Paß weiter. Die Pilger durchquerten »das Baskenland mit der Stadt Bayonne, die am Meer gegen Norden gelegen ist. In diesem Land wird eine fremdartige Sprache gesprochen, es ist waldreich, bergig, arm an Brot, Wein und jeglichen Lebensmitteln, man wird jedoch durch Äpfel, Apfelwein und Milch entschädigt.«

Der *Pilgerführer* beschreibt ausführlich die Überquerung des Passes: »Sein Anstieg mißt acht Meilen und der Abstieg ebensoviel. Dieser Berg ist so hoch, daß er den Himmel zu berühren scheint; wer ihn besteigt, glaubt mit eigener Hand an den Himmel reichen zu können. Vom Gipfel kann man das Meer der Bretagne und des Westens sehen und auch die drei Länder Kastilien, Aragonien und Frankreich. Der Ort auf der Spitze wird ›Karlskreuz‹ genannt, weil dort Karl der Große, als er mit seinem Heer nach Spanien zog, einen Pfad mit Beilen, Äxten, Hacken und anderen Werkzeugen bahnte, zunächst ein Kreuzzeichen aufstellte, dann das Knie beugte und nach Galicien gewandt Gott und den hl. Jakobus in einem Bittgebet anrief. Deshalb pflegen die Pilger hier niederzuknien, mit Blick auf das Land des hl. Jakobus zu beten und ein Kreuz wie ein Feldzeichen aufzustellen. Man kann dort tausend Kreuze finden, es ist der erste Gebetsort auf dem Jakobsweg [. . .]. Nördlich, in der Nähe dieses Berges, liegt das als Valcarlos bezeichnete Tal, in das Karl der Große mit seinem Heer floh, als die Kämpfer in Roncesvalles getötet worden waren. Dieses Tal durchqueren viele Jakobspilger, wenn sie den Berg nicht besteigen wollen.« Nachdem der Autor des *Pilgerführers* diesen anderen Weg angegeben hat, widmet er Roncesvalles einige Zeilen: »Anschließend trifft man beim Abstieg von diesem Berg auf das Hospiz und die Kirche. Dort liegt der Fels, den der tapfere Krieger Roland mit einem dreifachen Schwertstreich von oben bis unten mittendurch gespalten hat. Dann gelangt man in den Ort Roncesvalles, wo einst die große Schlacht stattfand, in der König

76

Marsirus, Roland, Oliver und vierzigtausend andere christliche und sarazenische Kämpfer getötet wurden.«

Der Weg führt nun hinab in Richtung Pamplona, der Hauptstadt von Navarra, deren mit Lilien verziertes »Französisches Tor« man durchschreitet, wenn man nach Puente la Reina will.

Von Basken und Navarresern zeichnet der Text aus dem 12. Jahrhundert kein besonders günstiges Bild. Die damaligen Pilger brauchten viel Vertrauen und Mut, um auf Menschen zuzugehen, die in einem so schlechten Ruf standen. »Die Navarreser tragen schwarze Kleider, die so kurz sind, daß sie nach schottischer Art nur bis zum Knie reichen, sie haben Schuhe aus ungegerbtem, noch behaartem Leder, die sie *lavarcas** nennen. Diese binden sie mit Riemen um ihre Füße, so daß nur ihre Fußsohlen geschützt sind, die Fußrücken hingegen nackt bleiben. Sie tragen dunkle Wollmäntel, die bis zum Ellbogen reichen und ähnlich wie Reisemäntel gesäumt sind, die sie *saias* nennen. Sie sind wenig schön gekleidet und essen und trinken schlecht. Im Haus eines Navarresers pflegen alle Hausbewohner, Knecht wie Herr und Magd wie Herrin, zusammen die in einem Topf vermischten Speisen zu verschlingen, nicht mit Löffeln, sondern mit den Händen. Ebenso trinken alle aus einem Becher. Wenn man sie essen sieht, glaubt man, fressende Hunde oder Schweine vor sich zu haben. Wenn man sie reden hört, erinnert es an Hundegebell.« Es folgt eine Reihe von Wörtern als Beispiele für ihre grobe Sprache, dann geht es noch schlimmer weiter: »Es ist ein barbarisches Volk, das sich von allen Völkern in Gebräuchen und Wesen unterscheidet, voller Bosheit, von schwarzer Farbe, unansehnlich, verrucht, schurkisch, falsch, treulos und korrupt, wollüstig, trunksüchtig, erfahren in Gewalttätigkeiten, unerschrocken und wild, unehrlich und verlogen, gottlos und von rauhen Sitten, grausam und streitsüchtig, kurzum zu jeglichem Guten unfähig, aber Lastern und der Sündhaftigkeit aufgeschlossen. Es ist den Goten und den Sarazenen an Bosheit ebenbürtig, unserem französischem Volk in jeder Beziehung feindlich. Für eine Münze tötet ein Navarreser oder Baske, wenn er kann, einen Franzosen. In gewissen Gegenden, in der Biskaya und in Álava, zeigen der Mann der Frau und die Frau dem Mann — wenn sie sich erhitzen — ihre Schamteile. Die Navarreser pflegen mit ihrem Vieh Unzucht zu treiben; man sagt, ein Navarreser hänge ein Schloß an das Hinterteil seines Maultieres und Pferdes, damit kein anderer als er selbst zu ihm Zugang habe. Auch küßt er wollüstig die Geschlechtsteile von Frau und Maultier.«

* Kastilisch *abarcas* (Jeanne Vielliard)

Als positive Eigenschaften gesteht der *Pilgerführer* den Navarresern und Basken lediglich Tapferkeit und Großzügigkeit gegenüber den Kirchen zu. Alle anderen Details mußten die Pilger mit Entsetzen erfüllen. Der Verfasser hat natürlich übertrieben, und er hat die geographischen Räume der Basken und der Navarreser nicht auseinandergehalten; aber welche Würze liegt in der Textaussage, die wir oben zitiert haben!

## Von Puente la Reina nach Santiago de Compostela Der »Camino francés«

Von Puente la Reina, so genannt wegen der Brücke, die eine wohltätige Königin im 11. Jahrhundert dort über den Fluß Arga bauen ließ, gelangten die Jakobspilger nach Estella, »das durch gutes Brot, vorzüglichen Wein, den Überfluß an Fleisch und Fisch sowie durch allgemeine Fruchtbarkeit hervorsticht«. Hier fließt die Ega, »deren Wasser mild, rein und ausgezeichnet ist«. Dann führte der Weg gen Rioja und seine Weinberge, dann über Irache, Los Arcos und Viana und die große Stadt Logroño nach Kastilien. Sein Verlauf entspricht fast genau der heutigen Route. Einige Kilometer von Logroño entfernt, erschien der Apostel in der Schlacht von Clavijo. Von Nájera aus konnten die Pilger, wenn sie einen Umweg nicht scheuten, die Klöster Albelda und San Millán de la Cogolla besuchen. Der gemeinhin benutzte *camino* in der Gegend von Nájera folgte der Straße, die Santo Domingo de la Calzada (der hl. Dominik von der Straße) ausgebaut hatte. Die heutige Stadt verdankt ihm nicht nur ihren Namen, sie wurde darüber hinaus vom hl. Jakobus für ein berühmtes Wunder auserkoren. Hier nämlich und nicht in Toulouse soll, wie manche behaupten, das wunderbare Ereignis stattgefunden haben, das den jungen Mann, der gehängt wurde, überleben ließ, nachdem sein Vater und er fälschlicherweise des Diebstahls beschuldigt worden waren. Ein Pilgerlied erinnert daran:

*Oh! wie fröhlich waren wir*
*Als wir in Santo Domingo waren*
*Und den Hahn krähen,*
*Die weiße Henne gackern hörten;*
*Vor Justitia traten wir,*
*Sechsunddreißig Tage hing der Sohn,*
*Den sein Vater lebend fand,*
*Als er wiederkehrte von St. Jakobus.*

Auf dem Weg nach Villafranca-Montes de Oca, in einer heute spärlich besiedelten Region, fand man einst verschiedene Pilgerhospize. Von Valdefuentes aus gab es zwei Routen nach Burgos. Die eine im Norden verlief über San Juan de Ortega, dessen Name uns an einen anderen Straßenbauer erinnert; die zweite im Süden über Zalduendo entspricht in etwa dem heutigen Verlauf und führt uns in die Hauptstadt Alt-Kastiliens.

Die wunderschöne Kathedrale, die zahlreichen Kirchen, das Hospiz San Juan und das Hospital del Rey erfreuten Geist und Auge des Pilgers, der sich von den Anstrengungen der Wallfahrt rasch erholte und jederzeit bereit war, sich von den Schönheiten des Weges begeistern zu lassen.

Über die eben genannte Region schreibt der *Pilgerführer* nur kurz: »Man durchquert den Wald von Oca, und in Richtung Burgos liegt das Land der Spanier, das Kastilien und Campos heißt. Das Land ist voller Reichtümer, Gold und Silber, Futter und kräftige Pferde bringt es im Überfluß hervor, ebenso Brot, Wein, Fleisch, Fisch, Milch und Honig. Es gibt jedoch keine Wälder, und die Menschen sind böse und lasterhaft.«

Von Burgos aus konnte man das südlich gelegene Benediktinerkloster Santo Domingo de Silos erreichen. Die Hauptpilgerroute verlief, anders als die heutigen großen Straßen, in westlicher Richtung. Aber Reste der Pflasterung und der Zusatz »del Camino« bei einigen Städtenamen gestatten es, sie wiederzufinden. Zwischen Burgos und Castrojeriz verläuft sie über einen breiten und teilweise beschotterten Feldweg. Nach Nardajos und Hornillos del Camino, dessen Benediktinerkloster von Rocamadour abhing, kamen die Jakobspilger nach Castrojeriz. Die Burg, die Stiftskirche und mehrere andere Gotteshäuser erinnern an die Bedeutung, die die Stadt im Mittelalter hatte; der Ort erstreckt sich zu beiden Seiten der Straße, in der sich die Herbergen und Hospitäler befanden.

Noch viele Städte blieben zu durchqueren. Ganz Kastilien und León lagen vor den Pilgern, stille, sonnendurchglühte Landschaften, endlose Natur. Sie erreichten Boadilla del Camino, Frómista und das dortige romanische Kloster, Villalcázar de Sirga mit der hohen gotischen, weithin sichtbaren Kirche. Dann führte der Weg nach Carrión de los Condes, das der *Pilgerführer* im 12. Jahrhundert als eine »geschäftige und blühende Stadt« bezeichnet, »die an Brot, Wein, Fleisch und anderen Lebensmitteln reich ist«. Nach dieser Rast ging der eintönige Marsch weiter über Calzadilla de la Crueza, Santa María de las Tiendas, San Nicolás del Real Camino. Die Jakobspilger folgten der streckenweise noch erhaltenen, durch eine Erdaufschüttung erhöhten und mit kleinen Steinchen beschotterten

Straße. Schließlich gelangten sie nach Sahagún, einen von den Franzosen wegen seiner guten Beziehungen zu Frankreich sehnsüchtig erwarteten Etappenort: Das Kloster war ein Cluniazenserpriorat, Karl der Große soll es gegründet und am Fluß Céa einen großen Sieg errungen haben; außerdem lebten zahlreiche »francos« dort. Der *Pilgerführer* versichert, daß in der Stadt Überfluß herrsche, und empfahl, »die Leichname der hl. Märtyrer Facundus und Primitivus [sie erlitten den Märtyrertod unter Diokletian], deren Basilika von Karl erbaut wurde. Bei ihrer Stadt gibt es mit Bäumen bestandene Wiesen, auf denen die Lanzen der Kämpfer sich belaubten, wie man berichtet.«[*]

Danach ging es weiter in Richtung Mansilla de las! Mulas durch eine arme Gegend, in der die Jakobspilger sich gewiß sehr fürchteten. In der zweiten Hälfte des 17. Jahrhunderts fand hier der Bologneser Laffi den Leichnam eines Pilgers, den die Wölfe zerrissen hatten. Ein wenig abseits vom üblichen Weg indes erhebt sich in einer idyllischen Landschaft das mozarabische Kloster San Miguel de Escalada.

Die Rast in León, der Hauptstadt des gleichnamigen Königreiches, war fast ebenso wichtig wie die in Burgos. Die gotische Kathedrale, die starken französischen Einfluß verrät, die Reliquien des hl. Isidor in dem ehrwürdigen Gotteshaus, das noch heute seinen Namen trägt, das riesige, prachtvolle Hospital San Marcos verliehen der alten Stadt einen besonderen Glanz. Auch der *Pilgerführer* preist ihren Ruhm und berichtet, daß sie »Königs- und Hofstadt« ist, die »reichhaltige Kostbarkeiten aufweist«. Und er fügt hinzu: »Man muß [. . .] die ehrwürdigen Reliquien des hl. Bischofs, Bekenners und Doktors Isidor besuchen, der eine fromme Regel für die kirchlichen Kleriker schuf, das spanische Volk mit seinen Lehren erfüllte und die ganze hl. Kirche mit seinen Früchte tragenden Büchern erfreute.«

Die Wegstrecke, die jetzt noch zu bewältigen war, verlief teilweise durch wilde Gegenden, über gefährliche Pässe und durch Landstriche mit einer wenig gastfreundlichen Bevölkerung. Über San Miguel del Camino, Villadangos und San Martín del Camino erreichten die Jakobspilger Astorga, glücklich, hier in dieser größeren Stadt freundliche Aufnahme zu finden. Dann hieß es, wieder aufzubrechen, Dörfer und Landschaften zu durchwandern, den Schritt zu beschleunigen, um das Tagesziel zu erreichen, wenn am Horizont riesig und purpurrot die Sonne sank. Danach folgten

---

[*] Siehe weiter unten Seite 123 ff. die Zusammenfassung des *Pseudo-Turpin*. Sahagún verdankt seinen Namen dem hl. Facundus.

Rabanal del Camino, El Acebo, Molinaseca und schließlich Ponferrada am Río Sil in einem Tal, dessen Grün für den Pilger eine Wohltat war.

Jenseits des Piedrafita-Passes erwartete dann den Reisenden Galicien, »eine wald- und flußreiche Landschaft mit Wiesen, besten Gärten, guten Früchten und klaren Quellen [. . .] Städte, Dörfer und Felder sind selten, Weizenbrot und Wein nicht im Überfluß vorhanden. Es gibt jedoch reichlich Roggenbrot und Apfelwein, Vieh, Pferde, Milch und Honig. Man fängt zwar außerordentlich große Seefische, allerdings nicht viele. Neben sarazenischen Schätzen birgt das Land weitere Reichtümer wie Gold und Silber, jedoch auch Tuche und Felle aus den Wäldern.« Der Verfasser, der das Land in angenehmer Erinnerung behalten hat, fühlt sich auch den Einwohnern sehr verwandt — und das Kompliment, das er ihnen macht, ist trotz der Einschränkungen, die es enthält, nicht gering, wenn man an sein hartes Urteil über die Basken und Navarreser denkt. »Die Galicier«, schreibt er, »ähneln unserem französischen Volk im Vergleich zu allen übrigen unkultivierten spanischen Völkern durch ihre Gebräuche am meisten, aber sie gelten als jähzornig und streitsüchtig.«

Die letzten Tage der Pilgerreise führten, wie die obige Beschreibung zeigt, durch eine hübsche Landschaft, außerdem hatte man es mit freundlichen Menschen zu tun. Eine erste Route verlief über Cebrero, Triacastela und Samos, das ein großes Kloster besitzt. Dann folgten das melancholisch zwischen grünen Hügeln am Miñoufer sich duckende Portomarín, Palas del Rey und Mellid. Eine andere Strecke weiter nördlich führte durch die entzückende Stadt Lugo und über ein anderes berühmtes Kloster Galiciens, Sobrado de los Monjes.

Schließlich tauchte vor den Augen der Pilger Santiago de Compostela auf, das einen geheimnisvollen Zauber ausstrahlte. Die »hervorragende Stadt Compostela, überaus reich an allen Freuden, denn sie verwahrt den Schatz des hl. Jakobus-Leichnams und gilt deshalb als glücklichste und vornehmste aller spanischen Städte.«

Während die großen Pilgerrouten in Spanien verhältnismäßig einfach verliefen, bildeten sie in Frankreich, besonders im Languedoc und in der Gascogne ein enges, kompliziertes Wegenetz. Man könnte sagen, daß dieses Netz im Südwesten Frankreichs den mehr oder weniger verästelten Rippen eines Baumblattes ähnelt. Natürlich war den Pilgern nicht vorgeschrieben, einen bestimmten Weg zu benutzen. Da es eine große Anzahl von Hospizen, Klöstern und Herbergen gab, wo sie Aufnahme fanden, konnten sie ohne Schwierigkeiten von einer Route zur anderen überwechseln und sich entweder etwas ansehen, das sie interessierte, oder einer besonderen religiösen Pflicht nachkommen.

Einige, wenn auch weniger berühmte Wegstrecken, die jedoch gern begangen wurden, scheinen am Atlantik entlang geführt zu haben, ein Stück landein oder unmittelbar an der Küste — zumindest da, wo diese einigermaßen sicher war gegen Meereseinbrüche und die Reisenden keine Angst vor den Rohheiten der Basken hatten. Viele Pilger, zum Beispiel Engländer, die mit dem Schiff gekommen waren, landeten im französischen Soulac und setzten ihren Weg an der Küste über Mimizan und Bayonne fort. Sie durchquerten Saint-Jean-de-Luz, Irún und San Sebastian, wanderten weiter über die Guernica, erreichten die großen Städte Bilbao und Santander, verweilten in Oviedo, wo sich die verehrungswürdigen Reliquien der *Cámara santa* befanden, kamen dann durch Ribadeo und zogen über Land gen Mondoñedo. In Sobrado stießen sie dann auf eine Route, die wir bereits kennen.

Von Irún und San Sebastian aus konnte man, statt die Küstenroute zu nehmen, nach Burgos hinunterwandern. Es war in etwa der Weg, den auch der heutige Reisende benutzt, über Tolosa, Vitoria, Miranda de Ebro und die Pancorbo-Schluchten. In den Pyrenäen konnte man auf kleineren Wegen das Gebirge überschreiten, ohne den Aspe- oder den Cisa-Paß zu erklimmen. Alle Wege im Südwesten Frankreichs führten nach Compostela — eine unleugbare Tatsache, die es jedoch je nach Epoche zu differenzieren gilt.

Im Lauf der Zeit veränderten sich, vor allem in Frankreich, die Routen beträchtlich. Auf einer Karte des »Jakobsweges« von 1659 sieht man, daß damals auf der neuen Route zwischen Blois und Châtellerault Tours und zwischen Poitiers und Bordeaux Saintes umgangen wurden. Warum diese Veränderungen? Sie sind nicht einfach zufällig, sondern haben mit der geistigen Entwicklung der Pilger zu tun. Die Gläubigen sind weniger leichtgläubig geworden, die heroischen Erinnerungen, die sich mit Blaye verbinden, bieten keinen Anreiz mehr.

Abschließend sei auf die Bedeutung bestimmter Nuancen hingewiesen. Besonders in der Nähe und nördlich der Pyrenäen waren die Jakobswege in Frankreich dichter als in Spanien und haben sich im Lauf der Jahrhunderte streckenweise, vor allem auf der französischen Seite, stark verändert. Der Name »Jakobswege« wird übrigens in Anspruch genommen für ein Straßennetz, das keineswegs nur der Pilgerfahrt diente. Nicht nur die Jakobspilger konnten sich hier frei bewegen, es gab noch viele andere Benutzer. Seit dem Mittelalter ersetzten sie die römischen Fernstraßen, und so waren dort auch andere Reisende, in erster Linie Kaufleute, unterwegs. Das Pilgerwesen war, wie wir sehen werden, dem Handel entlang dem Weg nach Galicien überaus förderlich. Die »Jakobswege« sind nur die bekannteste Bezeichnung für gewisse Straßen, die bereits im Altertum entstanden waren und oft aus anderen als nur religiösen Gründen begangen oder befahren wurden.

# Die Pilger,
## die Reise und die Gastlichkeit

*Hospes eram et collegistis me.*

*Ich war fremd und obdachlos, und ihr habt mich aufgenommen.*

Matthäus 25, 35

Pilgern besteht im Mittelalter darin, sich aufzumachen, um Reliquien und insbesondere einen heiligen Leichnam zu verehren. Man begab sich zum Grab eines Märtyrers, eines Apostels oder sogar Christi. In der *Vita nuova* unterscheidet Dante je nach Ziel der Fahrt drei Arten von Pilgerreisenden:

> *Chiamansi palmieri in quanto vanno oltremare, là once molte volte recano la palma; chiamansi peregrini in quanto vanno a la casa die Galizia, pero che la sepultura di sa' Jacopo fue più lontana de la sua patria che d'alcuno altro apostolo; chiamansi romei in quanto vanno a Roma . . .*

> Sie heißen palmieri, *weil sie übers Meer in ein Land reisen, aus dem sie oftmals einen Palmzweig mitbringen. Sie heißen* peregrini, *weil sie an die heilige Stätte in Galicien reisen und dort das Grab des hl. Jakobus in größerer Ferne von seinem Heimatland liegt als das irgendeines anderen Apostels. Sie heißen* romei, *weil sie nach Rom reisen . . .*

Die Gepflogenheit, aus Jericho Palmenzweige nach Europa mitzubringen, führte also zu der Bezeichnung *palmieri* für jene Reisende, die sich an die Heiligen Stätten begaben. Die *romei* zogen nach Rom und die Pilger im eigentlichen Sinn nach Galicien. Die klassische und sehr einleuchtende Unterscheidung wurde jedoch nicht immer beachtet. Der Ausdruck »Pilger« wurde allgemein angewendet. Wichtiger als jene Unterscheidung ist die zwischen echten, freiwilligen Pilgern und solchen, die nicht aus eigenem Antrieb reisten.

Wie Edmond-René Labande ganz richtig dargelegt hat, müssen diese beiden Gruppen klar definiert werden. Die ersten sind jene »Christen, die zu einem gegebenen Zeitpunkt beschlossen haben, sich an einen bestimmten Ort zu begeben, und von der Reise, zu der sie sich entschieden hatten, ihre Lebensführung bestimmen lassen«. Vor dem Aufbruch muß man zurückgeben, was man gestohlen hat, und ganz allgemein danach streben, arm zu sein: im Idealfall sollen *pauper* und *peregrinus* synonym sein. Im *Liber de miraculis* spricht Petrus Venerabilis von einem reichen Ritter, der, durch göttliche Eingebung bewogen, Cluny große Schenkungen zukommen läßt. Arm geworden, bricht er zu einer Pilgerfahrt nach Jerusalem auf. Entgegen seinen Hoffnungen findet er im Heiligen Land nicht den Tod und kehrt nach Burgund zurück, wo er das Mönchsgewand nimmt.

Aus der schönen Literatur, nicht aus der Geschichte, wäre ein anderes ergreifendes Beispiel einer Pilgerfahrt aus freien Stücken zu zitieren. Anne Vercors, Violaines Vater in *Mariä Verkündigung* von Paul Claudel, bereitet die Hochzeit Violaines mit Jacques vor, überläßt diesem Combernon und bricht nach Jerusalem auf. In Frankreich regieren damals zwei Könige, die Christenheit wird von drei Päpsten beherrscht, ein Konzil spaltet die Kirche in zwei Parteien. Anne Vercors will sein Teil dazu beitragen, daß dieses große »Weltübel« beseitigt wird, daß sein Land und seine Religion zur Einheit zurückfinden. Er folgt einem Ruf, dem Ruf des »Engels, der die Posaune erschallen ließ«, denn er ist es »müde, glücklich zu sein«. Als seine Frau sich darüber wundert, erwidert er:

> *Die lautlose Posaune, die jedermann vernimmt.*
> *Die Posaune, die von Zeit zu Zeit alle Menschen beruft, auf daß*
> > *die Lose neu verteilt werden.*
> *Das von Josaphat, ehe ihr noch ein Laut entfuhr.*
> *Das von Bethlehem, als Augustus den Erdkreis zählte.*
> *Das von Himmelfahrt, als man die Apostel zusammenrief.*
> *Die Stimme, die das Wort vertritt, wenn das Haupt sich nicht*
> *mehr hören läßt.*
> *Für den Leib, der nach seiner Einheit trachtet.*

Sind zu den nicht freiwilligen Pilgern auch jene zu zählen, die ein in Todesgefahr ausgesprochenes Gelübde erfüllten? Der Zwang war in diesem Fall von besonderer Art. Andere Beispiele sind typisch für den freiwilligen Charakter bestimmter Fahrten. So manche Jakobspilger entledigten sich damit einer kirchlichen Strafe, die ihnen wegen einer als schwer angesehenen Verfehlung auferlegt worden war. Von einem Unglück für die Allgemeinheit betroffene Städte entsandten Abordnungen. Im späten Mittelalter setzte man testamentarisch Legate aus, die dazu bestimmt waren, die Entsendung von Pilgern zu bezahlen, deren Verdienste der Seele eines Dahingegangenen nützen sollten. Manchmal war der Anlaß für die Reise in das ferne Santiago eine rein weltliche Strafe, von der man sich mit Geld freikaufen konnte. Mörder, die ihre Strafe auf dem Pilgerweg ableisteten, mußten gekettet bleiben, und die Ketten waren aus dem Eisen der Mordwaffe geschmiedet. Diese Art von *peregrinación*, übrigens allen berühmten Heiligtümern gemein, ist ein charakteristisches Beispiel für erzwungene Pilgerfahrten. Man kann dieses Eindringen des Strafgesetzes in den Apostelkult nur mit Bedauern feststellen, aber bekanntlich trennte man im Mittelalter das Weltliche und das Religiöse nicht so entschieden wie heute.

Der gewöhnliche Jakobspilger trug zunächst keine kennzeichnende Kleidung. Wie jeder Reisende, zumindest wenn er zu Fuß ging, benötigte er festes und praktisches Schuhwerk; er brauchte außerdem ziemlich kurze Kleider, die ihn beim Gehen nicht behinderten; oft war er mit einer lederverstärkten Pelerine und einem breitkrempigen, meist runden Filzhut bekleidet, was ihn vor Kälte und Regen schützte. Bald wurde diese Ausstattung zur festen Tracht, zum äußeren Zeichen des Jakobiten, sie diente ihm als Geleitbrief, gab ihm das Recht auf die Mildtätigkeit der Hospize und anderer Gläubiger. Von nun an wird man den Jakobspilger, den Holzschnitte wie die von Jacques Callot bekannt gemacht haben, während mehrerer Jahrhunderte an seiner Kleidung erkennen.

Zur Ausstattung des Pilgers gehörten noch die Pilgertasche, der Wanderstab und die Pilgerflasche. Der erstgenannte Gegenstand war ein kleiner Sack aus Tierhaut — vor allem Hirschleder war dafür beliebt —, der immer mit einer Muschel geschmückt war; im allgemeinen trapezförmig und am Boden breiter als im oberen Teil, konnte er auf Geldbeutelgröße zusammengefaltet werden. Ursprünglich war der Pilgerstab nichts anderes als ein Stock, mit dem der Pilger die Hunde und Wölfe verjagte und der ihm auf schwierigen Wegstücken eine Stütze bot. Er war unterschiedlich lang, hatte am oberen Ende einen Knauf mit Haken, an dem der Quersack hing, und am unteren Ende eine Eisenspitze. Der Erzbischof von Santiago schenkte der heiligen Königin Isabella von Portugal einen besonders prächtigen Pilgerstab, als sie auf Pilgerfahrt nach Compostela kam. Anläßlich der Öffnung ihres Grabmals im Jahr 1612 wurde er wie folgt beschrieben: »Er maß sechseinhalb Hand in der Länge, war mit vergoldeten Messingplatten bedeckt und mit Jakobsmuscheln beschlagen . . .« Die Pilgerflasche, in der die Pilger den Wein aufbewahrten, den manche Hospitäler ihnen auf den Weg mitgaben, konnte entweder an den Gürtel oder an den Wanderstab gehängt werden.

Die übliche Ausrüstung der Jakobspilger wird in einem der Wegelieder aufgezählt, die diese unterwegs sangen, um sich Mut zu machen:

*Mit den nötigen Dingen*
*gilt's versehen zu sein;*
*den Vätern gleich;*
*nicht fehlen dürfen Stock und Sack*
*und auch nicht ein großer Hut.*
*Und gegen Schlechtwetter ein Mantel gut.*

Wieder in der Heimat, stifteten die Pilger diese Ausrüstung zum Zeichen der Dankbarkeit einem Heiligtum oder einer Bruderschaft. Oder sie bewahrten sie auf, um sie bei feierlichen Anlässen wieder anzulegen. Man begrub sie in ihrer Tracht mit ihren Abzeichen.

Das Tragen der Tracht und der Abzeichen führte zu Mißbrauch und diente vom späten Mittelalter an Landstreichern und berufsmäßigen Strolchen als Schutz. Philipp II. verbot den spanischen Pilgern, sie zu tragen, und behielt sie den ausländischen Pilgern vor, die einen von ihrem Bischof ordnungsgemäß unterzeichneten und datierten Brief bei sich hatten. Es steht zu bezweifeln, daß dieses Verbot wirkungsvoll war.

Die an den Küsten Galiciens beheimatete Muschel, die »concha venera«, die für den Santiago-Reisenden charakteristisch war und viele Statuen des Apostels schmückte, damit man ihn erkenne, findet sich bereits im Kloster Santo Domingo de Silos auf dem Relief des auferstandenen Christus und der Emmaus-Pilger. Der Brauch, sie auf die Umhänge, Hüte und Geldkatzen zu nähen, geht vielleicht auf die heidnische Antike zurück. Im Mittelalter jedoch schrieb man diesen Muscheln einen wunderbaren Ursprung zu. Ein Prinz, der von seinem scheuenden Pferd ins Wasser geworfen worden war, soll vom heiligen Jakobus gerettet worden und dabei über und über mit Muscheln bedeckt gewesen sein. Paßt diese hübsche Geschichte nicht gut zu den Erzählungen die einst die *Legenda aurea* um den Apostel spann? Andererseits sei jedoch darauf hingewiesen, daß bei den Grabungen in der Kapelle von Eunate zwei Muscheln mit den zum Annähen notwendigen Löchern gefunden wurden; sie stammen vermutlich aus dem 12. Jahrhundert. Der *Pilgerführer* berichtet, daß es diese Muscheln in Compostela auf dem Vorplatz der Kathedrale, dem *paraíso* (Paradies), zu kaufen gab. Man erstand sie auch aus Metall, Blei oder Zinn. Die Händler, die *concheros*, hatten, was ihren Handel betraf, eine Vereinbarung mit dem Erzbischof der Stadt, und die Päpste sorgten dafür, daß Herstellung und Verkauf ausschließlich in Santiago erfolgten.

Beim Aufbruch der Jakobspilger wurde eine besondere Liturgie zelebriert. So wie dem Ritter bei der Schwertleite die Waffen übergeben wurden, empfingen die Pilger nach dem Segen Pilgertasche und Wanderstab, die für sie das geistliche Schwert bildeten. Für manche Gruppenreisen fand eine besondere Zeremonie statt. Nach der Segnung in der Kirche und dem Singen des Psalmes *Qui confidunt in Domino* begleiteten die Geistlichkeit und das Volk die Pilger in einer Prozession, so wurden zu Beginn des Weges Litaneien gesungen, danach überließ man die Jakobspilger den Strapazen der vor ihnen liegenden Tagesmärsche, ihrer Angst vor unbekannten Gegenden, den Gefahren, die ihnen durch Räuber und sonstiges drohten.

Manche Jakobspilger reisten allein, was besonders gefährlich war, gleichgültig ob sie gingen oder ritten. Die meisten jedoch taten sich zu Gruppen zusammen, die sich zu Fuß oder mit einem Reittier aufmachten. Im allgemeinen zogen die Menschen aus einer bestimmten Gegend oder einem Ort miteinander, und Pilger, die sie unterwegs trafen, konnten sich ihnen anschließen. Besser gestellte Pilger ließen sich oft von einem oder mehreren Bediensteten begleiten, die manchmal ebenfalls Pilger waren. In der Forderung, daß *peregrinus* und *pauper* identisch sein sollten, gingen die Kleriker nicht immer mit gutem Beispiel voran: Die deutschen Bischöfe, die zusammen mit Günther, dem Bischof von Bamberg, 1065 durch Mitteleuropa reisten, taten dies unter großer Prachtentfaltung.

Wie gliederten sich die Tagesstrecken auf dem Weg nach Santiago? Die Etappen, die der *Pilgerführer* aus dem 12. Jahrhundert angibt, scheinen bei näherer Prüfung ungleich und in manchen Fällen viel zu lang zu sein. Vermutlich waren sie für den Pilger, nicht einmal für den berittenen, an einem Tag kaum zu bewältigen. Man hat sie wohl so dargestellt, um der endlosen Reise mehr Attraktivität zu verleihen. Interessehalber hier ihre Aufzählung gemäß dem zweiten Kapitel:

»Vom Somport-Paß bis Puente la Reina sind es drei kleine Etappen: Die erste geht von Borce, einem Dorf, das am Fuße des Somport auf der gascognischen Seite gelegen ist, bis nach Jaca; die zweite von Jaca nach Monreal, die dritte von Monreal bis nach Puente la Reina. Vom Cisa-Paß bis nach Santiago verbleiben dreizehn Etappen. Die erste reicht vom Ort St. Michel, auf der gascognischen Seite am Fuße des Cisa-Passes, bis nach Viscarret, und diese Etappe ist kurz; die zweite von Viscarret bis Pamplona ebenso; die dritte führt von der Stadt Pamplona bis nach Estella. Die vierte von Estella bis nach Nájera wird mit dem Pferd zurückgelegt, die fünfte von Nájera bis zur Stadt Burgos ebenso mit dem Pferd; die sechste geht von Burgos bis Frómista; die siebente von Frómista bis

Sahagún; die achte von Sahagún bis zur Stadt León; die neunte von León bis Rabanal, die zehnte von Rabanal bis Villafranca, an der Mündung des Valcarce, nachdem man den Monte Irago überquert hat. Die elfte führt von Villafranca nach Triacastela über den Cerebro-Paß; die zwölfte reicht von Triacastela nach Palas del Rey; die dreizehnte von Palas del Rey bis nach Santiago ist kurz.«

Glaubwürdiger klingen die Tagesstrecken, die Nompar II. vom Caumont verzeichnet; sie entsprechen der Pilgerfahrt, die er selbst im Jahr 1417 unternahm und deren Bericht von Jeanne Vielliard neu herausgegeben worden ist. Dieser Neuausgabe entnehmen wir folgende Angaben:

Von Caumont-sur-Garonne (Lot-et-Garonne) bis Roquefort (Landes) — 9 Meilen;
von Roquefort nach Mont-de-Marsan — 3 Meilen;
von Mont-de-Marsen nach Saint-Sever (Landes) — 2 Meilen;
von Saint-Sever nach Hagetmau (Landes) — 2 Meilen;
von Hagetmau nach Orthez (Basses-Pyrénées) — 4 Meilen;
von Orthez nach Sauveterre (Basses-Pyrénées) — 3 Meilen;
von Sauveterre nach Saint-Palais (Basses-Pyrénées) — 2 Meilen;
von Saint-Palais nach Ostabat (Basses-Pyrénées) — 2 Meilen;
von Ostabat nach Saint-Jean-Pied-de-Port (Basses Pyrénées) — 4 Meilen;
von Saint-Jean-Pied-de-Port nach »Capeyron roge« (nicht identifiziert) — 3 Meilen;
von »Capeyron roge« nach Roncesvalles und Burguete — 4 Meilen;
von Burguete nach Larrasoaña — 5 Meilen;
von Larrasoaña nach Pamplona — 3 Meilen;
von Pamplona nach Puente la Reina — 5 Meilen;
von Puente la Reina nach Estella — 4 Meilen;
von Estella nach Los Arcos — 4 Meilen;
von Los Arcos nach Logroño — 5 Meilen;
von Logroño nach Navarrete — 2 Meilen;
von Navarete nach Nájera — 3 Meilen;
von Nájera nach Santo Domingo de la Calzada — 4 Meilen;
von Santo Domingo de la Calzada nach Villafranca — 7 Meilen;
von Villafranca nach Burgos — 8 Meilen;
von Burgos nach Hornillos del Camino — 4 Meilen;
von Hornillos del Camino nach Castrojeriz — 4 Meilen;
von Castrojeriz nach Frómista — 5 Meilen;
von Frómista nach Carrión de los Condes — 4 Meilen;
von Carrión de los Condes nach Sahagún — 8 Meilen;
von Sahagún nach Mansilla — 8 Meilen;

von Mansilla nach León − 3 Meilen;
von León nach Puente Orbigo (?) − 6 Meilen;
von Puente Orbigo nach Astorga − 3 Meilen;
von Astorga nach Rabanal del Camino − 5 Meilen;
von Rabanal del Camino nach Ponferrada − 8 Meilen;
von Ponferrada nach Cacabelos − 3 Meilen;
von Cacabelos nach Travadelos − 4 Meilen;
von Travadelos nach Lafaba − 4 Meilen;
von Lafaba nach Triacastela − 6 Meilen;
von Triacastela nach Surria − 4 Meilen;
von Surria nach Puertomarín − 4 Meilen;
von Puertomarín nach Palas de Rey − 6 Meilen;
von Palas de Rey nach Mellid − 3 Meilen;
von Mellid nach Doas Casas (?) − 6 Meilen;
Von Doas Casas nach Santiago − 3 Meilen.

In jüngerer Zeit, im Jahr 1867, unternahm J. B. Bouchain, geboren in Chiry bei Carlepont in der Diözese Noyon in der Pikardie (woher auch Manier stammte, jener andere Jakobspilger, der aber im 17. Jahrhundert lebte), die Reise zu Fuß von Poitiers aus. Er benötigte dazu drei Monate weniger zwei Tage und gab alles in allem zweihundertzehn Francs aus.

Zur Zeit Bouchains war Reisen zwar immer noch verdienstvoll, aber nicht mehr so heroisch wie zur Zeit, als man zwischen den Etappenorten mit den mannigfachsten Gefahren und Schwierigkeiten rechnen mußte. Eine tägliche Sorge war die Trinkwasserbeschaffung, weshalb der *Pilgerführer* den »guten und schlechten Flüssen am Jakobsweg« ein ganzes Kapitel widmet. Einige Einzelheiten verdienen es, wiedergegeben zu werden: »In Puente la Reina gibt es Arga und Runa; bei einem Lorca genannten Ort, der östlich gelegen ist, fließt der sogenannte ›Salzbach‹; hüte dich, weder deine Lippen zu benetzen, noch dein Pferd dort zu tränken, denn der Fluß ist todbringend. Als wir nach Santiago pilgerten, fanden wir an seinem Ufer zwei Navarreser, die dort saßen und ihre Messer wetzten: sie pflegten die Pferde der Pilger abzuhäuten, die man mit jenem Wasser getränkt hatte und die verendeten. Auf unsere Frage hin logen sie und sagten, das Wasser sei gut und trinkbar. Wir ließen also unsere Pferde saufen, und sogleich starben zwei von ihnen, diese Leute häuteten sie sofort ab.«

Auch das folgende klingt nicht gerade beruhigend: »Alle Flüsse zwischen Estella und Logroño führen ein für Pferde und Menschen todbringendes Wasser, und vom Verzehr ihrer Fische wird abgeraten. Sei es der im Volksmund *barbus* genannte Fisch oder der, den die Poiteviner *alosa* und die Italiener *clipia* nennen, sei es ein Aal oder eine Schleie, iß nie davon in Spanien oder Galicien, denn sonst wirst du mit Sicherheit bald sterben oder erkranken. Wenn jemand zufällig davon ißt und nicht erkrankt, ist er entweder gesünder als die anderen oder er weilt bereits lange in jenem Land. Alle Fischarten, Rind- und Schweinefleisch in Spanien und Galicien verursachen bei Ausländern Krankheiten.«

Einen Fluß zu überqueren, war wegen der Habgier der Fährleute nicht weniger gefährlich. In Saint-Jean de Sorde mündet der Gebirgsfluß Oloron in den Wildbach Pau. Die Fährleute »verlangen gewöhnlich von jedem, den sie ans andere Ufer bringen, ob arm oder reich, eine Münze, und für ein Pferd erzwingen sie ganz unwürdigerweise vier. Ihr Schiff ist nämlich klein, aus einem einzigen Baum gefertigt, und kann Pferde kaum aufnehmen; wenn man es besteigt, muß man sich hüten, nicht ins Wasser zu fallen. Es ist ratsam, daß du dein Pferd am Zügel nach dir ziehst, und zwar außerhalb des Bootes, im Wasser. Besteige das Boot nur mit wenigen, denn wenn es zu sehr beladen ist, kentert es rasch.«

Den Cisa-Paß zu überschreiten war – auch wieder laut *Pilgerführer* – gefährlich, nicht nur wegen der Berge, sondern auch wegen der Zöllner, die »von Grund auf zu verdammen sind. Sie gehen nämlich den Pilgern mit zwei oder drei Stöcken entgegen, um sich gewaltsam einen Tribut zu erzwingen. Und wenn ein Reisender ihnen ihre Forderung verwehrt und ihnen kein Geld gibt, schlagen sie ihn, nehmen ihm unter Beschimpfung ihren Preis und durchsuchen ihn bis zur Hose. Diese Menschen kennen kein Erbarmen, und das Land, das sie bewohnen, ist wegen seiner Wälder und seiner Wildheit bedrohlich; ihr grimmiges Aussehen und ihre fremde Sprache erschrecken diejenigen, die sie sehen, bis ins Herz. Obwohl sie eigentlich nur von Leuten, die ausschließlich Handel treiben, einen Tribut verlangen dürfen, nehmen sie ebenso eine Abgabe von Pilgern und Durchreisenden. Wenn sie wie üblich eine Sache für vier oder sechs Münzen passieren lassen müßten, erheben sie das Doppelte, nämlich acht oder zwölf.«

Außerhalb der Ortschaften sprachen falsche Pilger die Jakobspilger an. So ließ sich, wie man erzählte, im Morgengrauen ein Räuber am Ausgang einer Stadt nieder. Immer wieder sagte er den gebräuchlichen Spruch: »Deus, adjuva, Sancte Jacobe!« Den ersten Jakobspilger, der vorüberkam, begleitete er bis zu einem einsamen Ort, den er vorher mit Komplizen sorgfältig ausgewählt hatte, und hier wurde der Unglückliche beraubt und getötet.

Falsche Priester verhängten sonderbare Bußen, zum Beispiel sollte der Pilger von einem Priester, der noch nie etwas mit einer

Frau gehabt, nie Fleisch gegessen und nie etwas sein eigen genannt hatte, dreißig Messen lesen lassen; weil die Genasführten diesen Priester nicht finden konnten, beauftragten sie den falschen Beichtvater, einen zu finden, und vertrauten ihm das für die Messen benötigte Geld an . . .

Nachdem sie solche Gefahren gemieden oder überwunden hatten, gelangten die Wanderer, wie der *Pilgerführer* schreibt, an einen Fluß, der von der Stadt des hl. Jakob zwei Meilen entfernt eine waldige Gegend durchfließt und *lava-mentula* genannt wird, weil dort die französischen Jakobspilger aus Liebe zum Apostel nicht nur ihre Geschlechtsteile, sondern den ganzen Körper nach Ablage ihrer Kleider vom Schmutz reinigen«. Vom Monte del Gozo* aus erblickten sie zwischen den grünen Hügeln Galiciens Compostela, die ersehnte Stadt.

Der Menschenandrang in der heiligen Stadt war an Ostern und an Michaelis besonders groß. Inmitten der Menge verbrachte der Jakobspilger die Nacht seiner Ankunft wachend in der Kathedrale. Am nächsten Tag durfte er seine Opfergaben darbringen. Nach dem Morgengeläut begab er sich zur *arca de la obra,* der »Schatztruhe des Werks«, neben der ein Wächter mit einer Rute stand und den Besucher auf die Schulter schlug; auf der Truhe selbst wartete ein mit einem Chorhemd bekleideter Geistlicher; eine andere Person verlas die Ablässe. Danach forderte der Geistliche die Gläubigen mit unterschiedlichen Formeln je nach Staatszugehörigkeit auf, ihre Opfergaben niederzulegen. Die Jakobspilger beichteten und kommunizierten in der Kapelle der Könige von Frankreich. Spätestens vom 14. Jahrhundert an erhielten sie eine Bestätigung, aus der hervorging, daß sie die Pilgerfahrt ordnungsgemäß durchgeführt hatten.

Zum Schluß begaben sie sich hinter die Apostelstatue in der *capilla mayor;* dort nahmen sie, um die religiösen Pflichten, die ihnen ihre Frömmigkeit eingab und die bis zum *abrazo,* dem Kuß des Jakobsbildnisses, ging, bequem erfüllen zu können, ihren Hut ab und setzten ihn so lange der Statue auf. Zumindest behauptet das der Verfasser der *Reise des Cosimo de' Medici* Mitte des 17. Jahrhundert. Dadurch wirkte aus der Ferne und vom Kirchenschiff aus betrachtet der Apostel recht komisch, denn solange Pilger, die ihn küssen, es aber dabei bequem haben wollten, in der Nähe waren, hatte die reich geschmückte Sitzfigur immer wieder eine andere Kopfbedeckung auf und schwenkte Arme, die nicht ihr gehörten.

---

* Berg der Freude, heute Monte San Marcos.

Um den Jakobspilger vor den Gefahren zu bewahren, die entlang des Weges auf ihn lauerten, mußten Rechtsschutz und Unterbringung der Reisenden gewährleistet sein.

Die Pilger, die aus fernen Landen gen Santiago zogen, kamen durch Gebiete mit sehr unterschiedlicher, ja sogar miteinander wetteifernder Gesetzgebung und Rechtsprechung. Abgesehen von dem Schutz, den ihnen ihre Tracht oder Geleitbriefe verliehen, gab es für sie eine Art internationales Recht, das alle Gesetzgeber gemeinsam zugunsten der Pilger zu schaffen versuchten. Alfons IX. wies darauf hin, daß, wenn dank der Marktbefugnis des Herrschers das Hab und Gut seiner Untertanen geschützt sei, dies noch mehr für diejenigen gelten solle, die ihr Hab und Gut und ihre Familie zurückgelassen hätten, um sich den Gefahren des Weges auszusetzen. Darum durften sich die Jakobspilger mitsamt ihrem Gepäck in den spanischen Königreichen frei bewegen. Sie zahlten weder Wegegeld noch Zoll für die Tiere und Gegenstände, die sie mit sich führten, und kauften die Waren zum selben Preis wie die Einheimischen. Die Verwendung falscher Maße und Gewichte, die dazu bestimmt waren, sie zu betrügen, war streng verboten. Seit dem Laterankonzil von 1123 ließ Calixt II. jeden exkommunizieren, der sie bestahl. Raub und Mord auf Pilgerwegen wurden so unerbittlich geahndet, daß solche Verbrechen wahrscheinlich weniger häufig vorkamen, als man meint. Diebstähle und Betrügereien aller Art müssen dennoch in den Herbergen an der Tagesordnung gewesen sein, denn sie bildeten eine ständige Sorge der Gesetzgeber. Das Recht Leóns und Kastiliens legte minuziös fest, was mit der Habe eines verstorbenen Pilgers zu geschehen hatte. Laut dem *Libro de los fueros de Castilla* konnte der Wirt, wenn der Jakobspilger ihn nicht bezahlt hatte, nichts von dem behalten, was dem Dahingegangenen gehört hatte; alles mußte seinen Weggefährten ausgehändigt werden. Wenn der Pilger allein reise und in seinem Testament keine besonderen Verfügungen getroffen hatte, wenn kein Verwandter Ansprüche anmeldete, durfte der Herbergsbesitzer an sich nehmen, was der Tote zurückgelassen hatte. Alfons IX. bestimmte, daß die Gefährten des Verstorbenen für dessen Bestattung sorgen und seine Habe den rechtmäßigen Erben überbringen sollten, daß aber das beste Gewand stets dem Herbergsvater überlassen werden mußte. Hatte der Verblichene keine Reisegefährten aus seinem Land, sollten sich der Seelsorger und der Wirt um Begräbnis und Bestattung kümmern und nach Abzug der Unkosten für die Zeremonie den Rest unter sich und dem König zu je einem Drittel aufteilen.

Die Mönche und Priester des Mittelalters sorgten dafür, daß den Gläubigen die Textstellen aus der Heiligen Schrift, die sich auf die Gastfreundschaft beziehen, bekannt wurden, war diese doch als Teil der Nächstenliebe, der ersten der christlichen Tugenden anzusehen. Außerdem konnte man Wunderbares mit ihr erleben; die Goldschmiede z. B., die das in der *Cámara santa* von Oviedo aufbewahrte Kreuz anfertigten, traten als Pilger vor Alfons II., nach der Legende aber waren sie Engel. Ein einfacher Pilger, der zu einem bedeutenden Wallfahrtsort wie Santiago unterwegs war und den man bei sich beherbergte, war also unter Umständen nur scheinbar ein Mann niederen Standes. Hinter seinem menschlichen Antlitz konnten sich die Züge eines Engels und vielleicht sogar die von Christus selbst verbergen.

Dieselben Gedanken finden wir in dem so oft zitierten *Pilgerführer*, auf den wir auch hier wieder zurückgreifen: »Die Pilger, seien sie nun arm oder reich, die vom Grab des hl. Jakobus zurückkehren oder dorthin unterwegs sind, müssen von allen Menschen mildtätig und barmherzig aufgenommen und hochgeachtet werden. Denn wer jene aufnimmt und bereitwillig beherbergt, wird nicht nur den hl. Jakobus, sondern den Herrn selbst als Gast haben, wie es der Herr im Evangelium sagt: ›Wer euch aufnimmt, nimmt mich auf.‹ Es gab einst viele, die sich den Zorn Gottes zuzogen, weil sie Pilger des hl. Jakobus und Arme nicht aufnehmen wollten.«

Es folgen ein paar Beispiele diese göttlichen Zorns: »In Nantua, einer Stadt zwischen Genf und Lyon, verweigerte ein Weber einem Pilger des hl. Jakobus das Brot, das dieser für sich erbat; plötzlich fiel der Webstoff, in der Mitte entzweigerissen, zu Boden. In Villeneuve bat ein armer Pilger des hl. Jakobus eine Frau, die unter heißer Asche Brot hatte, um ein Almosen aus Liebe zu Gott und dem seligen Jakobus; sie antwortete, daß sie kein Brot habe; darauf sprach der Pilger: ›Wollte Gott das Brot, das du hast, in einen Stein verwandeln!‹ Als der Pilger jenes Haus verlassen hatte und schon weit entfernt war, ging die hartherzige Frau zur Asche in der Absicht, das Brot zu holen; aber an Stelle des Brotes fand sie einen runden Stein; mit reumütigem Herzen eilte sie sofort dem Pilger nach, fand ihn aber nicht.« Der *Pilgerführer* berichtet noch von anderen ähnlichen Begebenheiten, z. B. der folgenden: »In Poitiers baten zwei französische Herren, die einst ohne jede Habe vom hl. Jakobus zurückkehrten, vom Hause des Jean Gautier bis zur Kirche Saint-Porchaire um Gastfreundschaft aus Liebe zu Gott und zum hl. Jakobus, fanden jedoch keine. Als sie im letzten Haus jener Straße neben der Basilika des hl. Porcarius schließlich bei einem Armen Aufnahme fanden, vollzog sich die Strafe Gottes, und ein rasendes

Feuer brannte die ganze Straße in jener Nacht nieder, beginnend bei jenem Haus, in dem sie zuerst um Gastfreundschaft gebeten hatten, bis zu dem Haus, in dem sie bewirtet worden waren. Es waren ungefähr tausend Häuser. Jenes Haus aber, in dem die Diener Gottes aufgenommen worden waren, blieb durch die Gnade Gottes unversehrt.«

Die Einrichtung von Herbergen entlang dem *camino francés* beziehungsweise die Unterbringung ganz allgemein war in der Anfangszeit der Pilgerfahrt noch recht unvollkommen. Solange Normannen und Araber die Straßen unsicher machten, war es vermutlich recht schwierig, irgendwo unterzukommen. Im 9. und 10. Jahrhundert konnten die Reisenden an die Pforten der Klöster klopfen, die in den christlichen Reichen im Norden der Iberischen Halbinsel die westgotischen Traditionen oder die mozarabische Kultur bewahrten. Nicht weit entfernt von den Pyrenäenpässen war bereits im 8. Jahrhundert die Abtei San Juan de la Peña gegründet worden; San Salvador de Leyre, das bei einem Überfall Al-Mansurs zerstört wurde, scheint im 9. Jahrhundert neu errichtet worden zu sein. In der Rioja an der Grenze Navarras und Kastiliens gab es mozarabische Klöster wie San Martín d'Albelda und San Millán de la Cogolla mit den beiden Kirchen El Suso und El Yuso. Ebenfalls in dieser Zeit entstanden in Kastilien die Klöster Silos, San Pedro de Cardena, in León diejenigen von San Facundo de Sahagún, San Miguel de Escalada, San Salvador de Tavarsa und auf dem Weg nach Galicien San Martín de Castañeda, Santiago de Peñalba, San Julián de Samos und San Salvador de Celanova.

Die Einführung der cluniazensischen Reform in Spanien bedeutete einen neuen Schritt in der Verbesserung der Pilger-Unterbringung. Das erste Kloster, das die neue Ordnung erhielt, war bekanntlich San Juan de la Peña im Jahr 1205; König Sancho der Große ließ den Mönch Paternus kommen. Der Einfluß der Kongregation auf der Halbinsel machte sich bis in die Schrift, bis in die Liturgie bemerkbar; ihre große Zeit erlebte sie in der zweiten Hälfte des 11. Jahrhunderts. Ebenso wie die französischen Ritter kamen die »schwarzen Mönche« dem christlichen Reiche Spanien zu Hilfe, knüpften dadurch festere Bande mit den Gebieten jenseits der Pyrenäen und erwarben dort Land. Auf diese Weise übten nicht nur Cluny, sondern auch Moissac, Conques, Saint-Gilles du Gard und Saint-Victor de Marseille Einfluß auf die Entwicklung der Klöster in Spanien aus. Die Mönche gründeten oder reformierten Abteien, die im geistigen, künstlerischen und religiösen Leben einen ausgezeichneten Ruf genossen und die — darin liegt ihr Interesse für uns

— Pilger aufnehmen konnten: Leyre, Hirache, Nájera, Silos, Arlanza, Cardena, Sahagún, Frómista, Carrión de los Condes.

Aber die große Bedeutung Clunys für die Beherbergung der Pilger soll nicht die jener heiligen Eremiten mindern, die außerhalb von Städten oder Dörfern in einer oft feindlichen Natur, in der oft Räuber ihr Unwesen trieben, den Pilgern den Weg wiesen und die Reise erleichterten. Sie bauten Brücken über Flüsse und Wildbäche, unterhielten die Straßen; sie errichteten Kapellen und Pilgerhäuser, in denen sich die Jakobspilger abends ausruhen und Kraft schöpfen konnten. Die drei bekanntesten Einsiedler im 11. und 12. Jahrhundert waren St. Aleaume von Burgos, Santo Domingo de la Calzada und San Juan von Ortega.

Der erste war französischer Herkunft und starb Ende des 11. Jahrhunderts. Zunächst war er Mönch in La Chaise-Dieu, kam aber dann nach Kastilien und erbaute vor den Toren von Burgos am Ufer des Arlanzón eine Kapelle und ein Pilgerhaus. Santo Domingo, der 1109 starb, hatte vergeblich versucht, in die Klöster Valvanera bei Nájera und San Millán de la Cogolla einzutreten. Er zog sich östlich von Burgos in der Nähe des Pilgerweges an den Ort zurück, der seinen Namen trägt. Er befestigte die Straße, baute eine Brücke und ein Hospital; die von ihm gegründete Kirche wurde nach seinem Tod die Kathedrale Santo Domingo de la Calzada. St. Johannes der Eremit, gestorben 1163, lebte im Wald von Oca in Ortega, in einer Gegend, wo es von Räubern nur so wimmelte. Er errichtete eine Kirche, aber Bösewichte zerstörten über Nacht sein Tagewerk. Dennoch gelang es ihm, das Gotteshaus fertigzustellen; danach baute er ein Pilgerhaus, Brücken in Logroño, Nájera, Santo Domingo, eine Straße in den Sümpfen von Atapuerca, einem Dorf in der Nähe seiner Behausung. Beim Bau der Hospitäler von Logroño und Burgos holte man seinen Rat ein.

Im Gegensatz zu Joseph Bédiers Auffassung scheint das *Jakobusbuch* nicht unter dem Einfluß Clunys entstanden zu sein. Das Werk unterscheidet nämlich klar zwischen drei Arten von Klerikern, ohne einer von ihnen den Vorzug zu geben: den »Bischöfen und Priestern mit einfarbigem Gewand«, die den Glauben lehren und den Gläubigen die Absolution erteilen; den »Mönchen und Pfarrern in schwarzer Kutte, die unaufhörlich für uns die göttliche Gnade erflehen«, das heißt den Cluniazensern; schließlich den »regulären Kanonikern im weißen Habit«, die im Herbergswesen für die Pilger und in der Organisation der Wallfahrt immer mehr Bedeutung erlangen.

Zahlreich waren nämlich auf den Pilgerwegen des hl. Jakobus die Kathedralen, deren Kapitel der Augustinerregel unterstanden und denen ein Hospital angeschlossen war wie Saint-Etienne in Tou-

Iacobꝰ maꝰ

1 Vorhergehende Seite: Der hl. Jakobus d. Ä., verehrt von einem knienden Pilgerpaar. Kalkar, St. Nikolai, um 1503

2 Unten: Zwei Pilgerflaschen mit Drachenkampf des hl. Georg. Nach einem Holzschnitt des Meisters ES. Steinzeug. Köln, 2. Hälfte des 15. Jh. Köln, Kunstgewerbemuseum

3 Unten: Büste des hl. Jakobus in einer Muschelpelerine. Ton, farbig gefaßt, 18. Jh. Auch, Musée des Jacobins

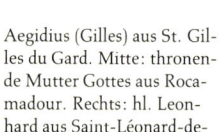

4, 5, 6 Oben: Pilgerzeichen aus Bodenfunden in Schleswig, 13.–14. Jh. Links: hl. Aegidius (Gilles) aus St. Gilles du Gard. Mitte: thronende Mutter Gottes aus Rocamadour. Rechts: hl. Leonhard aus Saint-Léonard-de-Noblat. Sämtlich Schleswig, Schleswig-Holsteinisches Landesmuseum für Vor- und Frühgeschichte

7 Links: Pilgermuschel aus
Santiago de Compostela. Bo-
denfund aus einem Schleswiger Grab des 12./13. Jh.
Schleswig, Schleswig-Hol-
steinisches Landesmuseum
für Vor- und Frühgeschichte

8 Unten: Die Pilger verlassen die Stadt. Im Hinter-
grund der zu Unrecht ge-
hängte Pilgersohn der Le-
gende. Friedrich Herlin.
Rothenburg ob der Tauber,
Hochaltar der Jacobskirche,
1466/77

9  Rechts: Kreuz an der
Pilgerstraße bei Vézelay

10  Unten: Cahors, Brücke
auf dem Pilgerweg nach Santiago

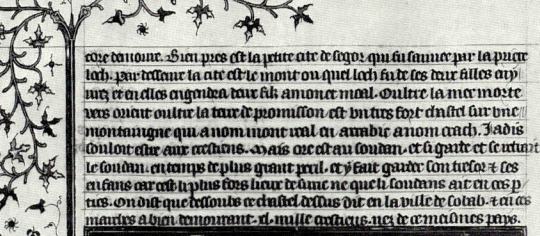

11 Oben: Verteilung von Almosen an die Pilger. León, Kathedrale, Relief am Sarkophag des Bischofs Martín Rodriguez († 1242)

12 Links: Die Pilger baden im Fluß. Le Livre des Merveilles, französisch, um 1400. Paris, Bibliotheque Nationale

13 Rechts: Liebespaar auf
einem Kästchen mit profa-
nen Szenen. Email. Limoges,
Anfang 13. Jh. London, Bri-
tish Museum

14 Unten: Der hl. Jakobus
erscheint Karl dem Großen
im Traum. Karlsschrein,
Dachplatte, zwischen 1165
und 1215. Aachen, Dom

15 Oben: Der Zug Karls des
Großen nach Spanien. Mi-
niatur aus dem »Liber Sancti
Jacobi«, Mitte 12. Jh. Santiago de Compostela, Bibliothek
der Kathedrale, Codex Calixtinus

16 Unten: Der hl. Jakobus
als Pilger zu Pferd. Astorga,
Museo Diocesano de los
Caminos, 18. Jh.

17  Links: Der hl. Trophimus. Arles, Saint-Trophime,
Pfeilerrelief im Kreuzgang,
nach 1155

18  Unten: Kreuzgang in
Arles, Saint-Trophime,
nach 1155

19 Rechts: Saint-Gilles-du-
Gard, Fassade der Abtei-
kirche, um 1160

20 Unten: Das Opfer Kains
und Abels. Saint-Gilles-du-
Gard, Abteikirche, Gewände-
relief an der Fassade, um
1160

21 Oben: Himmelfahrt Christi, auf dem Türsturz die Apostel. Toulouse, Saint-Sernin, Tympanon der Porte Miègeville, 1118

22 Links: Toulouse, Saint-Sernin, Chorpartie von Nordosten

23 Rechts: Zwei Frauen
mit Löwen und Widder aus
einem Zyklus der Tierkreiszeichen von einem zerstörten
Portal an Saint-Sernin,
2. Hälfte 12. Jh. Toulouse,
Musée des Augustinus

24 Links: Conques,
Abteikirche Sainte-Foy,
Ansicht von Nordwesten,
um 1050—1130

25 Unten: Le Puy mit der
Kathedrale Notre-Dame

26 Oben: Jüngstes Gericht.
Engel führt die Seligen ins
Paradies, Teufel werfen die
Verdammten in die Hölle.
Tympanon der Abteikirche
Sainte-Foy in Conques, um
1050–1130

27 Rechts: Jüngstes Gericht.
Ausschnitt aus dem obigen
Tympanon

28 Links: Reliquienstatue
der hl. Fides. Conques,
Sainte-Foy, Kirchenschatz,
um 985

29 Folgende Seite: Kopf
eines Propheten. Moissac,
Saint-Pierre, Gewände des
Südportals, um 1120

louse seit 1077, Saint-Bertrand de Comminges, Lescar und Pamplona. Man könnte noch so manche Gründung vom Anfang und in der ersten Hälfte des 12. Jahrhunderts nennen, in der man nach derselben Ordensregel lebte, besonders bei den Orden, die sich der Pflege der Armen und Kranken widmeten. Die berühmten Hospitäler an den großen Pyrenäen-Pässen gehörten regulierten Stiftsherren, z. B. Sainte-Christine am Sompart-Paß, das Hospiz von Roncesvalles. Die Mönche des letztgenannten, die einen eigenen Orden bildeten und die Erinnerung an Roland und Karl den Großen pflegten, zogen zahllose Pilger an und errichteten ihrerseits einen Komplex von Gästehäusern. Außerdem genossen sie im 16. Jahrhundert, auf Kosten von Sainte-Christine, den Schutz Philipps II. Auch weniger bekannte Orden spielten eine wichtige Rolle: in Frankreich Ende des 11. Jahrhunderts der Orden von Aubrac in den gleichnamigen Bergen in Rouergue; in Spanien der Orden des hl. Jakobus vom Roten Schwert, gegründet um 1160, mit Hauptsitz in San Marcos in León, und nicht zu vergessen im Südwesten Frankreichs die »Miliz des Ordens des hl. Jakobus zur Verteidigung des Glaubens und des Friedens in der Gascogne«.

Die Pilger konnten, wenn sie die Mittel dazu hatten, bei Gastwirten und Herbergswirten wohnen, doch der Ruf der letztgenannten war im allgemeinen mehr als schlecht. Man beschuldigte sie, schlechten Wein und verdorbenes Essen zu verkaufen, Maße mit doppeltem Boden zu benutzen, beim Geldwechseln zu betrügen oder aber sogar ihre Magd mit dem Gast zu verkuppeln.

Die Jakobspilger fanden im Namen der Nächstenliebe auch kostenlos Unterkunft bei Privatpersonen. Meistens jedoch übernachteten sie in den Hospitälern geistlicher Orden und Bruderschaften, die diese entlang der Straße errichtet hatten und die von außen an der Jakobsmuschel zu erkennen waren. Diejenigen Hospize, die in schwer zugänglichen Gebirgsgegenden lagen, pflegten zu läuten, um den Wanderer auf sich aufmerksam zu machen.

Die Aufnahme des Pilgers erfolgte stets auf die gleiche Weise. Zuerst wusch man ihm die Füße, ein Ritual, das ihm gleichzeitig Erleichterung verschaffen sollte. Die Geste erinnerte nicht nur an die Völker des Orients, sondern an Christus selbst und an die Apostel vor dem Abendmahl, sie symbolisierte die Vergebung der Sünden ebenso wie christliche Demut und Nächstenliebe. Sie war auch eine Notwendigkeit für Menschen, deren Füße vom langen Marsch schmerzten. Selbst im 17. und 18. Jahrhundert galt das besondere Augenmerk der Jakobspilger dem Schuhwerk. Ein gewisser Manier wurde, weil er fast nicht mehr gehen konnte, zwischen Blois und Amoise von seinen Weggefährten getragen. Ein Reiter schenkte ihm eine Heilsalbe für seine Füße: sie bestand aus Kerzentalg, Olivenöl und Schnaps. Hermann Künig berichtet, daß in der Nähe von Roncesvalles Nägel hergestellt wurden, mit denen man die Schuhsohlen verstärkte.

Die Versorgung mit Essen stellte eine andere wesentliche Handlung der Gastfreundschaft dar. An den Speisen konnte man die Ressourcen einer Gegend (Wein oder Apfelwein als Getränk) und den Reichtum eines Hospizes ablesen. Das von Roncesvalles genoß einen ausgezeichneten Ruf, wie in dem Gedicht *Preciosa* zum Ausdruck kommt:

> *La puerta se abre a todos, enfermos y sanos;*
> *Non sólo a católicos, sino aún a paganos.*

> *Allen öffnet sich die Tür, Kranken und Gesunden*
> *Nicht nur Katholiken, sondern auch Heiden.*

Man stärkte die Reisenden; man gab ihnen Proviant, damit sie auf ihrem Weg durch das Gebirge nicht hungern mußten; deshalb versicherten sie, »daß man auf der ganzen Pilgerfahrt keine derartige Gastfreundschaft finde«. In Burgos wurden sie im Hospital del Rey auf die gleiche Weise aufgenommen wie in Roncesvalles. Manier erhielt mehr Suppe und Fleisch als er benötigte, ein Pfund ausgezeichnetes Weißbrot und guten Wein. Nach seinen Erinnerungen zu urteilen, waren die Mahlzeiten in den Hospizen an seinem Weg zufriedenstellend. In San Martín del Camino aß er Butter, und er vermerkt, daß dies in Spanien eine Seltenheit war.

Die großen Häuser, in denen es reichlich Essen gab, besaßen gleichzeitig die besten Schlafstätten. Man stiftete den Pilgern oft Betten und Bettzeug. Im allgemeinen schliefen in den Quartieren Männer und Frauen getrennt, außer in den ganz einfachen. Selbst in San Marcos de León sah die Hausordnung vor, daß aus Gründen des Anstands Laken als Gardinen vor die Betten gespannt würden. Die Bettenzahl des Hospitals betrug beim Besuch am 3. November 1528 siebzehn, alle mit Decke und Bettzeug versehen. In San Juan d'Oviedo wurde zwischen 1795 und 1803 pro Nacht folgende Anzahl Pilger aufgenommen: 31, 119, 68, 88, 72, 90, 239 und 180; in diese Zahlen sind unterschiedslos Spanier und Fremde einbezogen.

Im Mittelalter war kein Hospiz ohne dazugehörige Kapelle denkbar. Die Jakobspilger kamen manchmal an einem Feiertag an. Sie konnten, vor allem wenn sie krank waren, geistliche Hilfe benötigen. In Roncesvalles gab es Priestermönche, die im Kloster wohnten, neben dem Unterprior, dem Klosterverwalter, und dem Küster lebten dort acht Diakone und Akoluthen. Vier Weltpriester tauften, predigten, nahmen die Beichte ab, teilten die Kommunion aus und lasen den Pilgern vor.

Wenn diese unterwegs in einem Hospital starben, ehrte man die Toten durch ein feierliches Zeremoniell, was mit einigem materiellen Aufwand verbunden war; diese Tradition pflegten vor allem die Bruderschaften. Die Verstorbenen erhielten eine Grabstätte neben der Kapelle wie in Eunate, wo man bekanntlich bei Grabungen Pilgerabzeichen gefunden hat. In Oviedo läuteten im 16. Jahrhundert die Glocken der Kathedrale zweimal, das erste Mal im Augenblick des Todes, das zweite Mal bei der Beerdigung. In einer Prozession holte das gesamte Kapitel den Leichnam mit dem Kreuz und den Kerzenleuchtern ab. Vor der sterblichen Hülle angelangt, stimmte der zweite Vorsänger ein Responsorium an, mit dem man fortfuhr, während man den Leichnam begleitete. Vor dem Portal der Kathedrale wurde ein Gebet gesprochen. Dann sang ein Chorknabe die erste Nokturn für die Verstorbenen und der Vorsänger den Psalm *Verba mea*. Außer den ältesten Geistlichkeiten, die in der Kathedrale blieben, begleitete das gesamte Kapitel den Pilger zu seiner letzten Ruhestätte in der Kapelle San Antón neben der *Cámara santa* und blieb mit dem Kaplan und den Akoluthen bei dem Leichnam, bis er bestattet war.

Eine besonders lebendige und zugleich poetische Illustration der mittelalterlichen Reisen oder Pilgerfahrten stellen die Miniaturen dar. Eine Handschrift vom Ende des 13. Jahrhunderts, *Leben und Wunder des hl. Ludwig* von Guillaume de Saint-Pathus, zeigt einen Schiffbruch; eine andere, entstanden um 1330, aus der Bibliothèque de l'Arsenal zeigt den Sturz eines Reisenden von einer Brücke in den Fluß. In der *Geschichte des Gral und andere Ritterromane* um 1280 sieht man einen Trupp vorrückender Reiter, während auf einer weiteren Illustration eine Fluß- oder Meeresüberquerung dargestellt ist. In einer Dekretaliensammlung des ausgehenden 13. Jahrhunderts kehrt ein Mann nach jahrelanger Gefangenschaft in seine Heimat zurück — und findet seine Frau wiederverheiratet; er trägt die Santiago-Muschel. Besonders interessant sind *Die Werke der Barmherzigkeit* eines Psalters um 1300, der den von Utrecht imitiert, denn man sieht darauf, wie Pilger aufgenommen werden: Sie werden an der Haustür empfangen, erhalten Bett, Nahrung, Kleider; man nimmt sogar an der Beerdigung eines Pilgers teil.

Ein Fresko in Brancion im Département Saône-et-Loire zeigt die Ankunft eines Pilgers vor einer Kirche; er trägt einen großen Hut und in der Hand hält er einen Wanderstab.

Zum Abschluß jedoch noch einige Szenen, die in direktem Zusammenhang mit der Reise nach Compostela stehen. Das Wunder von dem anstelle seines Vaters gehängten Jüngling, der vom hl. Jakobus gerettet wird, wurde im 12. Jahrhundert auf dem Retabel von Solsona in Katalonien dargestellt; man findet es auch auf Kirchenfenstern: im 14. Jahrhundert in Saint-Ouen in Rouen; im 16. Jahrhundert in Saint-Nicolas in Châtillon-sur-Seine, in Saint-Ythier in Sully-sur-Loire und in der Kirche von Cour-sur-Loire. Auf dem Türsturz der Kathedrale von Autun sind Jakobspilger mit den für die Galicienreisenden typischen Symbolen abgebildet. Auf dem Jüngsten Gericht von Gislebert sieht man sie als bereits Auferstandene unter den Erwählten unterwegs zum Haus des Herrn, zu dem die Santiago-Pilgerfahrt ihnen den Zugang erleichtert.

# Die Franzosen und
# die Wiederbesiedlung des »Camino«

*Im 11. Jahrhundert »wird die Pilgerstraße gleichzeitig zum bedeutenden Handelsweg Nordspaniens«.*

José María Lacarra, *Peregrinaciones a Santiago*

In den Städten am *camino francés* lebten im 11. und 12. Jahrhundert viele Menschen, die aus Frankreich stammten. Aufgrund der Heldenepen glaubten sie, Karl der Große und seine Recken hätten einst das Apostelgrab von den Ungläubigen befreit. Dieser Glaube führte verständlicherweise bei den einheimischen Spaniern zu heftigen Protesten. Damit kommen wir im Zusammenhang mit den »Jakobswegen« zu zwei anderen Fragen, die hier nur kurz dargestellt werden können: Die eine behandelt die Beteiligung der Franzosen an der Wiederbevölkerung der Pilgerstraßen in Spanien, was nur einen geringen Teil des vielfältigen Geschehens am Camino betrifft. Die zweite Frage, die sich mit der Beziehung zwischen der Pilgerfahrt und den Heldenepen befaßt, wird im darauffolgenden Abschnitt untersucht.

Im 11. Jahrhundert fanden überall in Europa und besonders auf der Iberischen Halbinsel große Veränderungen statt. Cluny übte in der christlichen Welt und in der Kunst wesentlichen Einfluß aus; die Städte wurden wohlhabend. In Spanien machten die Reiche, die sich den Muselmanen widersetzten, Fortschritte bei der Reconquista. In dieser Zeit kam es zu den verschiedensten Bevölkerungsbewegungen. Ritter und Feudalherren überschritten die Pyrenäen. Meist kehrten sie in ihr Herkunftsland zurück. Doch manche erhielten bedeutende Grundherrschaften. Dies führte in Frankreich zu der Annahme, Spanien sei ein Land, in welchem man leicht reich werden könne. Die Priester und Ordensleute, die als Bischöfe und Äbte die Klöster wiederbevölkerten, spielten eine höchst wichtige Rolle, wie wir bereits an anderer Stelle gesehen haben. Franzosen aus einfachen Verhältnissen ließen sich entlang dem *camino* nieder. P. Boissonnade hat zu Recht geschrieben: »Der lange Krieg gegen die Mauren ließ die eroberten Städte und Landgebiete in einem traurigen Zustand zurück, wie alle päpstlichen Bullen, Bischofs- und von Fürsten verliehene Freiheitsrechte *(fueros)* immer wieder erklären. Um Siedler aus Frankreich anzulocken, gewährte man ihnen Privilegien, Steuerfreiheiten und andere Vergünstigungen, juristische Sicherheiten, Erleichterungen beim Landerwerb, freie Berufsausübung und Selbstverwaltung. Zu keiner Zeit wurden in Spanien mehr Sonderrechte eingeräumt als während der Jahre 1070 bis 1140. Hunderte von Dörfern und Städten kamen in ihren Genuß, vor allem unter Alfons dem Kämpfer, und manchmal, wie in Jaca (1136), hat man französische Freiheitsrechte wie die von Montpellier zum Vorbild genommen.«

Daß die Wiederbesiedlung des *camino* in so engem Zusammenhang mit der Pilgerfahrt stand, liegt zum Teil an ihrer wirtschaftlichen Bedeutung. Die Jakobspilger zogen Händler an, die ihnen für die Reise notwendige Waren verkauften. Daher wurde die Straße nach Santiago zu einer Zeit, in der ohnehin ein allgemeiner Bevölkerungszuwachs zu verzeichnen war, »der große Handelsweg Nordspaniens«. Im 11. und 12. Jahrhundert gingen die christlichen Königreiche der Halbinsel langsam von einer unzureichenden Agrarwirtschaft, die fast ausschließlich durch die unter der Herrschaft der Ungläubigen stehende Industrie ergänzt wurde, zu einer Phase reger Handels- und Tauschgeschäfte mit den verschiedenen Staaten Europas über. Von Frankreich, Flandern, England kam vor allem Wolle, während die wichtigsten Ausfuhrartikel Spaniens Leder, Pferde und Getreide waren. Galicische Händler reisten bis zu den Märkten der Champagne. Vom 13. Jahrhundert an kam dieser Handel über die gleichen Wege wie die Pilger, durch Navarra, Guipúzcoa oder über das Meer. Die spanischen Kaufleute, die Anfang des 15. Jahrhunderts in Brügge residierten, verwendeten ein Siegel mit dem Bildnis des hl. Jakobus und der Inschrift: »Siegel des spanischen Volkes«. Den ganzen *camino* entlang wurden große Märkte abgehalten: dienstags in Pamplona und Jaca, donnerstags in Estella, ein vierzehntägiger freier Markt in Burgos, montags in Sahagún, mittwochs in León. Santiago selbst konnte die enorme Anzahl der Pilger nur mit größter Mühe unterbringen und für ihre Sicherheit sorgen.

Laut der *Historia Compostelana* landete 1130 eine größere Handelsexpedition aus England in El Padrón; der Wert der Waren belief sich angeblich auf zweiundzwanzigtausend Silbermark. Der Erzbischof mußte den Transport mit Waffengewalt vor den galicischen Adeligen, die sich seiner bemächtigen wollten, schützen lassen. Diego Gelmírez hatte, um dem Wucher Einhalt zu gebieten, 1133 in Compostela die Verkaufspreise für Eßwaren, Schuhe, Pferde und Wachs durch Verordnung neu festsetzen müssen. Die Geldwechsler verwendeten sehr oft bei den Pilgern betrügerische Gewichte.

Die Jakobswege waren also nicht nur Straßen des Glaubens, sondern auch Handelswege. Die an ihnen gelegenen Städte zählten zu den bedeutendsten der christlichen Staaten Spaniens. Darum war es verständlich, daß die Herrscher ihre Wiederbevölkerung förderten und mittels vorteilhafter Niederlassungsbriefe Kolonien von *francos* dort ansiedelten, das heißt Fremde, die nicht zwangsläufig alle Franzosen waren.

Unter jenen Fremden konnte man auch Pilgern begegnen, die sich auf dem Rückweg von Santiago befanden. Die wahren Jakobiten mußten, nach dem Vorbild des Heiligen, den sie verehrten, ärmlich gekleidet sein und durften nur das Nötigste bei sich haben. In Wirklichkeit aber nutzten viele die Pilgerfahrt, um Handel zu treiben; das war besonders häufig dann der Fall, wenn es sich um einfache Leute handelte, die auf dem Heimweg waren. Von da bis zu dem Entschluß, seinen Wohnsitz in der Stadt aufzuschlagen, die eine positive Zukunft versprach, vom fahrenden und mehr oder weniger heimlichen Händler zu einem gesetzlich geschützten Kaufmann aufzurücken, mag mit Recht so manchen gereizt haben.

Um seine Stadt Jaca zu vergrößern, gewährte Sancho Ramírez (1063 — 1093) jedem, der sich dort neu niederließ, besondere Privilegien: persönliche Freiheit, Unantastbarkeit der Wohnung, relative Unabhängigkeit gegenüber der königlichen Gerichtsbarkeit. Die neuen Bewohner, die im *burgo novo* und im Santiago-Viertel lebten, fuhren auch hier fort, ihre Heiligen von jenseits der Pyrenäen zu verehren, wie die Existenz einer Saint-Saturnin-Kirche 1107 bezeugt. Der *fuero* von Jaca wurde auch noch mehreren anderen Städten am *camino* gewährt: Estella (1090), Sangüesa, Pamplona (1129), Puente la Reina (1122), Monreal (1149), Villava (1184).

Die fremde Bevölkerung in Pamplona war sehr viel zahlreicher als die einheimische. Sie lebte in den Vierteln Saint-Saturnin oder Saint-Sernin und Saint-Nicolas. In Puente la Reina findet man *francos* im Jahr 1090. Estella ist die Stadt, in der die Fremden am längsten ihre Eigenart bewahrt haben. Die Andachtsstätten dort waren im wesentlichen französisch: Die Kapellen hießen Saint-Martin, Notre-Dame de Rocamadour; die Franzosen wurden Herbergsbesitzer oder Geldwechsler, und die französischen Pilger glaubten sich in ihrem Heimatland. Und bis zum 14. Jahrhundert waren die *establiments* auf provenzalisch abgefaßt.

Logroño, Nájera und Santo Domingo de la Calzada besaßen ebenfalls eine zahlreiche fremde Einwohnerschaft. Besonders lockte die *Francos* die Stadt Burgos, denn sie war ein bedeutendes Handelszentrum, und in den dortigen Unterkünften machten viele Pilger Rast. Nach Sahagún, um dessen Verbindung zu Cluny wir wissen, kamen Handwerker aus aller Herren Länder. In León befand sich das »Franken«-Viertel am Eingang der Stadt auf der Seite von

Sahagún und Frankreich. Auch in Compostela begegnete man Franzosen – Händlern oder Wechslern, aber auch Geistlichen, die keinen geringen Einfluß ausübten.

Unterschiedlich lang war die Zeit, bis die *francos* in der spanischen Bevölkerung aufgingen. In den vom *camino* entfernt gelegenen Städten, wie Ávila, Segovia oder Salamanca, in denen sie sich ebenfalls niedergelassen hatten, assimilierten sie sich sehr schnell, denn durch die Entfernung erfolgte nur selten ein neuer Zuzug. Selbst entlang dem *camino* sind größere Unterschiede festzustellen. In Burgos zog der sehr rege Handel weiterhin die Fremden an. Aber sie kamen aus allen möglichen Ländern und genossen keinen speziellen Status. In Nájera fiel die Betätigung der *francos* mit der Glanzzeit der Abtei zusammen. In Navarra bewahrten sie wegen der Nähe Frankreichs und der Herrschaft von außen kommender Dynastien länger ihre Eigenart. In Pamplona rivalisierten die zwei Bevölkerungsgruppen lange Zeit miteinander. Karl III. einte sie im Jahr 1422.

Diese vielen Fremden, die für sich lebten, besonders die Franzosen, die oft ihre eigenen Andachtsstätten und Bruderschaften besaßen, ihre pilgernden Landsleute aufnahmen, vom Handel und von der Durchreise anderer Fremder, meistens Pilger, profitierten und allerlei gesetzlich abgesicherte Privilegien besaßen, fühlten sich mehr oder weniger isoliert und von der übrigen Bevölkerung angefeindet. Daher wollten sie sich – psychologisch ist diese Reaktion leicht zu erklären – in diesem Land, das sie ernährte, ein unbestreitbares Recht schaffen, das älter war als das der einheimischen Bevölkerung, die sie haßte. Diesem Bedürfnis kam das Heldenlied entgegen, in dem Karl der Große unter anderem das Grab des hl. Jakobus befreit. Damit fand die Präsenz der »Franken« eine glänzende Rechtfertigung.

# Zweiter Teil:
# Die kulturellen Aspekte
# der Pilgerfahrt

# VON ERZBISCHOF
# TURPIN BIS ZU JOSEPH BÉDIER

*»Die Sternenstraße, die du am Himmel gesehen hast, bedeutet,*
*daß du an der Spitze eines großen Heeres nach Galicien ziehen*
*wirst und daß nach dir alle Völker dorthin pilgern werden bis*
*zum Ende der Zeiten.«*

Der hl. Jakobus bei seiner Begegnung mit Karl dem Großen
in dem Epos *Pseudo-Turpin*

Die Literatur eines Volkes spiegelt nicht nur dessen Seele, sondern
leiht bisweilen auch den großen Begebenheiten der Menschheitsge-
schichte ihre vielfältige Stimme, ohne sie jedoch zwangsläufig so
wiederzugeben, wie sie sich in Wirklichkeit zugetragen haben, zum
Beispiel bei Karl dem Großen und dem hl. Jakobus dem Älteren.
Von einem bestimmten Zeitpunkt im 11. Jahrhundert an glaubten
die Pilger, die nach Compostela unterwegs waren, und die Kreuzfahrer, die in den Kampf gegen die Ungläubigen zogen, daß ihre
Patrone und himmlischen Beschützer keine anderen waren als Karl
der Große und seine Recken. Im Süden Frankreichs gab es viele
Erinnerungen und Andenken an die Helden und ihren Durchzug.
Roncesvalles vergaß seine Entstehungsgeschichte und schwelgte
statt dessen im Rolandskult. Die Beziehung Karls des Großen zum
hl. Jakobus, seine Erlebnisse in Spanien fanden großartigen Ausdruck in einigen deutschen und französischen Goldschmiedearbeiten
wie dem Schrein Karls des Großen, der zum Domschatz von Aachen
gehört, und dem Zepter Karls V., das im Louvre aufbewahrt wird.
Der Kaiser galt als der Gründer der Kirche von Compostela, als der
übermenschliche Krieger, der den Ungläubigen das Apostelgrab und
die Straße, die zu ihm führte, entrissen hatte.

Das Heldenepos, das die Legende am vollständigsten wiedergibt,
ist die *Historia Karoli Magni et Rotholandi* (Geschichte Karls des
Großen und Rolands) oder *Pseudo-Turpin*, weil es — ein literari-
scher Kunstgriff — den Erzbischof von Reims und Gefährten Karls
des Großen, den berühmten Turpin, die Geschichte erzählen läßt. Es
beginnt mit einem Brief Turpins an seinen Freund Liutprand, den
Dekan von Aachen; darin teilt der Erzbischof ihm mit, daß er, auf
seine Bitte hin, ihm die vierzehn Jahre schildern wird, die er,
Turpin, mit Karl dem Großen auf der Iberischen Halbinsel verbracht
hat.

Es hat immer wieder neue Theorien über den Ursprung des
*Pseudo-Turpin* gegeben. Gaston Paris und R. Dozy erkannten ganz

richtig, daß bestimmte Kapitel von verschiedenen Autoren stammen und zu verschiedenen Zeiten entstanden sein mußten. Ganz im Unterschied zu seiner Deutung des Jakobusbuchs, für das er nur eine einzige Quelle, nämlich Cluny, sieht, glaubt Joseph Bédier, daß die *Historia Karoli Magni et Rotholandi* nur einen Teil dieses Buches darstellte. Die Bedeutung der »Franken«-Niederlassungen hervorhebend, von denen bereits die Rede war, sieht Don Luis Vázquez de Parga den Ursprung des *Pseudo-Turpin* nicht außerhalb dieser privilegierten Schicht und weist zu Recht darauf hin, daß der Autor das Land Navarra offenbar sehr viel besser kannte als Compostela und Galicien. Der Kanoniker P. David hat die Frage mit großer Scharfsichtigkeit untersucht. Er unterscheidet zwei Leitideen: Die eine geht dahin, die Santiago-Pilgerfahrt und den Kreuzzug Karls des Großen miteinander zu verbinden; aber nach der anderen »ist die religiöse Hauptstadt Frankreichs die Abtei Saint-Denis, genauso wie die Basilika des hl. Jakobus die religiöse Hauptstadt Spaniens ist«. P. David zieht daraus einige einleuchtende Schlüsse. Eine erste Fassung, unabhängig vom Jakobusbuch und vor allem mit Saint-Denis und Aquitanien verknüpft, soll ungefähr auf das Jahr 1140 zurückgehen; die zweite wurde um 1150 in die Sammlung des *Codex Calixtinus* aufgenommen, »sehr wahrscheinlich zur gleichen Zeit wie der Pilgerführer«.

Erinnern diese gelehrten Untersuchungen nicht an die Entstehung der Apostellegende im Mittelalter? Sie ähnelt ihr in der Tat, weil der Entstehungsprozeß analog war; der einzige Unterschied besteht darin, daß es sich diesmal um den Kaiser und nicht um den hl. Jakobus handelt.

Selbst zusammengefaßt* beeindruckt der *Pseudo-Turpin* durch seine Poesie und seine Gläubigkeit. Nachdem er in Galicien gepredigt hatte, kehrte der hl. Jakobus nach Jerusalem zurück, erlitt dort das Martyrium, und seine Jünger überführten den Leichnam nach Galicien. Hier beginnt das Heldenepos, von der Jakobslegende abzuweichen. Nach der Beisetzung des Apostels verging viel Zeit, die Bewohner der Gegend verfielen wieder dem Heidentum, das Grabmal geriet in Vergessenheit. Doch St. Jakob, dem die Christianisierung Spaniens weiterhin am Herzen lag, erschien Karl dem Großen. Er zeigte ihm die Sternenstraße, die vom Friesischen Meer über die Gascogne, Navarra, den Norden der Iberischen Halbinsel bis Galicien reicht. Er forderte ihn auf, den Weg, der zu seinem Grab führt, und das Land, das seinen Leichnam birgt, den Sarazenen zu entrei-

---

* Die folgende Zusammenfassung hält sich weitgehend an den Text von Don Luis Vázquez de Parga in *Peregrinaciones a Santiago*, Bd. 1, S. 449–502.

ßen: »Die Sternenstraße, die du am Himmel gesehen hast, bedeutet, daß du an der Spitze eines großen Heeres nach Galicien ziehen wirst und daß nach dir alle Völker dorthin pilgern werden bis zum Ende der Zeiten. Ich werde dir helfen, und als Belohnung für deine Mühen werde ich von Gott das Paradies für dich erwirken, und dein Name wird im Gedächtnis der Menschen bleiben, so lange die Welt besteht.«

Karl der Große sammelte seine Truppen und drang in Spanien ein. Vergebens belagerte der Kaiser Pamplona. Nach drei Monaten erflehte er die Hilfe Christi und des hl. Jakobus, und die Befestigungen stürzten ein wie die Mauern Jerichos. Das Wunder erfüllte die Sarazenen mit Entsetzen, und die fränkischen Krieger rückten bis zum Grab des Apostels vor, ohne auf Widerstand zu stoßen. Karl der Große besuchte den heiligen Ort, zog weiter bis El Padrón und stieß seine Lanze ins Meer. Turpin taufte die Bevölkerung. In Compostela schenkte der Kaiser der Kirche das Gold, das er den Ungläubigen abgenommen hatte, setzte einen Bischof und eine Reihe von Geistlichen ein, die nach der Regel des hl. Isidor leben sollten. Drei Jahre später kehrte er nach Frankreich zurück. Unterwegs überließ er den Ungläubigen den Rest der Beute, die er ihnen entrissen hatte, und gründete in Béziers, Toulouse, Sorde und Paris Kirchen, die dem hl. Jakobus geweiht wurden.

Aber der Krieg ging weiter, denn ein neuer heidnischer König, Aigoland, kam von Afrika — eine Umsetzung der Herrschaftsübernahme durch die Almoraviden — und zwang Karl den Großen, nach Spanien zurückzukehren. Bei Le Céa und Sahagún fand eine große Schlacht statt; vorher trieben die Lanzen der Ritter, die dabei sterben sollten, auf wunderbare Weise Blätter. Der Kampf war schwer, und trotz der Heldenhaftigkeit Karls des Großen wurden die Christen geschlagen. Angesichts der Verstärkung, die vier Markgrafen von Italien herbeiführten, suchten die Sarazenen zunächst Zuflucht in León, dann verfolgten sie das fränkische Heer, das sich nach Aquitanien zurückgezogen hatte. Aber der Kaiser besiegte Aigoland bei Agen und Saintes und zwang ihn, in Pamplona Schutz zu suchen. In einer Kampfpause sprachen unter den Mauern der Stadt Karl der Große und Aigoland über Probleme der Theologie; in der darauffolgenden Schlacht wurde Aigoland getötet.

Bei der für den Kaiser ebenfalls siegreichen Schlacht von Montjardin ereignete sich abermals ein Wunder. Gott ließ Karl wissen, daß die Ritter, die mit einem roten Kreuz zwischen den Schultern gezeichnet waren, fallen würden. Um sie zu retten, schloß der Kaiser sie in seiner Kapelle ein; nach der Schlacht fand er sie tot. Sie galten jedoch später als Märtyrer für den christlichen Glauben.

In Nájera tötete Roland dann den Riesen Ferragut. Karl der Große zog gen Süden bis Córdoba, nahm die Stadt ein und tötete Altumajour — das ist natürlich der berühmte Al-Mansur. Und wieder war der Kaiser Herr Spaniens. Er begab sich nach Santiago und berief ein Konzil ein; mit neun Bischöfen weihte Turpin die Kirche von Compostela. Dieser gewährte der Kaiser außerordentliche Privilegien, verlieh ihr den Titel »apostolisch« und hob das Bistum Iria Flavia auf. In Santiago sollten hinfort die Bischöfe den Krummstab empfangen und die Könige das Zepter, denn von den drei apostolischen Kirchen nahm Santiago nach Rom, aber vor Ephesus den zweiten Platz ein.

Und wieder kehrte der Kaiser nach Frankreich zurück, zum letzten Mal, eine Rückkehr, die jedoch leider durch den Hinterhalt in Roncesvalles mit einem Blutbad endete. Die Könige von Saragossa, Marsilius und Belignandus, sowie der Verräter Ganelon waren verantwortlich für diese Falle. Roland starb mit ausgebreiteten Armen als Märtyrer des Glaubens. In den Gotteshäusern von Belin, Bordeaux, Blaye und Arles ließ Karl der Große die Leichname der Helden zurück. Dann berief er nochmals ein Konzil ein, in Saint-Denis diesmal, damit die französische Abtei auf Compostela nicht neidisch wurde. Er ließ seinen Palast in Aachen mit Gemälden, auf denen die freien Künste und die Spanienkriege dargestellt sind, ausschmücken. Der Kaiser starb, und der hl. Jakobus, der die zahlreichen, zu seinen Ehren von Karl dem Großen erbauten Kirchen ins Feld führte, entriß dessen Seele den Dämonen. Kurze Zeit später starb auch Erzbischof Turpin.

Auf die *Historia Karoli Magni et Rotholandi* folgten einige weitere Heldenlieder; wie das Rolandslied haben sie die Vertreibung der Sarazenen vom Jakobsweg durch Karl den Großen zum Gegenstand. *Der Einzug in Spanien*, ein Epos von sechzehntausend Versen, beschreibt in fränkisch-italienischem Dialekt die Kämpfe der fränkischen Truppen rund um Nájera und Pamplona; das Werk entstand wahrscheinlich in der ersten Hälfte des 14. Jahrhunderts in Padua. Um 1350 wurde es fortgesetzt von Nikolaus von Verona, der in derselben Sprache die Eroberung von Pamplona und Estella, das nach einer gigantischen Schlacht befreit wurde, und die Gefangennahme und Taufe Altumajours erzählt. Abgesehen von dem Feldzug, der dazu dienen sollte, diesen wieder auf den Thron von Córdoba zu setzen, den ein Usurpator ihm geraubt hatte, beschäftigt sich dieses Werk mit der Befreiung anderer Städte am *camino*: Carrión de los Condes, Sahagún, Mansilla de las Mulas, León und schließlich Astorga. Und nur diese Städte entlang dem Weg nach Compostela werden genau beschrieben.

*Der Einzug in Spanien* ist nicht das einzige Heldenepos, das im Gefolge der *Historia Karoli Magni et Rotholandi* geschrieben wurde. Bereits während des ganzen 12. Jahrhunderts kamen fahrende Sänger verschiedener Völker in die Städte am *camino* und besuchten die Hospitäler, in denen sie das Staunen und Entzücken der Pilger erregten. So war es möglich, daß die französische epische Literatur die kastilische beeinflußte; das in kastilischer Sprache abgefaßte Meisterwerk, der *Cantar de mio Cid*, niedergeschrieben um 1140, ist das Gegenstück zum französischen *Rolandslied*. Und bekanntlich hat Don Ramón Menéndez Pidal *La España del Cid* (Spanien des Cid) ebenso wie dem Epos, das den Helden feiert, eine interessante Studie gewidmet.

Während die Jakobslegende als Bestandteil der Sage Karls des Großen im Mittelalter eine neue Blüte erlebte, wird von den modernen Literarhistorikern die historische Tatsache der Pilgerfahrt als Erklärung für den Ursprung der französischen Heldenlieder geltend gemacht.

Die Verfasser unserer Heldenepen sind, wie man weiß, fast alle unbekannt, und das *Rolandslied* endet mit einem rätselhaften Vers, der alle Mittelalterspezialisten und -liebhaber beschäftigt:

*Ci falt la geste que Turoldus declinet.*

Dieser »Turoldus« — ist er der Kopist, der Sänger oder der Verfasser? Die Frage nach dem Ursprung unserer Heldengedichte ganz allgemein und dem des *Rolandslieds* im besonderen hat mehrere Generationen von Gelehrten in Atem gehalten, ohne daß man, von ein paar zutreffenden Details abgesehen, zu einer schlüssigen Erklärung gekommen wäre. Im 19. Jahrhundert hat man in unseren mittelalterlichen Epen lange Zeit nur eine Weiterentwicklung und -verarbeitung von »Kantilenen« germanischer Herkunft, die zur Zeit des Ereignisses entstanden, gesehen; damit würden also die Epen über Karl den Großen auf die Zeit um 800 zurückgehen. Aus diesen kurzen lyrisch-epischen Stücken, die nach und nach umgeändert, vervollständigt und geordnet wurden, wären also die Heldenlieder entstanden. Dieser Auffassung waren Fauriel, Léon Gautier und Gaston Paris. 1884 vermerkte der Italiener Pio Rajna, daß es nicht den geringsten Beweis für die Existenz dieser berühmten »Kantilenen« gebe; von der These, die er damit zerstörte, übernahm er jedoch den Gedanken, daß sich das *Rolandslied* sehr langsam herausbildete und daß es dabei mehrere Zwischenfassungen gab.

In Frankreich veröffentlichte dann Joseph Bédier, dem wir Nachdichtungen einer Reihe schöner und gelehrter mittelalterlicher Texte verdanken, in den Jahren 1912/13 die Bände III und IV der *Légendes épiques*. Er war von der Bedeutung der Pilgerfahrt nach Compostela und ihrer perfekten Organisation überrascht gewesen, für die seiner Meinung nach im wesentlichen Cluny die Verantwortung trug. Das *Rolandslied*, schrieb er, müsse im 11. Jahrhundert entstanden sein, und begründet seine Annahme mit der detaillierten Bezugnahme auf die Etappenorte des Weges, den die Pilger über Roncesvalles nach Santiago zurücklegten. Er fand heraus, daß das eigentliche Thema des Werkes der heilige Krieg sei, der seit dem 11. Jahrhundert auf der Halbinsel geführt wurde. Er behauptete, daß »die Rolandssage sich zunächst als lokale Sage von Roncesvalles selbst und in den Kirchen entlang den Wegen, die über Roncesvalles führten, herausbildete, und daß sie vielleicht zunächst in diesen Kirchen dahinschlummerte und erst im 11. Jahrhundert in Gedichten Gestalt gewonnen hatte«. Diese sehr bestechende Erklärung war lange Zeit maßgebend gewesen, und noch P. Boissonade hat in seinem Buch *Neues über das Rolandslied* den Akzent auf die Bedeutung der Spanien-Kreuzfahrten gelegt. Doch wer zuviel anfängt, führt nichts richtig durch, wer zuviel beweisen will, schmälert den Wahrheitsgehalt seiner Theorie . . . Aufgrund dieser Studie sah man sich zu einer neuen Untersuchung der Theorie Joseph Bédiers veranlaßt. Dabei stellte man folgendes fest: Wenn ein Austausch zwischen der französischen und spanischen Heldenliteratur über die Pilgerwege ohne weiteres denkbar ist, wenn es stimmt, daß Roncesvalles sich die Rolandsverehrung zunutze gemacht hat, wie Élie Lambert aufzeigte, kann man Joseph Bédiers Erklärung für das *Rolandslied* nicht gelten lassen; man findet darin nämlich keinerlei Hinweise auf eine besondere Jakobsverehrung und auch nicht auf die Pilgerfahrt nach Compostela . . . Die Frage nach dem Ursprung der Heldenlieder wurde übrigens nach der Auffindung eines Textes, der die Geschichte des Feldzugs Karls des Großen auf die Halbinsel und die tragischen Ereignisse von Roncesvalles kurz erzählt, jüngst wieder aktuell; dieser Text scheint aus dem dritten Viertel des 11. Jahrhunderts zu stammen, das heißt: früher entstanden zu sein als die beste Fassung des *Rolandsliedes*, die der Oxforder-Handschrift.

So wurden der Ruhm Karls des Großen und das Ansehen des hl. Jakobus zu Unrecht, aber mit großem Erfolg von den Spielleuten des Mittelalters miteinander verwoben. Die Pilgerfahrt hatte also eine solche Bedeutung, daß sich ein angesehener Wissenschaftler wie Joseph Bédier bewogen sah, darin den Ursprung des *Rolandsliedes* zu suchen. Und wenn, was diesen Ursprung angeht, die Rolle der »Jakobswege« überschätzt wurde, so war sie doch wesentlich für die Herausbildung und die Verbreitung vieler anderer Heldengedichte.

# Der Apostel in der Schar der Heiligen. Ikonographie des hl. Jakobus

*Mais maintenant comment atteindrai-je ton ombre,*
*O mon Seigneur, quand tant de saints grands et petits,*
*Ces papes, ces docteurs, ces évêques sans nombre*
*Remplissent devant Toi l'effrayant Paradis?*

*Doch wie erreich' ich deinen Schatten,*
*O Herr, wenn soviel Heilige, groß und klein,*
*All die Päpste, Doktoren und Bischöfe ohne Zahl*
*Vor Dir füllen das gewaltige Paradies?*

Marie Noël, Les Chansons et les Heures

Welch eine Blütezeit erlebten im Mittelalter die echten und erfundenen Heiligen in den Ländern christlichen Glaubens! Wie viele Reisende, wie viele Pilger auf den Jakobswegen glaubten aus vollem Herzen an ihre heldische Heiligkeit, an ihre zahlreichen Wunder! Und wir, die wir Jahrhunderte später die durch ihre Schritte geheiligten Wege wieder begehen, wir träumen davon, sie wie durch Zauberhand alle versammelt zu sehen. Wie bewegend wäre es, sie auf einer schönen Ebene im hellen Licht zusammen zu sehen, wenn schon nicht in dem des Glaubens, so doch dem der Poesie, diese Schar der Glückseligen, an deren Macht so viele Generationen geglaubt haben! So wie der Dichter der *Geschichte von Karl dem Großen und Roland* den Kaiser, dessen Neffen und dessen Recken gemeinsam auftreten läßt, möchte man sie, die Heiligen, in einem nie abgehaltenen Konzil erscheinen sehen. Aber warum sich so etwas wünschen und bedauern, daß es nicht sein kann? Die wunderbare Versammlung, das gelehrte und gleichzeitig poetische Konzil veranstaltete bereits Émile Mâle, der, uns zur Freude, auf einigen packenden Seiten zahlreiche Viten von Heiligen unseres Landes erzählt hat, die zwar nicht mit dem hl. Jakobus, dafür aber mit den von Pilgern durchwanderten Regionen in Zusammenhang standen. Es ist das unsichtbare und allgegenwärtige Volk der Heiligen im Himmel, unter dem sie dahinzogen, das es ins Gedächtnis zu rufen gilt. Der Text Émile Mâles, der die oft zu knappen Angaben im *Pilgerführer* des 12. Jahrhunderts kommentiert und ausbaut, ist höchst beeindruckend. Heilige von Toulouse wie Sernin, Stephanus und Exuperius; – aus der Gegend um Agen wie Caprais, Vincent und die heilige Jungfrau Fides; – aus den Pyrenäen wie Volusian, Aventin und Bertrand von Comminges; – aus Aquitanien wie

Martial und Valeria — und die Heiligen Spaniens, die der Süden Frankreichs übernahm.

Es ist in der Tat ein ganzes Volk, das gleich einer göttlichen Flut das südliche Frankreich überschwemmte und dessen Verehrung für die Jakobspilger die beste geistige Vorbereitung auf die Dinge war, die sie in Compostela erwarteten.

Sernin oder Saturnin, der erste Apostel von Toulouse, hatte Austris, die am Aussatz leidende Tochter des Stadtgouverneurs geheilt, indem er sie in einen Taufzuber tauchte. Da er nicht den Göttern opfern wollte, wurde er von einem wilden Stier über die Stufen des Kapitols geschleift. Stephanus, der seinen Predigerauftrag vom hl. Petrus erhalten hatte, war der erste Bischof von Toulouse. Einer seiner Nachfolger, Exuperius, verkaufte während einer Hungersnot den heiligen Ornat zusammen mit dem Meßkelch und dem Hostienteller, um die Armen zu retten.

In Agen weigerte sich vor dem römischen Statthalter ein junges Mädchen, den falschen Göttern zu opfern. Man legte sie auf einen glühenden Eisenrost und enthauptete sie. Aus der Ferne wurde der Geistliche der verfolgten Christen Zeuge des Martyriums und sah, wie Engel eine Krone über das junge Mädchen hielten; er begab sich zum Statthalter, erklärte ihm, daß er ein Christ sei, und wurde ebenfalls enthauptet. Die Märtyrerin ist die heilige Fides, deren Gebeine, die später von einem Mönch aus Conques entwendet wurden, den Ruf und die Beliebtheit der Wallfahrt nach Rouergue begründeten; der Heilige ist Caprais. Sein Nachfolger Vincent wagte es, das die Sonne symbolisierende Feuerrad anzuhalten, das man von einem Berg herabrollen ließ; er wurde mit Ruten geschlagen und enthauptet.

Volusian war zur Zeit der römischen Christenverfolgungen Bischof von Tours. Er wurde nach Toulouse geschleppt und in den Pyrenäen enthauptet. Rund um das Kloster, das seine Reliquien aufbewahrte, entstand das Städtchen Foix. Aventin war ein armer Einsiedler im 8. Jahrhundert, der verborgen in den Wäldern bei Luchon lebte. Die Bergbewohner schlugen ihm den Kopf ab. Der hl. Bertrand war ein Enkel der Grafen von Toulouse. Er sorgte dafür, daß die verlassene antike Stadt Lugdunum Convenarum neu besiedelt wurde, und baute die Kirche wieder auf. So entstand Saint-Bertrand de Comminges. Die Geschichte des hl. Martial, die sich verhältnismäßig spät, im 11. Jahrhundert, bildete, ist eine besonders ergreifende Heiligenlegende. Schon als Kind war Martial ein Anhänger Christi gewesen, der von ihm gesagt hatte: »Wer nicht diesem Kind gleicht, wird nicht in das Himmelreich eingehen.« Er hatte die wunderbare Vermehrung der Brote und die Fußwaschung gesehen. Dann hatte der hl. Petrus ihn nach Rom mitgenommen und nachdem er ihm seinen Stab gegeben hatte, ihn ausgesandt, das Evangelium in Gallien zu verbreiten. Martial predigte in Aquitanien, wo er mit seinem Wunderstab Tote zum Leben erweckte und die Kirchen von Limoges, Bourges, Poitiers und auch die von Saintes, Bordeaux, Cahors, Tulle, Rodez, Aurillac, Mende und Le Puy gründete. Mit ihm nach Gallien gekommen waren Veronika, die das blutige Antlitz des Herrn abgewischt hatte, und Amator, den man im 15. Jahrhundert für die gleiche Person wie den Zöllner Zachäus aus dem Neuen Testament hielt. Die Heilige zog sich in die Einöde von Soulac am Atlantik zurück und der Heilige in ein verlassenes Tal. Dort sollte aus seiner Klause das Heiligtum von Rocamadour entstehen.

Die junge Valeria, Tochter einer angesehenen Familie in Limoges, war dem römischen Prokonsul versprochen. Doch nachdem der hl. Martial sie getauft hatte, strebte sie nach christlicher Vollkommenheit und weigerte sich zu heiraten. Ihr früherer Verlobter ließ sie hinrichten. Da nahm die Märtyrerin ihr Haupt in die Hände und überbrachte es Martial, der in der Kirche von Limoges die Messe zelebrierte.

Der Süden Frankreichs wählte den Bischof Fructuosus und die Diakone Augurus und Eulogius, die der Statthalter der Hispania Terraconensis, Prokonsul Ämilianus, auf dem Scheiterhaufen verbrennen ließ. Als Fructuosus sagte: »Ich bin ein Bischof Christi«, erwiderte Ämilianus: »Sag, daß du es gewesen bist.« In Südfrankreich verehrte man auch zwei Schüler aus Alcalá de Henares: St. Just und St. Pastor, die unter Diokletian auf Befehl des Präfekten Dakian mit Ruten geschlagen und getötet wurden. Eulalia schließlich, die Heilige von Mérida, wurde in Frankreich sehr rasch populär; ihr ist das früheste Gedicht in galloromanischer Sprache, die *Eulaliasequenz*, gewidmet.

Eines haben die meisten dieser Legenden gemein: Sie drücken den Wunsch aus, die Kirchen Galliens so direkt wie möglich mit den Aposteln, mit den Jüngern, ja selbst mit der Zeit Christi zu verbinden. Nach der Lektüre der Geschichte der Bischöfe des alten Gallien von Louis Duchesne ist es jedoch unmöglich, ihre Entstehung in die Zeit der Apostel zu datieren. Aber diese Geschichten waren für unzählige Menschen hilfreich auf dem Jakobsweg und dem Weg zur ewigen Seligkeit, und sie wurden oft sehr überzeugend von den Künstlern des Mittelalters wiedergegeben.

Die Maler und Bildhauer haben diese Bibel der Heiligen auf das schönste illustriert. In Saint-Sernin in Toulouse ist der Märtyrer am Westportal stehend, den Stier zu Füßen, abgebildet. Man findet ihn auch auf einem Kapitell des Kreuzgangs von Moissac und auf einem Sarkophag aus dem 12. Jahrhundert in der zwischen Carcassonne und Alet gelegenen Abtei Saint-Hilaire. Der hl. Bertrand, gestorben 1123, erscheint am Portal der Kathedrale Saint-Bertrand de Comminges im Tympanon mit der Anbetung der Könige schon vor seiner Kanonisation (1179), denn er trägt keinen Heiligenschein. Das Leben des hl. Martial ist in dem nach ihm benannten zerstörten Kloster in Limoges ins Bild gesetzt; ebenso im Papstpalast, wo es noch heute in der ihm geweihten Kapelle zu sehen ist; die Wandmalereien wurden 1344/45 von Mateo Giovanetti ausgeführt. Und durch zahlreiche limousinische Schreine wurden die Einzelheiten des Martyriums der hl. Valeria weiterverbreitet; nach ihrem Tod überreichte sie ihr Haupt Martial vor dem Altar, dann wurde sie beigesetzt. In dem bei Saint-Bertrand de Comminges gelegenen Valcabrère sind Statuen der Heiligen Just, Pasteur und des heiligen Diakons Stephanus zu sehen.

Diese Beispiele sind nur einige von vielen. Wir werden übrigens noch Gelegenheit haben, die berühmtesten Darstellungen der Heiligen des Südwestens und der Mitte Frankreichs und vor allem die des hl. Jakobus kennenzulernen.

In der Ikonographie Jakobus' des Älteren sind vom 12. Jahrhundert bis zum Ende des Mittelalters mehrere Typen zu unterscheiden.*

Der erste Typus, der in den frühesten Bildwerken erscheint, zeigt den Apostel in einer Toga, barfuß und mit der Schriftenrolle des neuen Gesetzes. Manchmal steht er zwischen Baumstümpfen ohne Äste oder Palmen. Seine Attribute sind das Primatialkreuz mit dem doppelten Querbalken, denn er gilt als der erste Erzbischof Spaniens, und das Schwert, mit dem er enthauptet wurde. In diese erste Kategorie gehören drei berühmte Darstellungen des hl. Jakobus: Die in der Porte Miégeville von Saint-Sernin, die am Portal des Kapitelsaals der Kathedrale Saint-Étienne in Toulouse (heute im Augustiner-Museum) und die an der *Puerta de las platerías* der Kathedrale von Compostela.

Der zweite Typus, der mit sehr vielen Beispielen vertreten ist, ist der hl. Jakobus als Pilger. Der stehende oder sitzende Heilige trägt auf dem Kopf den mit einer oder mehreren Muscheln geschmückten

---

\* Eine Liste der wichtigsten Darstellungen des hl. Jakobus des Älteren wurde von L. Réau in *Iconographie de l'Art chrétien*, Bd. III-2, S. 695 ff. erstellt. Sie in diesen Text aufzunehmen, wäre eine ermüdende Wiederholung. Wir nennen nur einige berühmte oder typische Beispiele und verweisen im übrigen auf L. Réau.

breitkrempigen Hut; er stützt sich auf einen Wanderstab, trägt die Pilgertasche und die Pilgerflasche, manchmal hält er auch schützend seinen weiten Mantel über einige Jakobspilger. Wie kam es zu dieser Darstellung? Laut Émile Mâle ist ihr Ursprung in den Prozessionen der Jakobspilger-Bruderschaften zu suchen, bei denen die Rolle des Heiligen von einem Mann in Pilgertracht übernommen wurde. Diese Hypothese ist freilich anfechtbar, wie Don Luis Vázquez de Parga aufgezeigt hat. Die Entwicklung begann bereits vor der Entstehung dieser frommen Vereinigungen, und die erste Darstellung in Spanien, nicht von Santiago mit dem Brotsack, sondern von dem Apostel mit dem Pilgerstab, befindet sich am Portal von Santa-Marta in Tera in der Provinz Zamora; diese Kirche gehörte einer im 12. Jahrhundert berühmten, aber abseits des *camino* gelegenen Abtei. Mag auch die Idee, Santiago als einen der von ihm beschützten und geretteten Pilger darzustellen, ganz selbstverständlich erscheinen, so ist doch bis jetzt nicht restlos geklärt, wie es dazu kam.

Obwohl seine Entstehungszeit umstritten ist, gilt das großartige Relief im Kloster von Silos aus dem späten 12. Jahrhundert mit Christus und den Pilgern von Emmaus als eines der ersten Kunstwerke, das auf der Pilgertasche eine Muschel aufweist. In das 12. Jahrhundert datieren kann man die Säulenstatue der *Cámara santa* in Oviedo — der Stab des Heiligen endet in einem Kreuz, die Pilgertasche ist mit einer Muschel geschmückt — und den hl. Jakobus von Notre-Dame in Mimizan in den Landes, ein Bildnis von herber Schönheit. Der hl. Jakobus am Mittelpfeiler der *Puerta de la gloria* in Compostela (1188) stützt sich auf einen Stab in »tau«-Form, der vielleicht schon den der Galicienfahrer darstellt. Die *Puerta del sarmental* aus dem 13. Jahrhundert an der Kathedrale von Burgos besitzt ebenfalls einen heiligen Jakobus des zweiten Typus.

Aus dem 14. und 15. Jahrhundert stammen mehrere sehr bekannte Statuen: die im Museum von Cluny aus Saint-Jacques de l'Hôpital; die im Louvre, früher in Semur-en-Auxois; die im Museum von Beauvais, die im Gegensatz zu den beiden erstgenannten den Heiligen sitzend zeigt; die in der Kapelle des Connétable (?) in der Kathedrale von Burgos; die von San Juan de los Reyes in Toledo. Die letztere ist unvergeßlich: Die meisterliche Ausführung des gemarterten Körpers und die geistige Kraft, die er ausstrahlt, sind von beklemmender Faszination. Ohne daß die Ähnlichkeit besonders groß wäre, erinnert uns dies an die angstvolle Kraft in Werken von Alonso Berruguetes oder Michelangelo. Ganz andere Empfindungen weckt der hl. Jakobus der Rieux-Kapelle im Augustinermuseum in Toulouse* mit seinem Antlitz, das höchste Menschlichkeit und Heiligkeit ausdrückt.

Dieser zweite Typus hat die französischen Goldschmiede des Mittelalters zu mindestens zwei erlesenen Werken inspiriert, nämlich den Reliquiar-Statuetten des hl. Jakobus, die im Domschatz von Compostela aufbewahrt werden. Die eine, aus dem frühen 14. Jahrhundert, zeigt Santiago als Pilgersmann, in der Hand eine Art Türmchen, das eigentliche Reliquiar; die andere Hand hält den Pilgerstab mit einem Schild am oberen Ende, und aus der Inschrift darauf erfährt man, daß die Statuette von dem Pariser Coqueresse gesandt worden ist. Noch bezeichnender für die Jakobspilger ist die zweite Statuette, die ein Franzose 1430 stiftete. Der Apostel ist mit einem Gewand bekleidet, das eine etwas kürzere Tunika fast vollständig bedeckt; der breitrandige Hut und der Schnappsack sind mit der Muschel versehen; der Heilige hält in einer Hand ein Buch und den Pilgerstab in der anderen.

Auch die vielen miniaturähnlichen Gagat-Pilgerzeichen, die *azabaches*, von denen das Museum in Pontevedra und das Institut Valencia de Don Juan in Madrid bemerkenswerte Sammlungen besitzen, stellen den *Santiago peregrino* dar. Dieser Typus bleibt das 16., 17. und 18. Jahrhundert hindurch nicht nur für so kleine Objekte wie die *azabaches* beliebt, sondern auch für die große Skulptur. In Frankreich kann man in Notre-Dame de Cléry eine farbig gefaßte Holzstatue bewundern, die den Heiligen als Wanderer zeigt wie einen Jakobspilger (16. Jahrhundert). In Compostela selbst geben ihn die Sitzfigur des Hauptaltars der Kathedrale (17. Jahrhundert) und die Stehfiguren der *Puerta santa* und des *obradoiro* ebenfalls als Pilger wieder.

Auf einem Hochrelief des Klosters der Augustinas recoletas in León aus dem 17. Jahrhundert wäscht ein Augustiner einem Pilger, der Christus persönlich ist, die Füße.

Vom dritten Typus ist viel weniger zu sagen. Er leitet sich von einer besonders rühmenswerten Episode der Apostellegende her, Santiagos wunderbarem Eingreifen in der Schlacht von Clavijo. Der *Santiago matamoros* (Maurentöter), manchmal sehr ähnlich dem »Ritter Konstantin«, ist beritten und stürzt sich auf die Mauren. Eine der frühesten Darstellungen befindet sich auf dem Tympanon der Kathedrale von Compostela.

---

* Jean Tissandier, ein Franziskaner und Bischof von Rieux (1324–1348) ließ an die Apsis der Kirche seines Ordens in Toulouse eine Kapelle bauen, die seinen Leichnam aufnehmen sollte. Der gesamte Skulpturenschmuck dieser Kapelle wird im Augustinermuseum aufbewahrt, bis auf zwei Apostel, die sich im Musée Bonnat in Bayonne befinden.

Im Mittelalter, dann im 16. Jahrhundert wurden die wichtigen Begebenheiten aus dem Leben und der Legende des hl. Jakobus voller Inbrunst und Poesie auch auf Glasfenstern abgebildet, besonders auf denen der Kathedralen von Bourges und Chartres. Die Überführung seines Leichnams aus Galicien fort oder innerhalb Galiciens wurde auf zahlreichen Kunstwerken dargestellt: im 12. Jahrhundert auf dem Retabel von Solsona in Katalonien und auf einem Kapitell der Kathedrale von Tudela; im 14. Jahrhundert auf zwei Gemälden eines katalanischen oder aragonesischen Künstlers, die sich jetzt im Prado befinden; auf einem Glasfenster von 1548 in der Kapelle Notre-Dame de Crann in Spézet in der Bretagne. Ein Glasfenster aus dem 13. Jahrhundert in der Kathedrale von Chartres zeigt den Apostel, als er Karl dem Großen auf dessen Zug nach Spanien erscheint. So gestalteten Maler, Bildhauer und Glasmaler phantasievoll und einfühlsam eine schon an sich phantastische Legende.

# Die Jakobswege und die romanische Architektur

*En realidad, no ha sido el camino, mero vehículo de influencias, sino la función la que ha hecho nacer el tipo y lo ha difundido.*

*In Wirklichkeit war es nicht der Weg, auf dem die Einflüsse ja nur weitergetragen wurden, sondern die Zweckmäßigkeit, die den Typus (von Pilgerkirchen) entstehen ließ und zu seiner Verbreitung führte.*

Luis Vázquez de Parga, Peregrinaciones a Santiago

Zwischen den Kirchen Saint-Martin in Tours, Saint-Martial in Limoges, Sainte-Foy in Conques, Saint-Sernin in Toulouse und der Kathedrale von Compostela, die alle an einem der im *Pilgerführer* beschriebenen Wege beziehungsweise am Ende des *camino francés* gelegen sind, gibt es noch heute überraschende Ähnlichkeiten (Saint-Martin in Tours ist allerdings leider fast vollständig zerstört, Saint-Martial in Limoges existiert nicht mehr). Man hat diese Gotteshäuser früher gern zu einer Gruppe, den Kirchen der Pilgerstraßen, zusammengefaßt. Das Schema dieser Bauwerke zu definieren ist recht einfach, wenn man den Archetyp der Pilgerkirchen näher betrachtet: die Kathedrale von Santiago. Diese Basilika scheint architektonisch besonders geglückt: großzügiger Grundriß, harmonisches Verhältnis zwischen Grund- und Wandaufriß, hervorragende Anpassung an die Erfordernisse des mittelalterlichen Pilgerwesens. Man sieht dem Bauwerk die Fortentwicklung an, die es im Lauf der Zeit nahm: Rund um den Baukern — Lang-, Querhaus und Chor — befindet sich nicht nur im Unter-, sondern auch im Obergeschoß eine Vielzahl von Galerien und Nebenapsiden: um den Chor der Umgang und ein Kapellenkranz; um das Querhaus Galerien, durch die man zu anderen Kapellen gelangt; Seitenschiffe zu beiden Seiten des Langhauses. Dieses ist mit einer Halbtonne auf Gurtbögen überwölbt, und es fehlen hohe Fenster; aber über den kreuzgratgewölbten Seitenschiffen wird es abgestützt von Emporen mit Vierteltonnen und Biforienfenstern, die das Langhaus erhellen und in denen man im Obergeschoß rund um das Gebäude gehen kann. Auf diese Weise entstand Raum für große Menschenmassen; Priesterschaft und Gläubige hatten bei Zeremonien genügend Bewegungsfreiheit.

Die frappierenden Ähnlichkeiten der verschiedenen Kirchen hatte erstmals 1892 Abbé Bouillet festgestellt, der Conques als den

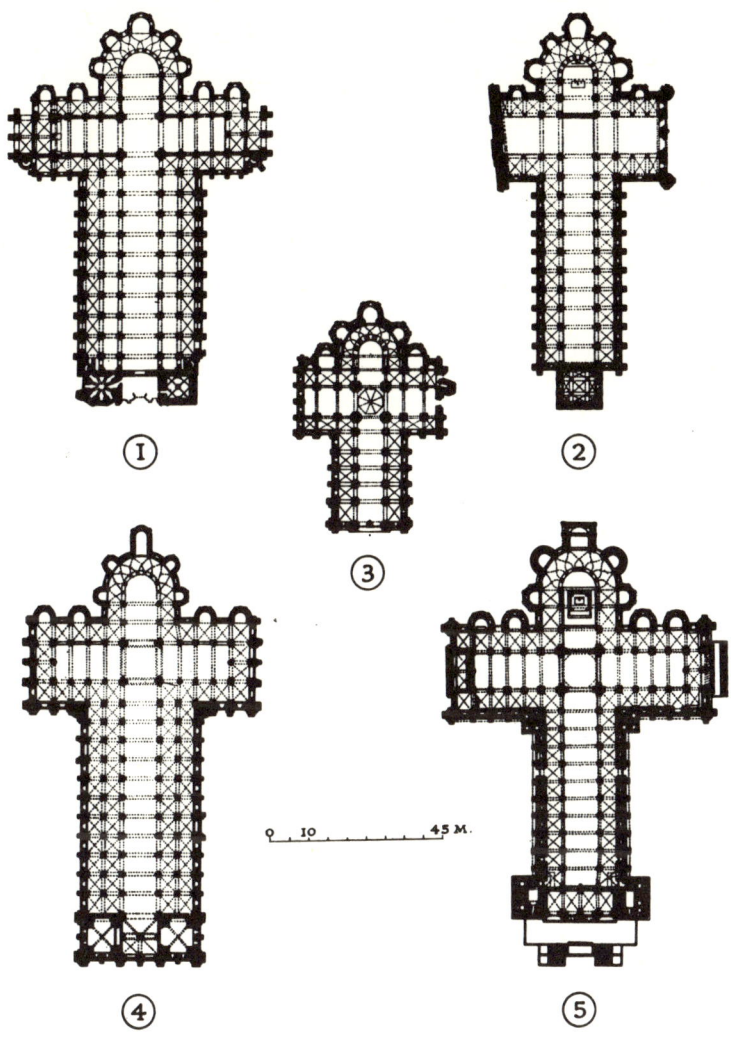

Die Grundrisse wichtiger Pilgerkirchen im Vergleich
1: Saint-Martin, Tours; 2: Saint-Martial, Limoges;
3: Sainte-Foy, Conques; 4: Saint-Sernin, Toulouse;
5: Santiago de Compostela.

Ursprung, das Muster dieser Kirchen bezeichnete. Zweifellos unter dem Eindruck der Theorie Joseph Bédiers, der der Pilgerfahrt eine wesentliche Rolle bei der Entstehung des Rolandsliedes zuschrieb, und geleitet von dem verständlichen Wunsch, auf ihrem Gebiet ähnliche Parallelen zu entdecken, suchten die Kunsthistoriker nach einer Verbindung zwischen einer bestimmten Kirchenbautradition und den Pilgerwegen, welche als Vermittler bestimmter, die sakrale Architektur prägender Ideen und Strömungen gelten sollten.

Mit einem Wissen und Engagement, die seine Werke über das Mittelalter noch heute unschätzbar machen, stellte Émile Mâle in *L'Art religieux du XII^e siècle en France* (1922) Forschungen darüber an. Seine Arbeit, auf die wir im folgenden näher eingehen wollen, ist nach wie vor richtungsweisend. Seiner Meinung nach war das Vorbild unseres Kirchentyps Saint-Martin in Tours. Einige später vorgenommene Untersuchungen haben leider Fragen der Architektur und der Skulptur, die miteinander eigentlich nichts zu tun haben, in Verbindung zueinander gebracht und außerdem den Diskussionen, die leidenschaftslos hätten bleiben müssen, einen affektgeladenen bzw. chauvinistischen Ton verliehen; das Rätsel um die Kunst der Pilgerkirchen schien zum Gegenstand eines Qualitätswettstreits zwischen Frankreich und Spanien zu werden. Der Amerikaner Arthur Kingsley Porter, Verfasser des erstklassigen Nachschlagewerks *The Romanesque Sculpture of the Pilgrimage Road* (1923), hat die Auffassung vertreten, daß die Kathedrale von Compostela die romanische Architektur und Skulptur Frankreichs inspiriert hat. Ein bedeutender spanischer Wissenschaftler, ausgezeichneter Kenner der Bauwerke seines Landes, schloß sich dieser Meinung an, ohne mit ausreichender Präzision die französischen Kirchen zu datieren, über die er, wie man sich vorstellen kann, viel weniger Bescheid wußte. Die Historiker nördlich der Pyrenäen, daraufhin ihrerseits verärgert, machten die Überlegenheit der französischen Kultur zur Zeit der Entstehung der in Frage stehenden Bauwerke, vor allem im Languedoc, geltend und vermerkten wahrheitsgemäß, daß die Kathedrale von Santiago, obwohl im äußersten Nordwesten Spaniens gelegen, die Vollendung eines Typus darstelle, von dem es in Frankreich mehrere Beispiele aus früherer Zeit gebe. In diesen Diskussionen kam oft eine emotionale und nationalistische Haltung zum Vorschein, welche Präromanik und Romanik zuerst aus der Sicht des 19. und 20. Jahrhunderts sah, und so der zu betrachtenden Epoche kaum gerecht wurde.

Folgende Fragen bezüglich der Architektur haben sich herauskristallisiert: Wo und wann entstand und entwickelte sich der Typus der Pilgerkirchen, die man auch Reliquienkirchen nennen könnte?

Hat es eine »Schule« der Pilgerstraßen gegeben? Spielte das Netz der Pilgerstraßen eine besondere Rolle bei der Ausbreitung des romanischen Baustils im allgemeinen und des Typus der Reliquienkirchen im besonderen?

Bevor man sich mit dem ersten dieser heiklen Punkte befassen kann, muß man sich einige präzise Fragen stellen, sie mit Daten beantworten und die Schlüsse daraus ziehen.

Zunächst ist es unerläßlich, wie Élie Lambert mit Recht vermerkt hat, »zu wissen, was in Spanien am ›Französischen Weg‹ und an anderen Routen vom Aspe- und Cisa-Paß nach Santiago in Galicien, die bereits damals begangen wurden, in der Frühzeit der Pilgerfahrt, vom 10. bis zum Beginn des 11. Jahrhunderts vor dem Auftauchen der romanischen Kunst existierte«. Ein Typus hatte sich in den asturischen Bergen herausgebildet; sein wichtigstes Bauwerk war die Erlöser-Kathedrale von Oviedo aus dem frühen 9. Jahrhundert. Santa Maria in Naranco und San Salvador in Valdedios, zwei Kirchen ähnlicher Bauart, erinnern uns noch heute an diesen Bautyp. Unterschiedlich stark, aber eindeutig vom Islam geprägt sind andere Bauwerke der christlichen Königreiche; sie vereinen Elemente der Kirchen Asturiens mit den typischen Merkmalen der Moscheen Südspaniens: Diese letzteren hatten die mozarabischen Christen, die aus dem Kalifat von Córdoba geflohen waren, mitgebracht. So findet man den Hufeisen- oder Zackenbogen mit rechteckiger Umrahmung, die Altarnischen im Hintergrund der Kirchen, die sich als *Mihrabs* darstellen, und die Kreuzgratkuppeln. In der Rioja liegen die mozarabischen Klöster San Martín d'Albelda und San Millán de la Cogolla — das letztgenannte mit zwei Kirchen, die von San Millán de Suso und die von San Millán de Yuso, die zweite existiert noch heute — hinter Burgos in westlicher Richtung liegen die Klöster von Frómista, Carrión de los Condes, Sahagún; rund um Léon Santa Maria in Bamba, San Román in Horniza, San Miguel in Escalada, Santiago in Peñalba: All diese Namen sollte man sich merken, die letztgenannten bilden eine einheitliche Gruppe.

Analog hierzu ist die Frage zu stellen, welche Kirchentypen in vorromanischer Zeit in Frankreich existierten. Die Mannigfaltigkeit der Bauwerke war sehr groß, und die Wirklichkeit widersetzt sich zu engen Klassifizierungen. Man begegnet jedoch gemeinsamen Merkmalen in bestimmten Regionen: in der Provence und in Burgund, im Zentralmassiv, in der mittleren und unteren Loire. Uns interessiert vor allem, ob es bereits in vorromanischer Zeit, einer Periode, mit der sich speziell Jean Hubert befaßt hat, einen Typus von Kirchen gab, die berühmte Reliquien besaßen und deshalb Raum für zahlreiche Pilger bieten mußten; eine Aufgabe, welcher der Chorumgang und die Chorkapellen gerecht werden. Verschiedene Elemente dieser Art sind schon im 9. Jahrhundert in Flavigny in Burgund, in Saint-Pierre-le-Vif in Sens, in der alten Kathedrale von Clermont, in Saint-Aignan in Orléans und um das Jahr 1000 in Saint-Martin in Tours zu beobachten.

Die Frage nach einem bestimmten Typus von Reliquienkirchen läßt sich folgendermaßen beantworten: Der Typus der Reliquienkirchen fehlte in Nordspanien, während einige ihrer Merkmale in Frankreich bereits vorhanden waren, so daß man annehmen kann, daß er auch dort entstand und weiterentwickelt wurde.

Aber findet man in Frankreich tatsächlich — und das ist der springende Punkt in dieser Frage — Folgebauten, an denen eine solche Entwicklung zu erkennen ist? Abbé Bouillet hatte, wie man weiß, das erste typische Bauwerk in der Kirche Sainte-Foy in Conques zu entdecken geglaubt. Émile Mâle hingegen bezeichnete Saint-Martin in Tours als Muster und Vorläufer dieser Kirchen. Nachdem die Archäologen zunächst aufgrund seiner Argumente und seines Ansehens mit dem großen Wissenschaftler übereinstimmten, vertreten sie heute eine differenziertere Meinung. Aber wer sich unvoreingenommen mit der Frage beschäftigt, wird bald merken, daß Mâle die Bedeutung dieses Gotteshauses richtig eingeschätzt hat. Nach der noch jüngeren Studie von Lesueur zu urteilen, war Saint-Martin kunsthistorisch nicht der vollendete Typus der Pilgerkirche und beeinflußte andere Heiligtümer, die der Forscher nicht kennt. Vielmehr wies Saint-Martin in Tours zu einem gegebenen Zeitpunkt wichtige und charakteristische Merkmale dieses Typus auf. Lesueurs Untersuchung basiert vor allem auf einem Grundriß von 1799, einer Innenansicht während der Zerstörung (1798) und einer Miniatur von Jean Fouquet, in einer Handschrift der *Grandes Chroniques de France*, die die Einnahme von Tours durch Philippe-Auguste zeigt. Aus diesen Nachweisen geht klar hervor, daß Saint-Martin Ende des 15. Jahrhunderts ein mehr oder weniger gotisches Äußeres besaß, das an die Kathedrale von Bourges erinnert, und daß die Kirche durch verschiedene Umbauten ein heterogenes Ganzes bildete. Wir müssen also auf ganz andere Weise vorgehen: nicht eine Reliquienkirche suchen, nach deren Vorbild andere gebaut wurden, sondern aus einer komplexen Entwicklungsgeschichte jene Bauten herausfinden, welche dieser Gruppe angehören.

Der meistverehrte Künder des Christentums in Gallien, der hl. Martin, starb wahrscheinlich am 11. November 397 in Candes.

Sein Leichnam wurde nach Tours überführt und auf einem Friedhof, der etwa 550 Schritt westlich der Stadt lag, bestattet. Über seinem Grab, Ziel der beliebtesten Pilgerfahrt der Gallier, wurden nacheinander vier Kirchen errichtet. Die erste, die Gregor von Tours beschrieb, wurde in der zweiten Hälfte des 5. Jahrhunderts von Perpetuus, dem hl. Perpet, Bischof von 461 bis 491, erbaut. Die zweite wurde nach den Normanneneinfällen zwischen 903 und 919 wieder aufgebaut. Die dritte, die uns am meisten interessiert, entstand zwischen 997 – 1003 und 1014 unter Hervé, dem »Vorsteher« oder »Schatzmeister« von Saint-Martin. Die vierte zeichnete sich durch mehrere Erweiterungen und Umbauten aus, die ihr zumindest äußerlich gotische Züge verliehen und die heterogene Zusammensetzung bewirkten, von der bereits die Rede war.

Sehen wir uns die Kirche Hervés genauer an: Wie steht es mit dem Grundriß? Über das Entstehungsdatum des Langhauses und der Seitenschiffe, die vielleicht zum Bauwerk des »Schatzmeisters« gehörten oder erst im 12. Jahrhundert errichtet wurden, gehen die Meinungen auseinander, darum wollen wir ihm hier gar nicht erst Rechnung tragen. Nicht so unterschiedlicher Auffassung ist man in bezug auf das mit Kapellen versehene Querhaus, das vielleicht, zumindest teilweise, auf Hervés Zeit zurückgeht. Was den Chor betrifft, herrscht natürlich Einstimmigkeit: Schon vom Grundriß her ist dieser mit einem Umgang und Radialkapellen umgebene weiträumige, imposante Gebäudeteil ein typisches und ganz deutlich erkennbares Element der Pilgerkirchen. Der Chor mit den Kapellen des Umgangs und möglicherweise auch das Querhaus wurden mehrfach imitiert: Ihre architektonische Gestaltung findet sich in Saint-Sernin in Toulouse und in der Jakobusbasilika in Compostela wieder; es sei jedoch gleichzeitig darauf hingewiesen, daß dieses Element im 11. Jahrhundert auch bei Bauwerken verwendet wurde, die man nicht den Pilgerkirchen zurechnet: bei der Kathedrale des Hubert de Vendôme in Angers und der des Fulbert in Chartres.

Wie steht es mit dem Wandaufriß? Auch über das Entstehungsdatum des Gewölbes, sowohl im Quer- wie auch im Langhaus, gehen die Meinungen auseinander. Man scheint sich der Auffassung Lesueurs anzuschließen, daß das Querschiff Hervés ein Gewölbesystem aufwies, das mit dem von Saint-Sernin in Toulouse identisch war. Wie dem auch sei: Seltsamerweise findet sich im *Pilgerführer* eine Bemerkung, daß St. Martin »nach dem Abbild der Kirche des hl. Jakobus wunderbar« erbaut, genauer gesagt: teilweise wiedererbaut wurde, was logischerweise als eine Rückwirkung von Saint-Sernin oder der St. Jakobskathedrale auf ein Bauwerk gedeutet werden muß, das ihnen vorher das Muster für ihr Chorhaus geliefert hatte. Man sieht also, welche Rolle das ehrwürdige Heiligtum von Tours in der Entwicklung der Reliquienkirchen gespielt hat: Es sorgte für den Erfolg und die Verbreitung eines Chorhausmusters, von dem vorher nur Vorformen existierten, es nahm vielleicht die Gewölbe von Saint-Sernin vorweg, dann wurde es seinerseits von den Bauwerken, die es beeinflußt hatte, geprägt; Beweis dafür, daß ein Weg in zwei Richtungen begangen wurde.

Der nächste Schritt in der endgültigen oder fast endgültigen Festlegung des Typus Pilgerkirche ist Saint-Martial in Limoges.

Über dem Grabmal Martials wurde ein kleines Gotteshaus erbaut, Saint-Pierre du Sépulcre; aus der Gemeinschaft, die das Grab hütete, wurde ein Kapitel und 848 eine Abtei. Um die Mitte des 9. Jahrhunderts entstand eine Kirche, die man dem Erlöser weihte; sie brannte 952 nieder und wurde noch vor Ende des Jahrhunderts mit einem großen Westturm wieder aufgebaut, erwies sich aber für die Bedürfnisse der Pilger als nicht ausreichend; auch die neue, weiträumigere Kirche, die von Abt Geoffroy begonnen und von Abt Odolric weitergebaut wurde und deren Chorhaus man 1028 weihte, brannte nieder (1053). Im Jahr 1062 nahmen die Cluniazenser die Abtei Saint-Martial in Besitz. Hatte man zu diesem Zeitpunkt bereits mit dem Wiederaufbau der Erlöserkirche begonnen? Es ist möglich. Sicher hingegen scheint, daß Abt Adhémar (1063–1114) sie fertigstellte, da Urban II. sie 1095 weihte, und daß noch Adhémar das Hauptschiff überwölben, es mit Malereien versehen und ausschmücken ließ und die Hauptgebäude des Klosters errichtete. Diese Kirche, die immer wieder restauriert und verändert wurde, hat sich bis zu ihrer Zerstörung zwischen 1792 und 1797 erhalten. Wir kennen sie heute aus zwei Plänen – der eine stammt von dem Baumeister Cajon (1776), der andere von Abt Legros, Chorherr der Basilika (1784) – und aus zwei perspektivischen Innenansichten; man glaubt, daß die beiden letzteren 1726 für Dom Bernard de Montfaucon gezeichnet wurden. Abgesehen von dem früher entstandenen Turm, den man beibehalten hat, sehen wir in Saint-Martial, allerdings in kleinerem Maßstab, bereits die monumentale Konzeption verwirklicht, die in Santiago ihre Vollendung finden wird. Bestimmte Eigentümlichkeiten in dem weniger majestätischen Querhaus sowie manche Unregelmäßigkeiten im Hauptschiff und in den Nebenschiffen erklären sich wahrscheinlich mit räumlichen Gegebenheiten, denn die alte Kirche Saint-Pierre du Sépulcre und der große Turm bedeuteten ein Hemmnis für die neuen Bauten. Die Gewölbe und Emporen in den Seitenschiffen waren von nun an denen von Santiago gleich. »Auf diese Weise«, schreibt Élie Lambert, »war Ende des 11. Jahrhunderts, wie uns scheint, Saint-Martial in Limoges ein vollkommen homogenes Bauwerk, wohlausgewogen in allen seinen Teilen, von Anfang an entsprechend der architektonischen Konzeption von St. Jakobus in Compostela, aber ein wenig früher und noch ohne im Chorhaus und vor allem im Querschiff eine solch vollkommene Entwicklung aufzuweisen.« Die architektonische Bedeutung der Basilika ist übrigens nur eine der Komponenten des mit Recht berühmten Klosters, das in der Kunst, zum Beispiel in der Buchmalerei, eine wichtige Rolle gespielt hat.

In Saint-Sernin in Toulouse, dann in der Kathedrale von Compostela, die einige Jahre später begonnen wurde, fand die Pilgerkirche schließlich ihre Vollendung. Die besonders einheitliche Kirche Saint-Sernin wurde zuerst sehr rasch gebaut, wie Marcel Durliat aufzeigte. Danach zogen sich die Arbeiten hin bis ins 19. und 20. Jahrhundert, das Bauwerk wurde sogar von Viollet-le-Duc restauriert. Um 1080 begannen die Augustiner ihre Kirche ungefähr in ihrer heutigen Gestalt zu errichten. Man trieb die Bauarbeiten energisch voran, damit Urban II. am 24. Mai 1096 den Hauptaltar weihen konnte; es steht fest, daß bei dieser Zeremonie der Chor schon sehr weit gediehen war. Um die Jahrhundertwende gab Raymond Gayrard, Probst von Saint-Sernin, dem Unternehmen einen neuen Impuls; bei seinem Tod 1118 waren die Außenmauern des Querhauses und die der Seitenschiffe mit ihren Fenstern fertiggestellt. Die nächsten Bauabschnitte genau zu datieren ist schwierig. Mitte des 12. Jahrhunderts war der Rohbau der Obergeschosse noch nicht abgeschlossen, denn die Gestaltung und Ausschmückung der Seitenschiffe folgten nach dem Bau ihrer Mauern. Einige Emporenfenster datieren erst aus dem 16. oder 17. Jahrhundert.

Diese sich über einen so langen Zeitraum erstreckenden Bauarbeiten, mit denen mehrere Generationen beschäftigt waren, erklären, warum der ursprüngliche Grundriß weniger weiträumig, weniger logisch konzipiert war als der von Compostela; sie erklären auch, warum man schon während des Baus bestimmte Teile wie die Seitenschiffe oder die Hauptfassade abänderte oder erweiterte, was nicht immer optimal gelang. Darum kann man auch feststellen, daß da und dort nachlässig gebaut wurde. Aber Mängel dieser Art sind bei Gebäuden, an denen über mehrere Jahrhunderte hinweg gearbeitet worden ist, häufig zu beobachten; sie beeinträchtigen jedoch die Qualitäten eines monumentalen Sakralbaus wie Saint-Sernin, einer der eindrucksvollsten Pilgerkirchen auf französischem Boden, nur geringfügig.

In Compostela war das Heiligtum Alfons' II. durch das Alfons' III. ersetzt worden, das nach der Zerstörung durch Al-Mansur von den Bischöfen Pedro de Mezonzo und Cresconio neu erbaut wurde. Einer ihrer berühmtesten Nachfolger, Diego Peláez, errichtete die heutige Kathedrale. Die *Historia Compostelana* und der *Codex Calixtinus* geben übereinstimmend das Jahr 1078 für den Beginn der Bauarbeiten an; aber dieses Datum ist vielleicht das einer offiziellen Feier, der jahrelange Vorbereitungen vorausgegangen waren. Die Baumeister Bernhard der Ältere und Robert, denen etwa fünfzig Maurer zur Seite stehen, sind wahrscheinlich Ausländer, vermutlich Franzosen; der Plan, den sie ausführen, ist jedenfalls identisch mit dem der Reliquienkirche, der nördlich der Pyrenäen entwickelt worden ist.

Die Bauarbeiten kommen zum Stillstand, als Diego Peláez 1088 aus politischen Gründen sein Bistum verliert. Kurz danach, im Jahr 1090, werden sie wieder aufgenommen. Raimund von Burgund ist zu dieser Zeit Graf von Galicien; der hl. Hugo, Abt von Cluny, besucht Santiago, und Diego Gelmírez, im Jahr 1100 Bischof, treibt den Bau so weit voran, daß 1105 alle Kapellen des Chorumgangs und drei des Querhauses geweiht werden können. Die ursprüngliche Kirche, jene, die Pedro de Mezonzo und Cresconio wiederaufgebaut hatten und die bis dahin den Bau der neuen nicht behindert hatte, wird 1112 abgerissen. Der Baumeister im Jahr 1101 ist ein gewisser Stephan, der die Baustelle bald verläßt, um sich der Kathedrale von Pamplona zu widmen. Nach ihm sei auf einen gewissen Bernard hingewiesen, der mehr Verwalter als Baumeister ist und 1134 stirbt. Während eines Volksaufstandes wird das Bauwerk gestürmt und in Brand gesetzt (1117). Diego Gelmírez, der 1120 Metropolit wird, baut das Gotteshaus weiter. Der Rohbau wird um 1122 fertig, das gesamte Bauwerk 1128, weil in diesem Jahr der Erzbischof nach Fertigstellung seiner Kathedrale dem Kapitel vorschlägt, einen Kreuzgang dazuzubauen »wie jenseits der Berge«.

Dieses kleine Detail legt die Vermutung nahe, daß Plan und Konzeption der Kirche aus Frankreich übernommen worden waren. Das majestätische Bauwerk, mit dessen Grund- und Aufriß wir uns bereits am Anfang des Kapitels beschäftigt haben, ist die vollendete Ausformung des Kirchentyps, von dem es in Frankreich bereits Prototypen gegeben hatte; in seiner Weiträumigkeit und Einheitlichkeit übertraf es jedoch Saint-Martin in Tours, Saint-Martial in Limoges und Saint-Sernin in Toulouse. Nicht umsonst war die Kathedrale von Compostela nach ihnen konzipiert und in verhältnismäßig kurzer Zeit ausgeführt worden. Dank einer Zeichnung von Kenneth John Conant und der Beschreibung im *Pilgerführer* kann man sich gut vorstellen, wie sie nach ihrer Fertigstellung aussah. Die architektonische Reinheit des Bauwerks soll übrigens von kurzer Dauer gewesen sein, da Ende des 12. Jahrhunderts die Hauptfassade mit dem *Pórtico de la Gloria* des Meisters Mateo geschmückt wurde; von da an verschwand die romanische Kathedrale nach und nach hinter den oft bewundernswerten Hinzufügungen jeder neuen Generation.

Die den beschriebenen Kirchen nahestehende Abtei Sainte-Foy in Conques ist trotz ihrer Eigentümlichkeiten eine typische Pilgerkirche. Im Besitz der geraubten Reliquien, erlebte das Kloster einen großen wirtschaftlichen Aufschwung, was in der zweiten Hälfte des 10. Jahrhunderts zum Bau der ersten Kirche durch die Äbte Stephan I., Begon II. und Hugo führte; er wurde ungefähr um 980 beendet. Die heutige Abteikirche wurde zwischen 1041 und 1050 begonnen. Obwohl sehr weit fortgeschritten, waren die Arbeiten 1065 noch nicht beendet und wurden vor allem im 12. Jahrhundert fortgeführt, aber wohl zu spät abgeschlossen, um bei der Entwicklung dieser Gruppe als Modell dienen zu können.

Die Unregelmäßigkeiten an der Kirche von Conques haben die Historiker und Archäologen aufmerksam werden lassen. Élie Lambert meinte, daß das Bauwerk aus der zweiten Hälfte des 10. Jahrhunderts in seiner Gesamtheit vielleicht Saint-Géraud in Aurillac kopiert hat. Die Abweichungen von diesem Modell an der heutigen Kirche könnten daher rühren, daß man nacheinander verschiedene Konzeptionen wählte; deshalb der Eindruck, daß Lang- und Querhaus entweder später oder während des Baus erhöht worden sind. Was den allgemeinen Grundriß betrifft, »sind die wichtigsten Unregelmäßigkeiten, die er aufweist, wohl mit der Theorie zu erklären, daß eine erste Kirche, die nach einem ähnlichen Schema wie die Kirche des Abts Adraldus in Aurillac konzipiert war – es geht um den hl. Gerald –, später allseitig mit neuen Teilen umbaut wurde, deren Außenmauern mit denen des Chorumgangs, des Querhauses, des Langhauses und der Westfassade der heutigen Basilika identisch sind«.

Das würde sowohl die Unterschiede als auch die Ähnlichkeiten der Kirche von Conques im Vergleich zu anderen Pilgerkirchen erklären. Bis Grabungen erfolgen, empfiehlt es sich, hier die von Marcel Aubert erstellte Baugeschichte wiederzugeben: »Zwischen 1041 und 1052 beginnt Abt Odolric die Bauarbeiten in der Südostecke des Querhauses nach einem Plan, der kurz darauf abgeändert wird, dann baut er die Kapellen des südlichen Querarms, die Mauer und die drei Kapellen des Chorumgangs sowie die Kapellen des nördlichen Querarms. Das Fundament der rechten Joche des Chors und des östlichen Seitenschiffs des südlichen Querarms, die unteren Teile dieses Querarms und des letzten Jochs des südlichen Seitenschiffs des Langhauses müssen 1065, als Stephan II. auf Odolric folgte, bereits gestanden haben. Vielleicht hat dieser auch die Obergeschosse des Chors errichtet, was heißen würde, daß er — wie die Chronik der Abtei berichtet — den größten Teil der Kirche fertiggestellt hat und den Leichnam der heiligen Fides aus der alten Kirche in die neue überführen konnte, jedoch mußte man sie [die oberen Teile] später neu bauen«.

Unter Stephan II. (1065 − 1087) entstanden zweifellos »das untere Stockwerk des Quer- und des Langhauses, dann die Emporen und das Gewölbe des Hauptschiffs, die erst in den letzten Jahren des 11. Jahrhunderts fertiggestellt wurden«. Abt Bégon richtete sein besonderes Augenmerk auf den Kreuzgang und die Schatzkammer, ohne jedoch die Kirche selbst zu vernachlässigen. Da sich verschiedene Teile in schlechtem Zustand befanden, wurden sie in den letzten Jahren seiner Amtszeit und unter der des Bonifatius restauriert: ». . . die Emporen des Querschiffs und des Chors, die Apsis, die Gewölbe des Querhauses, des Chors und des Chorumgangs, so wie wir sie heute sehen, außerdem die oberen Fassadenteile der Querschiffe und die der Vierung, mit deren Tambour vom Ende des ersten Viertels oder von Beginn des zweiten Viertels des 12. Jahrhunderts der Rohbau abgeschlossen gewesen wäre.« Zur selben Zeit wie die Skulpturen des Hauptportals, um 1130, fertigte man auch »vielleicht für die Westfassade die schöne Verkündigungsgruppe und die Statuen Jesaias und des hl. Johannes des Täufers an der Wand des nördlichen Kreuzflügels«. Im 14. Jahrhundert wurde die heutige Kuppel aufgesetzt. Während der Religionskriege, am 9. Oktober 1568, versuchten die Protestanten, Feuer in der Kirche zu legen, und man mußte deswegen die Pfeiler der Apsis verstärken.

Ohne die Existenz der oben untersuchten Bauwerke nicht vorstellbar und dennoch neuartig, ja fast rätselhaft, so erscheint uns heute die Abteikirche von Conques.

Noch zwei andere Fragen wurden am Anfang dieses Kapitels angeschnitten: Kann man von einer »Schule der Pilgerstraßen« sprechen? Welche Rolle haben die Jakobswege bei der Ausbreitung des romanischen Baustils gespielt? Die Antworten auf beide Fragen hängen eng zusammen, aber es ist schwierig und vielleicht sogar gefährlich, sie zu deutlich auszusprechen. Wir werden deshalb hier bestimmte Behauptungen aufstellen und gewisse Punkte genauer erörtern. Auf diesem Hintergrund kann sich der Leser eine persönliche, aber begründete Meinung bilden.

Zwischen den oben beschriebenen Kirchen besteht eine enge Verwandtschaft. Unter welcher Bezeichnung könnte man sie zusammenfassen? Der Ausdruck »Schule« ist heute nicht sonderlich beliebt; »Gruppe« oder »Familie« der Pilgerstraßen ist vielleicht der nuancenreichen Wirklichkeit adäquater. Vermutlich werden viele solche Gedanken überflüssig erscheinen, denn da die Tatsache der Verwandtschaft unbestreitbar ist, spielt es eigentlich keine Rolle, welchen Namen man ihr gibt.

Diese Kirchen müssen in jedem Fall im Zusammenhang mit der Gesamtentwicklung des romanischen Baustils gesehen werden. So wie man sich bei einer Ahnentafel, selbst einer königlichen, nicht darauf beschränkt, nur die ältesten Söhne zu nennen, also die Erbfolge der Nachkommen nach dem Vorrang der Geburt aufzuzeigen, und auch die jüngeren Söhne aufführt, kann man in dem riesigen Wald der Sakralbauten dieser Zeit nicht die Reliquienheiligtümer von den anderen trennen. Man nimmt allgemein, so scheint es jedenfalls, eine Entwicklung an, die sich wie folgt zusammenfassen läßt: Saint-Martin in Tours (Grundriß des Chores); Saint-Martial (Gesamtgrundriß, Gewölbesystem), Saint-Sernin in Toulouse und St. Jakobus in Compostela gehören zusammen. Conques und Saint-Rémi in Reims weisen dieselben Merkmale auf und müssen auch dieser Familie hinzugefügt werden. Ihr letztes Glied ist jedoch nicht die Kathedrale von Compostela. Der Chor unserer großen gotischen Kathedralen kann mit gutem Recht als Abkömmling des Chors der Pilgerkirchen betrachtet werden.

Angesichts der zahlreichen Varianten im Baustil jener Zeit ist es ebenso ratsam wie sinnvoll, die Entwicklung der Merkmale dieser Gotteshäuser vom Verlauf der Pilgerstraßen zu trennen. Eine größere Rolle als die Wege, von denen der *Pilgerführer* spricht, spielten nämlich wahrscheinlich die persönlichen Beziehungen zwischen den Vorstehern der Klöster und den Bischöfen, die ähnliche Probleme zu lösen hatten, vor allem aber Überlegungen der Zweckmäßigkeit. Die Forderung, große Pilgerscharen aufnehmen zu können und Raum für aufwendige Zeremonien zu bieten, war ziemlich sicher der Grund dafür, daß sich an den Jakobswegen und anderswo ein bestimmter Kirchentypus herausbildete. Auf diese Aufgabe hat Don Luis Vázquez de Parga deutlich hingewiesen: »In Wirklichkeit«, schreibt er, »sind es nicht die Wege, die ja nur Transportbahnen für Einflüsse waren, sondern die Forderung nach Zweckmäßigkeit, die den Typus der Pilgerkirchen entstehen und sich verbreiten ließ. Man darf nicht vergessen, daß die französischen Pilgerstraßen nach Compostela, so wie der mittelalterliche Führer *Liber Sancti Jacobi* sie beschreibt, die ehrwürdigen Heiligtümer, die große Pilgerzentren waren, miteinander zu verbinden suchte, so wie die Touristen-routen heute nicht die kürzeste, sondern die durch landschaftliche Schönheiten und sehenswerte Bauwerke reizvollste Verbindung herstellen wollen . . . Wenn wir die Geschichte der großen Kirchen betrachten, die man »Familie der Pilgerstraßen« genannt hat, stellen wir fest, daß jede von ihnen ein wichtiges Pilgerziel war und daß sich hierin, nicht in der Lage an einem bestimmten Weg, die Erklärung für die architektonischen Charakteristika dieser Kirchen finden läßt. Überdies gab es sowohl zwischen allen diesen großen Pilgerheiligtümern als auch zwischen ihnen und dem größten des Abendlandes, St. Jakobus in Compostela, Beziehungen, die von Freundschaft bis Rivalität reichten. Man weiß, daß Saint-Sernin in Toulouse sogar vorhatte, ihr [der Kathedrale] den Besitz des Apo-stelleichnams streitig zu machen.«

Diese Auffassung, daß nach funktionellen Gesichtspunkten gebaut wurde, sehen wir bestätigt durch die Beispiele, die uns — in einem anderen Bereich der Baukunst — die im 12. und 13. Jahrhun-dert für die Jakobspilger errichteten Hospitäler liefern. In einem ziemlich großen Gebiet, das die Mitte und den Südwesten Frank-reichs umfaßte, bestanden diese Hospitäler, die man zu beiden Seiten der Straße baute, üblicherweise aus einer Kapelle im Osten und einem Raum für die Jakobspilger im Westen, sowie verschiede-nen Nebengebäuden. Innerhalb des Hospitals war der Weg mit einem Dach überwölbt, so daß der Pilger, der hier beten, sich stärken und übernachten wollte, ihn nicht zu verlassen brauchte. Das Tor von Pons ist in Wirklichkeit nur der Überrest eines Hospizes. In der *dômerie* der Hospitaliter von Aubrac zwischen Le Puy und Conques auf 1000 m Höhe kann man noch heute den alten Saal sehen, den ein Durchgang — zweifellos die ehemalige Straße, die heute außerhalb der Anlage verläuft — von der Kapelle trennt. Auch hier wurde Wert auf Funktionalität gelegt.

Doch sollte man, was die Bauweise der Hospitäler betrifft, solche Schlußfolgerungen nicht überbewerten. Don Luis Vázquez de Parga zeigte sich ihnen gegenüber skeptisch. Er war mit Recht beeindruckt von der Vielgestaltigkeit der spanischen Bauwerke, die sich in mehrere für den Laien schwer auseinanderzuhaltende Kategorien einteilen lassen. Bemerkenswert ist jedoch die strenge Symmetrie des *Hospital Real* in Compostela mit seinen vier rund um die zentrale Kapelle angelegten Höfen.

Unsere letzte Frage hat mit kulturellem Austausch ganz allgemein zu tun, sie betrifft die Beziehungen zwischen zwei Welten, dem Islam und dem Christentum.

In Frankreich begegnet man immer wieder arabischen Elementen, von denen die Kathedrale in Le Puy die schönsten und bekanntesten Beispiele liefert. In Spanien hingegen trifft man entlang dem *camino* auf eine ganze Reihe von Kirchen und Klöstern, die mehr oder weniger nach dem Muster der romanischen Bauwerke in Frankreich gestaltet wurden. Die Kathedrale von Jaca lehnt sich an die Kathedralen des Languedoc und des Südwestens an: Die Chorhäuser von Leyre, Irache, Estella, San Pedro in Arlanza bei Burgos ähneln denen im Poitou, und San Martín von Frómista erinnert an die Kirchen der westlichen Provinzen Frankreichs. San Isidoro in León bezeugt teilweise französischen Einfluß. Die orientalischen Elemente kamen vielleicht direkt aus den unter muselmanischer Herrschaft stehenden Regionen oder über die Kunst der christlichen Königreiche nach Frankreich. Welcher Zusammenhang besteht zwischen den Pilgerstraßen nach Compostela auf spanischer Seite und der Entwicklung eines französisch beeinflußten Baustils — der sich im übrigen bald hispanisiert — an diesen Wegen? Ein Kausalzusammenhang vielleicht? Wie bereits früher erwähnt, darf man nicht vergessen, daß die berühmten »Jakobswege« nicht ausschließlich Pilgerstraßen waren, sondern gleichzeitig auch Fernstraßen, ja sogar als »die große Handelsstraße Nordspaniens« galten. Mehr als an das Hin- und Herströmen der Pilger auf diesen Wegen sollte man an die weitgespannten Hilfsmaßnahmen für die christlichen Reiche denken, die vom Papsttum, von Cluny und den französischen Mönchen ausgingen. Untrennbar mit diesen Unternehmungen verbunden sind die Pilgerfahrt und die Benutzung der Straße, und darum ist es leicht erklärlich, daß in ihrem Verlauf französisch beeinflußte Bauwerke entstanden: Schließlich gab es zahlreiche Verbindungen mit Frankreich und viele Geistliche wurden aus Frankreich dorthin geschickt.

Die Mönche, Äbte, Bischöfe verehrten auch in Spanien denselben Gott: Eben um ihm zu dienen, überschritten sie die Gebirge, und es war für sie in ihrer neuen Heimat selbstverständlich, ihn in Klöstern und Kirchen zu verehren, die denen, die sie verlassen hatten, weitgehend glichen.

# Die Jakobswege und der Beginn der romanischen Plastik

*L'œuvre d'art n'est pas faite essentiellement d'influences: elle est avant tout une création.*

*Das Kunstwerk entsteht nicht in der Hauptsache durch Einflüsse: Es ist vor allem eine eigenständige Schöpfung.*

Georges Gaillard, Les débuts de la sculpture romane espagnole

Kann man annehmen, daß die Ähnlichkeiten, die Verwandtschaft, bei dem Bauschmuck der Kirchen und Klöster an den Jakobswegen tatsächlich etwas mit der Pilgerfahrt zu tun haben? Die Frage ist nur zu beantworten, wenn man die Ursprünge der romanischen Plastik in Frankreich und Nordspanien als Ganzes abhandelt. Dabei standen lange Zeit zwei Probleme im Vordergrund, deren Lösung, wie man glaubte, nur darin zu finden war, daß man sich einigte, ob bei der Entstehung und Entwicklung dieser Plastik dem Languedoc oder Burgund Priorität zukam. War das Languedoc Spanien Dank schuldig oder umgekehrt Spanien dem Languedoc?

Die erste Frage — Burgund oder Languedoc — geht ein wenig über unser Thema hinaus, und wir wollen uns hier darauf beschränken, die Fakten summarisch wiederzugeben. Von der alten Kirche der Abtei Cluny, die eines der Wunder der Christenheit im Mittelalter war, sind heute nur noch Reste vorhanden: im wesentlichen der südliche Arm des großen Querhauses, ein Arm des kleinen Querhauses und wunderschöne Skulpturen. Zu diesen gehören die Kapitelle im Chor, dessen Baudatum, wenn es zuverlässig bestimmt werden könnte, erlauben würde, das Rätsel zu lösen. Der Chor wurde 1095 geweiht. Waren die Kapitelle, deren vollendete Gestaltung verblüfft — man denke an die Personifikationen der Jahreszeiten und der Tugenden oder an die ersten vier Töne des gregorianischen Gesanges — um diese Zeit bereits fertiggestellt? Die amerikanischen Archäologen Arthur Kingsley Porter, Kenneth John Conant und der burgundische Historiker Charles Oursel glauben, daß sie zwischen 1088 und 1095 skulptiert wurden, das heißt vor ihrer Anbringung. Paul Deschamps spricht von einer Entstehungszeit bis 1125 und Marcel Aubert liegt mit 1113−1118 genau dazwischen.

Das Problem Languedoc-Nordspanien liegt anders. Einige Skulpturen von Sainte-Foy zu Conques, derjenigen Abtei, die stark nach Spanien ausstrahlte, von Saint-Sernin in Toulouse und im Kreuzgang von Moissac weisen eine erstaunliche Ähnlichkeit mit denen von San Isidoro in León und den Kathedralen von Jaca und Santiago de Compostela auf. Die Engel, die Schriftbänder oder mit Inschriften versehene Bücher in den Händen halten, die mit Blümchen, Vögeln, Tieren und Engelsbüsten geschmückten Deckplatten, der Geizige am Galgen oder mit seinem Geldbeutel um den Hals, die Sirenen, Kentauren, die Olifantbläser finden wir nicht nur in Conques, sondern auch in Spanien. Auch Saint-Sernin und Moissac bieten in die Augen springende Vergleichsmöglichkeiten: Die Heiligen Petrus und Jakobus und die architektonische Gestaltung der *Porte Miègeville* von Saint-Sernin sind zusammen mit der *Puerta de las platerías* von Compostela zu untersuchen; der hl. Jakobus des letztgenannten Portals ist genauso zwischen zwei Zypressen dargestellt wie an der *Porte Miègeville*; die Frau mit dem Löwenjungen und die Frau mit dem Schädel an der *Puerta de las platerías* fordern einen Vergleich mit dem Relief von Saint-Sernin heraus, das im Augustiner-Museum in Toulouse aufbewahrt wird und zwei weibliche Gestalten zeigt, die ein Löwenjunges und einen Widder halten; die Pose, die Gesichter, der Faltenwurf, die zu beiden Seiten der Pyrenäen mehr oder weniger gleich gestaltet sind, haben zu ausführlichen Kommentaren Anlaß gegeben.

Daher stellt sich die Frage: Wenn es einen Einfluß gegeben hat, in welcher Richtung wurde er ausgeübt? Die Antwort wird zeigen, daß man in Wirklichkeit das Problem anders hätte angehen müssen . . . Aber greifen wir nicht vor!

Arthur Kingsley Porter wollte, wie wir wissen, die Plastik des Languedoc von Santiago de Compostela abgeleitet sehen. Nach ihm wäre Moissac ein Tochterkloster der etwa 50 km südöstlich von Burgos gelegenen großen Benediktinerabtei Santo Domingo de Silos. Paul Deschamps hat die Behauptungen und Daten Porters widerlegt. So, wie es auf dem Gebiet der Baukunst im vorangegangenen Kapitel geschehen ist, wollen wir die umstrittenen Bildhauerarbeiten zu datieren versuchen und uns natürlich gleichzeitig ihre Charakteristika ansehen.

Conques wird im Detail in dem Abschnitt »Reisenotizen« behandelt werden. Hier sei nur gesagt, daß die Kapitelle aus der zweiten Hälfte des 11. und dem ersten Viertel des 12. Jahrhunderts stammen, daß das Tympanon mit dem Jüngsten Gericht ebenso wie die Verkündigung, Johannes der Täufer und Jesaja im Querhaus spätestens um 1120—1135 zu datieren sind.

Mehrere Jahre vor 1096 skulptierte eine Bildhauerwerkstätte, die in einem archaischen Stil arbeitete, in Saint-Sernin die Figurenkapitelle im Chor und im unteren Stockwerk des Querhauses sowie den Fingerschmuck am Südportal des Querschiffs, genannt *Porte des comtes.* Dann bewirkte, wie Marcel Durliat erklärt, das Auftreten des Bernard Gilduin kurz vor 1096 »einen tiefgehenden stilistischen Umschwung und einen eindeutigen Fortschritt in der Darstellung der menschlichen Gestalt.« Dieser anderen Werkstatt entstammen der ursprüngliche Altartisch von Saint-Sernin, signiert von Bernard Gilduin, die Flachreliefs im Chorumgang, einige Kapitelle in den oberen Partien des Querhauses derselben Kirche, und mehrere Kapitelle und marmorne Flachreliefs im Kreuzgang von Moissac. Der Altartisch von Saint-Sernin, der vor kurzem im Chor wieder aufgestellt wurde, ist derselbe, den Urban II. am 24. Mai 1096 weihte; er ist trapezförmig, und zeigt auf seinen Schrägen in einer Bogenrahmung die Gestalten Christi, der Mutter Gottes und der Apostel mit einem Greif, Engeln und gegenständlichen Vögeln. Diese Figuren sind formal eng verwandt mit den sieben Marmor-reliefs, auf denen in der Mitte Christus in der Glorie und zu beiden Seiten ein Seraph, ein Cherub, zwei Engel und zwei unter Arkaden stehende Apostel abgebildet sind. In Moissac stellen die stilistisch mit denen von Saint-Sernin verwandten Flachreliefs neun Apostel und den 1072 verstorbenen Abt Durand dar.

Diese Kunstwerke sind nicht die einzigen Skulpturen des Languedoc, die uns interessieren. In Saint-Sernin besitzt jede Querhausfassade ein großes Doppelportal: im Norden die *Porte royale,* im Süden die *Porte des comtes;* an letzterer war das Flachrelief der zwei Frauen mit dem Löwenjungen und dem Widder aus dem zweiten Viertel des 12. Jahrhunderts angebracht, das heute im Augustiner-Museum aufbewahrt wird. Noch beachtenswerter wegen seiner Qualität und der Vergleiche, die es herausfordert, ist die *Porte Miègeville,* die sich auf der Höhe des fünften Jochs des Langhauses befindet und ungefähr in die Zeit um 1100 datiert werden kann; im Tympanon sieht man die Himmelfahrt, daneben auf der einen Seite den hl. Jakob zwischen Zypressen, auf der anderen den hl. Petrus; die Kapitelle bilden die Verkündigung, die Heimsuchung Mariä und den Kindermord zu Bethlehem ab; die Kragsteine des Sturzes zeigen den König David und die zwei auf Löwen sitzenden Frauen.

Wenn wir uns nun den romanischen Skulpturen Nordspaniens zuwenden, muß einer Behauptung sofort widersprochen werden: der angeblichen direkten Verwandtschaft von Moissac und Silos. Die Kunst von Moissac — ein Fotovergleich genügt, um es zu beweisen — ist altertümlicher. Santo Domingo hatte dem König von Navarra den Schatz der berühmten Abtei San Millán verweigert. Der Herrscher verbannte ihn, und der Heilige machte sich an die Wiederherstellung von Silos, wo er 1073 starb. Der Kreuzgang

umfaßt zwei Stockwerke, deren Kapitelle in ihrer vollendeten poetischen Gestaltung zweifellos orientalisch beeinflußt sind und von
großer Eigenständigkeit zeugen; das untere Stockwerk weist zudem
mehrere Flachreliefs auf, darunter das von Christus und den Pilgern
von Emmaus.

Die Datierung dieses Komplexes ist immer sehr umstritten
gewesen. Eindeutig ist freilich, daß die Arbeiten aus mehreren
Epochen und Werkstätten stammen. Sind bestimmte Teile, wie die
Quellen vermuten lassen, bereits im 11. Jahrhundert und zur Zeit
Santo Domingos entstanden? Es ist verlockend und annehmbar,
einen Zusammenhang zwischen den Elfenbeinschnitzereien der
berühmten Werkstatt von San Millán, die Santo Domingo gekannt
hat, und einigen Skulpturen von Silos zu sehen. Sicher ist, daß
Santo Domingo in San Millán, einem Kloster, auf das mehr oder
weniger direkt eine Kunst orientalischer Herkunft eingewirkt hat,
Motive kennenlernte, die in Silos wiederzufinden sind. Die Debatte
zwischen Arthur Kingsley Porter und Deschamps über die Inschrift
betreffend die Beisetzung Santo Domingos im Kreuzgang – seine
sterblichen Überreste wurden kurze Zeit später in die Kirche übertragen – verunsichert den Leser, macht ihn unschlüssig . . . Man
möchte einen Teil der Skulpturen von Silos dem 11. Jahrhundert
zuweisen, der Zeit vor Santo Domingos Tod, aber die Stilanalyse
scheint dagegen zu sprechen. Ist diese Diskrepanz dem Schaffen
eines genialen Künstlers und dem Impuls eines großen Abtes zuzu-
schreiben? Man sollte daraus zwei Schlüsse ziehen: Der altertüm-
lichere plastische Schmuck des Kreuzgangs von Moissac scheint
nicht dem von Silos als Vorbild gehabt zu haben, die Skulpturen von
Silos sind von erstaunlicher Eigenständigkeit und Vollkommenheit.
Was die Datierung der Kapitelle und Flachreliefs der prachtvollen
kastilischen Abtei betrifft, so kann man hierfür das 11. und
12. Jahrhundert ansetzen, aber auch der fundierten Analyse Paul
Deschamps, der sie in das 12. Jahrhundert datiert und sogar
annimmt, daß die Flachreliefs mit der Wurzel Jesse und der Verkündigung erst im 13. Jahrhundert gefertigt worden sind, ist Rechnung
zu tragen.

Beschäftigen wir uns nun mit der Entstehungszeit und dem Stil der
Skulpturen von San Isidoro in León und den Kathedralen von Jaca
und Compostela, die – ob zufällig oder gewollt bleibe dahingestellt
– denen des Languedoc sehr verwandt scheinen. Mit Hilfe dieser
Untersuchung ist es möglich, die Frage zu beantworten und sie dank
dem Buch *Les débuts de la sculpture romane espagnole* von Georges
Gaillard (1938) und mehrerer, wertvolle Erkenntnisse vermittelnder

Artikel desselben Historikers, auf differenzierte Weise zu beleuchten.

San Isidoro in León wurde an der Stelle einer Kirche aus dem 10. Jahrhundert, die Johannes dem Täufer und dem hl. Pelagius geweiht war, errichtet. Nach einem Überfall Al-Mansurs baute Alfons V. (999–1027) das zerstörte Gotteshaus wieder auf, errichtete ein Kloster und überließ die Grabstätte der Könige von León der Obhut der Mönche. Königin Sancha, die Tochter Alfons' V., und ihr Gemahl Ferdinand, König von Kastilien, bauten eine neue Kirche, die sie mit den Reliquien des großen Erzbischofs, des hl. Isidor ausstatteten. Dieser wurde der Schutzheilige des neuen Gotteshauses, dessen Bau frühestens 1054 begonnen und das 1063 geweiht wurde. 1065 starb der König. Die Königin führte den Bau zu Ende und starb im Jahr 1067.

Die San-Isidoro-Kirche des königlichen Paares war im asturischen Stil erbaut und ziemlich klein. Von ihr erhalten geblieben ist vor allem der Narthex, der wahrscheinlich von Anfang an als königliche Totenkapelle diente. Man nennt sie *Panteon de los reyes*, Kapelle der Könige. Ihre Form war damals neu in der Region und hatte wohl französische Vorbilder, wahrscheinlich Saint-Philibert in Tournus, Saint-Hilaire in Poitiers und Saint-Benoît-sur-Loire. Sie besitzt im Obergeschoß eine Empore, die durch ein Fenster mit der Kirche verbunden ist und *Cámara de Doña Sancha* genannt wird. Sehr schöne Kapitelle schmücken die Pfeiler des Erdgeschosses und des Fensters; es sind »zweifellos die ältesten romanischen Skulpturen Spaniens«, in asturischer und mozarabischer Tradition, und man kann sie, wie das Bauwerk selbst, auf etwa 1063 datieren. Es sind korinthische oder korinthisierende figürliche, Pflanzen- und Laubkapitelle mit Köpfen an den Ecken oder Figurenkapitelle. Die Elemente dieses Dekors befanden sich auf den Kapitellen der mozarabischen Kirchen des 10. Jahrhunderts. Sie stammen aus León selbst, haben sich dort entwickelt. Ein Vergleich erweitert jedoch unser Bild. Eine Orante zwischen zwei Drachen in der *Cámara de Doña Sancha* ist fast identisch mit der eines Kapitells von Saint-Sernin in Toulouse auf der Empore in der Südwestecke des Querhauses; die Skulptur von León datiert vor 1067, die Empore in Toulouse zu Beginn des 12. Jahrhunderts; die Stilanalyse bestätigt die zeitlichen Angaben, und das Kapitell von Toulouse »erscheint als eine viel weiter entwickelte Form des Modells, das, wie wir gesehen haben, in León entstand«.

Die Kirche des Ferdinand und der Sancha maß nur etwa zehn Meter in der Breite auf fünfzehn Meter Länge. Man fand bald, daß sie zu klein sei. Ihr Stil, abweichend von dem der Kapelle der

Könige, wurde als altertümlich angesehen. Darum beschloß man, eine zweite Kirche zu bauen, die mit dem früher errichteten Pantheon, das aber schon viel vorwegnahm, gut harmonierte.

Diese zweite, größere Kirche wurde Ende des 11. Jahrhunderts von der Infantin Doña Urraca erbaut. Sie starb bereits 1101. Die Weihe fand 1149 statt; der Baumeister war Petrus Deustamben, der in dem Gotteshaus beigesetzt wurde.

Man unterscheidet mehrere Bauabschnitte. San Isidoro, erbaut zwischen dem Ende des 11. Jahrhunderts und 1149, dem Jahr der Weihe — und wahrscheinlich auch der Fertigstellung des Rohbaus — wurde nicht genau nach dem ursprünglichen Plan ausgeführt. Der plastische Schmuck läßt sich in zwei Gruppen aufteilen: einmal die Kapitelle, deren Mehrzahl auf die erste Hälfte des 12. Jahrhunderts zurückgeht, von denen einige aber aus dem späten 11. Jahrhundert stammen, und zum zweiten die Portale, in die größere alte Stücke eingearbeitet wurden, die jedoch als Ganzes in das zweite Viertel des 12. Jahrhunderts datiert werden müssen. Die Bauskulptur führt, allgemein gesehen, die Tradition der Kapitelle der Kapelle der Könige fort; an ihr läßt sich in León selbst verfolgen, wie die drei etwa gleichzeitig existierenden Werkstätten arbeiteten, die eine an dem Schmuck der Apsis, die zweite an der des Langhauses, die dritte an dem des Portals, wobei alle drei ständig die Motive und Techniken untereinander austauschten. Bemerkenswert ist ihr Gefühl für Proportionen, für ein strenges Relief und die sehr schlichte Formgebung.

Kann man zwischen diesen Skulpturen und den Elfenbein- und Goldschmiedearbeiten des 11. Jahrhunderts in León eine Verbindung herstellen? Unter den erhaltenen Objekten befinden sich in San Isidoro das mit Elfenbeinreliefs geschmückte Reliquiar Johannes des Täufers und des hl. Pelagius, in Auftrag gegeben 1059 von Ferdinand und Sancha, und das des hl. Isidor von 1063 aus getriebenem Silber mit Figuren in Hochrelief. Ebenfalls in León, aber im Provinzialmuseum, ist das Elfenbeinkruzifix aus dem Kloster Carrizo zu bewundern. Im archäologischen Museum von Madrid werden der Schrein der Glückseligkeiten, geschmückt mit skulptierten Figuren auf Elfenbeintafeln, verwahrt sowie das ebenfalls elfenbeinerne Kruzifix, das die Namen der Stifter trägt: Ferdinandus Rex, Sancia Regina.*Es ist schwer, endgültig zu sagen, ob diese Arbeiten

---

* Im allgemeinen unterteilt man die Elfenbeinschnitzereien dieser Zeit in zwei Gruppen: nach ihren Herstellungsorten León und San Millán de la Cogolla. Zu der ersten gehören der Kruzifix des Königs Ferdinand und der Königin Sancha, das Reliquiar Johannes des Täufers und des hl. Pelagius, der Schrein der Glückseligkeiten, der Kruzifix von Carrizo, von denen

aus derselben Quelle stammen wie die Skulpturen. Zumindest beweisen sie hinlänglich, daß León ein künstlerisches Zentrum war und daß die großartigen Plastiken der Kapelle der Könige und von San Isidoro in einem Milieu entstanden, das sie zu schätzen wußte.

Verrät das Portal mit dem Gotteslamm von San Isidoro mit seinen einander gegenüber sitzenden Heiligen, die sich »der drei Dimensionen des Raumes bemächtigt haben«, eine Verwandtschaft mit Saint-Sernin in Toulouse? Nicht unbedingt. Das Südportal oder *Portada del Perdón* zeigt im Tympanon die Kreuzabnahme, die Heiligen Frauen am Grab und die Himmelfahrt. Diese letzte Szene erinnert zumindest thematisch sehr an die *Porte Miégeville*.

Gibt es eine Beziehung zwischen den Skulpturen von San Isidoro und denen der Kathedrale von Jaca? Das letztgenannte Bauwerk, begonnen vor 1063 durch Ramiro I., war Ende des Jahrhunderts noch nicht fertiggestellt. Der Skulpturenschmuck, zweifellos einige Jahre nach 1063 ausgeführt, entstand nach und nach. Man begann vermutlich an der Außenseite der Apsis, fuhr dann mit den Kapitellen des Langhauses, denen des Westportals und schließlich mit jenen fort, mit denen man in unserer Zeit den Südportikus geschmückt hat. Die volutenförmigen Konsolen, Metopen und Kapitelle an der Außenseite des Chores bezeugen einen homogenen und ungezwungenen Stil, der auf geglückte Weise »die plastische Schönheit des menschlichen Körpers« ausdrückt. Bemerkenswert sind auch die Kapitelle des Hauptschiffs, Figuren-, Tier-, Laubkapitelle. Das Westportal, das in die Jahre um 1100 zu datieren ist, zeigt im Tympanon ein Chrismon, ein Christusmonogramm, zwischen zwei Löwen; seine Kapitelle ähneln sehr stark denen des Langhauses. Auf den Kapitellen des Südportals sind Bileam und das Opfer

die Rede war, und auch ein im Louvre aufbewahrter Buchdeckel, auf dem ein Christus Pantokrator mit den Symbolen der Evangelisten, die hl. Petrus und Paulus, zwei Erzengel und zwei Seraphim dargestellt sind und eine Relieftafel des Metropolitain Museum in New York, die das *Noli me tangere* zum Gegenstand hat. Die zweite bestand im wesentlichen aus den Schreinen von San Millán und San Felix, die sich in San Millán de la Cogolla befanden, deren Platten aber seit der napoleonischen Besetzung verstreut sind; die *arca de San Millán* ist vor allem zwischen dem archäologischen Museum von Madrid und dem Kloster San Millán selbst aufgeteilt, das die Tafeln, die ihm von den zwei *arcas* verblieben sind, auf zwei modernen Schreinen anbringen ließ.

Die mozarabischen Kruzifixe im Louvre und im archäologischen Museum von Madrid zeigen gleichfalls die Bedeutung der Elfenbeinschnitzerei in Spanien.

Darüber hinaus sei an die Meisterwerke der Goldschmiede von Oviedo erinnert, welche in der *Cámara santa* der Kathedrale aufbewahrt werden: das Engelskreuz (808) und das Siegeskreuz – denen man im Geist dasjenige hinzufügen muß, das Alfons III. der Kirche von Compostela 874 stiftete und das aus der Kathedrale des hl. Jakobus 1906 verschwand –, die mit silbernen Reliefs geschmückte »arca santa«, ein Geschenk Alfons VI. von 1075, und der Chalcedonschrein aus der Zeit um 950.

Abrahams abgebildet; das letztgenannte Kapitell ist wegen der hohen unbekleideten Gestalt Isaaks, wegen der vollendeten Formen, der Ausdruckskraft der Gesichter, der ungestümen Bewegungen das bemerkenswerteste. Weniger geglückt sind diejenigen, die man im Südportikus angebracht hat.

Die Plastiken von San Isidoro, die als die ältesten gelten können, sind mit den Skulpturen von Jaca eng verwandt. Den beiden Zyklen gemeinsam ist die neuartige Behandlung des menschlichen Antlitzes und des nackten Körpers. In León übernahmen die Bildhauer die Traditionen der mozarabischen Steinmetze, verarbeiteten aber auch Motive aus der Buchmalerei, der Goldschmiede- und Elfenbeinkunst. In Jaca hat die Pilgerfahrt zweifellos in beiden Richtungen einen Einfluß ausgeübt. Die Kapelle der Könige in León entstand vor Baubeginn der Kathedrale von Jaca, aber diese wurde früher errichtet als die zweite Kirche des hl. Isidor; es gab »zwischen« diesen beiden Bauwerken, obwohl weit voneinander entfernt«, offensichtliche Verbindungen, »einen lebhaften und wiederholten Austausch«. Aus ihren Werkstätten sind gewiß die Plastiken der Kirche Santa María in Iguacel nördlich von Jaca hervorgegangen, die von San Salvador in Nogal de las Huertas bei Palencia, auch die von Santa Cruz de la Seros bei San Juan de la Peña – das Tympanon ist vom selben Typus wie das des Westportals von Jaca –, und selbst die zahlreichen aragonesischen Tympana mit dem Christogramm zwischen Tieren wie in San Pedro zu Huesca. Die Skulpturen von San Martín, der Kirche des alten Benediktinerklosters in Frómista bei Palencia, und die von Santa María in Loarre zwischen Jaca und Huesca fallen in die Einflußsphäre der Werkstätten von San Isidoro und von Jaca.

Von den drei mit Skulpturen versehenen Portalen der Compostelaner Kathedrale, die im *Pilgerführer* beschrieben sind, existiert heute nur noch die *Puerta de las Platerías*. Im letzten Teil zitieren wir ausführlich aus diesen Beschreibungen; wir wollen hier lediglich bestimmte Punkte ansprechen, die für die Skulpturen des wichtigsten Bauwerks der romanischen Kunst in Spanien ganz allgemein gelten. Zwischen 1078 und 1088 wurden offenbar der gekrümmte Teil des Chorumgangs und seine Kapellen erbaut und innen ausgeschmückt; der Außenschmuck wirkt wesentlich jünger. Die *Puerta des las Platerías* muß ein erstes Mal um 1105 erbaut und mit Skulpturen versehen worden sein; nach dem Aufstand von 1117 wurde sie ausgebessert, was die ein wenig wirre Anordnung der Skulpturen erklären würde. Die Kapitelle des Chorumgangs und der Radialkapellen, der Emporen und des Querhauses erlauben Vergleiche mit León und Saint-Sernin. Die Sparrenköpfe an der Außenseite des Chores erinnern an französische, genauer gesagt an auvergnatische Kirchen. Die Konsolen an der *Puerta de las Platerías* sind die Vollendung eines Musters, das in Jaca und León entwickelt wurde. Die würdevolle Gestalt des von Zypressen eingerahmten hl. Jakobus im oberen Teil ist der *Porte Miègeville* sehr verwandt. Der *Pórtico de la Gloria* des Meisters Mateo ist sicherlich der Pilgerkunst zuzuordnen, ist aber kein Zeugnis für den Zusammenhang derselben und den Ursprung der romanischen Skulptur. Er wurde in einer späteren Phase der Romanik, nämlich in der zweiten Hälfte des 12. Jahrhunderts, ausgeführt, und man darf ihn keinesfalls als eine simple Kopie der mit Skulpturen verzierten Portalvorbauten Frankreichs betrachten; er ist vielmehr ein typisches Beispiel spanischer Portalkunst.

Unsere ausführliche Untersuchung zeigt, wie illusorisch es ist, um jeden Preis die Priorität einer Region vor einer anderen herauszufinden zu wollen. Die Vergleiche, die der plastische Schmuck von San Isidoro, Jaca, Compostela und Saint-Sernin zuläßt, beziehen sich vor allem auf die Ornamente, insbesondere diejenigen, die sich vom Akanthusblatt ableiten. Gewisse Kontakte hat es sicher gegeben, aber vor allem gab es eine Parallelentwicklung, deren Ausgangspunkt León mit seinen mozarabischen Kapitellen und der kunstgewerbeartigen Bildhauertechnik und Toulouse mit den Vorbildern aus römischer und westgotischer Zeit waren. Eine gemeinsame Herkunft und vorübergehende Beziehungen erklären gleichfalls die Ähnlichkeiten so vieler Ungeheuer und Tiere. Was die Vollplastik, die Darstellung der menschlichen Gestalt betrifft, so können wir ebenso zwei unabhängige, zweifellos von wechselseitigen, aber sekundären Kontakten und Einflüssen begleitete Parallelentwicklungen beobachten. Manche Figuren der Kathedrale von Compostela — die Frau mit dem Löwen, der hl. Jakobus der *Puerta de las Platerías* — wurden möglicherweise in Saint-Sernin kopiert; andere, wie der König David, wurden vielleicht eher von der Kunst des Languedoc und von Saint-Sernin beeinflußt.

Solche Schlüsse sind leicht zu ziehen und zeigen deutlich, daß die strittigen Fragen in der Bildhauerkunst andere Antworten gefunden haben als in der Baukunst.

Die Entwicklung der Plastik im Languedoc und in Nordspanien erfolgte gleichzeitig und im wesentlichen unabhängig. »Die Wiedergeburt der Skulptur gegen Ende des 11. Jahrhunderts«, schreibt Georges Gaillard, »erfolgte nicht, wie man offenbar häufig vermutet hat, an einer bestimmten Stelle, dem Languedoc, in León oder Burgund, sondern im Gegenteil an verschiedenen Punkten zugleich. Im Zuge einer allgemeinen künstlerischen Strömung, bei ähnlichen

Bedingungen und mit Hilfe gemeinsamer Muster haben sich die Bildhauer in allen Teilen Frankreichs, Spaniens und Italiens, wo im Verlauf des 11. Jahrhunderts die Kunst im Entstehen begriffen war, zur selben Zeit an die Arbeit gemacht.«

Die romanische Plastik Nordspaniens ist verhältnismäßig einheitlich. Diese Homogenität beruht auf wiederholten Kontakten zwischen den Bildhauerzentren von León, Jaca und Compostela, aber wahrscheinlich auch auf der Tätigkeit fahrender Werkstätten und Künstler. Sie hat auf der einen Seite große künstlerische Leistungen erbracht, andererseits aber auch mindere Qualität. Ihr Sinn für Nacktdarstellungen und ihr Gefühl für Proportionen sind bewundernswert; die Gliederung und Anordnung der Portale oder Tympana hingegen läßt bisweilen zu wünschen übrig. In der spanischen Romanik und Gotik wirkt der Skulpturenschmuck oft nur wie eine Verkleidung. Man muß daher von der zu einfachen Vorstellung Abstand nehmen, daß die Kunst der romanischen Plastik entweder von Frankreich nach Spanien oder von Spanien nach Frankreich getragen wurde, aber entlang der Pilgerstraße nach Santiago ein einmaliges Gepräge aufweist. Die Marmorreliefs von Saint-Sernin und Moissac in Frankreich sind von einem besonderen Stil. In Spanien weichen die Merkmale bestimmter Elfenbeinschnitzereien stark von denen der ursprünglichen Formen in León ab. In der Kunst bedeuten Einflüsse von außen nur einen ersten Schritt, der Künstler läßt sich von ihnen inspirieren, um dann seinen Werken eine eigene Form zu geben. Strömungen und Gegenströmungen gab es entlang der Pilgerstraßen unablässig, und sie trugen dazu bei, daß die verschiedenartigsten individuell gestalteten Kunstwerke entstanden.

# ÜBER DIE ANFÄNGE DES GRUBENSCHMELZ-EMAILS

*reverenda imago, ex aureo et lapidibus impressa*
*ehrwürdiges Bild aus Gold und edlen Steinen*
Johannes von Maursmünster, *Historia Gaufredi comitis Andegavorum*

Die Ursprünge der Grubenschmelzkunst sind Gegenstand ähnlicher Erörterungen gewesen wie die Bau- und Bildhauerkunst. Man hat behauptet, daß sie sich vor allem im Gebiet von Maas und Rhein, in Limoges und in Spanien zu großer Vollkommenheit entwickelt hat. Die französischen Wissenschaftler, in ihrem National- oder Regionalstolz oft mit Scheuklappen ausgestattet, waren beeindruckt von der umfangreichen Produktion und kommerziellen Verbreitung der limousinischen Werke des 13. Jahrhunderts und haben, obwohl sehr gut über die Zeit informiert, mit bedenkenloser Großzügigkeit einfach alle Grubenschmelzarbeiten, denen sie begegneten, dieser Stadt zugeschrieben.

Die erste umfassende Arbeit über die limousinische Emailkunst verdanken wir Ernest Rupin. Auch wenn man nicht die Ansichten des Verfassers teilt, die heute natürlich überholt sind — sein *Œuvre de Limoges* stammt aus dem Jahr 1890 —, so bleibt doch sein immenses Wissen zu bewundern. Otto von Falke beschäftigte sich speziell mit dem Gebiet an Rhein und Maas, was über unser Thema hinausgeht, da wir ja nur im Gebiet Frankreich/Spanien über die Anfänge der Emailkunst in ihrer Beziehung zur Jakobspilgerfahrt nach Compostela Klarheit gewinnen wollen. Nach Rupin widmete ein gewissenhafter, systematisch arbeitender Gelehrter, Jean-J. Marquet de Vasselot, dem Werk von Limoges umfangreiche Studien. Die Diskussion hatte noch nicht ihre kritische Phase erreicht, als der kürzlich verstorbene W. L. Hildburgh mit seiner Arbeit *Spanish mediaeval enamels* (1936) die, wie Marie-Madeleine S. Gauthier schrieb, »limousinische Festung« zu zerstören begann. Hildburgh wollte beweisen, daß auf diesem Gebiet Spanien Priorität besaß, daß man einen sehr großen Teil der Limoges zugerechneten Produktion diesem Land zuordnen müsse, daß Limoges Spanien zu danken habe und nicht Spanien Limoges . . . In dieser Theorie liegt ein Vorwurf analog jenem, den A. Kingsley Porter gegen die französischen Archäologen erhob, nur daß er sich gegen die französischen Geschichtsexperten für Limousiner Email richtete: Sie hätten nicht nur wissenschaftliche Arbeit geleistet, sondern sich auch als in ihr Land verliebte Propagandisten erwiesen, als ob das Frankreich des 19. und 20. Jahrhunderts unbedingt durch eine mehr oder weniger große Anzahl Kirchen, Skulpturen und Reliquiare, die von seinen Kindern zwischen dem 11. und dem 13. Jahrhundert errichtet oder angefertigt wurden, hätte verherrlicht werden müssen. Ehrlicherweise muß man zugeben, daß der Vorwurf teilweise berechtigt ist, muß aber sofort hinzufügen, daß auch das, was Porter und Hildburgh an Vernünftigem äußern, durch blinden Fanatismus und einen bedauerlichen Mangel an historischer Kritik in Mißkredit gebracht wird.

Lassen wir alle Polemik beiseite und stellen wir folgende Frage: Was ist Gruben- oder Füllungsschmelz *(émail champlevé)* und was Zellen- oder Kapselschmelz *(émail cloisonné)*? Was weiß man über den Stand der erstgenannten Technik in Spanien zur fraglichen Zeit? Was weiß man über den in Frankreich zur selben Zeit? Welche Zusammenhänge bestehen zwischen Emailkunst und Pilgerfahrt?

Was aber ist Grubenschmelztechnik? Die Metallplatte, in diesem Fall aus Kupfer, muß ziemlich dick sein. »Es werden«, erklärt Molinier, »mit Stichel und Radiernadel entsprechend dem in Email wiederzugebenden Bild flache Gruben ausgehoben, wobei man alle jene Teile, die nicht emailliert werden sollen, ausspart – das heißt unberührt läßt.«

Die höchste Vollendung in der Zellenschmelztechnik und -kunst erreichte Byzanz. E. Molinier hat die Verfahren hervorragend erklärt. »Man nimmt eine Metallplatte und biegt ihre Ränder an allen Seiten so auf, daß eine Art Kästchen entsteht. Auf die Metallfläche zeichnet man dann mit einem Stichel oder einem anderen spitzen Werkzeug in einer vollen oder gepunkteten Linie das Motiv, das man in Email darstellen will. Dann schneidet man mit einer Blechschere von einer anderen Metallplatte Streifen ab, so breit wie das Kästchen tief ist. Diese werden mittels einer Zange nach den Umrissen der Zeichnung zu Stegen zurechtgebogen oder -geknickt, auf die am Grund skizzierte Zeichnung gelegt und mit Klebstoff oder Harz befestigt. So erhält man ein Bild, das sich aus senkrecht zur Bodenplatte stehenden ›Zellen‹ oder *cloisons* – das Wort, nach der diese Technik benannt wurde – zusammensetzt. In diese Zellen füllt man anschließend verschiedenfarbige Glasflüsse, aber nicht in Pulverform, sondern in Wasser gelöst, dem man ein wenig Klebstoff zufügen kann. Sobald die Emailfarben trocken sind, legt man das Stück in den auf die Schmelztemperatur erhitzten Ofen.« Da sich das Email bei großer Hitze zusammenzieht, sind mehrere Brennvorgänge erforderlich, wobei vorher jeweils ein wenig neues Schmelzmaterial aufgetragen wird. Wenn ein Motiv in mehrfacher Ausfertigung hergestellt werden sollte, verwendeten die

Byzantiner »Holz- oder Metallformen, eine Art reliefierten Stempel, mit denen man die Umrisse der Personen auf die Gold- oder Silberplatten prägte . . .«

»Die Gold- oder Silberplatten«: Wörter, die man behalten muß, denn Träger aus kostbarem Material verwendete man für die Cloisonnékunst besonders in Byzanz. Durch sie wurde das Email durchscheinend. Die Schönheit eines solchen Kunstgegenstandes ist unvergleichlich. Die byzantinischen Zellenschmelzarbeiten, die ins Abendland gesandt wurden – man weiß, wie umfangreich und befruchtend die künstlerischen Beziehungen zwischen Morgen- und Abendland während des gesamten Mittelalters waren –, verfehlten ihre Wirkung auf die Einwohner Frankreichs nicht. Doch gleichartige Stücke herzustellen, erforderte viel Zeit, Geduld, Können und vor allem Gold und Silber, zwei teure Edelmetalle.

An einer Reihe von Emailarbeiten ist die Entwicklung abzulesen, die in Frankreich vom byzantinischen Cloisonné-Email auf Gold und Silber zum Grubenschmelz auf Kupfer geführt hat. Das Kloster Conques besitzt mehrere, sicher vor Ort gefertigte Kunstgegenstände, die für unser Thema von größter Bedeutung sind. Der Schrein Pippins von Aquitanien aus dem 9. Jahrhundert weist zwei Arten von Email auf, die vielleicht in der Abtei selbst hergestellt worden sind: Die Vogelflügel sind in der Cloisonné-Technik gearbeitet, während am Grund der Nischen und zwischen denselben anstelle von Kapitellen Stücke in Grubenschmelztechnik auf Gold angebracht sind. Über dem »A Karls des Großen«, einem Reliquiar in A-Form, , ist eine der sog. Fassungen im kreisförmigen Teil an der Spitze des Reliquiars mit einem Emailkreuz in durchscheinendem Weiß auf grünem Grund geschmückt. Ein Reisealtar zeigt Kupfer-Cloisons auf goldenem Grund. Eine Rosette im Museum von Guéret besteht aus einer emaillierten Scheibe: Die Zellen sind aus Kupfer auf Eisengrund. Zwei kleine Stücke im Louvre, die einen Heiligen und zwei gegenständliche Vögel darstellen, sind ebenfalls aus Kupfer-Cloisonné auf Eisengrund zusammengesetzt. Die Museen von Poitiers besitzen eine kleine Platte mit dem Abbild eines »gordischen Knotens«, eine Art vierblättriger Rosette, ebenfalls mit Kupferzellen auf Eisengrund, und eine Emailarbeit halb in Zellen- halb in Grubenschmelztechnik ganz in Kupfer. Eine Cloisonné-Fassung auf Kupfer mit starken Zellenstegen schmückt den Schrein von Moissat-Bas. Alle diese Gegenstände, die uns an das Ende des 11. Jahrhunderts geführt haben, scheinen eine Entwicklung wiederzugeben, die, ausgehend von der Nachahmung der byzantinischen Zellenschmelztechnik auf Gold und Silber, in Frankreich in der Grubenschmelztechnik gipfelte.

Kann man von den oben genannten Werken, die Marksteine einer technischen Entwicklung darstellen, einige herausgreifen und sie einer Werkstatt, einer bestimmten Gegend zuordnen? Es ist mehr als wahrscheinlich, ja so gut wie sicher, daß die Emailarbeiten von Conques in der Abtei selbst angefertigt wurden. Bis jetzt haben wir also noch keinen Anlaß, auf Limoges zu kommen.

Welche Informationen liefern uns nun die Emailarbeiten des 12. Jahrhunderts? Der Schrein in Conques, der die Reliquien der hl. Fides enthält, ist mit Grubenschmelz-Scheiben geschmückt, die orientalischen Einfluß verraten; ihre Emailfüllungen imitieren noch das Cloisonné; die beiden Inschriften *Scrina concharum monstrant opvs undiq(ue) clarvm* und *Hoc ornamentvm Bone sit Facii monimentvm* preisen offenbar den Ruf der Werke von Conques und die Großzügigkeit des Bonifatius, jenes Abts, der im ersten Viertel des 12. Jahrhunderts der Abtei vorstand. Ein Medaillon im Louvre, das einen Vogel zeigt, und eine kleine Platte, auf der vielleicht die hl. Fides dargestellt ist, sind den vorhergenannten Emailarbeiten sehr ähnlich. Dasselbe gilt für die Platten mit den Vögeln im Metropolitan Museum. Nach der ausführlichen Untersuchung, die Hubert Landais anläßlich der Ausstellung »Romanische Meisterwerke aus Provinzmuseen« im Louvre 1958 darüber angestellt hat, fällt es schwer zu glauben, daß die Platte Gottfried Plantagenets, früher in der Kathedrale und jetzt im Museum von Le Mans, limousinischen Ursprunges sei; dieses herrliche Stück, das man ungefähr in die Zeit zwischen 1151 und 1160 datieren kann, – und das Johannes von Maursmünster, der die Platte mit Recht rühmt, neben anderen Emailarbeiten als »das ehrwürdige Bildnis des Grafen, rühmlich geprägt in Gold und in Edelsteinen«, das heißt in Emailmasse, beschreibt – ist eher verwandt mit der Kunst der Buchmalerei des Westens; nur die Technik verrät vielleicht Einflüsse aus der Rhein- und Maasgegend. Zugunsten von Limoges kann man ein sehr schönes Kreuz aus dem späten 12. Jahrhundert geltend machen, das sich im Louvre befindet und die Inschrift trägt: *Iohannis Garnerivs Lemovicensis Ne Fesis Fratris Mei . . .* Außerdem spricht ein Text aus den Jahren 1165 – 1170 von der Bedeutung der Stadt Limoges für diese Art von Kunstwerken.

Die Untersuchung allein der französischen Grubenschmelzarbeiten führt also zu einer logischen Schlußfolgerung: Die Klosterwerkstätten wie die von Conques oder von Grandmont, von der das Musée Cluny zwei Platten besitzt, scheinen bei der Entstehung der Grubenschmelztechnik eine wichtige Rolle gespielt zu haben. Offenbar datieren also die ersten limousinischen Arbeiten erst aus der zweiten Hälfte des 12. Jahrhunderts. Im 13. Jahrhundert hingegen wird Limoges die Führungsrolle übernehmen, von welcher der von Alpais in Limoges signierte Kelch, im Besitz des Louvre, Zeugnis ablegt.

Was hat uns angesichts dieser — hier nur kurz skizzierten — Entwicklung in Frankreich Spanien zu bieten?

Zunächst sei daran erinnert, daß das Languedoc und das Rouergue zu Nordspanien eine enge Bindung hatten. 1002 erhielt Conques eine Reihe hispanischer Kunstwerke, und seltsamerweise können mehrere Emailarbeiten des Klosterschatzes in die darauffolgenden Jahre datiert werden. Im ersten Viertel des 12. Jahrhunderts gab Diego Gelmírez ein Reliquiar in Auftrag, das vermutlich in der Grubenschmelztechnik ausgeführt wurde. Auffallend ist eine Gruppe von Gegenständen gleicher Herkunft und Machart, nämlich die von Santo Domingo de Silos, die man der zweiten Hälfte des 12. Jahrhunderts zurechnen kann; sie entstanden in der Abtei, wo sie sich z. T. noch heute befinden. Dazu gehören im wesentlichen das frühere Frontal der Kirche, das Christus und die Apostel darstellt und starken byzantinischen Einfluß erkennen läßt (Museum von Burgos), ein zweites Frontal in einer etwas anderen Technik (in Silos) und die Emailarbeiten mit Vogelmotiven auf den Seitenflächen eines früher angefertigten arabischen Elfenbeinschreins (Museum von Burgos). Typisch für diese Gruppe sind die lebhaften Farben, der starke orientalische Einfluß und auf dem Retabel die spanische Ausprägung der reliefierten Köpfe. Wahrscheinlich handelt es sich um Werke, die in Silos selbst angefertigt wurden, entweder von Spaniern, die in der Kunst der französischen Emailkunst bewandert waren, oder von Franzosen, deren Kunstverständnis sich dem spanischen Geschmack angepaßt hatte. Die Platte mit Christus zwischen Alpha und Omega, die von der Sammlung Spitzer an das Clunymuseum ging, ist dieser Gruppe sehr verwandt; sie und ihr Gegenstück, das Francis Salet am Institut Valencia de Don Juan in Madrid bestimmt hat, müssen ebenfalls als spanisch angesehen werden. Diese Emailarbeiten von Silos werfen eigentlich nur eine Frage auf: Konnten aufgrund der Beziehungen zwischen den Abteien — besonders zwischen Conques und Silos — die neuesten Techniken nicht den Werkstätten auf beiden Seiten der Pyrenäen bekannt gewesen sein?*

---

* Die *Virgen de la Vega* in der Kathedrale von Salamanca ist wahrscheinlich ein spanisches Werk aus dem späten 12. Jahrhundert. Zu dem Retabel San Miguel in excelsis, Kleinod eines abgelegenen Gotteshauses in den Bergen Navarras, sei auf die Studie von Marie-Madeleine Gauthier in *Art de France*, 1963, S. 40—61, verwiesen.

Es ist sehr wohl denkbar, daß die limousinischen Werke, die später, im 13. Jahrhundert entstanden, nach Spanien importiert wurden – dies gilt gewiß für das Retabel von Orense, von dem die Kathedrale dieser Stadt noch einige schöne Teile besitzt – und auch, daß zur gleichen Zeit an Ort und Stelle Emailarbeiten in einer ähnlichen Technik hergestellt wurden.

Aus dieser kurzen Analyse, bei der wir nicht mehr als die wichtigsten Stücke erwähnen konnten, ergeben sich, wie wir meinen, einige unleugbare Tatsachen. Die erste betrifft Limoges. Obgleich unbestritten ist, daß in dieser Stadt die Kunst des Grubenschmelzes im 13. Jahrhundert zu ihrem Höhepunkt und ihrer technischen Vollkommenheit gelangte, gilt heute nicht als sicher, daß sie auch dort entstand. Andere Tatsachen verraten, ob Frankreich oder Spanien darin führend war. Wenn man bestimmte Werke aus Frankreich analysiert, kann man eine stetige Entwicklung vom Zellenschmelz auf Gold und Silber hin zum Grubenschmelz auf Kupfer verfolgen. Dagegen hatte Spanien den Vorteil, von den Arabern eine bereits fortgeschrittenere Technik zu übernehmen. Trotzdem sind die Arbeiten dieses Landes als von Grund auf und echt hispanisch anzusehen. Endgültige Klarheit in dieser Frage wird man erst dann gewinnen, wenn die Untersuchung abgeschlossen ist, an der Marie-Madeleine Gauthier schon seit vielen Jahren arbeitet. Eines jedoch steht schon jetzt fest: Was die Ursprünge der Grubenschmelzkunst betrifft, so hat man die Rolle der Klosterwerkstätten und die zwischenklösterlichen Beziehungen bisher nicht ausreichend hervorgehoben. Wie bei der Plastik ist eine Parallelentwicklung wahrscheinlich, allerdings mit mehr Berührungspunkten als auf jenem Gebiet. Diese Berührungspunkte, das heißt Ähnlichkeiten in Stil und Technik, sind nur damit zu erklären, daß zwischen den Abteien diesseits und jenseits der Pyrenäen, also von Frankreich nach Spanien ebenso wie von Spanien nach Frankreich, Beziehungen bestanden. Der Einfluß von Conques auf die Klöster südlich der Pyrenäen ist allgemein bekannt; dennoch überraschen zwei Tatsachen: Conques, das Benediktinerkloster, besaß eine Werkstatt, aus der mehrere französische Grubenschmelz-»Inkunabeln« hervorgingen, Silos gehörte ebenfalls dem Orden des hl. Benedikt an, und mit ziemlicher Sicherheit wurden in der dortigen Werkstatt die Emailarbeiten hergestellt, von denen wir weiter oben gesprochen haben.

Diese Kontakte zwischen Klöstern Frankreichs und Spaniens führen uns zu unserem Thema zurück, von dem wir uns nur scheinbar entfernt haben. Sie beweisen, wie eng auch in der Emailkunst die Beziehungen zwischen den Kirchen und Klöstern beiderseits der Pyrenäen waren, welche mannigfachen Folgen der zur

Rettung der Christen Nordspaniens aufgestellte Hilfsplan zeitigte.

Eine noch deutlichere Beziehung zwischen der Emailkunst und den Jakobswegen wurde von Marie-Madeleine Gauthier nachgewiesen. Die Verbreitungskarte der Grubenschmelzarbeiten im Mittelalter zeigt »eine Ansammlung entlang der Pilgerstraßen nach Santiago de Compostela mit einer deutlichen Konzentration von Stücken in Alt-Kastilien und quer durch Navarra, im Königreich León und in Galicien«. Diese Route deckt sich in etwa mit dem *camino*, dessen Bedeutung für Wechselbeziehungen aller Art zwischen Frankreich und Spanien wir bereits festgestellt haben.

Aus den beiden vorangegangenen Abschnitten geht hervor, welch enorme Rolle die Wege nach Santiago spielten, denn es gibt keine Gegend, wo das Pilgerwesen nicht irgendeinen Einfluß ausgeübt hätte. Dennoch steht fest, daß die *peregrinacion* nach Compostela nur ein Aspekt der Bewegung war, die Nordspanien mit der übrigen Christenheit verband. Und man darf nicht vergessen, daß die Fahrten nach Rom und Jerusalem ebenfalls von großer Bedeutung waren.

In der Zeit der Romanik entstand, neben anderen Kunstformen ein Kirchentyp, der nicht an die Pilgerstraßen gebunden war, sondern mit den Erfordernissen des Pilgerns und schwer genau zu beschreibenden Beziehungen zwischen sich parallel entwickelnden Bildhauer- oder Emailkunstzentren zusammenhing. Man könnte den Austausch von Formen und Ideen zwischen Frankreich und Spanien auch in späteren Jahrhunderten untersuchen. Denken wir an die gotischen Kathedralen mit ihren skulptierten Portalen wie diejenigen von Burgos und León und so manche anderen, weniger bekannten Kirchen.

Aber hat diese Entwicklung unmittelbar mit der Untersuchung der Santiago-Wege zu tun? Dies steht zu bezweifeln, denn man hüte sich davor, das Problem aus einem verkehrten Blickwinkel zu betrachten, d. h. einen Flügel des Hauses für das ganze Haus zu halten. Diese Entwicklung sollte in einem Gesamtzusammenhang, im Rahmen aller Verbindungen gegenseitiger kultureller Einflüsse zwischen Frankreich und Spanien gesehen werden. Zweifellos würde man dann feststellen, daß Ursachen und Wirkungen eng miteinander verbunden sind, daß die Straßen nach Compostela einmal zu den ersteren und dann wieder zu den letzteren zu rechnen sind.

Kann man nun für das Mittelalter diese kulturelle Bilanz ziehen? Schon das Ausmaß eines solchen Unternehmens, die damit verbundene unvermeidliche Gefahr, in Fehler zu verfallen, die Notwendigkeit, eine Feststellung zu äußern, ohne dabei zu vergessen, auf alle Details einzugehen, all das erschreckt und reizt zugleich denjenigen, der sich an eine solche Arbeit heranwagt. Ideen und Formen nehmen manchmal kuriose Wege. In diesem Zusammenhang sei an das Tympanon von Moissac und die Kommentare der Apokalypse erinnert; die orientalischen Elemente der Kirchen im Westen, in Le Puy und Le Velay fallen selbst dem Laien auf; es scheint unbestritten zu sein, daß der aus Südspanien stammende Sparrenkopf erst über Frankreich nach Nordspanien gelangte; die spanisch-islamischen Kreuzgratgewölbe schließlich haben die Baumeister des christlichen Spaniens beeinflußt und in Frankreich möglicherweise zur Entstehung des Kreuzrippengewölbes beigetragen . . . Andererseits gelten die Zackenbogen oder gelappten Bogen, die in den Kirchen im Westen Frankreichs so häufig anzutreffen sind, als ursprünglich arabisch, während eine ausführliche Untersuchung der Kirchen im Limousin zeigt, daß sie in dieser Region nicht auf Vorbildern der Iberischen Halbinsel beruhen.

Das maurische Spanien, das mozarabische Spanien, das vorromanische und romanische Frankreich: alles facettenreiche kulturelle Entwicklungen für den Historiker. Die Wege der Kultur verlaufen oft ausgerechnet da in gebrochenen Linien, wo wir uns vorgestellt haben, daß sie gerade gewesen seien. Und vielleicht sollten wir uns die Mischung aus Bewunderung und Skepsis zu eigen machen, die wir in Bossuets *Predigt über den Tod* finden: »Ich gehöre nicht zu jenen, die die Kenntnisse der Menschen hoch bewerten; und dennoch gestehe ich, daß ich nicht ohne Bewunderung die großartigen Entdeckungen betrachten kann, welche die Wissenschaft gemacht hat, um die Natur zu ergründen, ebensowenig wie die vielen schönen Erfindungen, die der Kunst zu unserem Nutzen eingefallen sind.«

# DRITTER TEIL:
## REISENOTIZEN

Diese Notizen stellen keine vollständige Beschreibung der durchquerten Landschaften und Städte dar. Vielmehr wollen sie die Stimmung heraufbeschwören, die die wichtigsten Bauwerke an den Jakobswegen vermitteln.

# Saint-Benoît sur Loire

*Max Jacob erweist uns den großen Dienst, auf die wahre Größe*
*von Saint-Benoît hinzuweisen, das von einem ganz anderen*
*Rang und einer ganz anderen Klarheit ist, als sie unser beinahe*
*zum Instinkt gewordener Ästhetizismus zu erfassen vermag.*

Clarté de Saint-Benoît
*Cahiers de l'Atelier du Coeur-Meurtry*

Über der in sanftes Grün getauchten beschaulichen Landschaft des Val de Loire erhebt sich die markante Silhouette der Kirche Saint-Benoît. Wir erblicken den Torturm über der Vorhalle, den in der Mitte aufragenden Glockenturm und die blauen Dächer, deren Blau noch intensiver ist als das des Himmels. Hier stand einst die mächtige Abtei, ein künstlerisches und kulturelles Zentrum, wo die sterblichen Überreste des Erzvaters der abendländischen Mönche aufbewahrt wurden. In diesem großen Dorf hat der Dichter Max Jacob gelebt; hier fand er seinen inneren Frieden, aus dem er während der deutschen Besetzung herausgerissen werden sollte, bevor er eines gewaltsamen Todes starb. Die herrliche, mit der Pilgerfahrt in Zusammenhang stehende Kirche und die Erinnerung an den Schriftsteller, welcher hier seine leidvolle innere Suche zu einem guten Ende gebracht hat, laden auf der abwechslungsreichen Reise, die uns nach Compostela führen wird, zu einem ersten Aufenthalt ein. Die Landschaft, die Region von Fleury — so hieß Saint-Benoît sur Loire früher —, bergen sie vielleicht unter ihrer behaglichen Ruhe eine Antwort auch auf unsere Fragen? Wenn man Max Jacob glauben darf, ja: »Saint-Benoît sur Loire«, schrieb er, »ist kein Ort in einer malerischen Umgebung, und ich erinnere mich, daß, wenn ich dort weilte, meine Besucher sich wunderten, daß ich in einer jeglichen Liebreizes so baren Ebene leben mochte: eine endlose Ebene, unterbrochen von Häusern, kleinen Waldstücken, eine Ebene mit Feldern und Gemüsekulturen. Ich antwortete, daß es noch etwas anderes gebe als die Linie in der Schönheit, als die Farbe und das Licht in der Landschaft: nämlich den Geist. Man spürt ihn schon bei den ersten Häusern der Stadt, jenseits von ihr spürt man ihn nicht. Vielleicht sind es nur Auserwählte, die diesen Geist wahrnehmen können. Die Plätze auf der Erde, die wie eine Kirche sind, sind sehr selten. Ich meine nicht die prachtvolle, das Auge erfreuende Basilika: Jeder weiß, daß man sich an den Anblick schöner Bauwerke gewöhnt, bis man sie schließlich überhaupt nicht mehr sieht.« Was immer der Dichter gemeint haben mag, schon in der Landschaft ist der benediktinische Friede, den die Kirche vermittelt. An einem Frühlingsnachmittag wandern wir durch die Straßen des stillen Dorfes. Unter der scheinbaren Schläfrigkeit einer französischen Kleinstadt, die vielen anderen gleicht, entdeckt das Auge eine Klarheit, die die Seele anspricht und sich nur von ihr erfühlen läßt. Vielleicht, weil hier Generationen von Mönchen fromm gelebt und an schönen Dingen gearbeitet haben, meint man in der bescheidensten Straße von Saint-Benoît geistliche Musik zu vernehmen.

Wir biegen in Richtung Loire ab, und da ist schon am Rande eines Platzes, auf welchem die Bäume mit ihrem Laub das Bauwerk teilweise verdecken, der Vorhallenturm der Kirche zu sehen, massiv und dennoch ausgewogen, betont durch Rundbogen und tiefen Einblick auf seine Säulen und großartigen Kapitelle gewährend.

Nach Camille Jullian befand sich hier der *omphalos*, der Nabel Galliens, die heilige Stätte, wo die Druiden ihr jährliches Treffen abhielten. Leodebod, der Abt von Saint-Aignan bei Orléans, hatte vergeblich versucht, in seinem Kloster die Benediktinerregel einzuführen; darum gründete er 651 ein neues Kloster in Fleury, dessen erster Abt Rigomaire war. Der hl. Mommole, sein Nachfolger, erfuhr zu seinem Kummer, daß in dem verlassenen und verwüsteten Monte Cassino die Leichname des hl. Benedikt und seiner Schwester Scholastika zurückgelassen worden waren; er beauftragte einen seiner Mönche, Aigulf, die Gebeine zu holen; und tatsächlich gelang es dem Ordensmann im Jahre 672, die Überreste des Ordensgründers nach Fleury zu bringen, das von da an Saint-Benoît de Fleury hieß. Die Reliquien lockten große Menschenmengen in das Kloster, und wie im Mittelalter üblich, wurden dort Kinder unterrichtet. Diese Schule genoß dank herausragender Äbte wie Theodulf und vor allem Abbo einen sehr guten Ruf. Dieser war sehr jung in das Kloster eingetreten und hatte auf einer seiner zahlreichen Reisen England besucht; 988 übernimmt er die Leitung von Saint-Benoît; er ist, sagt Mabillon, »die Personifizierung der berühmten Schule von Fleury im 10. Jahrhundert«; Hervé, hoher Geistlicher in Saint-Martin in Tours, wurde hier erzogen. Abt Gauzlin, natürlicher Sohn Hugo Capets, besteigt 1004 den Abtstuhl und beginnt mit dem Bau des Vorhallenturms. Abt Guillaume (1067 – 1080) baut 1067 die romanische Marienkirche. Die heutige Krypta und der Chor werden 1108 fertiggestellt und geweiht. Als am 26. Oktober 1218 das Langhaus vollendet und überwölbt ist, erfolgt die Konsekration der Abteikirche. Der Hundertjährige Krieg und danach die Religionskriege des 16. Jahrhunderts richten in dem Kloster schwere Schäden an, nicht nur materieller, sondern auch geistiger Natur; der Kardinal von Châtillon, Odet de Coligny, Abt von Vézelay und Fleury, schließt sich den Reformierten an. Condés Truppen plündern das Kloster, der Klosterschatz wird geraubt, die verkaufte und in alle Winde verstreute Bibliothek gelangt zum Teil in die Hände der Königin Christine von Schweden und schließlich in den Vatikan. Im Jahr 1621 wird Richelieu weltlicher Titularabt. Er setzt in Saint-Benoît die Mauriner ein, die im 17. und teils auch noch im 18. Jahrhundert dem Kloster seinen Glanz wiedergeben. Im Chor wird 1660 das prächtige Retabel des St.-Benedikt-Mausoleums aufgestellt. Bedeutende wissenschaftliche Arbeiten leisten insbesondere Dom Luc d'Achery (gest. 1685) und Prior Dom François Chazal (gest. 1729). Ab 1712 entstehen architektonisch schön zugeordnete neue Klostergebäude. Doch das 18. Jahrhundert ist für die geistlichen Orden eine Zeit des Niedergangs, und 1790 leben in Fleury nur noch wenige Mönche. Das Kloster wird verkauft, und die Klostergebäude werden geschleift, glücklicherweise wird die Abteikirche gerettet, indem sie von nun an als Pfarrkirche dient. 1840 begann man mit der Restaurierung, und seit 1864 lesen die Benediktiner von La-Pierre-Qui-Vire hier regelmäßig Messen. Als 1905 die gesetzliche Trennung von Kirche und Staat erfolgte, wurden sie verjagt; inzwischen sind sie jedoch zurückgekehrt und haben ein neues Kloster gebaut.

Ehe man in den Schatten der Säulen und Kapitelle des Turms eintaucht, kommt man unwillkürlich ins Träumen. Der Grund hierfür ist, daß von dem ältesten Kloster, genauer gesagt den Klöstern des 7.–10. Jahrhundert noch bedeutende Reste vorhanden sind, mit denen der Durchschnittsbesucher meist wenig anfangen kann, von denen aber eine geheimnisvolle Anziehungskraft ausgeht. Ein Schrein aus getriebenem Kupfer, seiner Inschrift nach Gabe eines gewissen Mumma, könnte aus dem 7. Jahrhundert stammen (zwischen 651 und 672–674); sein Schmuck wirkt auf uns wie ein Rätsel, dessen Schlüssel wir verloren haben: diese aufgereihten Figuren, die Émile Mâle für Engel gehalten hat, dieses doppelte Flechtband, das vielleicht die Ewigkeit symbolisiert, und an der Seite die Orantin, deren Gestalt vom Quadrat in den Kreis übergeht, das heißt offenbar vom irdischen Bereich in den himmlischen. Ein schlichter Gegenstand, der die Zeiten überdauert hat, dessen Sinn zu erfassen uns heute jedoch schwerfällt: Wäre es nicht denkbar, daß dieser Schmuck den heiligen Charakter der Reliquien dieses Schreins unterstreichen und uns einladen soll, durch das Gebet in die überirdische Welt zu gelangen?

Von dieser selben geheimnisvollen Welt abgetrennt wie das

Bruchstück eines verschollenen Meteoriten scheint der unversehrte Kopf einer Plastik, der auf die Mitte des 12. Jahrhunderts datiert wird und den Normannenanführer Rainaldus darstellen soll. Als dieser die Abtei plünderte, hatte sich der hl. Benedikt der Mühe unterzogen, ihm zu erscheinen und ihm sein bevorstehendes Ende anzukündigen; tatsächlich starb er bald darauf in Rouen. Heute betrachtet uns das Antlitz des Rainaldus von der Westwand des nördlichen Querschiffs herab. Die Kapitelle der Kirchenkuppel, zweifellos ältere Arbeiten, die man in dem neuen Bauwerk wiederverwendete, wurden zwischen 1883 und 1885 entfernt; sie befinden sich nun im Refektorium des Klosters. Mit ihren schwer zu bestimmenden Motiven – zum Beispiel einer Art Seraph oder einem Wunder des hl. Benedikt, der zwei Nonnen zum Leben erweckt – sind sie einer »barbarischen Kunst« zuzuordnen. Wenn man diese Bezeichnung verwendet, muß man ihr natürlich jede negative Bedeutung nehmen, denn ihre Derbheit ist nur der Ausdruck einer besonderen Kraft, die einen sofort in ihren Bann zieht.

Diese Stücke aus der Frühzeit von Fleury sind von Mönchen des Klosters wohl mit Recht als Strandgut »aus der Nacht der Zeiten« bezeichnet worden. In ihrer »strengen Würde« verbinden sich das keltische Erbe, die Entdeckung der Skulptur und die theologische Absicht.

Aber wir träumen vielleicht ein bißchen zu viel angesichts dieser fernen Zeiten, von denen nur spärliche Kupfer- und Steinartikel auf uns gekommen sind, stumme Zeugen, denen wir heute die Worte entreißen müssen, die sie nicht mehr auszusprechen vermögen . . . Nein, wir haben noch nicht genug geträumt! Sehen wir uns nun den nächsten Traum an, einen Traum in unversehrtem, massivem Stein, den »gigantischen Wald aus Stein«, wie Henri Focillon sagte.

Ein gigantischer »Wald aus Stein«, mit keinem anderen Bild könnte man den Vorhallenturm besser beschreiben, die Poesie dieses Bauwerks schöner ausdrücken. Schon allein, daß es aus Hausteinen errichtet wurde, ist eine Leistung: Man mußte das Material von weit herschaffen, da es in der näheren Umgebung keine geeigneten Steinbrüche gibt. Der Plan zeigt die Verschiedenheit zwischen Erdgeschoß und dem oberen Stockwerk – wir meinen nicht die obersten Partien, sondern die leichte elegante Krümmung, die die mittleren Gewölbefelder der unteren Partie von Nord nach Süd beschreiben, was den merkwürdigen Eindruck des Abgekapselten, des Geheimen vermittelt. Darüber herrscht makellose Regelmäßigkeit, allerdings stehen manche Pfeiler nicht lotrecht auf denen, die sie stützen sollen. Einige der Kapitelle sind sehr stark ornamentiert, wobei das menschliche Angesicht häufig inmitten von

Pflanzenmotiven erscheint, andere zeigen biblische Szenen, zum Beispiel aus der Apokalypse. Im Erdgeschoß hat man zwei verschiedene Werkstätten ausmachen können. Die eine, zu der das mit *Vmbertvs me fecit* signierte Kapitell gehört, bevorzugt den Akanthus, die großzügige Behandlung und als Themen die Jagd oder den Kampf. Die andere arbeitet in einem linearen Stil und legt großen Wert auf eine ausgewogene Komposition. Auffallend an ihr ist, daß die architektonische Funktion nirgends gestört wird, im Gegenteil: Gleich einer Skulptur zieht die Komposition sogar aus dieser Schwierigkeit eine außergewöhnliche dramatische oder poetische Kraft. An der Nordmauer zeigen aufgesetzte Steine Tiere und — eine Szene von besonderer Suggestivkraft — die Hinrichtung des hl. Stephanus und seinen Triumph. Was ist von diesem Turm, der offenbar keine Funktion hat, der zweifellos als alleinstehendes Bauteil konzipiert worden war und — dank eines heute verschwundenen zweiten Stockwerks — als Wehrturm diente, zu halten? Ist er nutzlos? Gewiß nicht. Sehen wir in ihm eher einen originellen Aufbau voller Spiritualität: Obwohl in sich geschlossen, auf seinem Säulenwald und den reich mit pflanzlichen Motiven oder menschlichen Gestalten verzierten Kapitellen ruhend, öffnet er sich zur Landschaft, das heißt zu Gottes Werk hin und läßt sich vom Wind der Loire umspielen, der vielleicht die göttliche Eingebung symbolisiert; er ist eine Festung der Seele, die der hl. Theresa gefallen hätte.

Treten wir nun in die Kirche ein! Der Chor und das doppelte Querhaus gehen im großen und ganzen auf das 11. Jahrhundert zurück, das Langhaus mit seinen Seitenschiffen auf das 12. bis 13. Jahrhundert. Man erkennt deutlich die verschiedenen Epochen, schenkt dem jedoch kaum Beachtung; denn hinter dem Hauptschiff und dem Chorgestühl entdeckt man das Grabmal Philipps I. und das antike Marmormosaik aus Italien, Geschenk des Kanzlers Duprat, und gleich danach das Edelste, Heiterste, Harmonischste: den Chor. Dieser besteht aus einer Säulenreihe, deren Erhabenheit an die römische Baukunst erinnert, und aus einem Blendtriforium mit Rundbogenarkaden und einer Fensterreihe; er umfaßt zwei Sanktuarien. Das Größere von beiden, auf der Seite des Langhauses, ist der Muttergottes geweiht, das andere, das östlich dahinterliegt und wegen der Krypta erhöht ist, dem hl. Benedikt. Nicht nur der Wandaufriß und die gesamte Anlage vermitteln den Eindruck ungewöhnlicher Vollkommenheit, sondern auch der Grundriß wirkt besonders ausgewogen. Die Konzeption des Bauwerks ist klassisch: Kapellenkranz rund um einen Chorumgang, Querhaus, Langhaus und Seitenschiffe; doch es fallen einige Eigenarten auf: ein zweites Querhaus, etwas kleiner als das andere, ein länglicher Chor, das

Fehlen der Achsialkapelle am Chorumgang; die Vierungskuppel war früher von zwei zusätzlichen Glockentürmen eingerahmt, von denen heute nur noch Reste übrig sind. Sehenswert ist ein Portal an der Nordseite auf der Höhe des vierten Joches. Es stammt aus den ersten Jahren des 13. Jahrhunderts. Im Tympanon sieht man den lehrenden Christus im Kreise der Evangelisten; auf den Archivolten Engel und Apostel; an den Gewänden die Erzväter beziehungsweise die Propheten des Alten Testaments; auf dem Türsturz Szenen aus dem Leben des hl. Benedikt. Der Mittelpfeiler der Krypta, in die wir jetzt hinabsteigen, wurde ausgewählt, um den Schrein des hl. Benedikt, Gründer der Benediktiner, aufzunehmen; ansonsten scheint der stark restaurierte Raum nicht verändert worden zu sein. Die irrtümlicherweise so genannte St.-Mummulus-Kapelle geht vermutlich auf das 9.–10. Jahrhundert zurück.

Bleiben noch die Kapitelle der Abteikirche zu entdecken. Wie ein Bilderbuch schweben die mit Pflanzenmotiven oder Szenen aus der Bibel geschmückten kleinen Kunstwerke, zu deren Entdeckung man eine Weile braucht, über unseren Köpfen. Mehrere Kapitelle sollen das Werk eines gewissen Hugo von Sainte-Marie sein, dessen Signatur wiederhergestellt werden konnte. In der Kirche wie übrigens auch am Vorhallenturm erkennt man ohne Mühe die Handschrift verschiedener Werkstätten.

Das unschätzbare Verdienst von Fleury liegt nicht nur darin, daß es durch die Schönheit seiner romanischen Kunstwerke unser Auge erfreut, sondern daß es uns hilft, über sie hinauszuwachsen, von dem rein ästhetischen Genuß zur Geistigkeit zu gelangen, uns auf »eine andere Ordnung« und »eine andere Klarheit« zu besinnen, wie die heutigen Mönche es nennen. Und wenn wir wieder aus der Kirche hinaustreten und die Landschaft des Loiretals vor uns liegt, dann denken wir vielleicht an den Lobgesang, der aus ihrer scheinbaren Ruhe aufsteigt zum Herrn, ein Lied, das Theodulf, Abt von Saint-Benoît, im 9. Jahrhundert schrieb:

*Wie oben in der Höh' Dich*
*Preist der Engel himmlische Schar,*
*So feiert der sterbliche Mensch*
*Mit dem berühmten Werk Deinen Ruhm.*

# Vézelay

*Un jour le vol des anges s'est abattu sur la colline prédestinée pour la consacrer sans retour et lui dicter l'accomplissement de sa mission ...*

*Eines Tages ließen sich die himmlischen Heerscharen auf dem vorherbestimmten Hügel nieder, um ihn für immer zu heiligen und zu veranlassen, seinen Auftrag zu erfüllen ...*

Francis Salet, La Madeleine de Vézelay

Zwischen Avallon und Clamecy liegt eine der liebreizendsten Landschaften Frankreichs: unendlich weit und grün, durchzogen von Hügeln und Bergen, beseelt von einem inneren Leben, verklärt durch die schimmernde Helle des Tages und die Klarheit der Nacht. Eine Erhebung vor allem zieht den Blick auf sich; man wird es schon erraten haben: Es ist das von seiner Magdalenen-Kirche beherrschte Vézelay.

Girard von Roussillon, der in der Provence regierte, gründete hier 858 oder 859 ein Nonnenkloster, das jedoch 873 durch die Normannen zerstört wurde. An Stelle der Nonnen lebten von der Zeit an Mönche in dem Kloster. Ein Brand vernichtet das neue Gebäude zwischen 907 und 926. Dann, so schreibt Francis Salet »ließen sich eines Tages die himmlischen Heerscharen auf dem vorbestimmten Hügel nieder, um ihn für immer zu heiligen und zu veranlassen, seinen Auftrag zu erfüllen ...« Und das angeblich, weil sich die Reliquien der hl. Maria Magdalena in Vézelay befanden. Der Glaube, daß sie hier verwahrt wurden, taucht erst Mitte des 11. Jahrhunderts auf. Man erzählte die wunderbare Geschichte von der Ankunft der Maria Magdalena im Abendland, von ihrem Tod in Aix, ihrer Beisetzung durch den hl. Maximin und von der Überführung ihrer Gebeine nach Vézelay durch den Ritter Adelelmus. Später tauchten in der Legende auch der hl. Lazarus und die hl. Martha auf. Die Mönche des provenzalischen Priorats Saint-Maximin, die ihres Schutzheiligen beraubt worden waren, erhoben Einspruch; in einer anderen Fassung der Legende behielten sie ihn, und Girard von Roussillon soll mit Abt Eudes vereinbart haben, daß der Mönch Badilon den Leichnam der hl. Magdalena hole und ihn nach Vézelay bringe. Aber wozu sich mit diesen unterschiedlichen Versionen aufhalten? Fest steht, daß sich Vézelay in der Folge viele Jahre lang großer Beliebtheit bei den Gläubigen und großen Wohlstands erfreute.

Doch die Abtei erlebte nicht nur Aufschwung und Prosperität, sondern auch blutige Kämpfe, denn zwischen den Äbten, die von

30 Vorhergehende Seite:
Vézelay, Sainte-Madeleine,
Innenansicht nach Osten,
um 1125–1140

31 Oben: Die Aussendung
der Apostel unter die Völker
der Erde. Vézelay, Sainte-
Madeleine, Tympanon
des Hauptportals zwischen
Vorhalle und Kirche,
um 1125–1140

32 Rechts: Figurenkapitell,
Saint-Benoît-sur-Loire,
Narthex, vor 1067

33 Unten: Saint-Benoît-sur-Loire, Inneres nach Westen, 12. Jh.

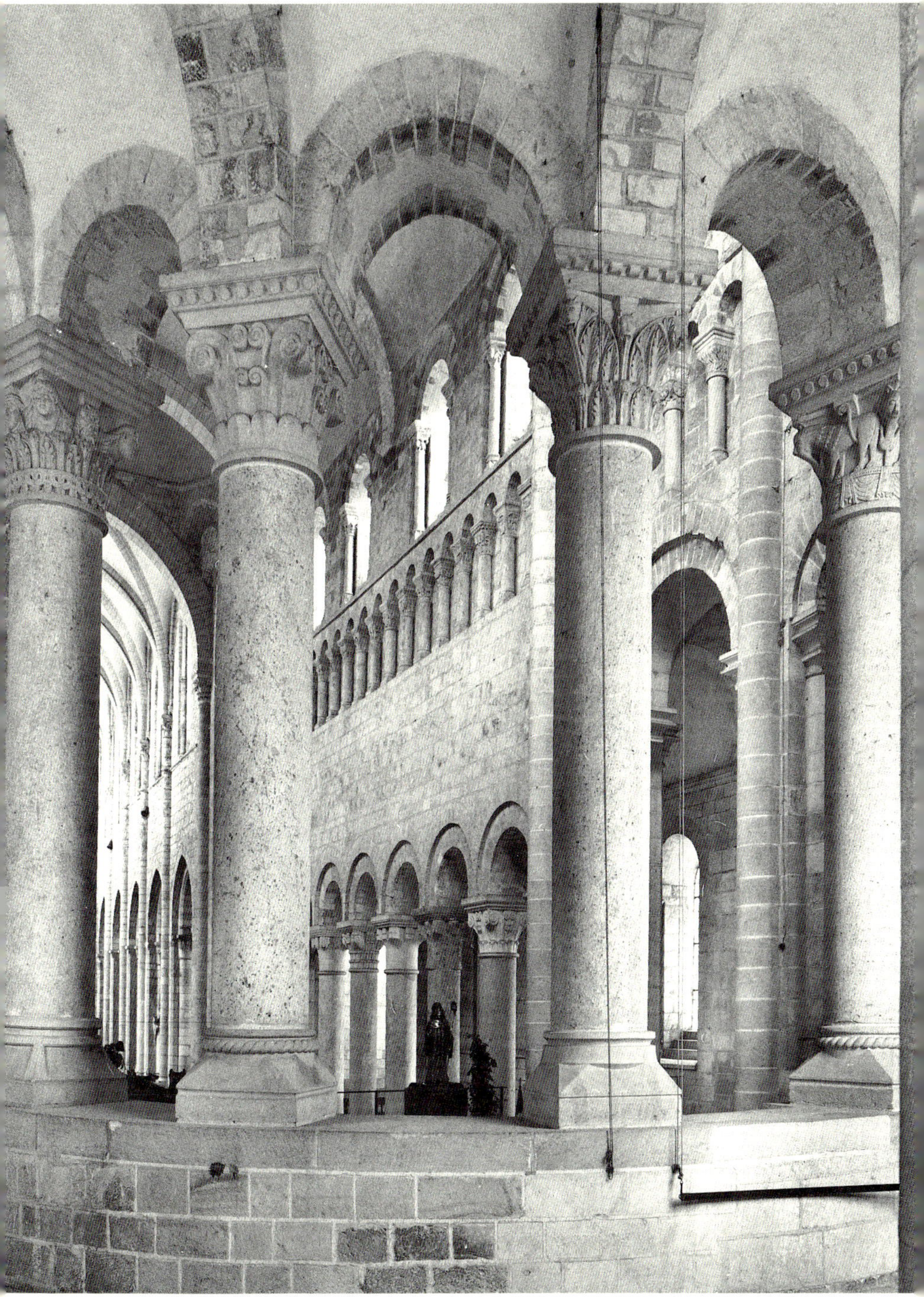

34 Rechts: Der hl. Jakobus, von Pilgern verehrt. Siegel der »Confrérie des Pèlerins du Bienheureux Saint Jacques«. Paris, Archives Nationales

35 Unten: Christogramm mit zwei Löwen als Sinnbildern Christi. Links ein sich niederwerfender Mann als reuiger Sünder, der gegen eine Schlange kämpft. Jaca, Kathedrale, Tympanon des Westportals, um 1100

36 Oben: Burgos, Torbekrö-
nung am ehemaligen König-
lichen Pilgerhospiz,
16.–17. Jh.

37 Oben: Christus unter den Aposteln und der ungläubige Thomas. Silos, Santo Domingo, Pfeilerrelief im Kreuzgang, Ende 11. oder Anfang 12. Jh.

38 Unten: Doppelkapitell
Silos, Santo Domingo, Nord-
flügel des Kreuzgangs, um
1085—1100

39 Unten: Doppelkapitell
Silos, Santo Domingo, Süd-
flügel des Kreuzgangs um
1100

40 Ganz unten: Kreuzgang
des Klosters Santo Domingo
in Silos, Ende 11. oder Anfang 12. Jh.

42 Oben: León, San Isidoro,
Hauptportal. Im Tympanon
das Agnus Dei, von Engeln
verehrt, darunter das Opfer
Abrahams

43 Ganz oben: León, Pan-
teón de los Reyes, Königskapelle an San Isidoro, erbaut
um 1054–1067 unter Ferdi-
nand I., von León und Kastilien, Ausmalung um 1167–
1175 oder um 1181–1188

44 Oben links: Kapitell aus
der Königskapelle in León,
Tobias und der Fisch, um
1054–1067

45 Oben rechts: Kapitell aus
der Königskapelle in León
rechts vom ehemaligen Eingang zur Colegiata de San
Isidoro, Die Heilung des
Aussätzigen, um 1054–1067

46 Unten: Santiago de Compostela, Kathedrale, um 1078
und um 1090–1128, West-
fassade, 1738–1750

47 Nächste Seite: Santiago
de Compostela, Langhaus der
Kathedrale, 1. Viertel
12. Jh.

48 Vorhergehende Seite:
Santiago de Compostela,
Puerta de las Platerías (»Tor
der Goldschmiede«) im südlichen Querhaus, angelegt
um 1105, verändert nach
1117

49 Santiago de Compostela,
Kathedrale, Pórtico dela
gloria, westliche Vorhalle,
vollendet 1188 durch Meister
Mateo. Am Gewände Apo-
stelzyklus, am Mittelpfeiler
thronend der hl. Jakobus

50 Der hl. Jakobus d. Ä. als Apostel zwischen zwei Baumstämmen. Santiago de Compostela, Kathedrale, Puerta de las Platerías

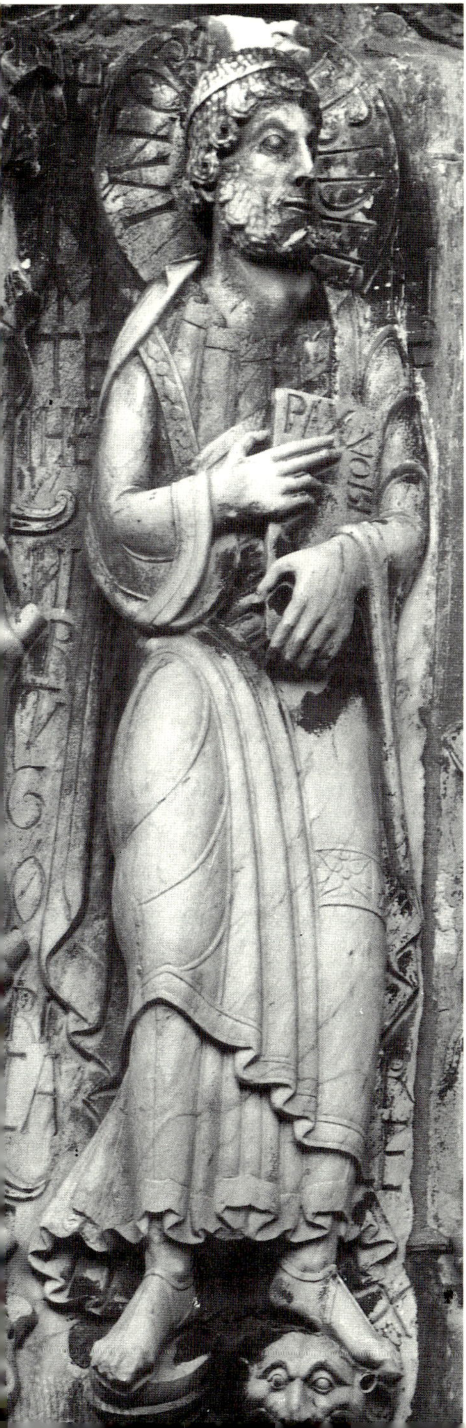

51 Unten: König David musizierend. Santiago de Compostela, Kathedrale, Puerta de las Platerías

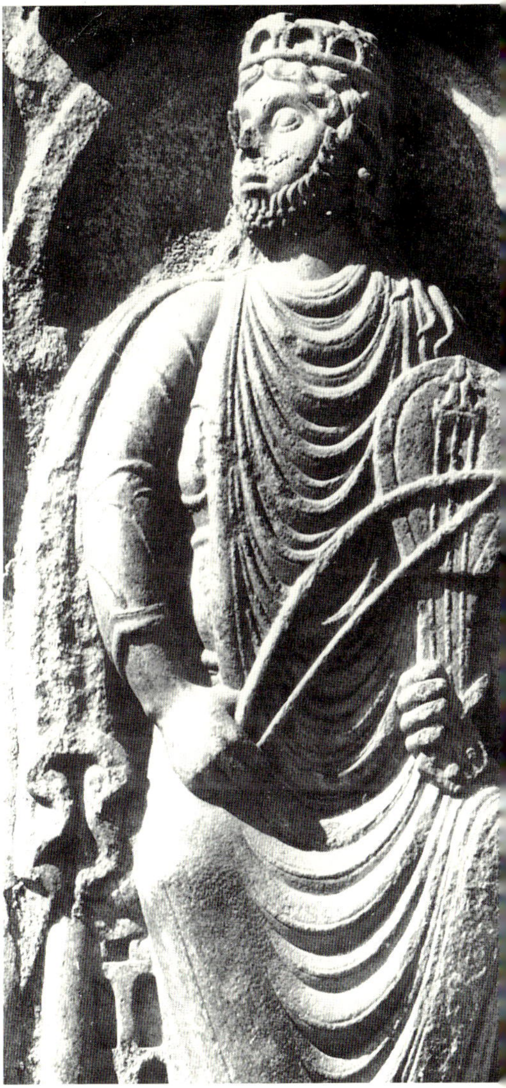

52 Folgende Seite: Der hl. Jakobus d. Ä. aus dem Windsheimer Altar (Zwölfbotenaltar), 1507–1509 von Tilman Riemenschneider. Heidelberg, Kurpfälzisches Museum

Cluny abhingen und vom Orden unterstützt wurden, und den Grafen von Nevers, die das Kloster in ihre Gewalt bringen wollten, kam es zu heftigen Auseinandersetzungen. Die Einwohner der Stadt, die nach Selbständigkeit strebten und davon überzeugt waren, daß der Abt zu hohe Abgaben von ihnen fordere, erhoben sich gegen ihn. Der Papst und der König von Frankreich mußten eingreifen . . . Dennoch begann man zu jener Zeit mit dem Bau der bis heute erhaltenen Kirche.

Die alte karolingische Basilika wurde im Laufe der Zeit für die in Massen herbeiströmenden Pilger zu klein. Abt Arnaud, der dem Kloster seit 1096 vorstand, beschloß daher, sie durch eine neue zu ersetzen. Er fing wohl mit dem Chor und dem Querhaus an, deren Weihe schon am 21. April 1104 stattfand, doch wurde er 1106 bei einem Volksaufstand ermordet. Die Bauarbeiten kamen wahrscheinlich zum Erliegen, und ein Teil des alten Bauwerks stand noch neben dem neuen, als am 21. Juli 1120, am Vorabend des Festes der hl. Maria Magdalena, in der Abteikirche Feuer ausbrach; die Zahl der Todesopfer war sehr hoch, es sollen mehr als tausend gewesen sein. Abt Renaud ließ den romanischen Chor und das Querschiff stehen und baute das Langhaus, das wir noch heute sehen. Als er Vézelay 1128 verließ, war es noch nicht vollendet. Unter Ponce de Montboissier, der die Abtei von 1138 bis 1161 leitete, erlebten das Kloster und die Wallfahrt ihren Höhepunkt; der oben zitierte *Pilgerführer*, beredter Widerhall der Beliebtheit von Vézelay, ist also in den Beginn seiner Amtszeit zu datieren. Als die Kirche fast fertig war, verlängerte man sie um 1140—1150 durch ein rasch ausgeführtes Vorschiff.

Am Ostersonntag, dem 31. März 1146 — das vielleicht berühmteste Datum in der Geschichte von Vézelay — ruft der hl. Bernhard von Clairvaux in seiner Predigt vor der Menge der Gläubigen, die sich am Abhang des Hügels drängen, zum Kreuzzug auf, mit der Forderung an die Christen, die Heiligen Stätten zurückzuerobern. Ludwig VII. und Robert de Dreux nehmen das Kreuz. Ebenfalls in Vézelay vereinbaren Philipp August II. und Richard Löwenherz, im Juli 1190 gemeinsam den dritten Kreuzzug zu unternehmen.

Die Abteikirche war um 1160 so gut wie fertiggestellt, aber Girard d'Arcy, der das Kloster von 1171 bis 1198 leitete, ließ Artauds Querschiff und Chor abreißen und ersetzte sie durch einen Bau im neuen gotischen Stil, der ein Hymnus an die Freude und ein Fest des Lichts war. Im 13. Jahrhundert wurde die Fassade mit einem Turm versehen und erhielt in der Mitte ein großes Fenster; ein weiterer Turm war dem südlichen Seitenflügel aufgesetzt worden.

Doch plötzlich verlor Vézelay an Bedeutung. Die Echtheit der

Magdalenen-Reliquien wurde in Frage gestellt. Schon 1050 hatte die Abtei Saint-Maximin behauptet, die einzige zu sein, die sie verwahre. Im Jahr 1260 verstärkten sich die Zweifel. 1279 ordnete Karl von Salerno, der Graf der Provence werden sollte, die Öffnung des Sarkophags in Saint-Maximin an: Ein Leichnam wird darin gefunden, von dem man erklärt, es sei die sterbliche Hülle der Magdalena. Das ist für Vézelay der Ruin, denn von dieser Zeit an gehen die Pilgerscharen zurück, schwindet der Reichtum; was bleibt, ist nur die in der lieblichen Landschaft gelegene, vollendet schöne, aber zwecklos gewordene Abteikirche.

Die Jahrhunderte vergehen, immer wieder wird die Abtei verwüstet und dann aufgegeben. 1537 zogen die Mönche weg und fünfzehn Chorherren nahmen ihren Platz ein. Die Klostergebäude wurden während der Revolution geschleift. Die Kirche aber wurde von Mérimée gerettet und von einem Baumeister restauriert, der mit seinen dreißig Jahren schon einen Namen hatte: Eugène Viollet-le-Duc. Seit 1840 leitet er die Instandsetzungsarbeiten und ist mit der Sicherung des Bauwerks bis 1859 befaßt. Zu Unrecht greift man sein Werk an, das viele als aussichtsloses, da viel zu riskantes Unterfangen ansahen. Aber auch wenn er weniger geschickt und sachkundig vorgegangen wäre, bliebe man ihm zu Dank verpflichtet, denn ohne ihn gäbe es Vézelay heute nicht mehr. Die Restaurierung der Skulpturen, unter der Leitung Pascals 1850 begonnen, war weniger glücklich als die des Bauwerks. Einige Kapitelle wurden ausgebaut und durch Kopien ersetzt, während man für das Tympanon und den Türsturz des Mittelportals, die 1793 verstümmelt und zerschlagen worden waren, nur schwer vertretbare Schöpfungen anbrachte. Heute haben die Touristen die Pilger des Mittelalters abgelöst. Man wünschte sich, daß sie über die formale Schönheit hinaus auch die Landschaft und das Bauwerk nachhaltig verstünden.

Im Narthex zeigt das Tympanon des Hauptportals (um 1125–1140) eine Kombination zweier Szenen, die Aussendung der Apostel vor der Himmelfahrt und die Ausgießung des Heiligen Geistes an Pfingsten. In Radialnischen, am Türsturz und in einem breiten Band an den Archivolten drängen sich die Völker der Erde, denen die Apostel die frohe Botschaft verkünden. In den Nischen sind die Monate und die Tierkreiszeichen zu sehen. Von den Kapitellen sind insbesondere das mit Sauls Opfer und das mit der Salbung Davids bemerkenswert . . . Auf dem Mittelpfeiler sind Johannes der Täufer und zwei Apostel über einer Säule dargestellt. Selten ist der Hauch des Heiligen Geistes so geglückt gestaltet worden: Vor diesem Tympanon vergißt man seine architektonische Vollkommenheit, die meisterliche Komposition, die Ausdruckskraft der einzelnen Figuren — es ist vor allem die Gesamtwirkung, die einen in Bann schlägt.

Wenn man dann durch das Innenportal das romanische Langhaus betritt, nehmen den Besucher die Erhabenheit des Raums und das Licht im gotischen Chor gefangen. Die Vielfalt der auf den Kapitellen abgebildeten Themen ist groß: die Erziehung des Achilles, Lehrer und Schüler, die vier Paradiesflüsse, die Entführung Ganymeds, die Bekehrung des hl. Eustachius, die Winde, Jakobs Kampf mit dem Engel, die Legende des hl. Benedikt . . . Ein Altar im südlichen Querarm ist vielleicht der ursprüngliche Sarkophag der hl. Magdalena. Die Krypta, in der er vorher stand, existierte bereits in karolingischer Zeit, aber sie wurde später im gotischen Stil umgebaut. Wir betrachten noch zwei eindrucksvolle Skulpturenzyklen im romanischen Stil: Am nördlichen Seitenportal sind das Erscheinen des Erlösers bei den Emmausjüngern und die Apostel nach der Auferstehung zu sehen, und am südlichen Seitenportal Szenen aus dem Leben Mariens und der Kindheit Jesu. Danach wenden wir uns wieder der einmaligen Schönheit von Vézelay zu: dem Einklang von Kunst und Landschaft.

# LE PUY

*Die Sarazenen des Abendlands ... machen Unserer Lieben Frau von Le Puy Geschenke, damit sie ihre Felder und sie selbst vor Blitz und Unwetter bewahre.*

Speculum morale

Welch großartigen Anblick muß die so ungewöhnlich gelegene Stadt mit den starken Wällen und den zahlreichen Anklängen an orientalische Bauformen allen Jakobspilgern, allen Reisenden geboten haben! Die Innenstadt hat sich seit dem Mittelalter erheblich verändert, aber die grandios-bizarre Vulkanlandschaft ist dieselbe geblieben, und zwei Kirchen sind trotz mannigfacher Umbauten nach wie vor sehenswert: die romanische Kathedrale und, auf ihrer Felsnadel, Saint-Michel d'Aiguilhe.

Die gewundenen Straßen mit dem schadhaften Pflaster beschwören in uns die Erinnerung an die Prozessionen von einst herauf, die zu Ehren der schwarzen Jungfrau von Le Puy veranstaltet wurden. Nach einem gemächlichen Aufstieg durch die Rue des Tables und über die große Treppe betrachten wir die Kathedrale, und es kommt uns wieder die subtile Analyse des Bauwerks in den Sinn, die Émile Mâle 1923 veröffentlichte: Ihre »seltsame polychrome Fassade«, sagte er, »erweckt, vor jeder anderen Überlegung, einen vagen Eindruck von Orient. Aber in dem wunderbaren Kreuzgang, einem der schönsten des christlichen Europa, wird dieses unbestimmte Gefühl zur Gewißheit: Die Arkaden mit den abwechselnd schwarzen und weißen Bogensteinen lassen an die weiß-roten Bögen der Moschee von Córdoba denken; die Farben sind zwar verschieden, aber der Eindruck von Großartigkeit ist der gleiche.«

Danach führt er die arabischen Elemente auf, die er in der Kathedrale entdeckt hatte und die für ihn eindeutig an die bestechende Kunst von Córdoba erinnern. Kleeblatt- und Zackenbögen an der Fassade sind nur aufgesetzt wie ein Wandschmuck, und die seitlichen Arkaden in der unteren Partie bestehen aus Hufeisenbögen. Treten wir nun in die Vorhalle ein. Zwei geschnitzte Holztüren, die vermutlich aus dem 12. Jahrhundert stammen, zeigen im Flachrelief Themen aus der Kindheit und der Passion Christi; die Personen wirken wie einfache Umrisse, die aus dem Hintergrund herausgeschnitten wurden. Man sieht sogar ein Band aus kufischen Schriftzeichen. Am Scheitelpunkt des Nordtors steht zu lesen: *Gauzfredus me fecit Petrus edi ...* Wenn dieser »Petrus« ein Bischof von Le Puy ist, kann es Petrus III. (1145–1155) oder Petrus IV. (1159–1189) sein. Aber wer war dieser Gauzfredus, der

in seine Plastik eine fremde Kunst einbrachte? Im südlichen Querhaus kann man ebenfalls Vergleiche ziehen. Die aufeinandergesetz-
ten Bögen an der Außenseite erinnern an Córdoba. Die Mauer ist in
der oberen Partie mit einem schwarz-weißen Mosaik geschmückt,
dessen Muster und Wirkung den maurischen Fliesen gleichen. Der
separat stehende Glockenturm schließlich weist kleeblattförmige
Öffnungen auf wie die Minarette.

Émile Mâle hatte also die starken arabischen oder maurischen
Elemente in der Kathedrale von Le Puy ganz richtig erkannt.

Élie Lambert zeigte Ähnliches in bezug auf den Baustil des
Gotteshauses auf und wies, von einer Studie Gabriel Brassarts
ausgehend, darauf hin, daß die Fassade beträchtliche Veränderungen
erfahren hat; sie »ist, so wie wir sie heute sehen, erst im 17. Jahrhundert gebaut worden; vielleicht wollte man mit ihr eine andere
ältere Fassade nachbilden, die sich bis dahin weiter hinten
befand . . .« Eine andere Frage werfen die auf Trompen ruhenden
Kuppeln des Hauptschiffs auf. Schließlich — eine wichtige Anmer-
kung — »erinnert der sehr eigenartige Chor der Kirche, deren
ältester und eigenständigster Teil er zweifellos ist, vom Grundriß
her sehr stark an den Chor der asturischen Kirchen, von dem heute
noch eine schlichte Fassung in Santullano de los Prados existiert.
Nach demselben Plan wurden in vorromanischer Zeit die ersten
Kathedralen von Oviedo und Compostela erbaut«. Die Bemerkung
erhält besonderes Gewicht, wenn man bedenkt, daß das Chorhaus
von Le Puy im vergangenen Jahrhundert fatalerweise erhöht und
umgebaut worden ist.

Als man Mitte des 12. Jahrhunderts die Kathedrale vergrößerte,
tat man es vor allem an der Hangseite, was sehr mühsam war. Die
Treppe zur Hauptfassade endete bis zum späten 18. Jahrhundert vor
dem Altar.

An den Pilgerstraßen Frankreichs besitzen nur wenige Kirchen
solche Suggestivkraft wie die Kathedrale von Le Puy. Man fühlt sich
fast gezwungen, über Geschichte und Glauben zu meditieren. Die
verehrte Muttergottes — die Originalplastik wurde in der Französischen Revolution vernichtet — befindet sich über dem Hauptaltar.
Wir betrachten auch das Fresko der freien Künste aus dem späten
15. Jahrhundert in der Reliquienkapelle und in der Sakristei die
Bibel des Bischofs von Orléans, Theodulf (794–798). Sehenswert ist
auch der Kreuzgang aus dem 12. Jahrhundert mit herrlichen Arkaden und einem berühmten schmiedeeisernen Gitter.

Wir verlassen die Kathedrale durch den *Porche du For* und
schlendern durch die Altstadt, dann machen wir uns auf den Weg
zur Kapelle Saint-Michel d'Aiguilhe. Nach einem beschwerlichen

Aufstieg endlich auf der letzten Treppenstufe angelangt, bewundern wir die Fassade: der von Ranken umgebene Kleeblattbogen des Portals ist einem rechteckigen Feld einbeschrieben; ein weiß-rotes Mosaik bedeckt die gesamte obere Partie: auch hier haben wir den Orient vor uns. Auf jeder Seite sieht man weiße und schwarze Bogensteine und gelappte Bogen, die ein Steinmosaik einrahmt. Das Maurische, das hier, so weit von seinem Ursprung entfernt, poetisch und fremdartig wirkt, ist jedoch nur einer der Reize der Kirche. Als Heiligtum des hl. Michael wurde sie am 18. Juli 962 geweiht; sie hatte einen quadratischen Grundriß und besaß drei Konchen. Im 12. Jahrhundert wurde das alte Bauwerk erweitert, indem man ihm eine Art Narthex und einen ellipsenförmigen Säulenumgang vorsetzte. Mit seinem komplexen Grundriß und der stark perspektivischen Raumwirkung, dem Spiel der Säulen, den schönen Kapitellen und den Überresten der Wandmalereien ist diese Kapelle ein eigenartiges, faszinierendes Bauwerk.

Für den Santiago-Reisenden ist Le Puy deshalb so bedeutungsvoll, weil es einst als einer der Sammelpunkte für die große Spanien-Pilgerfahrt galt. War nicht Godeschalk einer der ersten Pilger gewesen? Wir wandern hier auf Pfaden, zwischen uralten Bauwerken hindurch, die im christlichen Glauben eine große Rolle spielten. Und es ist gut, daß wir gerade zu Beginn unserer Reise diese Synthese aus christlicher und maurischer Kunst kennenlernen. In einem Schatz arabischer Münzen, der in Spanien gefunden wurde, entdeckte man eine Münze aus Le Puy, die gelocht war, was bedeutete, daß sie als Schmuck an der Halskette eines Mohammedaners gehangen hatte. Ein Text vom Ende des 13. Jahrhunderts, das *Speculum morale*, bestätigt eine erstaunliche Tatsache: »Die Sarazenen des Abendlands [. . .] machen Unserer Lieben Frau von Le Puy Geschenke, damit sie ihre Felder und sie selbst vor Blitz und Unwetter bewahre.« Dies beweist wieder einmal den anhaltenden geistigen und künstlerischen Austausch zwischen Christentum und Islam, die stets neue Komplexität unseres Mittelalters [. . .] Wenn Godeschalk nach Spanien gereist ist, können sehr wohl auch Muselmanen die Pyrenäen überschritten und unser Land kennengelernt und Franzosen sich in die herrliche Stadt Córdoba begeben haben.

Nichts, was den Menschen und seine Kultur angeht, ist einfach, stets gibt es die vielfältigsten Beziehungen zwischen Kulturen, die man einander feindlich gesonnen glaubt, zwischen Menschen, die zwar Feinde waren, aber gegenseitig Anleihen machten.

# SAINTE-FOY IN CONQUES

*Die »Majestät« St. Fides befindet sich noch immer in Conques,*
*wie zur Zeit des Scholarchen Bernard . . .*

Émile Mâle, L'art religieux du XII<sup>e</sup> siècle en France

Die »Majestät«, eine goldene Statue der hl. Fides aus den finsteren
Jahrhunderten des Mittelalters, die im Kirchenschatz von Conques
aufbewahrt wird, hat Émile Mâle zu einigen seiner schönsten
Textpassagen angeregt: »Rund um sie«, schreibt er, »war eine
Aureole von Wundern, strahlender noch als das schimmernde Gold.
Wütete eine Plage in der Umgebung, gab es Unstimmigkeiten
zwischen zwei Städten, machte ein Baron der Abtei eine ihrer
Domänen streitig, verließ die Heilige, von einem Pferd mit beson-
ders ruhiger Gangart getragen, unverzüglich das Gotteshaus. Um
sie herum ließen junge Geistliche Zymbeln und Elfenbeinhörner
erklingen. Hoheitsvoll bewegte sie sich vorwärts wie einst die
*Magna Mater,* als diese Berge noch heidnisch waren. Überall, wo sie
vorüberkam, stellte sie die Eintracht wieder her, sorgte sie für
Frieden; die Wunder waren so zahlreich, daß die Mönche mit dem
Aufschreiben kaum nachkamen. Der Heiligen gefiel es vor allem,
Gefangene zu befreien; am Portal von Conques sieht man sie
niedergeworfen vor der Hand Gottes: Zweifellos betet sie für die
Gefangenen, denn hinter ihr hängen Eisen als Votivgaben. Die
Statue der hl. Fides wurde bis weit über die Grenzen des Rouergue
hinaus getragen; man sah sie auch in der Auvergne und in der
Gegend von Albi. Jeden Abend wurde ein Zelt aufgeschlagen, in
dem man ihr ein Lager aus Laub richtete.«

Conques mit seiner berühmten Kirche, seinem Kirchenschatz
und der »Majestät« erfreut sich, obwohl oder vielleicht gerade weil
es so abseits in den Bergen des Rouergue gelegen ist, seit einigen
Jahren neuer Beliebtheit. Nachdem die rosa Kathedrale von Rodez
aus dem Blickfeld verschwunden ist, nähert man sich auf einer
schmalen windungsreichen Straße dem großen Dorf, das, wenn man
es nicht gerade in den Monaten Juli und August besucht, so
abgelegen wirkt, als sei hier das Ende der Welt. Aber dieses »Ende
der Welt« gefällt uns über alle Maßen, denn wir fühlen uns
zurückversetzt in eine ferne Vergangenheit, verbringen ein paar
Stunden in diesem einstigen Etappenort der Jakobsbrüder, im Schatten eines der poetischsten Baudenkmäler des Mittelalters.

Laut einer Urkunde Ludwigs des Frommen aus dem Jahr 819
geht Conques auf ein Oratorium zurück, das dem Erlöser geweiht
war. Von den Sarazenen zerstört, wurde es von Pippin dem Kurzen

und Karl dem Großen wieder aufgebaut, die außerdem für den Einsiedler Dadon eine Unterkunft bauten und eine Mönchsgemeinschaft ansiedelten. In dieser Urkunde garantierte Ludwig der Fromme dem Kloster seinen Schutz und unterstellte es der Benediktinerregel. 838 schenkte ihm Pippin II., König von Aquitanien, Ländereien in Figeac im kleinen Tal des Célé. Diese Schenkung sollte indirekt der Grund für seinen Reichtum werden. Das neue Kloster am Célé besaß nämlich fruchtbare Äcker und war leicht zugänglich, ganz im Gegensatz zu dem alten abgelegenen Konvent, der allmählich verfiel. Schon bald kamen die Mönche auf die Idee, mit Hilfe bekannter Reliquien Gläubige anzulocken, ein Mittel, das sich in den folgenden Jahrhunderten als sehr wirksam erweisen sollte. Beim ersten Versuch, als sie die Gebeine des hl. Vinzenz von Saragossa entwenden wollten, scheiterten sie. Dann gelang es ihnen jedoch, den Leichnam des hl. Vinzenz von Pompéjac in der Gascogne an sich zu bringen, aber dieser redliche lokale Heilige war nur mäßig geeignet, zahlreiche Pilger herbeiströmen zu lassen. Das Meisterstück war die bereits erwähnte Tat des Mönchs Ariviscus: Im Auftrag seines Superiors Dazius stahl er in Agen den Leichnam der hl. Fides, die 303 in dieser Stadt das Martyrium erlitten hatte, und brachte ihn nach mehreren Jahren schließlich am 14. Januar 866 nach Conques.

Von da an hatte die Abtei ausgesorgt. Es geschahen zahlreiche Wunder, immer mehr Pilger kamen. Um 980 wurde ein gewisser Guilbert, dem die Augen herausgerissen worden waren, dank der Fürsprache der Märtyrerin wieder sehend. Die Kunde von dem Wunder drang bis nach Angers. Bernard, seit 1010 Scholarch dieser Stadt, reiste dreimal nach Conques und schrieb den *Liber miraculorum sancte Fidis*. Das Kloster wurde sehr wohlhabend und unterhielt ständige Beziehungen zu Spanien. Zwischen 1041 und 1050 begann man mit dem Bau der heutigen Kirche. Eine Goldschmiedewerkstatt stellte im Kloster selbst zunächst nach byzantinischen Vorbildern sakrale Gegenstände und Emailarbeiten her, die, wie man weiß, in der Entwicklung, die in die Grubenschmelzkunst von Limoges mündete, richtungweisend waren. Bedeutende Äbte standen der Gemeinschaft vor: Odolric (um 1030—1065), Stephan II. (1065—1087), Begon III. (1087—1107) und Bonifatius (1107—1119).

Im 13. Jahrhundert bleibt die Abtei ebenso mächtig wie im vorangegangenen. Aber im 14. und 15. Jahrhundert ist ihr Niedergang nicht mehr zu übersehen. Das Kloster leidet unter den Religionskriegen. Während der Französischen Revolution retten die Einwohner der Umgebung den Kirchenschatz, indem sie ihn bei sich verstecken. Doch die Klostergebäude und der Kreuzgang werden zum größten Teil zerstört. Im Juni 1837 entdeckt Prosper Mérimée Conques, läßt es unter Denkmalschutz stellen und instandsetzen. Die oberen Stockwerke der Fassadentürme wurden wiederaufgebaut (1874–1879). Die Denkmalpflege hat jüngst die Ruinen des Klosters und des Kreuzgangs neu gestaltet und den Kirchenschatz nach einer minuziösen Restaurierung neu präsentiert.

In dem stufenförmig ansteigenden Dorf Conques angelangt, kann man die Abteikirche entweder von oben betrachten – wobei man besonders der Schönheit des Gesamtbauwerks und des Chores gewahr wird – oder sie nach einem Spaziergang durch die Straßen entdecken. Steht der Betrachter auf dem kleinen Platz vor der Hauptfassade, wird ihm sofort klar, daß es sich bei dem Tympanon um eines der bedeutendsten Werke der romanischen Plastik (um 1130–1135) handelt. Es steht den Tympana der auvergnatischen Kirchen, der Kunst des Languedoc, den großen Sakralbauten von Vézelay, Autun, Moissac, Beaulieu und Compostela nahe. Dennoch besitzt es eine profunde Eigenständigkeit, wie man sehr bald merkt. Das Jüngste Gericht ist erstaunlich ausgewogen und lebendig zugleich gestaltet. Der thronende Christus als Weltenrichter sitzt im Zentrum; ihm zu Füßen sieht man zwei rauchfaßtragende Engel, über ihm halten zwei weitere Engel das Kreuz. Zu seiner Rechten, also im linken Abschnitt, das heitere, wohlkomponierte Paradies. Unter dem Erlöser, in dem Zwickel zwischen dem Portalsturz und dem eigentlichen Tympanon, ist die Erweckung der Toten dargestellt; zu unserer Linken ist auch die hl. Fides mit ihrer Kirche zu sehen. Zu unserer Rechten, das heißt links von Christus, die Höllenmartern, aber weniger wie in der *Göttlichen Komödie*, sondern mehr wie in unseren drastischen Fabliaux, jenen altfranzösischen Verserzählungen. Die Unglücklichen erleiden alle möglichen Qualen; das buhlerische Paar hat ein und denselben Strick um den Hals, der Geizige hängt an einem Baum . . . Diese Szenen, von zahlreichen lateinischen Daten begleitet und erläutert, sind mit einer deftigen, in ihrer Art einmaligen Poesie dargestellt.

Man träumt von der Zeit, in der dieses Jüngste Gericht farbig gefaßt und vergoldet war. Welch ein faszinierender Anblick für die Pilger, die endlich das mitten in einer unzivilisierten Gegend gelegene Conques erreicht hatten!

Im dunklen Kircheninnern betrachten wir lange die lebensgroßen Skulpturen: eine Verkündigung, Jesaia und Johannes der Täufer, und die archaischen, manchmal schon etwas weiter entwickelten Kapitelle.

Die anmutigen und zugleich starken neun Gitter, die den Chor abschließen und ungefähr um 1200 entstanden sind, setzen sich aus Spiralen, Voluten und Drachenköpfen zusammen.

Beim Verlassen der Abteikirche sehen wir uns die Bogennischen an der Außenseite des Langhauses an, dann besichtigen wir den Kirchenschatz in den noch existierenden Abteigebäuden. Diese Sammlung von Kunstgegenständen ist zweifellos in Frankreich einmalig, sowohl wegen der Qualität der Exponate, von denen viele aus dem Früh- und Hochmittelalter stammen, als auch aufgrund ihrer Zahl und ihrer Herkunft, denn der größte Teil wurde an Ort und Stelle gefertigt und hat die Abtei nie verlassen.

Die »Majestät« der hl. Fides befindet sich in einem eigenen Raum am Ende einer Art Galerie, wo der übrige Kirchenschatz ausgestellt ist. »Goldschimmernd und eldelsteingeschmückt sitzt sie auf ihrem Thron, auf dem Haupt eine geschlossene Krone in einer sehr alten Form; lange Ohrgehänge reichen ihr bis zu den Schultern; in jeder Hand hält sie vorsichtig zwischen zwei Fingern zwei kleine Tüllen für Blüten; in das Gold des Kleides sind da und dort schöne antike Kameen eingelassen« (Émile Mâle). Die Statue, deren eigenartige Schönheit weniger die einer Märtyrerin als eines nach Huldigungen gierenden Götterbildnisses ist, hat man um das Jahr 985 anzusetzen. Aber sie weist einige Elemente auf, die aus anderen Epochen stammen. Der wahrscheinlich antike Kopf entstand vermutlich im 4. oder 5. Jahrhundert. Aus dem 13. Jahrhundert ist das Triptychon auf der Brust, aus dem 14. der Gürtel aus Perlen und durchscheinendem Email, der vielleicht in Paris in den Werkstätten Guillaume Juliens hergestellt wurde, aus dem 15. die große Agraffe am Halsgeschmeide.

Das Reliquiar des Pippin von Aquitanien ist das älteste Werk in dieser außergewöhnlichen Sammlung, denn man datiert es in die Zeit Ludwigs des Frommen, König von Aquitanien von 817–838. Es ist ein rechteckiges Kästchen mit Giebeldach, verziert mit einer Kreuzigung und prächtigen Vögeln, deren Flügel emailliert sind; durch kleine Fenster konnten die Gläubigen die Reliquien sehen. Wie damals üblich, wurde die Holzlade mit Goldblech überzogen.

Ein Tragaltar wurde, laut seiner Inschrift, von Bégon gestiftet und 1100 von Ponce, Mönch von Conques und Bischof von Barbastro, geweiht. Er besteht aus einer roten Porphyrplatte und zeigt auf der Stirnseite unter Rundbogenarkaden Christus, die Muttergottes und einige Heilige. Ein zweiter Tragaltar aus orientalischem Alabaster ist mit zehn *Cloisonné*-Arbeiten besetzt, die ebenfalls Christus, die Heilige Jungfrau und verschiedene Heilige, darunter die hl. Fides darstellen.

Das Reliquiar des Bégon oder die Laterne des hl. Vinzenz in Gestalt eines Türmchens, das des Papstes Paschalis II., ein anderes Reliquiar, das »A Karls des Großen«, die emaillierten Scheiben des Schreins der hl. Fides mit deren Reliquien, der 1875 in dem Mauerwerk entdeckt wurde, das man nach dem Brand von 1561 zur Sicherung der Apsis errichtete – alles Gegenstände aus dem hohen Mittelalter, die wahrscheinlich da hergestellt oder umgearbeitet worden sind, wo sie sich noch heute befinden.

Diese Goldschmiedearbeiten sind nicht nur von erlesener Schönheit, sondern auch historisch sehr informativ: Sie beweisen, daß im Mittelalter antike Gemmen und Kameen wiederverwendet wurden und daß man selbst zeitgleiche Objekte zerstörte oder zerlegte, um andere damit zu schmücken oder einfach nur, um neue daraus herzustellen. Bei der jüngsten Restaurierung des Schatzes fand man die Erklärung für das scheinbare Rätsel, warum sich auf mehreren Goldschmiedearbeiten Stücke aus verschiedenen Epochen befanden: Sie stammten von Gegenständen, die man vernichtet und teilweise wieder benutzt hatte. Von der »Majestät« hat man kleine Emailteile eines Evangeliar-Deckels aus dem 12. Jahrhundert abgenommen, der wiederhergestellt wurde und gesondert zu sehen ist, und eine Platte aus dem 8.–9. Jahrhundert, ebenfalls eine Emailarbeit; diese Platte, die man vom Rücken der hl. Fides entfernte und die einen Christuskopf zeigt, wurde mit Bruchstücken zusammengelegt, die an anderen Objekten gefunden worden waren: Das Ganze scheint Teil eines Altarvorsatzes gewesen zu sein und bildet nun einen kostbaren, seltenen Kunstgegenstand. Vom Reliquiar des Pippin hat man ebenfalls zwei Goldplatten abgenommen; die eine, mit einer Kreuzigung, ist gesondert ausgestellt, die andere wurde wieder am Reliquiar angebracht.

Den Goldschmiedearbeiten aus dem 13. bis 16. Jahrhundert scheint trotz ihrer künstlerischen Qualitäten das Geheimnisvolle zu fehlen, das den besonderen Reiz der Stücke aus dem Früh- und Hochmittelalter ausmacht. Nicht mehr in Conques, sondern in der Nähe wurde die entzückende Silberstatuette der hl. Fides mit dem Schwert und dem Rost, auf dem sie starb, und der Palme ihres Martyriums angefertigt, ebenso das große Prozessionskreuz, das Christus zwischen der Muttergottes und dem hl. Johannes und auf der Rückseite die hl. Fides und die Evangelisten zeigt: Diese Arbeiten stammen aus der Werkstatt Pierre Frechrieus und Huc Lenfans in Villefranche-de-Rouergue; die Statuette entstand 1493–1497, das Kreuz 1498–1512.

Zwischen der barbarischen »Majestät« und ihrem edelsteinbesetzten goldenen Gewand, reizvolle Synthese der Kunst mehrerer

Jahrhunderte, und der entzückenden, jungfräulich-anmutigen Silberstatuette mit dem gesammelten, ja fast schüchternen Gesichtsausdruck, kann man sich Gedanken über die ikonographische und mehr noch über die geistige Entwicklung des Mittelalters machen und dabei die Seele dieser Epoche zu erfassen versuchen.

Für den heutigen Jakobspilger ist Conques auf französischem Staatsgebiet vielleicht die wichtigste Station, sowohl wegen der Verbindung der Abtei zu Spanien und zur Pilgerfahrt, als auch wegen seiner Schönheiten, für die der Reisende bei jedem Besuch empfänglicher wird.

# Nach Toulouse und in die Pyrenäen

*Hinter dem Portalvorbau von Moissac öffnet sich ein Kreuz-*
*gang, der mit seinen großen Bäumen, seinen Blumen, seinen*
*durchsichtigen Schatten der poetischste ist, den es heute in*
*Frankreich gibt.*

Emile Mâle, *L'art religieux du XII^e siècle en France*

Auf dem Weg von Conques in Richtung Toulouse und Pyrenäen
wählen wir eine abwechslungsreiche Route, die mit keiner der im
*Pilgerführer* aus dem 12. Jahrhundert vorgeschlagenen überein-
stimmt, aber unserem Wunsch entgegenkommt, die berühmtesten
und mit der Wallfahrt nach Santiago in engstem Zusammenhang
stehenden Bauwerke zu besichtigen.

Das um 1130–1140 skulptierte Portal der Kirche der alten
Benediktinerabtei Beaulieu-sur-Corrèze bereitet uns auf den unvergleichlichen Glanz des Portals von Moissac vor, von dem es inspiriert wurde. Grauenerregend wirkt das majestätische Tympanon,
auf dem das Jüngste Gericht dargestellt ist; vor dem von Engeln
gehaltenen Kreuz breitet Christus die Arme aus und zeigt seine
Wundmale. Der Mittelpfeiler ist mit gelängten Prophetengestalten
geschmückt. Die von den Hugenotten verstümmelten Gewändefiguren sind im Lauf der Jahrhunderte stark verwittert; sie stellen die
Völlerei, den Geiz, die Wollust, die Versuchung Christi und Daniel
in der Löwengrube, dem Habakuk Essen bringt, dar.

Wir nehmen nun die Straße nach Rocamadour. Der Legende
nach kam der Zöllner Zachäus, der Christus in sein Haus aufgenommen hatte, zusammen mit dem hl. Martial nach Gallien; er landete
in Soulac, an der Girondemündung, und baute, später mit Amadour
verwechselt, an einer Klippe an den Ufern des Arou eine Kapelle,
aus der später Rocamadour wurde. Heute ist der in eine enge
Schlucht hineingekeilte, inmitten einer malerischen, urtümlichen
Natur gelegene Ort ein stark frequentiertes Pilgerziel, in dem es
leider nicht nur Schönes zu bewundern gibt.

Entlang der einzigen Straße haben die dicht an den Fels gedräng-
ten Häuser durch unglückliche Umbauten viel von ihrem ursprünglichen Reiz verloren. Wir laufen durch das alte Dorf und suchen die
verschiedenen Pilger-Sanktuarien. Wir besichtigen die Krypta und
die Reliquien des hl. Amadour und die Erlöserkirche aus dem
12. Jahrhundert; die Kapelle mit dem Gnadenbild der Muttergottes
von Rocamadour; die Michaelskapelle; das Grabmal des hl. Amadour, eine Art Schacht, in den die Besucher auch heute noch, je nach
finanziellen Möglichkeiten, Geldscheine oder kleine Münzen werfen

— und wir finden auch ein Schwert, das angeblich die Kopie von Durandal ist . . . In Rocamadour können die Pilger zugleich die hl. Jungfrau, einen heiligen Einsiedler und das Andenken an Roland verehren.

Ärgerlich ist der viele Kitsch, dem man allenthalben begegnet; Treppen, Kapellen, Devotionalien- und Souvenirläden, dicht neben- und durcheinander, all das beeinträchtigt das Malerische, verhindert fromme Gefühle.

Oder sind wir etwa zu streng? Auf einer endlosen Treppe begegnen wir einer alten Bäuerin, die sich Stufe um Stufe auf den Knien hinaufschleppt zur Jungfrau von Rocamadour. Mit einer automatischen, aber vorsichtigen Bewegung hebt sie dabei jedesmal das abgeschabte Köfferchen nach. Und der naive Glaube dieser armen Frau genügt, dem berühmten Ort zwar nicht seine frühere Schönheit, aber doch zumindest ein wenig seine religiöse Bedeutung zurückzugeben.

Nun begeben wir uns auf die kurvenreiche, romantische Straße, die uns nach Souillac führt. Die Fragmente des romanischen Portals der Kirche, das aus derselben Zeit stammt wie das Portal von Beaulieu, bezeugen ebenfalls die Ausstrahlung von Moissac. An der Rückseite der Fassade aus dem 17. Jahrhundert wieder zusammen-gebaut, entdeckt man darunter Teile von seltener Schönheit. Die Geschichte des Diakons Theophil, der dem Teufel seine Seele ver-kaufte, aber von der hl. Jungfrau gerettet wurde, wird sehr lebendig erzählt. Der Prophet Jesaia geht uns lange nicht aus dem Sinn: Die Statue zeigt ihn in Trance, mit verzücktem Gesichtsausdruck und zerrauftem Bart, kurz bevor er in heilige Raserei verfällt.

In Cahors stellt das Tympanon des Nordportals der Kathedrale im Mittelpunkt Christus in der Glorie zwischen Engeln dar, und an den Seiten in Kassetten die Geschichte des hl. Stephanus; auf dem Sturz sieht man die Jungfrau Maria und einige Apostel. Das Relief, das ungefähr in das Jahr 1150 zu datieren ist, hat ebenfalls sehr viel mit Moissac gemein, bezeugt aber bereits den Einfluß der Île-de-France.

Durch Beaulieu, Souillac und Cahors vorbereitet, können wir an die Meisterwerke herangehen, nämlich den Kreuzgang und das Südportal der alten Abteikirche von Moissac.

Ein Zentrum unvergleichlicher Kunst, eng verbunden mit der Entwicklung der Tolosaner Plastik, so sieht der Historiker die Kirche Saint-Pierre in Moissac; ein berühmtes Bauwerk von nie versiegen-der Schönheit und Aussagekraft, so sieht sie der Schriftsteller.

Durand, der von 1048 bis 1072 der erste cluniazensische Abt des Klosters war, baute den in Trümmern liegenden Konvent wieder auf und erweiterte ihn. 1059 wurde er außerdem noch Bischof von Toulouse, ungefähr zu der Zeit, als man mit dem Bau von Saint-Sernin begann, das übrigens eine Weile Moissac unterstand. Sein Nachfolger Ansquitil, der die Arbeit von 1085 bis 1115 leitete, baute die von seinem Vorgänger begonnenen Gebäude weiter. Ihm verdanken wir den Kreuzgang und dessen Skulpturenschmuck. Dieser entstand zwischen dem Ende des 11. Jahrhunderts bis ungefähr 1110, wie einerseits aus einer Inschrift auf einem Pfeiler in der Mitte des Westflügels, andererseits aus der Chronik des Aimeric de Peyrac hervorgeht. Ende des 13. Jahrhunderts wird der durch die Kriege in Mitleidenschaft gezogene Kreuzgang restauriert, wobei man den gesamten romanischen Figurenschmuck wiederverwendet. Die Vorhalle der Kirche hat eine etwas komplizierte Geschichte. Marcel Aubert faßt sie so zusammen: Das Tympanon und sein Gewände, die sich zur Zeit des Abts Ansquitil, der 1115 starb, von etwa 1100 bis 1120 am Westportal des Turmvorbaus befanden, wurden zwischen 1120 und 1125 am Südportal angebracht. Man fügte einen Marmorsturz mit Rosetten und einen Mittelpfeiler hinzu und schützte das neue Portal durch eine Vorhalle, deren Seitenwände um 1125–1130 in die figürliche Darstellung einbezogen wurden. Das Ganze muß vor 1131 fertiggestellt gewesen sein, dem Jahr, in dem Abt Roger starb, dessen Statue an der Außenwand des Portalvorbaus zu sehen ist.«

Émile Mâle ist – wir brauchen es eigentlich gar nicht zu erwähnen, so berühmt ist dieser Vergleich in der Kunstgeschichte geworden – die ikonographische Erklärung des Tympanons und des Kreuzgangs zu verdanken, die von den Miniaturen einer Handschrift inspiriert sind.

Beatus, jener Abt von Liébana, der die Predigertätigkeit des hl. Jakobus in Spanien herausgestrichen hat, ist auch der Verfasser eines Kommentars zur Johannesapokalypse. Der Text, den die Kirche Spaniens übernahm, wurde in zahlreichen Handschriften kopiert und reich illuminiert. Man wußte ihn auch nördlich der Pyrenäen zu würdigen, wo er viel gelesen wurde. So wurde eine Handschrift des Kommentars zur Johannesapokalypse auch im Skriptorium der französischen Abtei Saint-Sever unter Abt Grégoire Montaner (1028–1070) angefertigt und ausgeschmückt. Der mit dieser Arbeit befaßte Buchmaler ist vielleicht jener Stephanus Garsia, der wohl auf einer Spalte des Folium 6 seine Signatur hinterließ. Obwohl sich diese Illuminierung von denen der spanischen Handschriften des Beatus stark unterscheidet, bleibt sie »durch die arabisch inspirierten Motive, ihre Farbenpracht, die lebendig wirkenden Figuren, die Reichhaltigkeit der Komposition«

denen der Iberischen Halbinsel nahe. Das ikonographische Programm des Kreuzgangs mit seinem scheinbaren Durcheinander und die Szenerie des Tympanons von Moissac lehnen sich an eine dem *Kommentar* des Beatus von Saint-Sever verwandte Handschrift an.

Wir besichtigen zuerst den Kreuzgang, dessen Plastiken die ältesten sind. Nacheinander bewundern wir die zehn marmornen Großreliefs und die achtundachtzig Kapitelle. Die ersten stellen dar: den Abt Durand, in der Mitte des Östflügels vor dem Kapitelsaal und auf den Eckpfeilern die Apostel Petrus und Paulus, Jakobus und Johannes, Andreas und Philippus, Bartholomäus und Matthäus, und an der Außenseite des Mittelpfeilers des Ostflügels den hl. Simon. Man vergleicht sie gewöhnlich mit den Reliefs von Saint-Sernin, von denen sie sich jedoch in Technik und Stil, der hier graphischer, abstrakter ist, ohne daß sie dadurch an Ausdruckskraft einbüßen, unterscheiden. Das »sehr monumentale« Relief des Abts Durand bleibt flach und bewahrt — vielleicht absichtlich — das Aussehen eines Grabsteines. Georges Gaillard sagt dazu: »Im Gegensatz zu den Reliefs von Saint-Sernin, wo die Künstler in einer unzureichenden Technik die Modelle der antiken Bildhauerkunst nachgeahmt und versucht haben, die Form der Gestaltung genau wiederzugeben, ohne daß es ihnen gelungen wäre, sie zu beseelen, transponieren die Künstler von Moissac die dritte Dimension in ein flächiges Relief und abgeplattete Formen in eine herkömmliche, aber sinnliche Geometrie und verleihen so ihren Werken starke Ausdruckskraft und neues Leben. Man kann in den Reliefs des Chorumgangs von Saint-Sernin Relikte sehen, die noch nicht dem romanischen Stil angehören, dessen erste charakteristische Werke in der Region die Reliefs der Pfeiler von Moissac sind.«

Die Kapitelle, in einem ganz anderen Stil gehalten als die Reliefs, zeigen eine unendliche Vielfalt von Themen und Ausdrucksformen. Sie sind mit denen des Chors und der Emporen von Saint-Sernin und auch mit den Figuren an der Stirnseite des ursprünglichen Hauptaltars des großen Tolosaner Sanktuariums verwandt, und wir entdecken an ihnen die wichtigsten Motive der mittelalterlichen Ikonographie: Szenen aus dem Alten und Neuen Testament und dem Leben der Lokalheiligen, Blattwerk, Tiere und Ungeheuer, manchmal mit orientalischen Zügen.

Wie viele andere Meisterwerke lassen sich die Skulpturen des Kreuzgangs hervorragend beschreiben, analysieren und kommentieren; doch darüber hinaus scheinen sie sich dem unzulänglichen Geist des Menschen zu entziehen und wecken die Freude an ihrer Schönheit. »Hinter dem Portalvorbau von Moissac«, schrieb Émile Mâle, »öffnet sich ein Kreuzgang, der mit seinen großen Bäumen, seinen Blumen, seinen durchsichtigen Schatten der poetischste ist, den es heute in Frankreich gibt.«

Auf dem Tympanon ist die Wiederkunft Christi zum Weltgericht dargestellt, so wie der Seher sie beschreibt, beziehungsweise voraussagt. In einer großen Mandorla, auf dem Kopf eine orientalische Tiara, thront der Ewige, umgeben von den geflügelten vier Tieren aus der Vision des Ezechiel, Sinnbild der vier Evangelisten, und den Erzengeln aus der Vision des Jesaia. Der übrige Raum wird eingenommen von den vierundzwanzig apokalyptischen Ältesten, deren Köpfe auf ihn ausgerichtet sind; die Blickrichtung und die Intensität des spirituellen wie visuellen Betrachtens ist bei allen gleich, sie unterscheiden sich nur in Gestik und Haltung. Dieses Tympanon, das, wie man weiß, von derselben Handschrift gestaltet wurde wie der Kreuzgang, bietet sich, seiner Farbigkeit beraubt, in der alleinigen Schönheit des Steins dar, also auf ganz andere Weise, als die Pilger im Mittelalter es sahen. Man kann ohne Übertreibung sagen, daß die kraftvolle Konzeption und Ausführung dieses Werks auch heute noch ihre unwiderstehliche Wirkung ausüben. Es ist müßig, unter den Tympana von Vézelay, Autun, Conques, Moissac und Compostela das schönste bestimmen zu wollen. Jedes ist in seiner Art einmalig. Dem Reisenden — ob Pilger oder nur Kunstliebhaber — wird je nach Geschmack bei jedem das eine oder andere Detail besonders gefallen, dessen künstlerischen Wert ein anderer vielleicht bestreiten wird; er wird ein Urteil fällen, das in keiner Weise als allgemeingültig angesehen werden kann. Die vollendete Komposition, die klassische Reinheit von Vézelay, seine höchst geistige Ausstrahlung, der Schwung, den wir zumindest teilweise in Conques finden, der Atem, der Compostela durchweht und die Skulpturen aus ihrem baulichen Rahmen herauszulösen scheint — alle diese »Qualitäten« sind unvergleichlich. Dem Tympanon von Moissac wohnt eine übermenschliche Kraft inne. »Sein heiteres Grauen« — man verzeihe uns diese bizarre Wortkombination — symbolisiert hier die apokalyptische Form der göttlichen Gerechtigkeit. Es erinnert den Reisenden, der wie wir jenseits der Kunst nach dem verstörenden »Anderen« sucht, daran, daß dieses Andere die Herstellung der endgültigen Ordnung und zugleich die Erklärung des Schöpfungsaktes sein wird.

Der hl. Petrus und Jesaia auf den Türpfosten sind in das Gesamtgeschehen einbezogen und von äußerst feiner Bewegung. Auf dem Trumeaupfeiler sieht man zwei über Kreuz gestellte Löwenpaare — ein sassanidisches oder assyrisches Motiv — und, gestreckt wie Atlanten, Jeremias und den hl. Paulus. Freizügiger ist die Ausarbeitung, anekdotischer der Stil der Gewändefiguren. Diese stellen dar:

rechts die Verkündigung, die Heimsuchung, die Anbetung der Hl. Drei Könige, die Darstellung Christi im Tempel und die Flucht nach Ägypten; links den Geiz, die Wollust, die Parabel vom reichen Mann und dem armen Lazarus.

Noch erfüllt von der erhabenen Harmonie des Kreuzgangs und des Tympanons von Moissac, reisen wir weiter in Richtung Toulouse.

Welch einen Gegensatz bildet, trotz der Entfernung, das lebenerfüllte, laute Toulouse zu der poetischen, ein wenig melancholischen Stimmung in der alten Abtei! Verstopfte Straßen, rosa und rote Ziegel in ausgewogenem Nebeneinander, schöne alte Bürgerhäuser, bezaubernde Gärten, intensive Gerüche, herrliche Museen, prachtvolle Kirchen, das alles ist unlösbar miteinander verbunden und trägt zweifellos zu dieser reizvollen Atmosphäre bei, die sich seit der Zeit unserer fernen Vorgänger, den Jakobsbrüdern, nicht wesentlich verändert hat. Da wir auf unserem Reiseweg vor allem Erinnerungen an die Pilger sammeln, wollen wir hier nicht im Detail die wichtigsten Gebäude in der Stadt beschreiben. Aber wie könnte man die bedeutendsten einfach übergehen? Die Jakobinerkirche aus dem 13. und 14. Jahrhundert mit ihren zwei Schiffen und ihrem unverwechselbaren Glockenturm und die Reste des Kreuzgangs, den Kapitelsaal, die Saint-Antonin-Kapelle; die leider sehr stark umgebaute Kirche Notre-Dame de la Daurade; Notre-Dame de la Dalbade, ein schönes Beispiel für die Sondergotik des Südens. Die unvollendet gebliebene Kathedrale Saint-Etienne, deren Chor und Langhaus nicht in eine Achse gesetzt sind, gewinnt an Originalität, was ihr an Einheitlichkeit fehlt.

Im Musée des Augustins ist alles Wertvolle, das von den mittelalterlichen Tolosaner Skulpturen die Zeiten überdauert hat, zusammengetragen worden. Das Relief der zwei Frauen mit dem Löwen und dem Widder aus Saint-Sernin wird, wie schon erwähnt, hier aufbewahrt. Man findet auch Plastiken aus den Kreuzgängen der Kathedrale und des Klosters La Daurade. Die erstgenannte, zwischen 1110 und ungefähr 1115 erbaut und ausgeschmückt, wurde vor 1117 fertiggestellt; von den Apostelfiguren sind der hl. Thomas und der hl. Andreas, Arbeiten des Gilabertus, stilistisch verwandt mit dem Relief der beiden Frauen von Saint-Sernin; die Kapitelle der Kreuzgangskapellen zeigen eine Kraft und Eleganz, ein Gespür für Bewegung und Pittoreskes, die zutiefst beeindrucken. Nachdem Abt Durand 1067 die Abtei von La Daurade dem hl. Hugo, Abt von Cluny, übergeben hatte, wurden Mönche von Moissac − Durand war ebenfalls Abt dieses Klosters − hierher gesandt; der Kreuzgang und die Konventsgebäude wurden wieder aufgebaut; die Arbeiten waren 1092 noch in vollem Gange. Die Flügel des Kreuzgangs wurden erst 1761 und 1812 niedergerissen, doch die Kapitelle wurden gerettet. Die ältesten sind zeitgleich mit denen von Moissac und diesen im Stil sehr ähnlich. Diejenigen, die später, zwischen 1120 und 1130, entstanden, zeigen gedrungene menschliche Gestalten voller Leben. Mehrere dieser Kapitelle lehnen sich an eine in Avila gemalte Bibel aus dem 11. Jahrhundert an, die in der Nationalbibliothek in Madrid aufbewahrt wird.

Die Apostelfiguren der Rieux-Kapelle aus dem 14. Jahrhundert zählen zu den herausragendsten Stücken dieses Museums, das so viele Kostbarkeiten beherbergt. Auf die besonders eindrucksvolle Statue des hl. Jakobus wurde bereits an anderer Stelle hingewiesen.

In Saint-Sernin finden wir natürlich die meisten Hinweise auf die Pilgerfahrt nach Compostela. Es ist ganz richtig gesagt worden, daß diese Kirche allein der Kathedrale von Compostela an Größe und Erhabenheit vergleichbar ist . . . Die wichtigsten Daten ihrer Baugeschichte und der Entstehung ihres plastischen Schmucks wurden bereits genannt. Unser Besuch dient vor allem dazu, bestimmte Dinge, die wir bereits kennen, mit eigenen Augen zu sehen. Die uralte Mensa, die heute als Hauptaltar dient, ist von Bernhard Gilduin signiert, dem man ebenfalls die sieben Reliefs im Chorumgang zugeschrieben hat; aus derselben Werkstatt stammen zweifellos auch die Kapitelle an den Tribünen des Querhauses, auf denen der thronende Christus in einer von zwei Engeln gehaltenen Mandorla, Fabeltiere als Symbole der Strafe für Sünder sowie eine Gruppe von Engeln und Aposteln dargestellt sind. Die Gewändesäulenkapitelle der *Porte des Comtes* zeigen die Geschichte vom armen Lazarus und dem reichen Prasser, die Bestrafung des unkeuschen Paares, den Geizigen mit der Geldbörse um den Hals . . . An der vor 1118 fertiggestellten *Porte Miègeville* fallen weitere Neuerungen auf; aber nicht in bezug auf Ausdruckskraft oder Bildhaftigkeit der Skulpturen, sondern in ihrem Verhältnis zur Architektur; die Skulptur ist vollkommen in diese integriert, ohne daß jedoch die Komposition ihre Freiheit und ihre Bewegung einbüßt. Unser Blick wandert zum hl. Jakobus zwischen den Zypressen, und wir denken an den anderen hl. Jakobus, der diesem so sehr ähnelt, den an der *Puerta de las Platerías* in Santiago de Compostela.

Im Chor hinter dem Altar befindet sich unter einem Baldachin das Grabmal des hl. Saturnin (Sernin ist eine Kurzform); eine Holzschrein umschließt den Sarkophag, der auf vier vergoldeten Bronzestieren ruht; darüber wird die Statue des Heiligen von Engeln zum Himmel emporgetragen, und dahinter steht ein anderer Altar mit dem Haupt des Märtyrers. Dieser Komplex der Chorausgestaltung ist barock und wurde von 1718 bis 1759 angefertigt. Marc Arcis, Baumeister und Bildhauer, leitete die Arbeiten; unterstützt wurde er dabei von seinem Sohn Jean-Marc und den Bildhauern Pierre Lucas und Etienne Rosat.

Man muß an den berühmten Reliefs im Chorumgang vorübergehen, wenn man zur Krypta, genauer gesagt zu den zwei Krypten hinabsteigen will; die eine befindet sich unter der Apsis, deren Boden nur einige Stufen tiefer liegt als der des Chorumgangs, die andere, größere unter dem Chorumgang, unter dem östlichen Seitenschiff der Querarme und unter den zwei westlichen Vierungspfeilern. In einer sehr reichen Dekoration sind noch zahlreiche Reliquien aufbewahrt. Sie erinnern uns daran, daß die Kirche Saint-Sernin zu behaupten wagte, nicht Compostela besäße den Leichnam des Apostels, sondern sie. Der Kirchenschatz war einst sehr berühmt wegen der Qualität und der großen Anzahl seiner Stücke. Einige der schönsten Objekte sind inzwischen andernorts zu besichtigen: die Augustus-Kamee im Kunsthistorischen Museum in Wien, das »Rolandshorn«, eine schöne karolingische Elfenbeinschnitzerei, und der limousinische Schrein des hl. Exuperius aus dem 13. Jahrhundert in den Sammlungen des Paul-Dupuy-Museums in Toulouse, das Evangeliar Karls des Großen in der Pariser Nationalbibliothek . . . Doch man kann noch das silberne Reliquiar des hl. Saturnin aus dem 13. Jahrhundert sehen, das des Heiligen Kreuzes in limousinischem Email, ebenfalls aus dem 13. Jahrhundert, und den sogenannten Krummstab des hl. Ludwig von Anjou; dieser war 1296/97 einige Monate lang Bischof von Toulouse; der Krummstab scheint zwar älter zu sein, aber der hl. Bischof konnte ja sehr wohl einen Krummstab besitzen, der schon vor ihm benutzt wurde.

Unser Weg führt uns weiter in Richtung Pyrenäen. Die Kirche in Saint-Gaudens, die im wesentlichen aus dem 12. Jahrhundert stammt, wurde 1596 stark beschädigt und 1853 restauriert; sie weist gewisse Ähnlichkeiten mit Conques und Saint-Sernin auf.

In einer anmutigen Landschaft liegt die Kirche von Valcabrère, die im 11. Jahrhundert aus dem Marmor alter Sarkophage auf einem älteren Unterbau errichtet wurde. In der zweiten Hälfte des 12. Jahrhunderts wurde sie umgebaut. Der im Jahr 1200 geweihte Altar ist St. Stephanus und den Heiligen Justus und Pastor — die man zunächst in Spanien, später auch im Languedoc verehrte — gewidmet. Das skulptierte Portal geht ebenfalls auf das Ende des 12. Jahrhunderts zurück; im Tympanon sieht man Christus zwischen zwei rauchfaßschwingenden Engeln und den Evangelisten; die Gewändefiguren stellen die Heiligen dar, denen der Altar gewidmet ist, St. Stephanus, St. Justus und St. Pastor und die hl. Helena, die das Kreuz um den Hals trägt (die Kirche besaß einen Splitter des Wahren Kreuzes); der Stil dieser Figuren verrät die Ausstrahlung der Bildhauerkunst der Île-de-France.

Die Zypressen und anderen Bäume vor dem Hintergrund des nahen Gebirges bringen eine romantische Note in die Landschaft, und von dem benachbarten Friedhof geht nicht Trauer, sondern ein unnennbarer Friede aus.

Valcabrère war einst Teil der gallo-romanischen Stadt Lugdunum Convenarum, die auch das heutige Saint-Bertrand-de-Comminges umfaßte. Bei Grabungen stellte sich heraus, wie groß diese Stadt gewesen war. Man hat Überreste des Theaters und des Forums mit einem Siegesdenkmal für Trajan gefunden, das unter dessen Herrschaft oder unter Hadrian errichtet wurde, sowie Überreste von Thermen, einer weltlichen Basilika, einer christlichen Basilika neben dem Friedhof Saint-Bertrand . . . Die Stadt wurde 585 bei einem Kampf des Burgunderkönigs Gontram gegen einen gewissen Gondewold zerstört.

Erst Bertrand »von der Jordaninsel«, der Bischof der Stadt wurde, ließ sie Ende des 12. Jahrhunderts wiedererstehen. Er begann die heutige Kathedrale zu bauen und wurde nach seinem Tod (1123) kanonisiert. Nach ihm wurde die Stadt Saint-Bertrand-de-Comminges genannt. Im Jahr 1304 nahm einer seiner Nachfolger, Bertrand de Got, der Erzbischof von Bordeaux geworden war, die Bautätigkeit nach einem erweiterten Plan wieder auf. Im Jahre 1305 wurde Bertrand unter dem Namen Clemens V. Papst; er unterstützte den Fortgang der Bauarbeiten, die erst unter dem Episkopat des Hugo von Châtillon 1350 abgeschlossen wurden. Die Turmvorhalle und die angrenzenden Gewölbefelder stammen aus der romanischen Periode, während der gotische Chor später entstand. Das Tympanon zeigt die Anbetung der Hl. Drei Könige; wahrscheinlich ist auch der hl. Bertrand dargestellt; darum nimmt man an, daß es zwischen 1123, dem Todesjahr des Bischofs, und 1179, dem Jahr seiner Heiligsprechung, ausgeführt wurde. Das großartige Chorgestühl im Innern wurde auf Weisung des Bischofs Jean de Mauléon im Jahr 1535 angefertigt und stellt die Heilsgeschichte dar; es ist den Tolosanischen Kunstwerken, dem Chor von Auch und den spanischen *sillerías* nah verwandt. Das monumentale Mausoleum des hl. Bertrand aus dem Jahre 1432 wurde später abgeändert. In einer Kapelle steht das Grabmal des Hugo von Châtillon, das zumindest teilweise aus dem 15. Jahrhundert stammt.

Von der Kirche geht es in den Kreuzgang. Wenn man diesen

betritt, ist man geblendet, aber nicht allein wegen des Lichts, sondern wegen der nahen Pyrenäen.

Der Abend senkt sich über Saint-Bertrand-de-Comminges und die Pyrenäen, und die geheimnisvolle Helligkeit der Nacht ist die gleiche, die auch die Jakobspilger hier am Fuß der Berge erlebt haben . . .

# Vom Somport nach Puente la Reina

*Drei unabdingbare Säulen hat der Herr in dieser Welt errichtet,*
*um die Armen zu unterstützen.*

Der Pilgerführer nach Santiago

Nach den sanften grünen Bergen rund um Oloron führt die Straße durch eine großartige Landschaft immer steiler bergan. Aber die Fahrt hinauf zum Somport-Paß *(Summo portu)* ist verhältnismäßig unproblematisch. Der Horizont erstreckt sich im Halbkreis vor und hinter uns: weit, wahrhaft grandios, leider zu einem großen Teil seiner Wälder beraubt. Wir stehen inmitten gewaltiger roter Felsmassen — allein der Apostel vermochte den Wanderer vor dieser stummen Schlacht der Natur zu schützen. Nichts scheint mehr an die Pilgerfahrt zu erinnern. Nur ein paar Überreste des Hospizes Santa Cristina sind noch übrig, aber man muß Bescheid wissen, um diese schwer erkennbaren Ruinen auf der spanischen Seite des Passes gleich hinter der Grenze zu entdecken.

Der *Pilgerführer* widmet in seinem Kapitel IV den »drei Hospizen der Welt« neun Zeilen: »Drei unabdingbare Säulen hat der Herr in dieser Welt errichtet, um die Armen zu unterstützen: das Hospiz zu Jerusalem, dasjenige auf dem St. Bernhard und das Hospiz von Santa Cristina auf dem Somport. Diese Häuser sind dort aufgestellt, wo sie nötig waren; es sind heilige Orte, Häuser Gottes, den Pilgern zur Erquickung, den Ermatteten zur Ruhe, den Kranken zum Trost, den Toten zum Heil und den Lebenden zur Hilfe. Die Erbauer dieser heiligen Orte sind ohne Zweifel des himmlischen Reiches teilhaftig.«

Der Ursprung des Hospizes Santa Cristina liegt bis heute im dunkeln. Der Legende nach sollen zwei Ritter über die große Anzahl der Reisenden, die bei dem Versuch, den Paß zu überschreiten, den Tod fanden, so bestürzt gewesen sein, daß sie beschlossen, für diese Menschen ein Oratorium und eine Herberge zu errichten. Als sie einen geeigneten Platz suchten, setzte sich eines Tages eine Taube, die ein goldenes Kreuz trug, auf einen Buchsbaum des Berges, flatterte, als sie sich ihr nähern wollten, vor ihnen her und ließ schließlich an einer Stelle, die für den Bau der Kirche günstig schien, das Kreuz fallen. Das Wappen des Hospizes — eine weiße Taube mit dem goldenen Kreuz auf der Bergspitze — erinnerte an diesen wunderbaren Ursprung. In Wirklichkeit gab es auf dem Somport aber offenbar zuerst ein privates Hospiz. Die Herberge wurde Priorat, erhielt von den Königen von Aragon und den Fürsten des Béarn Vergünstigungen und besaß zahlreiche Häuser in Spanien und Frankreich. Leider setzte 1374, als entschieden wurde, die Erträge des Klosters anders zu verteilen, der Niedergang ein, den die Religionskriege noch beschleunigten; Santa Cristina verlor alle seine Besitzungen im Béarn, dem Land des ketzerischen Heinrich von Navarra. Philipp II. förderte übrigens auf Kosten von Santa Cristina das Hospiz in Roncesvalles.

Durch eine malerische Landschaft fahren wir hinab in Richtung der von gleißendem Schnee bedeckten Gipfel des Peña Collarada. Zu Canfranc wollen wir lieber schweigen, es wird beherrscht von einem scheußlichen monumentalen Bahnhof, so lang wie ein Tunnel und dunkel von der Schwermut der Berge.

Jaca war vor der Wiedereroberung von Huesca (1096) die Hauptstadt des kleinen Königreichs Aragon. Die Stadt besaß vormals eine Kirche und ein Jakobus-Viertel. Ludwig VII. machte hier 1154 auf dem Rückweg von Compostela Station. Das sehenswerteste Bauwerk der Stadt ist die romanische Kathedrale. Während ihre Kuppel rein hispanisch ist, lassen der Stützenwechsel im Langhaus und die drei Apsiden an bestimmte Kirchen im Südwesten Frankreichs und im Languedoc denken. Erinnern wir uns, daß die Kapitelle an der Außenseite des Chores oder im Hauptschiff und der Figurenschmuck einiger Portale Hauptwerke der romanischen Plastik Spaniens sind; das Tympanon des Westportals aus der Zeit um 1100 zeigt ein Chrismon eine Art Christusmonogramm zwischen zwei Löwen.

Die Abtei San Juan de la Peña südwestlich der Stadt hat im Grunde genommen keine Beziehung zu den »Jakobswegen«. Aber man kann mit gutem Grund annehmen, daß manche Jakobsbrüder den Umweg machten, sie zu besuchen. Sie erinnert daran, daß die Pilgerfahrt ebenso mit dem großen Hilfsplan für die christlichen Reiche Nordspaniens in Zusammenhang stand wie die Reform der Klöster, darunter auch San Juan de la Peña, durch den Orden von Cluny. Die Straße von Jaca nach Huesca führt uns durch weite verdorrte Landstriche und einige Wälder. In Bernués zweigen wir ab auf eine Nebenstraße, auf der man nach zehn Kilometern San Juan de la Peña erreicht. Prachtvoll ist die Gebirgsszenerie, die sich vor unseren Augen ausbreitet: In der Ferne bildet die gezackte, mächtige und doch nicht erdrückend wirkende Kette der Pyrenäen einen in Rosatöne getauchten Schutzschild; die näher gelegenen Berge wirken trotz der Wälder an ihren Hängen ausgedörrt und unwegsam. Das tiefe strahlende Blau des Himmels, an dem kein Wölkchen zu sehen ist, beginnt im Nachmittagsglast zu verblassen. Nach einer Kurve verstärkt sich noch der Kontrast zwischen den rosa Pyrenäen und den grünen Bergen oder den weiten vegetationslosen Schotterfeldern. Unsichtbar arbeiten da und dort Bauern auf den Feldern, und ihre Gegenwart, die nur durch das melodische Geräusch der Stimmen und den rauhen Schrei der Tiere verraten wird, tut der Erhabenheit der Landschaft keinen Abbruch.

Endlich auf dem Pano in 1175 Meter Meereshöhe angekommen, finden wir die Ruinen des Barockklosters San Juan de la Peña, das 1809 von Suchets Truppen zerstört wurde; die Gebäude – am interessantesten ist die Fassade der Kirche – sollen nach und nach wieder aufgebaut werden. Doch was den Ausflug wirklich lohnend macht, ist etwas anderes. Über einen sehr steilen gewundenen Pfad steigt man unter dem Blätterdach der Laubbäume vier Kilometer zu dem mittelalterlichen Kloster hinab. Es liegt tiefer als das andere, im Schutz eines gigantischen Felsvorsprungs. Der Pförtner, fast eins mit dem Stein, auf dem er liegt, schläft versteckt in einem Winkel. Er versichert uns, daß trotz des mühsamen Weges sehr viele Besucher hierher kommen. Sagt er das, um seine Funktion aufzuwerten, sich wichtig zu tun? Man wünscht sich, daß es nur möglichst wenigen Glücklichen vergönnt sei, dieses urtümliche Bauwerk zu besichtigen, freut sich aber, zu diesen Glücklichen zu gehören. Das alte Cluniazenserkloster wurde durch Brände und die Zeit stark in Mitleidenschaft gezogen, und wegen des Berges, an dem es lehnt, kann man von außen nur schwer feststellen, wieviel davon noch steht. Die alte Sakristei ist das Pantheon der ersten Könige von Aragon und wurde unter Karl III. vom Grafen von Aranda erneuert. Die Kirche ist zur Hälfte unter den Felsen gebaut und daher zu einem großen Teil von Stein überhangen. Der Kreuzgang wurde wiederaufgebaut; angesichts der Schönheit dieses idyllischen Flecks, wo nur das leise Rauschen des Blattwerks die Stille stört, empfindet man bestimmte moderne Rekonstruktionen als befremdlich; immerhin gibt es mehrere Kapitelle, die künstlerisch sehr schön gestaltet sind. Die St-Viktorin-Kapelle im Flamboyant-Stil besitzt ein spitzbogiges Portal mit reichem pflanzlichen Schmuck. In dem auf dem unteren Stockwerk gelegenen Kapitelsaal werfen die Bogen ihr geometrisches Spiel ins Halbdunkel, führen ein geheimnisvolles Zwiegespräch mit Worten aus Stein.

Santa Cruz de la Seros liegt zwar ganz in der Nähe des alten Klosters San Juan de la Peña, aber mit dem Auto muß man eine richtige Rundreise unternehmen. Die Kirche des 1095 von der Gräfin Dona Sancha, Tochter Ramiros I. von Aragon, dotierten Klosters, lohnt die Mühe. Ein großer Teil des außerordentlich schönen Bauwerks, vor allem der Chor und der Turm, geht auf die Mitte des 12. Jahrhunderts zurück. Das ältere Langhaus und das Westportal können in den Beginn desselben Jahrhunderts datiert werden. Das Tympanon ist zweifellos noch das jenes Bauwerks, welches aufgrund der Dotation von 1095 errichtet worden war; es schließt an das Tympanon der Kathedrale von Jaca an, das ebenfalls ein Christusmonogramm zwischen zwei Tieren darstellt, aber aufgrund seiner einfacheren Ausarbeitung wahrscheinlich als älter anzusehen ist. *

Unsere Pilgerroute führt uns zu dem Kloster San Salvador de Leyre. Der alte Weg verlief ein Stück unterhalb der Anlage durch sein Gebiet. Heute erreicht man es über eine sehr holprige Nebenstraße. Die Aussicht auf das sehr breite Tal, in dem der Rio Aragón fließt, ist großartig, und alles erscheint vergeistigt, vielleicht weil die hier ansässigen Benediktiner, die die Abtei wieder aufgebaut haben und die Kirche mit ihren schönen gregorianischen Gesängen erfüllten, die alten Zeiten lebendig halten. Während die Krypta der Kirche von schwerer ungegliederter Form ist, zeigt der als einziger Bauteil im 11. Jahrhundert fertiggestellte Chor mit seinen drei nicht sehr tiefen Apsiden das Schema einer poitevinischen Kirche, deren drei Schiffe einheitlich hoch sind. Die Vorhalle ist mit schönen romanischen Figuren geschmückt.

Etwas weiter südlich lädt Javier den Reisenden ein, die nicht besonders geschmackvoll restaurierte Familienburg des hl. Franz-Xaver zu besichtigen.

Sangüesa liegt am *camino*. Das ohnehin lebensfrohe und hübsche Städtchen putzt sich an Festtagen ganz besonders heraus: Dann steigern die Fahnen und bunten Papiere in den Straßen noch die sommerliche Ausgelassenheit. Die Kirche Santa María la Real besitzt ein prachtvolles Portal, dessen Figuren an die unserer Kathedralen der Île-de-France erinnern; im Innern wird die Muttergottes von Rocamadour verehrt, wie wir es entlang dem »französischen Weg« noch mehrere Male finden werden. Eine andere Kirche, die des hl. Jakobus, mit einem malerischen zinnenbekrönten Turm, genauer gesagt ihr Portikus, lenkt unsere Blicke auf sich; im Tympanon sehen wir eine farbig gefaßte Statue des aufrecht stehenden hl. Jakobus, zu beiden Seiten kniet je ein Pilger.

Wie die Jakobspilger, die oft vom direkten Weg abwichen, zögern auch wir nicht, uns von unserer offiziellen Route zu entfernen. Das in südlicher Richtung gelegene Olite besitzt einen schönen stillen Platz, da, wo die Galerien des Palasts der Könige von Navarra und die von Santa María la Real zusammentreffen; eine Reihe von

---

* Nicht weit von Santa Cruz de la Seros berührt der *camino* Puente de la Reina (Astorito), nicht zu verwechseln mit Puente la Reina, wo sich die Routen vom Somport und Roncesvalles vereinigen und das weiter unten beschrieben wird.

Statuen zieren ganz wunderbar das Portal und dessen Umgebung. Die schlichte Kirche von San Pedro aus dem 12. Jahrhundert hat einen Portalvorbau mit schönem Figurenschmuck aufzuweisen. Noch weiter südlich scheint die Landschaft in der Hitze friedlich vor sich hinzuschlummern – ein harmonisches Zusammenspiel sanfter Farben, eines bläulichen Horizonts und stufig ansteigender Berge. Wir erreichen das Kloster Santa María de la Oliva, Wiege des Zisterzienserordens in Spanien. Es wurde zu einem großen Teil in der zweiten Hälfte des 12. Jahrhunderts erbaut, und die Kirche verbindet den romanischen mit dem frühgotischen Stil. Der Kreuzgang aus dem 15. Jahrhundert ist Niederschlag jener wuchernden religiösen Poesie, die manchen Klöstern eigen ist, wo Natur, Kunst und Gottesfurcht eine Atmosphäre unwandelbarer innerer Heiterkeit geschaffen haben, die auch rundum auf den Feldern und in den Steinen spürbar ist. Aber vielleicht verweilen wir hier zu lange: Wir sind ja keine gewöhnlichen Reisenden, wir müssen zurück zum *camino*, wo uns Eunate mit seiner Kapelle erwartet.

Dieses einsam an der Straße von Puente la Reina nach Las Campanas gelegene Kirchlein bleibt aufgrund seiner eigenartigen Form und der schönen Landschaft, in der es liegt, unvergeßlich. Das geheimnisvolle Bauwerk, das sich vor uns erhebt, ist eine Friedhofskapelle. Dieses »elegante romanische Bauwerk mit dem oktogonalen Grundriß und von altertümlichen Kreuzgratgewölben überfangen, wurde mehrere Jahrhunderte nach seiner Fertigstellung mit einem Oktogon von Arkaden umzogen; für drei Seiten verwendete man die Überreste eines romanischen Kreuzgangs, die fünf anderen baute man neu in einem ganz anderen Stil« (Élie Lambert). Die Datierung dieses Arkadenoktogons ist jedoch umstritten, denn ab 1520 wird Eunate so beschrieben, wie wir es heute kennen. Gewagter klingt dagegen das, was Lámperez schon vor längerer Zeit behauptete: Es soll einst ein äußerer Kreuzgang existiert haben, von dem sich nur der der Kirche nächstliegende Teil erhalten hat; nach dem hl. Hieronymus entspricht diese Anordnung dem Grabmal Christi.

Wir machen uns wieder auf den Weg und gelangen nach Puente la Reina. Die heutige Straße umgeht die alte Stadt und wird auf einer modernen Brücke über den Rio Arga geführt. Kaum sind wir in der Stadt, sehen wir links die Überreste des Hospitals des Gekreuzigten und seine romanische Kapelle. Rechts davon liegt die rechteckig angelegte Altstadt mit ihrer besonderen Atmosphäre, voller Schlamm und Gestank. Dort liegt auch die Jakobuskirche, deren Portal aus dem späten 12. Jahrhundert stammt. Die Stadt besaß mehrere Hospize, von denen gewiß einige in privater Hand waren. Am Ortsausgang, nahe der San-Pedro-Kirche, befindet sich die Brücke, über die jahrhundertelang die Pilger zogen — noch heute getragen von den alten Bogen, die auf durchbrochenen Pfeilern ruhen — eine edle Silhouette, die sich vor die Landschaft spannt.

Man muß von einer Seite zur anderen gehen und sich auf dem Rückweg die alte poetische Legende ins Gedächtnis rufen: Von Zeit zu Zeit tauchte in der Nähe von Puente la Reina ein Vogel einer in dieser Gegend nicht heimischen Art auf; er trippelte zum Fluß hinab, netzte im Wasser seine Flügel, dann flog er hinauf zum Bildnis der Jungfrau, das sich auf die Brückenbrüstung erhob, und säuberte es, ohne sich von der schwatzenden Menge, die ihn zu sehen sich versammelt hatte, beirren zu lassen; er tat seine Arbeit, als sei kein Mensch weit und breit. Nach ein paar Stunden flog er wieder fort, verschwand in den Lüften, und jahrelang sah man ihn nicht wieder. Wenn er kam, galt dies als Zeichen dafür, daß gute Zeiten bevorstanden, und das Volk freute sich darüber.

# Von Roncesvalles
# nach Puente la Reina

*Anschließend trifft man beim Abstieg von diesem Berg auf das Hospiz und die Kirche. Dort liegt der Fels, den der tapfere Krieger Roland mit einem dreifachen Schwertstreich von oben bis unten mitten durchgespalten hat.*

Der Pilgerführer nach Santiago

Der Reisende, der den in einer großartigen Landschaft gelegenen Cisa-Paß überschritten hat und bergab auf spanischer Seite das Hospiz von Roncesvalles entdeckt, wird enttäuscht sein: Die Gebäude, von einem tristen Grau, als sei das Mauerwerk vom ständigen Regen durchnäßt, und scheinbar willkürlich angeordnet, sind zum Teil baufällig . . . Das soll der berühmte Ort Roncesvalles sein? Das Bild, das man sich aufgrund des Heldenliedes gemacht hat, schwindet angesichts der trostlosen Wirklichkeit dahin. Doch es wäre nicht richtig, ließe man sich von dem Hospiz und seiner Umgebung nur negativ beeindrucken. Sieht man sich beides genau an, dann trifft man allenthalben auf die Spuren der Pilger, und wenn nicht die Karls des Großen und Rolands darunter sind, so begegnet man hier doch der lebendigen Erinnerung an sie.

Viele Einzelheiten dazu sind im *Pilgerführer* enthalten. Nach diesem muß deutlich unterschieden werden zwischen dem Berg — das heißt dem Paß —, dem Hospital und der Kirche mit dem durch Roland berühmt gewordenen Felsen, beides auf spanischer Seite, und dem Dorf Roncesvalles — heute Burguete — auf dem Hochplateau, wo nach der Überlieferung die berühmte Schlacht stattfand.

Das Rolandshospiz, wie es im *Pilgerführer* genannt wird, erfuhr in der Gotik, in der Renaissance und im 17. Jahrhundert wesentliche Veränderungen. Ende des 16. Jahrhunderts baute Philipp II. es vollständig um und ließ die schlichten Gebäude errichten, die so trostlos auf uns wirken. Aus dem 12. Jahrhundert existiert jedoch noch die Kapelle auf dem Rolandsfelsen, die sich zur Abfassungszeit des *Pilgerführers* im Bau befand. Sie liegt ein wenig abseits in südlicher Richtung und steht unter dem Patrozinium des Heiligen Geistes. Élie Lambert hat sie wie folgt beschrieben: »Ein seltsames quadratisches Bauwerk, an dem man heute verblendete Rundbogen erkennt.« Sehr wichtig ist die Feststellung: »Zwischen dem Bauwerk selbst und den Außenmauern befindet sich ein Bretterboden mit numerierten Falltüren, unter denen Gräber liegen; hier werden heute die Dorfbewohner beerdigt.« Es handelt sich also, wie in

221

Eunate, zwischen Jaca und Puente la Reina, um eine Totenkapelle. Der Portalvorbau ist hier verschwunden, und dem kleinen Heiligtum von Roncesvalles fehlt der Charme, den dieser Außenbau dem Kirchlein von Eunate verleiht.

In der Nähe der Heiliggeistkapelle wurde im 13. Jahrhundert die Jakobuskapelle errichtet. Das Hospiz liegt etwas weiter nördlich. Es umfaßt mehrere Gebäude und wurde nach einem sehr gut auszumachenden Plan errichtet: im Mittelpunkt die Kollegiatskirche Notre-Dame, im Norden die Pilgerunterkünfte, im Süden die Gebäude der Mönche. Der alte Kreuzgang wurde wiederaufgebaut, nachdem er zwischen 1615 und 1623 stark beschädigt worden war, und im Kapitelsaal, heute die St. Augustin-Kapelle, wurde 1912 die Grabstatue Sanchez' des Starken aufgestellt. Man hat einige Mühe, sich vorzustellen, daß diese Herberge einst zu Lobpreisungen Anlaß gab. So schreibt der *Pilgerführer:* »Die Häuser der Kranken werden am Tag vom Licht Gottes erhellt, des Nachts von Lampen, so strahlend wie das Licht des Morgens [. . .] Die Kranken liegen in weichen, schön gerüsteten Betten. Keiner zieht weiter, ohne kostenlos behandelt worden zu sein und ehe er wieder ganz genesen ist. Sie finden dort mit fließendem Wasser gesäuberte Räume vor; jenen, die darum bitten, ihren Körper zu reinigen, bereitet man unverzüglich ein Bad.«

Die Kollegiatskirche Notre-Dame wurde leider sehr unschön umgebaut; im Zuge einer Restaurierung während der letzten Jahre hat man darin einen antikisierenden Hauptaltar von zweifelhafter Qualität aufgestellt. Sieht man sich die Kirche jedoch genauer an, so bemerkt man, »daß sie zu Beginn des 13. Jahrhunderts eine der besten und reinsten Hervorbringungen einer Form der französischen Gotik war, die man in zahlreichen, damals in Altkastilien von König Alfons VIII., Erzbischof Rodriguez von Toledo und einigen Bischöfen und Prälaten ihrer Umgebung errichteten Bauwerken, besonders in Cuenca, Sigüenza, Santa María in Huerta und Las Huelgas in Burgos, wiederfindet«.

Die Kanoniker von St. Augustin zeigen mit unermüdlicher Freundlichkeit die Kunstschätze, die von der Glanzzeit und der Macht ihres Hauses Zeugnis ablegen. Über dem Hauptaltar befindet sich die Statue der Muttergottes mit dem Kind; es ist das Gnadenbild, das der Legende nach Mitte des 10. Jahrhunderts in der Nähe von Roncesvalles gefunden wurde. Eines Abends, als schon die Nacht hereinbrach, erblickten ein paar Schäfer einen Hirsch, an dessen Geweihstangen zwei Sterne glänzten. Sie gingen ihm nach und gelangten zu einer kleinen Quelle, aus der geheimnisvolle Akkorde erklangen; der Hirsch jedoch verschwand. Das Wunder wiederholte sich, und die Schäfer benachrichtigten den Bischof von Pamplona. Dieser wollte ihnen nicht glauben, bis sich ihm im Laufe der Nacht ein Engel zeigte und ihm befahl, bei der Quelle zu graben. An der bezeichneten Stelle wurde das Gnadenbild gefunden [. . .] Es ist ein Tolosanisches Werk aus Holz, mit Silberblech ummantelt; seine Entstehungszeit dürfte um 1300 liegen.

Viele Gegenstände des Kirchenschatzes sind mit der Legende um Karl den Großen und Roland verknüpft. Auf dem »Schachbrett Karls des Großen« soll der Kaiser gerade gespielt haben, als die Kunde von Rolands Niederlage eintraf; die Kunstgeschichte hat das mit Emailarbeiten verzierte Objekt als Reliquiar identifiziert, dessen zahlreiche Kästchen die Reliquien enthalten haben müssen und das im 14. Jahrhundert in Montpellier angefertigt wurde. Außerdem sieht man Rolands und Olivers »Streitaxt« und die »Pantoffeln« des Erzbischofs Turpin.

Eine »Heilige Familie« wird in manchen Führern dem Maler Morales zugewiesen. Ein flämisches Triptychon aus dem 15. Jahrhundert stellt die Leidensgeschichte Christi dar. Ein Kruzifix vom Anfang des 16. Jahrhunderts zeigt den Erlöser zwischen der Jungfrau Maria und dem hl. Johannes und zwei Röhrchen, die Dornen enthalten. Das schönste Stück ist zweifellos der Deckel des Evangeliars, auf das die Könige von Navarra bei ihrer Krönung schworen. Das Meisterwerk geht auf das späte 13. oder frühe 14. Jahrhundert zurück und besteht aus zwei getriebenen, teilweise vergoldeten Silberplatten, auf denen der thronende Christus zwischen den Symbolen der Evangelisten abgebildet ist. Auf der Rückseite findet sich eine Darstellung der Kreuzigung. Wahrscheinlich ist es eine Arbeit aus Südfrankreich oder Nordspanien.

Roncesvalles liegt hinter uns, und wir denken an die erstaunliche Metamorphose, durch die das für die Jakobspilger eingerichtete Hospiz zu einem Zentrum der Verehrung Karls des Großen und Rolands geworden ist . . .

Wir hatten dort jedoch unbestreitbare Hinweise auf die Ausstrahlung der französischen Kunst vorgefunden. Ähnliche Beispiele erwarten uns in Pamplona. Diese Stadt muß für die Pilger das gewesen sein, was sie heute für uns ist: die erste wirkliche Begegnung mit Spanien. Begeben wir uns in das Kathedralenviertel. Anfang des 14. und im 15. Jahrhundert beriefen Bischof Arnaud von Barbazan und die Könige von Navarra französische Künstler, damit sie den Kreuzgang der Kathedrale und die anschließenden Gebäude wie den Kapitelsaal und die Grabkapelle des Prälaten errichteten. Das Grabmal König Karls des Edlen und der Königin

Eleonore in der Kirche selbst ist das Werk des Janin Lomme aus Tournai (1416): Die feine Bearbeitung des Steins und seine vornehme Gestaltung haben es mit Recht berühmt gemacht, und wir müssen hier wieder einmal über die Kunst im Kontext der Geschichte nachdenken.

In der geschäftigen, lärmend-lauten, malerischen, aufregenden Stadt scheint noch irgendwie die Erinnerung an die Jakobspilger lebendig zu sein. Christliche Gastfreundschaft war in der Stadt ungeschriebenes Gesetz. Sancho Ramírez hatte 1087 verfügt, daß ein Teil der Holzladungen, die nach Pamplona kamen, dem Pilgerhospiz gehören sollten. Dieses Hospiz, das neben der Kathedrale entstand, später vergrößert und umgebaut wurde, existierte bis ins 19. Jahrhundert und bot generationenlang den Pilgern, die über das Gebirge gekommen waren und nun den spanischen Teil des Pilgerweges nach Santiago kennenlernten, die traditionelle Aufnahme.

In den Kirchspielen der Viertel *extra muros*, in denen, wie wir wissen, zahlreiche *francos* lebten, gab es sowohl private Herbergen als auch die Hospize der Kirchen und Bruderschaften. Seit dem 13. Jahrhundert geben uns die Urkunden darüber ziemlich genaue Auskunft: Sie sprechen vom Hospiz Santa Catalina gegenüber der Kirche Saint-Sernin, dessen Portal ein schöner heiliger Jakobus in Pilgertracht schmückt, vom Hospiz der Kirche San Lorenzo, und dem von San Miguel. Als wir Pamplona den Rücken kehren, mischen sich in unserem Gedächtnis die Schatten der gottesfürchtigen Reisenden, die in der Stadt Aufnahme fanden, mit den Bildern der herrlichen Plastiken der Kathedrale.

# Von Puente la Reina nach Burgos und León

Beatissime Iacobe
Lux et honor Hispaniae
Venerande Patrone
Custodi nos in pace!

Glückseliger Jakobus
Licht und Ehre Spaniens,
Verehrungswürdiger Patron,
Bewahre uns den Frieden!

Inschrift am Hospital del Rey in Burgos

Der Gedanke an die Pilger von einst, die Gefühle, welche die Baudenkmäler, auch wenn sie verstümmelt sind, und die mal rauhe, mal heitere, aber nie belanglose Musik der Landschaften in uns auslösen – all das trägt zu der Stimmung bei, in der wir unsere Reise in Richtung Westen, nach Burgos und León fortsetzen. Allmählich gelingt es uns ohne Mühe, die verschiedenen Eindrücke miteinander zu verbinden, die uns den ganzen Tag beschäftigen. Kunst und Natur bewundern, geschichtliche Begebenheiten reflektieren, das Leben der Pilger nachvollziehen, sich Fragen stellen sind für uns keine Abläufe mehr, die einzeln im Kopf vor sich gehen. Sie werden vielmehr zu einer unüberhörbaren Aufforderung, einer Berufung zu folgen, vergleichbar der der Jakobsbrüder. Und wir vernehmen sie nun mit den Ohren unserer Seele, diese Posaune, auf deren Ruf Anne Vercors damit antwortete, daß er die Seinen verließ, Hab und Gut preisgab und nach Jerusalem zog. Die Reise durch Spanien, das seit Jahrhunderten sich selbst treu geblieben ist, wirft den Pilger auf sich selbst zurück und zeigt ihm, über das Oberflächlich-Malerische hinaus, sein ganzes Wesen unverhüllt. Bekundet man heute mit einer Fahrt nach Santiago nicht den Wunsch, daß man über sich nachdenken möchte? Nur selten haben die Städte, die wir besichtigen, das Gesicht, das die Geschichte ihnen gegeben hat, völlig verunstaltet, und man wünschte sich, wenn man in ihr Geheimnis eindringt, seinem eigenen Leben ebenso die Treue zu bewahren, wie Spanien es gegenüber seiner mystischen, leidenschaftlichen Seele tat.

Außer in Logroño, der modernen, farblosen Hauptstadt der Rioja, finden wir in jedem Ort irgend etwas, das uns gut gefällt. Das erste Beispiel dafür ist Estella. Im Mittelalter wird dieses Städtchen einstimmig gepriesen. Petrus Venerabilis, Abt von Cluny, schrieb mit dem Hinweis, daß »estella« oder »estrella« ja »Stern« bedeute, über den Ort: »Es gibt in spanischen Landen eine edle und berühmte Burg; wegen ihrer günstigen Lage und der Fruchtbarkeit der umliegenden Böden, sowie der großen Bevölkerung, die darin wohnt, übertrifft sie alle Burgen in der Umgebung; darum meine ich, daß sie nicht umsonst den Namen Estella trägt.« Und im 15. Jahrhundert hieß es allgemein »Estella la bella«. Einst besaß die Stadt viele Hospitäler, Gasthöfe, Herbergen und Bruderschaften, deren Aufgabe es war, die Pilger und Kranken zu beschützen. Gleich bei seiner Ankunft kam der Jakobsbruder zu einem Aussätzigenhaus, San Lázaro. Dieses ist, wie aus einer Urkunde von 1302 hervorgeht, »errichtet am französischen Weg, den die Pilger und guten Christen, die sich zum Herrn Jakobus begeben, in großer Zahl begehen, und von ihnen beherbergt man viele Aussätzige«. Alle Gemeinden hatten ihr Hospital, das im allgemeinen einer Bruderschaft anvertraut war. Die Plaza de San Martín war der Mittelpunkt des »Franken«-Viertels. Hier vor allem fanden die Jakobspilger Unterkunft, hier richtete man neue Läden und Marktstände ein, hier befanden sich die Herbergen, hier baute man die Hospize San Pedro und San Nicolás.

Auch heute noch treffen wir in der staubigen, belebten Stadt Estella Pilger. Wie heiter und stimmungsvoll Estella im Sonnenlicht wirkt! Da ist die Kirche San Pedro de la Rua mit ihrem schönen islamischen Portal, dem romanischen Chor mit den drei Apsiden, den drei kurzen Schiffen vom Ende des 14. Jahrhunderts und dem Kreuzgang vom Anfang des 13. Jahrhunderts. Dann San Sepulcro, mit seiner tief anrührenden Fassade; von ihrem Skulpturenschmuck aus dem 14. Jahrhundert entdecken wir zu unserer Freude im unteren Teil einer heruntergekommenen Straße den Engel, der am Grab Christi den drei Frauen die leere Gruft zeigt. Es sind die vielen Pilger vergangener Zeiten und der damit verbundene Wohlstand, die zu einem großen Teil den reichen Schmuck der Kirchen erklären. Wir wollen uns noch San Miguel und San Juan ansehen, und jeweils am entgegengesetzten Ende der Stadt die Kirchen Nuestra Señora de Rocamadour und Nuestra Señora von Le Puy. Die französischen Pilger müssen sich hier fast wie zu Hause gefühlt haben, und man hat den Eindruck, als seien Luft und Himmel ebenso mild wie in Frankreich.

Wir fahren weiter nach Irache, das eines der ersten Benediktinerklöster in Navarra war und ein Hospiz besaß. Die heutige Kirche, die nicht weit von der Straße entfernt steht, hat ein romanisches Chorhaus, das Hauptschiff ist gotisch und der angrenzende Kreuzgang im Renaissancestil gehalten. In Torres gibt es eine Kapelle, ähnlich der von Eunate. In Viana finden wir schöne Paläste und Kirchen vor; in Santa María ruht Cesare Borgia. In Logroño, wo wir den Ebro überqueren, erinnerte der Name des Hospizes die Pilger an Rocamadour. Nach Navarrete nähern wir uns Nájera, dessen Kloster Santa María 1079 von Alfons VI. an die Mönche von Cluny übergeben wurde; es enthält noch zahlreiche Grabmäler der Könige von Navarra. Das in südlicher Richtung gelegene San Millán de la Cogolla weckt in uns ganz besondere Gefühle. Die mozarabische Kirche von Suso (was »oberhalb« heißt) interessiert vor allem die Archäologen, während die von Yuso (was »unterhalb« heißt), die zu einer riesigen Klosteranlage gehört, den Betrachter durch ihre üppige Barockausstattung beeindruckt. Die Kirche birgt zahlreiche vergoldete Retabel, farbig gefaßte Figuren und schwere Gitter, alle Ausdruck einer überschwenglichen Kunst, die unsere Generation immer besser begreift. Der schlichte Name Santo Domingo de la Calzada erinnert an den heiligen Straßenbauer. In der Kathedrale sollte man sich das Retabel des Damián Forment ansehen, ehe man sich wieder auf die Landstraße begibt . . .

Aber kaum merklich hat sich etwas verändert. Kampfgeist scheint in der Luft zu liegen. Die Stadt des Cid rückt näher, die heldische Stadt, die jedem Besucher ein wenig von ihrer stolzen Begeisterung mitteilt.

»Burgos besitzt zwei parallele Vergangenheiten, von denen offenbar keine die andere kennt. Es ist einerseits die Geschichte der Hauptstadt Kastiliens, die El Cid in seinen guten und schlechten Tagen erlebt hat und die die Gesandten der fremden Fürsten empfängt. Andererseits ist es ein wichtiger Etappenort auf der Straße nach Compostela, mit zahlreichen Herbergen, großen Hospitälern, regem Handel, denn es liegt an der Kreuzung zweier großer Pilgerstraßen, deren eine von Puente la Reina-Nájera, die andere von Bayonne-Miranda de Ebro her kommt.« Diese Zeilen von Don José-María Lacarra zeigen sehr schön das zweifache Wesen von Burgos. Es ist eine Stadt, in deren Atmosphäre das Streitbare ebenso wie das Verfeinerte, Ergebnis jahrhundertelangen Kunstschaffens und Heldentums, noch heute spürbar ist. Die Kathedrale spiegelt die gesamte Entwicklung der Gotik wider. Bischof Mauricio legte 1221 oder 1222 den ersten Stein zu dem Bauwerk und errichtete es nach dem Vorbild von San Stefán in Burgos. Die Portalfiguren — die an der Puerta del Sarmental und an der *Puerta alta* an jedem Arm des Querhauses haben sich bis heute erhalten — erinnern in Anordnung und Ausführung an die französischen Kirchen des 13. und 14. Jahrhunderts. Im 15. und 16. Jahrhundert bauten drei Meister deutscher Herkunft — Hans, Simon und Franz von Köln — die Türme, die Kapelle des Konnetabels von Kastilien, Don Pedro Hernández de Velasco, und den Vierungsturm. Drei der großen Reliefs im *trascoro* (der Gang auf den Kalvarienberg, die Kreuzigung, die Kreuzabnahme und die Grablegung) sind die Werke eines Künstlers aus der Diözese Langres namens Philippe Vigarny. Dieser war der Überlieferung nach ein Santiago-Pilger; als er 1498 in Burgos weilte, erhielt er den Auftrag für die ersten dieser großen Szenen und wurde einer der größten Renaissance-Bildhauer Spaniens. Der *Arco de Santa María*, die alten Kirchen, die Palais wie die *Casa del Cordón* sind sehenswerte Baudenkmäler, die vor uns so mancher Jakobspilger betrachtet haben mag. Ein Stück außerhalb der Stadt liegt das Kloster Santa María la Real de las Huelgas, gegründet 1175 von Alfons VIII. Es war eines der bedeutendsten, reichsten und aufgrund des hohen Ansehens seiner Äbtissin eines der berühmtesten Klöster des Königreichs. Der romanische Kreuzgang, die Kirche und die gotischen Gebäude, die skulptierten Grabmäler, die in den Gräbern gefundenen Gewebe — all das führt uns in die ferne Zeit der Pilgerfahrt zurück. Die Kartause Miraflores beherbergt in ihrer Kirche eine Reihe einmaliger Figuren. Gil de Siloé fertigte die Grabmäler Juans II., dessen königlicher Gemahlin und des Infanten Alonso, die bis ins Detail besonders fein und sorgfältig ausgearbeitet sind. Der Hauptaltar im Chor besitzt ein Retabel mit zahlreichen Szenen, ausgeführt von demselben Gil de Siloé und von Diego de la Cruz.

Nach all diesen Sehenswürdigkeiten wollen wir in Burgos auch die Stätten sehen, die für die Pilgerfahrt von Bedeutung sind. Da ist zunächst das Hospiz San Juan am östlichen Stadtrand nahe dem Rio Arlanzón. Es wurde am 3. November 1091 der Abtei La Chaise-Dieu überantwortet. Geleitet wurde es vom hl. Adelelmus (San Lesmes). Nur der Kreuzgang und der Kapitelsaal aus der Renaissance haben sich erhalten, ebenso die gotische Fassade des Hospizes und der alten Kirche im Herrera-Stil sowie gegenüber die gotische Kirche San Lesmes mit einer Verkündigung am Südportal. Viel prächtiger ist zweifellos an der westlichen Ausfahrt von Burgos auf der anderen Flußseite ganz in der Nähe von Las Huelgas das weiträumige Hospital del Rey. Ende des 12. Jahrhunderts gegründet und der Jurisdiktion der Äbtissin des mächtigen Nachbarklosters unterstellt, wurde es von einem Prior geleitet, dem zwölf Klosterbrüder und sechs Kaplane zur Seite standen. Alfons VIII. hatte es so reich beschenkt, daß es jederzeit Pilger aufnehmen konnte und nie einen abweisen mußte. Erzbischof Jiménez de Rada, dem wir diese Einzelheiten verdanken, schreibt: »Nie fehlt es an Betten für jene, die hier nächtigen wollen; barmherzige Frauen und Männer nehmen sich der Kranken an bis zu deren Tod oder Genesung, so daß das Hospital ein wahrer Spiegel aller Werke der Nächstenliebe ist.« Die noch vorhandenen Teile entstanden nach der Gründungszeit. Unter Karl V. wurde das Hospital weitgehend umgebaut, wodurch sich der Charakter der Bauwerke erheblich veränderte. Der Renaissance-Stil herrscht vor. Das äußere Tor oder *Puerta del Romero* ist im platteresken Stil gehalten und zeigt den hl. Jakobus sitzend zwischen den Wappen von Burgos, Kastilien und León mit der Jahreszahl 1526. Dann gelangt man in einen sehr schönen Patio. Auf dem Portikus steht ein *Santiago matamoros*, St. Jakobus, der Maurentöter; darüber liest man die Inschrift, mittels derer sich die Jakobspilger mit Leib und Seele dem Schutz des Apostels anvertrauten:

> Beatissime Jacobe
> Lux et honor Hispaniae
> Venerande Patrone
> Custodi nos in pace.

Von der Renaissance-Galerie gehen wir hinüber in die ursprünglich gotische, aber später umgebaute Kirche. Die Türflügel zeigen im oberen Teil die ersten Pönitentiare, darunter einen büßenden Ritter zwischen dem hl. Jakobus und dem hl. Michael, und eine Gruppe wandernder Jakobspilger. Von zwei anderen Innenhöfen gelangt man in die alten Gebäude der Pilgerherberge und in die Apotheke.

An diesen heute verlassenen Stätten, denen die Schönheit der Kunstwerke und eine große Vergangenheit einen unaussprechlichen Zauber verleihen, in unmittelbarer Nähe des flachen Landes wird dem Besucher die melancholische Poesie aufgegebener Baudenkmäler so recht bewußt. Das Hospital del Rey ist zwar nicht verfallen; dennoch erinnert man sich bei seinem Anblick an die schönen Worte Chateaubriands aus dem *Geist des Christentums:* »Und weshalb sollten der Menschen Werke nicht vergehen, wenn selbst die Sonne, die auf sie scheint, von ihrem Gewölbe fallen muß? Derjenige, der sie ans Firmament gesetzt hat, ist der einzige Herrscher, in dessen Reich es keine Ruinen gibt.«

Eines versäumten die Jakobspilger in Burgos niemals, nämlich den berühmten Christus in der Augustinerkirche zu verehren, der sich seit 1835 in der Kathedrale in einer eigenen Kapelle am Südwestende des Bauwerks befindet. Es ist Nacht geworden in der Stadt, und wir gehen in Richtung der Türme, die uns über die Häuserdächer hinweg den Weg zur Kathedrale weisen. Es findet gerade ein nächtlicher Gottesdienst statt. Das eher schwache Licht der Scheinwerfer läßt die Kirche keinesfalls märchenhaft erscheinen; sie wirkt nur unwirklich und verschwommen und wie in einen bläulichen Dunst von Nacht und phosphoreszierender Asche getaucht. Im Innern, genau unter der Kuppel, liegt im Halbdunkel die Grabplatte des Cid, und die prunkvolle *Escalera dorada* des Querschiffs führt empor zu einem geheimnisvollen Jenseits. Der Santísimo Cristo, der vor nunmehr über hundert Jahren von den Augustinern kam, ist von Gläubigen umringt, Weihrauch steigt auf, Gebete werden gemurmelt. Manier, der Schneider aus der Picardie, hat diesen erstaunlichen Gekreuzigten gut beschrieben. Man erzählte den Pilgern einst, er sei von Nikodemos gemacht worden, und man habe ihn in einer Kiste aus dem Meer gefischt, die ein Kaufmann aus Burgos in Flandern erwarb und, in seine Heimat zurückgekehrt, den Augustinern schenkte. Man sagte ihnen auch, daß er manchmal schwitze und Manier schreibt sogar, daß man diesem Christus den Bart schere und die Nägel schneide.

Weit vor uns im Hintergrund seiner Kapelle, wo die verehrenden Gläubigen sich um ihn drängen, können wir ihn nur schlecht erkennen. Er hat schwarzes Haar und einen schwarzen Bart und trägt eine Art Lendentuch; der Kopf ist auf den rechten Arm gesunken und die blutigen Male der Schläge und Verletzungen scheinen noch sichtbar zu sein.

Im Lauf der Jahrhunderte haben sich in dieser Verehrung, in dieser legendären Geschichte die anstößigen Einzelheiten verloren.

Fast sechzig Kilometer südöstlich von Burgos liegt das Kloster Santo Domingo de Silos. Obwohl ziemlich weit abseits vom *camino*, verdient es, daß man den Umweg macht, denn einmalig ist der Friede, der hier herrscht, und einmalig sind auch die Skulpturen des Kreuzgangs. Nach einem Stück Weg durch die hoheitsvoll-herbe, von strahlendem Licht überflutete kastilische Landschaft gelangt man über eine nicht allzu gute Straße zu dem *pueblo* am Rand der Klosteranlage. Die wiederhergestellte Kirche ist uninteressant. Die Mönche – Silos wurde 1880 von französischen Benediktinern wieder besiedelt – öffnen den Besuchern lächelnd freizügig die Türen zu dem zweistöckigen Kreuzgang. Sein plastischer Schmuck von Ende des 11., des 12. und vielleicht Anfang des 13. Jahrhunderts verrät die Hand islamisch inspirierter Meister. Im unteren Kreuzgang, der zweifellos der schönere ist, sehe man sich die mit Löwen, Drachen und Fabeltieren geschmückten Kapitelle unbedingt einzeln an. Von den Reliefs an den Eckpfeilern gehören thematisch jeweils zwei zusammen: die Verkündigung und die Wurzel Jesse; die Kreuzabnahme und Grablegung; Christus als Jakobspilger, die Jünger von Emmaus und der ungläubige Thomas; die Himmelfahrt und die Ausgießung des Heiligen Geistes. Vom oberen Stockwerk, dessen Kapitelle figürlich oder mit ähnlichen Ornamenten geschmückt sind wie die der unteren Arkaden, hat man einen wunderschönen Blick auf den gesamten Kreuzgang. Anklänge an Italien, an den Orient vermischen sich hier, die Luft ist wie Musik, in der Brise liegt Heiterkeit. Unter mittelalterlichem Himmel, wo nur Engel oder Selige umherflogen, waren die Benediktinerklöster Inseln unvergleichlichen Friedens, was auch heute noch in Santo Domingo de Silos der Fall ist.*

Es ist nun Zeit, weiterzufahren nach Sahagún und León. Hier in diesem mittleren Teil der spanischen Strecke auf den Spuren der mittelalterlichen Jakobspilger zu wandeln, ist für den Pilger von heute ziemlich schwierig. Nachdem Madrid die Hauptstadt geworden war, hat sich das Wegenetz stark verändert, und zwar geht es, anders als in alten Zeiten, strahlenförmig vom geographischen Mittelpunkt der Iberischen Halbinsel aus. Der alte *camino* sank oft herab zu einer vernachlässigten Nebenstraße und stellenweise sogar zu einem einfach beschotterten Feldweg. Verheißungsvoll sind jedoch die Namen und Beschreibungen so mancher *pueblos*, die noch interessante Baudenkmäler besitzen. Wer keine Lust hat, mit dem Rad zu fahren oder zu Fuß zu gehen oder der Autofahrer, der seinem Wagen schlechte Wege ersparen will, sollte in Städten wie Burgos, Palencia oder León Quartier nehmen und von dort aus die interessantesten Orte besuchen.

Obwohl Karl der Große nicht durch die Städte gekommen ist, die wir besuchen, wollen wir doch die Sage, die sich um ihn rankt, in unsere Betrachtung einbeziehen. Vor uns erstreckt sich das weite geheimnisvolle sonnendurchglühte Kastilien. Welcher Krieger wollte einem solchen Land widerstehen? Es ist nicht gemacht für den Kampf zwischen den Heeren, sondern für einen anderen Streit, nämlich den Streit zwischen Seele und Engel, aus dem jene besiegt hervorgeht. Angesichts dieser Landschaft, wo tagsüber die Luft zu kochen scheint und am Nachthimmel über der in Schatten ertrunkenen Erde viel mehr Sterne blinken als anderswo, kann man nur mit Pascal sagen: »Die ewige Stille dieser endlosen Räume macht mir Angst.«

Castrojeriz hat nicht nur die Ruinen seines Schlosses vorzuweisen, sondern auch mehrere hübsche Kirchen. Das große Dorf, das schon den Anstrich eines Städtchens hat, verdient einen Besuch vor allem wegen der romanisch-gotischen Kollegiatskirche, an deren

---

* Das Kloster besitzt außer dem Kelch, dem Hostienteller und dem Taukreuz Santo Domingos ein Antependium mit der Darstellung Christi und der Apostel, das dem Emailretabel im Museum von Burgos sehr nahe steht. Man weiß, daß dieses Retabel und der Email-Elfenbein-Schrein des Museums von Burgos aus Silos stammen. Alle diese Gegenstände erinnern daran, welche Rolle Silos vielleicht in der Nachahmung der französischen Grubenschmelzkunst spielte, von der weiter oben die Rede war.

großem Barockretabel ein hl. Jakobus als Pilgersmann zu bewundern ist, und wegen der Kirche San Juan mit ihren vielen Retabeln, Grabmälern und Plastiken. In Frómista gründete Königin Doña Mayor, Witwe König Sanchos III. el Mayor von Navarra, ein Kloster, das 1066, als sie ihr Testament abfaßte, bereits im Bau war. Davon übriggeblieben ist San Martín, die Kirche des ursprünglichen Konvents, die leider zu stark restauriert wurde. Trotzdem ist der Gesamteindruck des dreischiffigen Gotteshauses mit seinen romanischen Plastiken, die mit denen in der Kathedrale von Jaca verwandt sind, großartig. Nach Villalcázar de Sirga, einem großen Weiler, scheinen nur selten Fremde zu kommen. Kaum angelangt, sehen wir uns von Schulkindern umringt, die uns zur Kirche mehr schieben als führen. Es ist eines der schönsten Sanktuarien auf unserem Weg nach Compostela, eine gotische Kirche von seltenem Reiz. Wir verharren vor dem Querschiff, dessen hoher Portikus zwei wunderschöne Figurenfriese und ein herrliches Portal mit der Majestas Domini, umgeben von den Aposteln, besitzt. Das Innere ist ein wahres Museum für gotische Plastik: die Grabmäler des Infanten Don Felipe, Bruder Alfons' X. und seiner Gemahlin Doña Leonor de Castro; die Statuen der hl. Jungfrau und des Verkündigungsengels, St. Peter und St. Paul.

Ein noch hübscherer Ort erwartet uns, geschichtsträchtig und anrührend in seiner verfallenen Schönheit. Das am linken Ufer des Río Carrión gelegene Carrión de los Condes ist die größte Ortschaft der Tierra de Campos, und man findet hier noch eine Reihe bemerkenswerter Baudenkmäler, die von der Bedeutung der Stadt als Station am *camino* und als Handelszentrum zeugen. Die Kirche Santa María besitzt ein romanisches Portal mit geheimnisvollen Figuren. Nach einer lokalen Überlieferung stellen sie die hundert jungen Mädchen dar, einen Tribut an die Mohammedaner, von dem die Christen durch das wunderbare Auftauchen zweier Stiere befreit wurden. Die Santiago-Kirche in der Calle de la Rúa hat ein romanisches Portal, über dem auf einem Figurenfries Christus und die Apostel zu sehen sind. Auf der anderen Flußseite liegt das Kloster San Zoílo. Die Gebeine des Heiligen, der unter der Römerherrschaft das Martyrium erlitt und in Córdoba verehrt wurde, überführte man nach Carrión. Das Kloster, das sie aufnahm, wurde berühmt und erhielt den Namen des Märtyrers. In der heutigen Anlage sind nur noch geringe Überreste der romanischen Bauwerke vorhanden. Der im Jahre 1537 von Juan von Badajoz begonnene Kreuzgang ist im elegantesten Plateresk-Stil gestaltet.

Noch weiter weg im Nordwesten erwartet uns Sahagún, das den Franzosen vor allem wegen seines berühmten Klosters ein Begriff ist. Es war eines der bekanntesten Klöster Nordspaniens, als Alfons VI. den Orden von Cluny bat, es zu reformieren. 1079 entsandte der hl. Hugo die Mönche Robert und Marcellinus, und Sahagún wurde das bedeutendste Haus der »schwarzen Mönche« im ganzen Reich. Etwa fünfzig Priorate und Abteien hingen von ihm ab. Mehrere Bischofsstühle waren von seinen Ordensmännern besetzt. Doch die Stadt selbst mutet uns typisch spanisch an mit ihren staubigen Straßen, ihrem zeitlosen Alltagsleben und auch ihren Kirchen, deren gealterte Ziegelmauern der Stadt ihren Rot-Ton schenken. Sehenswert sind die Reste der Abteikirche und die Türme von San Tirso und San Lorenzo. Wie in Toledo ist auch hier ein wenig die von Maurice Barrès gepriesene Mischung aus arabischer und christlicher Kultur in Atmosphäre, Geschichte und Kunst spürbar. Eine wunderbare Verschmelzung, die Spanien da gelungen ist.

Auf komplizierten Wegen erreichen wir San Miguel de Escalada. Bis zum letzten Augenblick hinter einer Geländefalte verborgen und fernab jeglicher menschlicher Behausung in einer Landschaft von idyllischer Schönheit gelegen, bieten sich nun die Reste des mozarabischen Konvents aus dem 10. Jahrhundert dar. Wir durchschreiten die Bogen der seitlichen Arkaden und treten in die Kirche. Hier wiederholt sich die Musik der Bogen und Säulen, die bereits draußen angedeutet ist. In diesem Bau vereinen sich die Pracht des Marmors, die Strenge des Aufrisses und die Anmut der Kurven zu einem einmaligen Gedicht. San Miguel de Escalada ist ein hervorragendes Beispiel dafür, wie sich die mozarabische Kunst zu Ehren des wahren Gottes islamischer Elemente bediente.

Und nun nähern wir uns León. Ein großer Teil der Stadt ist modern, mit schnurgeraden Straßen. Die so französisch wirkende gotische Kathedrale ist an drei Seiten von zu viel freiem Platz umgeben, statt zwischen den umliegenden Häusern emporzuwachsen. Sie ist in einem ähnlichen Stil errichtet wie Notre-Dame in Reims und besitzt schöne skulptierte Portale, bunte Glasfenster, Chorgestühle und Gemälde; unter den letztgenannten steht an erster Stelle das Retabel von Nicolas Francés aus dem 15. Jahrhundert.

Es gilt, das Wesentliche in der ehemaligen Königsstadt zu finden. Die romanischen Portale, das Chorhaus und die Kapitelle von San Isidoro erinnern an die Anfänge und die Glanzzeit der Pilgerplastik in Spanien. Im Pantheon stehen unter den mit Fresken geschmückten Gewölben aus dem späten 12. Jahrhundert die Steinsarkophage der Könige von León aufgereiht, die leider während des Unabhängigkeitskrieges von den französischen Truppen erbrochen worden sind. Nach dem Fluß Bernesca stehen am Rand eines sehr großen Platzes die Gebäude von San Marcos. Das Hospital, dessen Ursprünge auf das Jahr 1152 zurückgehen und das dem Orden der Santiago-Ritter anvertraut wurde, weist großartige platereske Bauteile auf. Der Kreuzgang ist von heiter-majestätischer Ausgewogenheit. Im Museum, das in einem Teil der Anlage untergebracht ist, zeugt das Kruzifix von Carrizo von der Bedeutung der Elfenbeinschnitzer Leóns. All diese Erinnerungen lassen allmählich vor unseren Augen die alte Raststätte am Jakobsweg wiedererstehen, und als wir San Marcos verlassen, fällt unser Blick auf ein Flachrelief an der Fassade: Es stellt *Santiago matamoros* dar und bringt uns den Kampf gegen die Mauren, jenen wesentlichen Teil der Jakobuslegende, erneut in Erinnerung.

# NACH GALICIEN UND
# SANTIAGO DE COMPOSTELA

*Estarán vivos? Serán de pedra*
*Aqués sembrantes tan verda-*
*deiros,*
*Aquélas tunicas maravillosas,*
*Aquéles ollos de vida cheos?*

Sind sie wirklich,
Sind sie aus Stein,
Diese so körperhaften Ge-
sichter,
Diese wunderbaren Gewänder,
Diese Blicke voller Leben?

Rosalia Castro, *Follas Novas, N'a Catedral*

Die heutige Straße von León nach Santiago weicht manchmal von der mittelalterlichen Route ab. Dadurch entgeht uns jene grandiose Wildheit gewisser Landstriche, mit der sich die Pilger von einst konfrontiert sahen, die unter wirklichen Gefahren Berge zu erklimmen und einsame Gegenden zu durchqueren hatten.

León bleibt zurück, und wir besichtigen die Kirche Virgen del Camino, die den Dominikanern gehört. Das 1961 fertiggestellte, kraftvoll-erregende Bauwerk bildet, wenn man so sagen kann, den modernen Schrein eines alten Jungfrauenbildes und eines alten Retabels. Dann durchqueren wir das karge Land der Maragatos und kommen nach Astorga. Die Kathedrale verdient wegen ihrer plateresken Fassade mit dem reich geschmückten Figurenportal und des mächtigen Retabels von Becerra eine ausgedehnte Besichtigung. Wir fahren über den Manzanal-Paß und vorbei an Ponferrada. Hinter dem Piedrafita-Paß beginnt Galicien, und bald sind wir in Lugo. Auch hier interessiert uns die Kathedrale. Die klassizistische Fassade verbirgt ein romanisches Langhaus und ein Tympanon mit einem Christus, der an die mittelalterliche Kunst Frankreichs anknüpft; wir bewundern zwei schöne barocke Bauwerke: den Kreuzgang und die Kapelle Nuestra Señora de los Ojos grandes.

Dann geht die Fahrt über eine zu unserem Leidwesen sehr schlechte Straße weiter nach Santiago; darum nimmt der Reisende im allgemeinen lieber den langen Umweg über La Coruña in Kauf. Doch uns, die wir nach Spuren der Pilgerfahrt forschen, offenbart die Strecke ihre geheimen Schönheiten: große Klöster wie Samos oder Sobrado de los Monjes, mittelalterliche Heiligtümer wie Puertomarín. Doch ob man den bequemeren und sicheren Weg genommen hat, der im wesentlichen dem ehemaligen *camino* entspricht, oder die Route für den historisch und kunsthistorisch interessierten Touristen, der Weg endet stets in der Stadt, der für uns wahrhaft heiligen Stadt unserer Sehnsucht, der Stadt des Sterns . . .

Wir, die wir heute in Compostela eintreffen, haben freilich Mühe, uns den mittelalterlichen Ort vorzustellen! Die heutige Stadt ist sehr reizvoll und sehenswert, denn die Geschlossenheit ihrer Baudenkmäler und grauen Granithäuser verleiht ihr einen melancholischen Zauber. Rund um den alten Kern sind zahlreiche neue Viertel entstanden, und auch dieser hat sich im Lauf der Jahrhunderte gewandelt. Zunächst sollte man durch die engen, von Arkaden gesäumten Straßen gehen und sich die Umgebung des Heiligtums unseres Apostels ansehen.

Wir versetzen uns einige Augenblicke lang ins Mittelalter und erblicken die berühmte Stadt nicht so, wie sie sich uns heute darbietet, sondern wie der *Pilgerführer* sie beschreibt. »Zwischen zwei Flüssen, von denen einer Sar heißt und der andere Sarela, liegt die Stadt Compostela. Der Sar fließt im Osten, zwischen dem ›Berg der Freude‹ und der Stadt, der Sarela im Westen.« Es gab damals sieben Tore; am Nordosttor endete der *camino francés*. Es gab zehn Gotteshäuser, darunter San Martín Pinario, die Kirche der hl. Jungfrau Susanna, Nuestra Señora de la Corticela, die sich, mehr oder weniger verändert, bis heute erhalten haben. Und es gab und gibt vor allem hinter den Hinzufügungen späterer Zeitalter die Kathedrale.

Ein wunderschöner urbaner Rahmen, betont durch vier Plätze, umgibt heute das Bauwerk, das nicht nur das Ziel, sondern der ganze Sinn unserer Reise ist. Im Westen, vor dem barocken Obradoiro, das links von dem teilweise aus dem 12. Jahrhundert stammenden Bischofspalast und den Gebäuden des Kreuzgangs aus dem 16. Jahrhundert begrenzt wird, erstreckt sich die riesige Plaza Mayor. Gegenüber der Kathedrale erhebt sich der Rajoy-Palast mit seinen königlichen Ausmaßen in klassischer, etwas kühler Erhabenheit. Links davon liegt das Colegio de San Jerónimo; es besitzt ein Portal aus den ersten Jahren des 16. Jahrhunderts, das mit seinem Figurenschmuck noch im Geist der Gotik gestaltet ist. Rechts das Hospital Real, errichtet zwischen 1501 bis 1511 nach Plänen von Enrique de Egas, ist heute ein geschmackvoll angelegter Parador; nur die davor abgestellten teuren Autos aus aller Herren Länder, die betreßten Hoteldiener und Boys passen nicht dazu, wirken eher störend . . . Der Platz südlich der Kathedrale ist sehr viel kleiner; seinen Namen verdankt er dem Portal der Goldschmiede oder *Puerta de las platerías*; ein Brunnen plätschert leise vor sich hin, und ein prächtiger Barockbau von galicischem Gepräge, die Casa del Cabildo (1758), liegt den romanischen Plastiken gegenüber. Hinter dem Chor der Kirche verbirgt sich gleich einem See aus rötlichem Stein die Plaza de la Quintana oder de los Literarios, die von dem

gegenüber der Kathedrale gelegenen Kloster San Pelayo de Anteal-
tares umfaßt wird. Im Norden schließlich, vor der Puerta de la
Azabachería, hat der gleichnamige Platz ein anderes wichtiges
Barockbauwerk aufzuweisen, das Kloster San Martín Pinario.

Vergessen wir möglichst die heutige Stadt, die durch die galici-
sche Feuchtigkeit eine kräftige aschgraue Patina erhalten hat. Aus
diesem monumentalen Gedicht aus Stein und Himmel steigt plötz-
lich die Kathedrale auf, so wie sie im *Pilgerführer* beschrieben ist.
Wir sehen sie in ihrer Jugendzeit mit ihren Türmen, ihren drei
Figurenportalen, ihrem vollkommen logischen, übersichtlichen
Grundriß. Sie »besitzt im unteren Geschoß neun Schiffe, im oberen
Geschoß sechs, sowie ein großes Haupt, in dem sich der Altar des hl.
Erlösers befindet, einen Kranz, einen Körper, zwei Glieder und acht
weitere kleine Häupter, die alle je einen Altar besitzen.« – Das
»Haupt« ist die Kapelle des hl. Erlösers, der »Kranz« der Chorum-
gang, der »Körper« das Hauptschiff, die »zwei Glieder« das Quer-
schiff, die »weiteren kleinen Häupter« die Chorkapellen . . . Ver-
zichten wir auf verschiedene Einzelheiten der Beschreibung, aber
zitieren wir den berechtigten Begeisterungsausbruch: »In dieser
Kirche findet man keine Risse oder Brüche; sie ist wunderbar
gearbeitet, groß, geräumig, hell, von entsprechenden Ausmaßen.
Breite, Länge und Höhe sind harmonisch aufeinander abgestimmt;
eine unbeschreiblich herrliche Anlage, die sogar wie der Palast eines
Königs doppelt gebaut worden ist.« Es folgt eine rührend naive
Bemerkung: »Wer oben durch die Schiffe der Empore geht, wird,
wenn er traurig hinaufgestiegen ist, froh und glücklich werden,
nachdem er die vollkommene Schönheit dieses Gotteshauses
geschaut hat.« Der heutige Besucher teilt sicherlich die Auffassung
des mittelalterlichen Führers um so mehr, als sich das Innere der
Kathedrale fast überall in seiner ursprünglichen Schönheit erhalten
hat. Es ist das Äußere, das abgesehen von der *Puerta de las
platerías*, vollständig umgebaut wurde und nach der Beschreibung
des *Pilgerführers* dargestellt werden muß.

Auf dem Platz, der heute Plaza de la Azabachería heißt, stand,
wie eine Inschrift des Schatzmeisters Bernhard besagt, der 1122
errichtete Brunnen: »Wenn wir Franzosen in die Basilika des Apostels hineingehen wollen, treten wir von Norden her ein. Vor
diesem Eingang, neben der Straße, liegt das Hospital der armen
Pilger des hl. Jakobus; dort befindet sich auch jenseits der Straße ein
Vorhof, zu dem man neun Stufen hinabsteigt. Am Ende der Stufen
zu diesem Vorhof befindet sich ein wunderbarer Brunnen, der auf
der ganzen Welt nicht seinesgleichen hat. Er ruht auf einem dreistu-
figen Sockel, welcher ein wunderschönes Steinbecken trägt; dieses

ist wie eine Schale oder Schüssel rund und hohl und so groß, daß, wie ich glaube, fünfzehn Menschen bequem darin baden können. Aus seiner Mitte erhebt sich eine bronzene Säule, welche unten breiter ist; sie liegt sieben Grundsteinen auf und ist von angemessener Höhe. Aus der Spitze gehen vier Löwengestalten hervor, aus deren Mäulern vier Wasserfontänen entspringen, um die Jakobspilger und die Einwohner zu erfrischen.«

Der steingepflasterte Vorhof hinter dem Brunnen war ein richtiger Markt, der wie folgt geschildert wird: »Dort werden den Pilgern kleine Schalen von Meerestieren als Abzeichen des hl. Jakobus verkauft, ebenso Weinschläuche, Schuhe, hirschlederne Pilgertaschen, Beutel, Riemen, Gürtel, jede Art von Heilkräutern und anderen Arzneien, sowie noch vieles andere mehr.« Auf derselben Seite nördlich, da, wo sich heute die Plaza de la Azabachería befindet, liegt das Nordportal oder *Porta Francigena* (Frankreichportal), das ebenfalls im *Pilgerführer* beschrieben ist: »Es besitzt zwei Eingänge, die mit Skulpturen herrlich verziert sind. An jedem Eingang befinden sich außen sechs Säulen, einige aus Marmor, die anderen aus Stein; auf der rechten Seite sind es drei und auf der linken Seite sind es drei, so daß sechs an einem Eingang und sechs am anderen Eingang stehen; es sind also zwölf Säulen. Über der Säule zwischen den beiden Eingängen thront außen auf der Mauer majestätisch der Herr, macht mit der Rechten das Zeichen des Segens und hält in der Linken ein Buch. Um seinen Thron sind die vier Evangelisten angeordnet, gleichsam, als wollten sie den Thron halten; an seiner rechten Seite ist das Paradies dargestellt, worin der Herr wieder in einem anderen Bild zu sehen ist, wie er Adam und Eva der Sünde anklagt; auf der linken Seite erscheint er gleichfalls in Gestalt einer anderen Person, wie er jene aus dem Paradies vertreibt.« Und dann sind da noch »viele Bilder von Heiligen, Tieren, Männern, Engeln, Frauen, Blumen und anderen Kreaturen gemeißelt«. Von diesem zerstörten Portal haben sich nur das Flachrelief von der Vertreibung Adams und Evas aus dem irdischen Paradies erhalten, das an der *Puerta de la platerías* angebracht wurde.

Diese *Puerta* ist ungefähr so auf uns gekommen, wie sie der *Pilgerführer*, der sie »Südportal« nennt, schildert. Sie hat zwei Eingänge und vier Türen. Kein Text könnte trotz der Beschädigungen und einiger Veränderungen ein besseres Bild von ihr geben, als diese, wenn auch nicht immer ganz präzisen, wertvollen Zeilen aus dem *Liber Sancti Jacobi*: »Am rechten Eingang außen, in erster Reihe über den Türen, ist der Verrat des Herrn in wunderbarer Weise dargestellt; dort wird der Herr von Juden an einen Pfeiler gebunden; dort wird er mit Peitschen geschlagen; dort sitzt Pilatus auf dem Stuhl, gleichsam als sein Richter. Darüber ist in zweiter Reihe die selige Maria, die Mutter des Herrn, mit ihrem Sohn in Bethlehem dargestellt sowie die drei Könige, die kommen, um den Knaben mit seiner Mutter zu sehen; sie schenken ihm ihre dreifache Gabe; auch der Stern ist dargestellt und der Engel, der sie ermahnt, nicht zu Herodes zurückzukehren. Auf den innersten Gewändepfeilern dieses Eingangs stehen zwei Apostel, gleichsam als Torwächter, einer rechts, der andere links. Ebenso sind am anderen, dem linken Eingang, auf den innersten Gewändepfeilern zwei weitere Apostel zu sehen. In die erste Reihe über den Türen dieses Eingangs hat man die Versuchung des Herrn gemeißelt; vor dem Herrn sieht man häßliche Engel, gleichsam Ungeheuer, die ihn auf die Zinne des Tempels stellen; andere bieten ihm Steine an und fordern ihn auf, daraus Brot zu machen; und wieder andere zeigen ihm die Reiche der Welt und geben vor, sie ihm zu schenken, wenn er niederfällt und sie anbetet, was er von sich weist. Aber andere reine Engel, die guten, sind hinter seinem Rücken und über ihm und dienen ihm mit Weihrauchfässern.«

Die Beschreibung geht weiter: »Vier Löwen schmücken dieses Portal; einer befindet sich auf der rechten Seite des einen Eingangs und ein anderer am anderen Eingang; über dem Mittelpfeiler zwischen den beiden Eingängen sind die beiden anderen wilden Löwen dargestellt; der eine berührt mit seinem Hinterteil dasjenige des anderen. An diesem Portal gibt es insgesamt elf Säulen: am rechten Eingang auf der rechten Seite fünf, und am linken Eingang an der linken Seite ebensoviele; die elfte Säule befindet sich zwischen den beiden Eingängen und trennt die Eingangsräume voneinander. Diese Säulen, einige aus Marmor, die anderen aus Stein, sind wunderbar behauen mit Bildern von Blumen, Menschen, Vögeln und Tieren. Der Marmor dieser Säule ist weiß. Nicht zu vergessen eine Frau, die neben der ›Versuchung des Herrn‹ steht; sie hält in ihren Händen das schändliche Haupt ihres Versuchers, das von ihrem eigenen Ehemann abgeschlagen wurde; zweimal am Tag küßt sie dieses Haupt, von ihrem Mann dazu gezwungen. Oh, welch ungeheuere und bewundernswert gerechte Strafe für die ehebrecherische Frau; man sollte sie allen erzählen!«

Schließlich, »in der oberen Reihe über den vier Türen, zur Empore der Basilika hin, leuchtet aus dem Stein eine wunderbare Reihe aus weißem Marmor; aufrecht steht dort der Herr und zu seiner Linken der hl. Petrus mit den Schlüsseln in der Hand; auf der rechten Seite sieht man den seligen Jakobus zwischen zwei Zypressenbäumen und neben ihm seinen Bruder, den hl. Johannes. Rechts und links davon befinden sich die übrigen Apostel. Oben und unten, rechts und links hat man die Wand also herrlich verziert mit Blumen, Menschen, Heiligen, Tieren, Vögeln, Fischen und anderen Kunstwerken; wir können sie nicht alle beschreiben. Doch zu erwähnen sind vier Engel über den Torbögen; jeder bläst eine Posaune, um den Tag des Gerichts zu verkünden.«

Im Westen, da wo sich heute der *Pórtico de la gloria* erhebt, befand sich einst für kurze Zeit das Portal, das der *Pilgerführer* beschreibt: »Das Westportal mit seinen beiden Eingängen übertrifft an Schönheit, Größe und Reichtum der Darstellung die anderen Portale. Es ist größer und schöner als die anderen und noch herrlicher gearbeitet, verziert mit einer großen Freitreppe, verschiedenen Marmorsäulen und vielfältigem Schmuckwerk der verschiedensten Art; Bilder von Männern, Frauen, Tieren, Vögeln, Heiligen, Engeln, Blumen und verschiedene Kunstwerke aller Art sind in Stein gehauen. Die Zahl der Kunstwerke ist so groß, daß sie in unserer Beschreibung nicht alle erfaßt werden können. Doch in der Höhe ist in wunderbarer Weise die Verklärung des Herrn dargestellt, wie sie auf dem Berg Tabor stattgefunden hat. Dort ist der Herr in einer weißen Wolke sichtbar, das Antlitz glänzend wie die Sonne, das Gewand strahlend weiß wie Schnee, und über ihm Gottvater, der zu ihm spricht; und Moses und Elias, die mit diesem erschienen sind, sprechen mit ihm über seinen Tod, der sich in Jerusalem erfüllen sollte. Dort sind auch der selige Jakobus und Petrus und Johannes dargestellt, denen der Herr seine Verklärung vor allen anderen enthüllte.«

Danach spricht der *Pilgerführer* von Türmen, die noch nicht alle fertiggestellt seien. Er zählt die verschiedenen Altäre und Kapellen auf, wie im Chorumgang die der hl. Fides und die des hl. Erlösers, später *Kapelle des Königs von Frankreich* genannt. Er erklärt, daß »in der schon erwähnten verehrungswürdigen Basilika nach der Überlieferung der anbetungswürdige Leichnam des hl. Jakobus unter einem Hochaltar ruht, der zu seiner Ehre geschaffen wurde; er ruht, von einem Marmorsarg umschlossen, in einem herrlich gewölbten Grabmal.« Nie, so heißt es weiter, soll man den Leichnam des Apostels von der Stelle bewegt haben können. Auf dem Grabmal steht »ein kleiner Altar, den, wie man berichtet, seine Schüler bauten«, dann, darüber, »erhebt sich ein großer wunderbarer Altar«. Die aus Gold und Silber gearbeitete Vorsatztafel des letztgenannten, die um 1105 auf Anweisung von Diego Gelmírez ausgeführt wurde, ist ebenfalls beschrieben; sie zeigt den thronenden Christus zwischen den Evangelisten, den Ältesten der Apokalypse und den Aposteln. Der Baldachin des Hochaltars ruht auf vier

Säulen, er ist innen und außen mit biblischen Motiven bemalt; zusätzlich schmücken verschiedene Figuren die Außenseite, und Tag und Nacht brennen drei silberne Lampen, ein Geschenk Alfons' VII.

Der um 1139 verfaßte *Pilgerführer* beschreibt einen Zustand, der nur wenige Jahre anhielt. Bereits zu Beginn der zweiten Hälfte des 12. Jahrhunderts waren der *Pórtico de la gloria* und die darunter gelegene Krypta, fälschlicherweise »catral vieja«, alte Kathedrale genannt, unter der Leitung des Meisters Mateo in Bau. Im Jahr 1168 bezog dieser ein Honorar von hundert Gold-Maravedi und arbeitete an der Kirche des Apostels. Aus einer Inschrift geht hervor, daß die Stürze des *Pórtico de la gloria* am 1. April 1188 von demselben Meister gesetzt wurden, »der die Arbeiten seit der Grundsteinlegung leitete«. Die damals gehauenen Figuren, die gewiß vor Ende des Jahrhunderts fertiggestellt waren, bilden ein großartiges ikonographisches Programm, so wie das Mittelalter es liebte. Sie befinden sich am Hauptportal, das durch einen Mittelpfeiler unterteilt und mit einem Tympanon versehen ist, und zwei kleineren Seitenportalen. Die Synagoge, die Kirche der Juden, nimmt das linke ein; auf den Archivolten sieht man den segnenden Erlöser, in der Hand das Buch des Ewigen Lebens, Adam und Eva, und Abraham, Isaak, Jakobus, Judas auf der Seite Adams sowie Mose, Aaron, David und Salomon auf der Seite Evas; an den Seiten, über Fabelwesen, tragen die Säulen die Standbilder von vier Propheten, die unterschiedlich identifiziert worden sind. Das große Mittelportal ist der Kirche des Herrn gewidmet. In der Mitte des Tympanons erscheint der Herr als Erlöser zwischen zwei weihrauchspendenden Engeln und den vier Evangelisten sitzend; andere Engel weiter unten halten die Marterwerkzeuge. Über die Archivolten verteilt sieht man die vierundzwanzig Ältesten der Apokalypse. Rechts und links tragen, über Fabeltieren, Pfeiler auf der einen Seite die Propheten des Alten Testaments Jeremia, Jesaia, Mose, auf der anderen die Heiligen Petrus, Paulus, Jakobus und Johannes, die Grundfesten des katholischen Glaubens; die Kapitelle vervollständigen dieses ikonographische Programm. Auf dem Kapitell des Pfeilerspiegels ist die Dreifaltigkeit dargestellt, der darunter sitzende hl. Jakobus der Ältere hält in einer Hand einen langen Wanderstab und in der anderen ein Inschriftenband mit den Worten: *Missit me Dominus*, »der Herr hat mich gesandt«; eine Säule zeigt in ihrem unteren Teil eine Wurzel Jesse, der Sockel eine kniende Figur, im Volksmund *Santo d'os croques'*, der Heilige der Kopfnüsse, genannt; die Gestalt gilt als Selbstporträt des Meisters Mateo. Das rechte Seitenportal scheint der Bekehrung der heidnischen Welt gewidmet zu sein, die gemäß der *Civitas Dei* unter die Herrschaft Christi gerufen wird; die Apostelfiguren auf den Säulen und die Figuren der Archivolten sind schwer zu identifizieren. Die plastische Dekoration reichte früher über den Portikus hinaus, aber durch die Umbauten zur heutigen Fassade ist nur ein Teil davon übriggeblieben, zwei dieser Figuren sind – gegenüber dem Mittelbogen – der hl. Johannes der Täufer und Esther.*

So wie die Kathedrale von Compostela als Pilgerkirche zu einem Typus gehört, der sich in unserem Land entwickelt hat, ist der *Pórtico de la gloria*, obwohl frühgotisch, verwandt mit den großen romanischen Portalen von Vézelay, Autun, Conques und Moissac. Man hat sogar lange Zeit geglaubt, daß Meister Mateo vielleicht aus Frankreich stammte, aber der wunderbare Baukomplex, den er geschaffen hat, ist eindeutig stärker spanisch geprägt als der Baustil des Gotteshauses in seinen romanischen Teilen. Georges Gaillard hat die Eigenständigkeit des Künstlers klar aufgezeigt. Obwohl Meister Mateo aus verschiedenen Quellen und Traditionen schöpfte und seine Motive aus dem Alten und Neuen Testament bezog, wirkt sein Werk wie aus einem Guß; er arbeitete in derselben Technik wie die Bildhauer von León, verstand es, Marmor und Granit miteinander zu kombinieren, und ließ sich von dem romanischen Portal inspirieren, der dem *Pórtico de la gloria* vorausging. Er besitzt einen starken Sinn für Formen, eine eigenwillige Auffassung von Komposition und Relief und die Gabe, Figuren und Zierat so anzuordnen, daß sie aus ihrem Rahmen hinauszutreiben scheinen. Dieser »Portikus« zeigt also weniger direkt den französischen Einfluß als die Plastiken von San Vincente in Avila, und sein Stil ist entwickelter als der Stil der Statuen der *Cámara santa* von Oviedo. Insgesamt zählt der *Pórtico de la gloria* zu den großen künstlerischen Meisterwerken der Welt.

Im 15. und 16. Jahrhundert trugen drei Erzbischöfe der Familie Fonseca in hohem Maße zur Verschönerung der Kathedrale bei. Der Plan für den Kreuzgang wurde von Juan de Alava angefertigt; Rodrigo Gil de Hontañón hielt sich daran für das Innere, gestaltete aber das Äußere nach seinen eigenen Vorstellungen im Renaissancestil. Die drei Fassaden, links von der *Puerta de las platerías*, an der Calle de Fonseca und dem Hauptplatz, vereinen, auch wenn sie nur teilweise von ihm gebaut wurden, auf sehr glückliche Weise

---

* Einige Statuen, die beim Bau des Obradoiro von dem *Pórtico de la gloria* entfernt wurden, befinden sich heute im Besitz des Museums von Pontevredra und in einer Privatsammlung in Galicien. Meister Mateo baute auch den steinernen Chor der Kathedrale, von dem Bruchstücke 1961 anläßlich der Ausstellung romanischer Kunst in Santiago gezeigt wurden.

strenge Großartigkeit und Eleganz. Die Türme de la Corona an der Ecke Plaza Mayor und Calle de Fonseca und del Tesoro an der Ecke derselben Straße und der Plaza de las Platerías setzen schöne Akzente in die lange Flucht von stolzen Mauern.

Das Barockzeitalter sollte Galicien und insbesondere Compostela Bauwerke von großer Schönheit schenken, in deren Granitmauern sich dank der Verwendung von Granit architektonische Kraft harmonisch mit dekorativer Phantasie verbindet. Große Künstler, die gleichzeitig Theoretiker waren, bauten Kirchen, Kreuzgänge, Klöster, Paläste. So wurde etwa um 1680 der Uhrenturm von Domingo de Andrade an der Kathedrale von Compostela fertiggestellt – er war schon im 14. Jahrhundert begonnen worden. Im Jahr 1665 beendete man die neue Kuppel des *crucero*; zur selben Zeit wurde die Chorausstattung erneuert. Auf der Plaza de los Literarios verdecken nun neue Gebäude vollständig den Chor des Bauwerks; eine Tür wurde zu dem Nebengebäude geöffnet, wo die acht *gigantones* aufbewahrt werden, jene riesigen Puppen, die Pilger aus verschiedenen Ländern darstellen; eine andere, *Puerta santa*, über der sich die Statuen des hl. Jakobus und seiner Gefährten Athanasius und Theodorus erheben, wird nur in einem heiligen Jahr oder in einem Jubiläumsjahr aufgeschlossen. Im Westen wurde die Hauptfassade aufgeführt, das Obradoiro. Nach verschiedenen Veränderungen im 16. und 17. Jahrhundert leitete fast bis zu ihrer Fertigstellung in der ersten Hälfte des 18. Jahrhunderts Fernando de Casas y Novoa die Bauarbeiten. Da der Baumeister auf bestimmte, bereits existierende Teile Rücksicht nehmen mußte, hat er sie wie einen monumentalen, hochaufragenden Triumphbogen gestaltet, der zwischen zwei Türmen die Pilger aus allen Teilen der Welt aufnimmt, die gekommen sind, den Apostel zu verehren; seine Statue beherrscht den oberen Teil. Das Kapitel beschloß die Ausführung der Fassade im Jahre 1738; sie war 1749, in dem Todesjahr Casas', noch nicht ganz beendet, stand jedoch kurz vor der Fertigstellung. Der plastische Schmuck stammt von Gregorio Fernández, Antonio Baamonde, Francisco Lens und Antonio Nogueira.

In der ersten Hälfte des 18. Jahrhunderts baute man die Fassade an der Plaza de la Azabachería um. Der ursprüngliche Plan wurde von Ventura Rodriguez abgeändert. Die Arbeiten gelangten 1770 zum Abschluß, aber das Ergebnis war nicht so glücklich wie das jenige des Obradoiro; die neue Nordfassade erscheint uns heute eher kurios als schön.

Immer wieder möchte man die Kathedrale umrunden, als wolle man, ehe man sie betritt, immer wieder ihre monumentale Erhabenheit, ihre Fülle dekorativer Elemente bewundern. In dem Brunnen auf der *Plaza de las platerías* plätschert das Wasser; weiche Schatten liegen auf den romanischen Plastiken des Portals und auf der Casa del Cabildo; die Sonne spielt auf der äußeren Beschränkung des Kreuzgangs; der Uhren- und der Schatzturm wirken wie der Campanile von San Marco in doppelter Ausführung; die Arkaden der Rua del Villar beschreiben elegante Kurven; selbst die Luft ist leicht — es scheint, als lösten sich auf diesem Platz die Erinnerungen vieler Jahrhunderte zu einer stillen Freude auf, einer Seelenmusik, in der einige venezianische Töne widerhallen.

Alles verändert sich, wenn man seine Schritte zur *Plaza de los Literarios* lenkt. Gegenüber der barocken *Puerta de la Quintana* und dem ebenfalls barock gegliederten, hoch aufragenden Chorhaus wird der Erdboden von der hohen kahlen Mauer des Klosters San Pelayo gleichsam verschlungen.

Von den vier Plätzen, die die Kathedrale umgeben, ist die Plaza de la Azabachería der unscheinbarste. Darum gehen wir, am Bischofsplatz vorüber, zur Plaza Mayor hinunter. Vergessen wir, daß das Hospital Real ein Luxushotel ist, denken wir nur an seine Architektur, an die Schönheit seiner kreuzförmig rund um die Kapelle angelegten Höfe. Betrachten wir das sehr viel kleinere, aber besonders hübsche Colegio de San Jerónimo. Das unpersönlichere Palais Rajoy gibt dem Ganzen den Akzent klassischer Erhabenheit. Drehen wir uns dann um! Ein Blick zur Seite auf die Fassade des Kreuzgangs, seine hohen geschmückten Fenster, die obere Galerie, mit Ausblick auf die ankommenden Pilger. Und bald sieht man nichts mehr als das Obradoiro: hochaufragend, sich ätherisch vor dem Himmel abzeichnend, überreich an Plastiken, zugleich Architektur und Kulisse, ein Triumphbogen, auf den allabendlich die untergehende Sonne ihre Strahlen wirft, um mit ihrem Licht den *Pórtico de la gloria* zu entzünden.

Die vollkommene Schönheit des Kathedraleninneren vermag die glühendsten Erwartungen nicht zu enttäuschen. In der Krypta unter dem Chor befinden sich in einem modernen Schrein die im vergangenen Jahrhundert wiedergefundenen Reliquien. Wir steigen hinab, doch erst als wir vor dem Mittelpfeiler des *Pórtico de la gloria* stehen, verharren wir in Andacht. In der Säule, die das Standbild des hl. Jakobus trägt, in der Wurzel Jesse, hat die Berührung der Finger unzähliger Pilger, die endlich am Ziel ihrer strapaziösen Reise angelangt waren, Löcher hinterlassen. Auch wir legen die Hand auf diese Säule, vor der schon so viele gläubige Reisende gestanden haben; dann wenden wir uns den Plastiken zu.

Die Welt, die Meister Mateo hier geschaffen hat, lebt jeden

Augenblick wieder auf, erscheint strahlend oder geheimnisvoll, sonnenüberflutet oder in Schatten getaucht, je nach Tageszeit. Dies erinnert uns an die Verse der galicischen Dichterin Rosalia Castro, die wir diesem Kapitel vorangestellt haben.

Ja, ein starker Schauer läuft über diese in Stein gehauene Welt, läßt uns die Bewunderung für das Schöne vergessen, trägt uns fort und zu etwas hin, das sehr viel mehr ist.

Das was uns die Kathedrale lehrt, zeigt uns auch die Stadt Compostela selbst, nämlich daß alle Epochen und Stile von einem geprägt wurden: vom Glanz und Erfolg der Pilgerfahrt, sogar in Zeiten — im 17. und 18. Jahrhundert beispielsweise —, in denen man sie im Niedergang glauben könnte. Nur so erklärt sich die Vielzahl der Bauten und Kunstwerke: die mittelalterlichen Kirchen Santa María la Real del Sar, in der alle Pfeiler ein wenig schief stehen, Santa María Salomé mit dem ländlich schlichten Äußeren . . ., der Renaissance-Patio des Fonseca-Kollegs, erfüllt vom Duft der Blumen, die in seinen vollendeten Arkaden blühen . . . Barocke Retabel wie das von San Martín Pinario, überladen mit Säulen mehr als daß sie von ihnen getragen werden, sich biegend unter dem Gewicht des Goldes und trotzdem anmutig, mit unzähligen Statuen, überwachsen von mystischen Weinranken . . .

Dasselbe lehrt auch das alte Galicien. Der *Pórtico de la gloria* fand eine Nachahmung an der Kathedrale von Orense. Der französische Einfluß — der von Saint-Denis — zeigt sich im verfallenen Kloster Carboeiro. Und die großen ganz oder teilweise barocken Klöster Osera, Celanova, Sobrado sind der Inbegriff von Erhabenheit, von geglückter künstlerischer Gestaltung.

Ja, das, was die Meisterwerke die Reisenden gelehrt haben, ist, in verschiedenen Abstufungen erstaunlicherweise überall das Gleiche. In Saint-Benoît ebenso wie in Conques, in Santiago, in Galicien: Die Freude an der Kunst ist nur Zeichen oder Ausdruck einer höheren Freude. Wir wissen nun — die »Jakobswege« können es jeden von uns lehren —, daß die Facetten unserer Freuden, unserer Sorgen, unserer Sehnsüchte überstrahlt sind vom gleichen Licht, denn allein Kathedralen, Plastiken, Landschaften oder Fragen können nicht befriedigen, es gilt vielmehr, nach der Festigung der Seele zu streben.

# Nachtrag zu den wichtigsten kunsthistorischen Fragen 1966-1982

Seit 1966 haben wir zahlreiche neue Erkenntnisse auf kunstge-schichtlichem Gebiet gewonnen. Es ist angebracht, hier eine Bestandsaufnahme zu den wichtigsten Fragen zu machen. Die mei-sten Antworten, die wir in diesem Kapitel wiedergeben, verdanken wir Marcel Durliat, den wir oft zitieren werden.

Die architektonische Verwandtschaft zwischen den fünf großen Kirchen an den Jakobswegen – Saint-Martin in Tours, Saint-Martial in Limoges, Sainte-Foy in Conques, Saint-Sernin in Tou-louse und der Kathedrale von Santiago de Compostela – ist, wie wir aufgezeigt haben, offensichtlich. Charakteristisch sind die großzü-gige und logische Raumaufteilung, der ausgewogene Aufriß und die scheinbar ganz natürliche Anpassung an die Erfordernisse des Pil-gerwesens. Um den Chor, das Querschiff und das Hauptschiff liegen der Chorumgang, die Kranzkapellen und die Seitenschiffe und über diesen die Emporen. Das Langhaus, das keine hohen Fenster hat, ist von einer Halbtonne auf Gurtbögen überfangen, die Seitenschiffe mit Kreuzgrat- und die Emporen mit Vierteltonnengewölben; diese Emporen öffnen sich durch Biforienfenster unter Rundbögen auf das Hauptschiff.

Die Frage jedoch, die diese Analogie zwischen den fünf Bauwer-ken aufwirft, ist schwierig zu beantworten. Man darf nie vergessen, daß der Zweck und nicht der Weg die Merkmale dieses Kirchen-typus geschaffen hat und daß er weder von der Entwicklung der romanischen noch der gotischen Kunst noch der Pilgerheiligtümer wie Saint-Rémi in Reims, die außerhalb des Jakobswegenetzes liegen, zu trennen ist. Von jedem der fünf großen Gotteshäuser die Baugeschichte nachzuzeichnen, ist ebenfalls ein Unterfangen, bei dem Vorsicht am Platze ist. In den ersten Auflagen dieses Buches wurde kurz umrissen, welche Zusammenhänge zwischen den fünf Bauwerken, ihren Baudaten und ihrem Verhältnis zur zeitgleichen Bauweise bestehen. Saint-Martin, so glaubte man damals, habe schon zur Zeit des Schatzmeisters Hervé zwischen 997–1003 und 1014 einen Chorumgang mit anschließendem Kapellenkranz, der wirklich prächtig und schon typisch für Pilgerkirchen war, besessen. Bei Saint-Martial in Limoges liegen die Anfänge des Wiederaufbaus des endgültigen Bauwerks vielleicht vor 1062; die Weihe fand 1095 statt; die Gewölbe des Langhauses, mehrere Malereien und anderer Zierat sowie die Hauptgebäude der Abtei gehen auf Abt Adhemar

(1063 bis 1104) zurück. Der Bau von Saint-Sernin, der 1080 begonnen wurde, ging zunächst sehr schnell voran, und der Hauptaltar wurde 1096 geweiht. Um die Jahrhundertwende trieb dann Raymond Gayrard die Arbeiten vorwärts, so daß 1118 das Querhaus einschließlich seiner Außenmauern und die Seitenschiffe mit ihren Fenstern standen; dann schleppte sich der Bau hin, aber die wesentlichen Teile waren von Raymond Gayrard und zu seiner Zeit ausgeführt worden. In Santiago legte man 1078 den Grundstein; vielleicht fanden Vorarbeiten statt. Der erste Bauabschnitt ging bis 1088, als Diego Peláez sein Bistum verlor. Zwei Jahre später begann der zweite. Diego Gelmírez trieb den Bau voran. Der Rohbau soll um 1122 und die ganze Kirche um 1128 fertiggestellt gewesen sein. Sainte-Foy in Conques ist, da es zunächst als Benediktiner-, dann als Pilgerkirche gebaut wurde, ein Fall für sich. Aber aus allen diesen Gegebenheiten schloß man zur Zeit der ersten Auflage dieses Buches, daß in den vier anderen großen Kirchen die der Gruppe eigentümlichen Merkmale entwickelt worden waren: Der Chor war zuerst in Saint-Martin zu Tours festgestellt worden, die anderen Elemente wurden in einer verhältnismäßig kurzen Zeitspanne entwickelt. Dieser Typus, französischen Ursprungs, aber international aufgrund der Verbindungen zwischen Bischöfen, Äbten und Dombaumeistern, erreichte seine Vollendung in der Kathedrale des hl. Jakobus zu Compostela, und es schien sogar, als habe dann umgekehrt diese vollendete Ausformung die Gestaltung der neuen Kirche Saint-Martin in Tours stark beeinflußt.

Die 1964 und 1966 aufgestellte Synthese muß revidiert werden, seit Charles Lelong von 1973 bis 1975 die Geschichte von Saint-Martin zu Tours neu geschrieben hat. Der so auffallende Chorumgang, den man in der Geschichte dieser Art Kirchen zum ersten Mal hier festzustellen glaubte, gilt nicht mehr als der des Hervé-Baus; er wurde später, ab 1096 errichtet, nachdem das von dem Schatzmeister aufgeführte Gebäude einem Brand zum Opfer gefallen war; das Langhaus wurde dann »nach dem Abbild« von Compostela errichtet, wie der Verfasser des *Pilgerführers* ganz richtig beobachtet hatte. Die vorangegangene Synthese, in der dieses Element fehlte, muß daher grundlegend überprüft werden. Die Abtei Conques erfordert weiterhin eine Sonderbehandlung, weil sie, wenn man so sagen kann, einer Seitenlinie der Familie angehört. Die älteren Teile des Chorhauses zeigen »Archaismen« aus der Mitte des 11. Jahrhunderts; die oberen Partien hingegen stammen von einem tiefgreifenden Umbau, der um 1100 stattfand. Für die anderen Bauwerke gilt das folgende: »Die echte Gruppe der Kirchen, die zu Unrecht als Schule der Pilgerstraßen bezeichnet werden, grenzte sich eigentlich erst um das Jahr 1075 ab, so daß Kirchen dieses Typus nicht vor dem letzten Viertel des 11. und Anfang des 12. Jahrhunderts entstanden sein können. Es ist wesentlich zu beobachten, daß dieser Bautypus ungefähr um dieselbe Zeit in den fünf Kirchen erscheint, denn durch diese Feststellung offenbart sich eine Wirklichkeit, die Worte möglicherweise verdecken. Was der Begriff ›Schule der Pilgerstraßen‹ verschleiert, das ist die Entwicklung einer der schönsten Schöpfungen der Romanik für eine sehr kleine Anzahl von Reliquienkirchen innerhalb kurzer Zeit. Dieser Typ taucht in dem Augenblick auf, da überall im Abendland die große romanische Kirche mit ihren Eigentümlichkeiten, die zugleich von der Kraft der Tradition und dem Genie der Baumeister herrühren, Gestalt annimmt.« (Marcel Durliat, 1977)

Jeder Pilger, Reisende oder Historiker, der Le Puy, Ausgangspunkt der *Via Podensis*, kennengelernt hat, weiß um die starken arabischen Einflüsse oder zumindest Anklänge in dieser Stadt, besonders, was die Kathedrale betrifft. Émile Mâle hat einen sehr schönen Aufsatz über dieses Thema geschrieben, und Ahmed Fikry veröffentlichte 1934 ein ganzes Buch über *Die romanische Kunst in Le Puy und die islamischen Einflüsse*. In diesem Kapitel sei jedoch auch vermerkt, daß man früher zu irrigen Verallgemeinerungen neigte und Vergleiche von weit her holte, die man in nächster Nähe hätte ziehen können. Zumindest in einem Fall ist der Vergleich mit der islamischen Architektur nicht haltbar, und zwar bei den Kuppeln der Kathedrale.

Fälschlicherweise nämlich pflegte man die berühmte Kirche als Beispiel für »eine sehr seltene Gruppe von Bauwerken, die (Gruppe) romanischer Gotteshäuser, deren von Seitenschiffen eingerahmtes Langhaus vollständig von einer Reihe von Trompenkuppeln überfangen ist«, zu zitieren, denn diese Kuppeln bildeten erst später ein charakteristisches gemeinsames Element. Um 1100 trugen die vier Joche und das Querhaus Tonnengewölbe; ein halbes Jahrhundert später wurden zwei Kuppeln über den Jochen gebaut, die damals das erste und das zweite waren und heute das dritte und das vierte sind; in der Folge baute man zwei weitere, denen man ebenfalls Kuppeln aufsetzte. Und »bis zum Ende des Mittelalters blieb die Kathedrale von Le Puy ein heterogenes Bauwerk, dessen gesamter orientalischer Teil — Querschiff und Ende des Hauptschiffs — mit Tonnengewölben überfangen war, während die vier ersten Joche des Mittelschiffs mit hohen Kuppeln auf halbrunden Trompen versehen wurden. Erst im 16. und Anfang des 17. Jahrhunderts sorgte man für eine stärkere Einheitlichkeit, indem man zwei neue Kuppeln in den östlichen Gewölbefeldern des Langhauses baute. Man tat dies kostensparend und allein um des Eindrucks willen, denn diese Kuppeln waren damals offenbar aus Holz. Die letzte wurde Mitte des 18. Jahrhunderts erneuert. »Mallay, der Baumeister und Restaurator der Kirche ab 1842, gestaltete sie nach dem Vorbild der Vierungskuppel und verzierte sie mit selbst erfundenen Elementen. Von ihm stammen auch die fünfte und sechste im östlichen Teil des Hauptschiffs. Was die ältesten Kuppeln betrifft, so braucht man nicht nach einem orientalischen, sassanidischen oder muselmanischen Vorbild zu suchen; das Modell ist vielmehr eine Gruppe von Kirchen im Lyonnais, von denen die Abteikirche Saint-Martin d'Ainay in der Metropole Galliens auch eine Vierungskuppel besitzt. Man findet hier »die acht ungleichen Wandflächen wieder, den mit vier Öffnungen versehenen Tambour, dessen Bogenwerk auf Doppelsäulen mit ornamentierten Kapitellen ruht, schließlich die eigenwilligen Trompen.« (Marcel Durliat, 1976).

Daß die Geschichtswissenschaftler gern an eine gleichzeitige Entstehung der Pilgerkirchen glauben, erinnert an die analoge Tendenz, die sich sehr viel früher hinsichtlich der Plastik zeigte. Doch die Gegebenheiten sind in diesem Falle andere. Während die architektonischen Fragen nur anhand von vier oder fünf Kirchen untersucht wurden, nahm man sich bei der Plastik sehr viel mehr Bauwerke vor. Am französischen Teil des Jakobsweges sind die Stilvarianten im allgemeinen beträchtlich; in Spanien, selbst entlang dem *camino francés*, ist man hingegen überrascht von der künstlerischen Verwandtschaft. Das gilt für die Kathedralen von Pamplona und Jaca, Santa María von Iguacel und San Juan de la Peña, die große Kapelle der Burg Loarre, San Martín in Frómista, San Isidoro in León und die Kathedrale von Compostela. Dieser Gruppe sind in Frankreich Saint-Sernin in Toulouse und Saint-Pierre in Moissac, sowie die Kollegiatkirche Saint-Gaudens und Sainte-Foy von Morlaas hinzuzufügen.

Eines der gemeinsamen Merkmale ist der, wenn auch auf verschiedene Ursprünge zurückgehende antike Einfluß. Er zeigte sich zuerst in der Ornamentik der Kapitelle, die aus dem Akanthusblatt der Spätantike beziehungsweise der mozarabischen Zeit hervorging. Dann kamen zu den Pflanzenmotiven Tiere, vor allem Löwen und Vögel, die weniger um ihrer selbst willen denn als Ornament dargestellt werden. Und schließlich bildete man auch den Menschen ab. In Moissac und Toulouse dienten die Elfenbeinreliefs, in Jaca und in Frómista die römischen Sarkophage als Vorbild. Serafín Moralejo hat festgestellt, daß in Frómista ein Kapitell (heute im Museum von Palencia) die »Orestie« eines Sarkophags aus der Hadrianzeit umsetzt, der heute im archäologischen Museum von Madrid aufbewahrt wird, aber aus Husillos stammt, das nicht weit von Frómista entfernt liegt. Der religiöse Grundgedanke drückt sich schließlich in den Archivolten und im Tympanon aus, wo sich die Erklärung für das ikonographische Programm findet.

Die Rekonstruktion dieser Entwicklung wird erleichtert durch die Richtigstellung der Daten bestimmter spanischer Bauwerke. Heute glaubt man nicht mehr, daß sich die Kathedrale von Jaca 1063 im Bau befand. Dank John W. Williams weiß man, daß in San Isidoro in León die Grabkapelle der Könige nicht das Werk Ferdinands I. von Kastilien (1037–1065) und seiner Frau Doña Sancha ist (sie sollen nur die Kirche selbst wiederaufgebaut haben), sondern das ihrer Tochter Doña Urraca. Derselbe Historiker stellte an der *Puerta de las platerías* der Kathedrale von Compostela die gleiche Überlegung hinsichtlich der Inschrift auf der Statue des hl. Jakobus zwischen zwei Bäumen an: ANF(ONS) US REX. Man dachte früher, der Herrscher sei Alfons VI. von Kastilien; sein Todesjahr, 1109, liefere das Jahr der ungefähren Fertigstellung der Fassade. Aber diese Inschrift kann sich auch auf seinen Sohn Alfons VII. beziehen . . .

Die Anfänge der Entwicklung im ersten Viertel des 11. Jahrhunderts liegen in Saint-Sernin in Toulouse und in San Isidoro in León; die Bildhauer von Compostela, die zunächst für sich gearbeitet hatten, schließen sich der Hauptströmung an. Diese Epoche ist gekennzeichnet durch »paralleles Suchen an Kapitellen mit Akanthusblättern, Blumenornamenten, Palmetten und einigen Gesichtern«. Die *Porte des Comtes* von Saint-Sernin stellt das erste Beispiel eines in dieser Weise dekorierten Portals dar. Während das 11. Jahrhundert zu Ende geht, werden die Kapitelle immer reicher und phantasievoller geschmückt, und vor allem entstehen unter dem Meißel der Bildhauer die ersten Menschen. Es ist die Zeit des Bernard Guilduin in Toulouse und der Künstler von Frómista, Jaca und Moissac. In den Jahren 1110–1115 entsteht der Typus des großen romanischen Portals: die Porta Francigena und die *Puerta de las platerías* in Compostela, die *Porte Miégeville* in Saint-Sernin und die Portale des Göttlichen Lammes und der Vergebung in San Isidoro in León. »Statt die zwischen dem Südwesten Frankreichs und dem Nordosten der Iberischen Halbinsel bestehenden Beziehungen mit zahlreichen Einflüssen zu erklären wie bei den imperialistischen Eroberungen, sehen wir sie als Ergebnis der stetigen Entwicklung von künstlerischen Zentren von großer Eigenständigkeit, die sich jedoch alle an den Zeitgeschmack für eine gewisse wiedergefundene Antike halten.« (Marcel Durliat, 1977).

Jacques Bousquet widmete seine 1973 veröffentlichte Dissertation der *Plastik in Conques im 11. und 12. Jahrhundert*. Er wandte sich gegen die Auffassung von der Abgeschiedenheit der Abtei und zeigte auf, daß dort aufgrund der nahen Weideplätze des Almviehs mehrere Wege zusammenliefen und daß sie unter den Äbten Odolric (vor 1031–1065) und Bégon (um 1087–1107) großen Einfluß besaß. Er erklärte, daß seiner Meinung nach das berühmte Tympanon nicht als ein Werk für sich zu betrachten sei, sondern in der Linie von Moissac und vor Beaulieu und Saint-Denis.*

---

* Alle Zitate dieses Abschnitts entstammen den Arbeiten von Marcel Durliat, welche in der Bibliographie aufgeführt sind.

# KLAUS HERBERS:
# DEUTSCHLAND UND DER KULT
# DES HL. JAKOBUS

»Das ist nicht der wahre Jakob« heißt ein deutsches geflügeltes Wort, das sich auf den hl. Jakobus und auf sein Grab in Santiago de Compostela bezieht. Die zitierte Redensart geht laut dem Grimm-schen Wörterbuch auf diejenigen Jakobspilger zurück, welche die Gräber anderer Heiliger nicht als ebenbürtig mit der Ruhestätte des hl. Jakobus gelten lassen wollten. Blättert man weiter bei J. und W. Grimm, so findet sich eine Fülle von heute nur noch teilweise verwendeten Ausdrücken, die zumindest ahnen lassen, welche Bedeutung der Jakobusverehrung auch im Heiligen Römischen Reich Deutscher Nation einstmals zukam. Die »Jacobsmuschel«, das ›Abzeichen‹ der Pilger, der »Jacobsmantel«, der »Jacobsstab« oder »Jacobsstecken« bezeichnen die typische Ausstattung der Pilger, die man auch »Jacobsbrüder« nannte, wie durch den »Simplicius Sim-plicissimus« von H. J. Ch. Grimmelshausen belegt wird. Die Begriffe »Jacobsstraße« und »Jacobswegweiser« wurden häufig auch übertragen verwendet. So hieß ein Wegweiser in die Ferne, ins Ungewisse, auch »Jacobswegweiser«; und die »Jacobsstraße« bezeichnet nicht nur den Weg nach Santiago de Compostela, son-dern auch die »Milchstraße« am Sternenhimmel, wie uns das Grimmsche Wörterbuch weiter belehrt. Umgekehrt ist auch der Ausdruck »Milchstraße« für den Jakobsweg durchaus geläufig, so vor allem im Französischen (»la voie lactee«). Zurück geht dieser Name wohl auf die Legende von der Pilgerfahrt Karls des Großen (768–814): Hiernach erschien der hl. Jakobus dem fränkischen Herrscher im Traum mit dem Auftrag, Karl solle das Apostelgrab von der Herrschaft der heidnischen Araber befreien und dabei dem durch die Sterne gekennzeichneten Weg folgen. Auf dem Aachener Schrein, der etwa 1215 für die Gebeine Karls des Großen fertigge-stellt wurde, ist der später mit der Milchstraße gleichgesetzte Ster-nenweg deutlich zu erkennen. Diese Legende beeinflußte wohl auch die Entstehung der wissenschaftlich nicht haltbaren Volksetymolo-gie, nach der sich Compostela aus *campus stellae* (Sternenfeld) herleite (richtig ist wohl die Ableitung von *compostum* oder einem ähnlichen Wort, was als »Begräbnisstätte« zu übersetzen ist).

Das deutsche Wort »Jacobswirt« deutet bereits an, wie sehr im Spätmittelalter das Pilgergewand auch für einfache Reisende, aber insbesondere für Bettler und arme Leute üblich wurde. Als »Jacobs-bruder« konnte man mit billiger, mitunter freier Verköstigung in den Klöstern am Weg rechnen; und die Gleichsetzung von »Jacobs-brüdern« oder »Muschelbrüdern« mit Bettlern oder armen Leuten findet sich seit dem 15. Jahrhundert häufig. So verstand auch Hans Sachs (1494–1576) unter dem »Jacobswirt« einen Bettelwirt, dessen Bier und Wein verwässert sei. Das Pilgergewand diente aber nicht nur Bettlern, sondern auch Gaunern oder Dieben als Tarnung, die seit dem Spätmittelalter als »Falsche Pilger« die Straßen unsicher machten. Die stete Zunahme solcher Leute auf den Pilgerwegen trug unter anderem zum Niedergang der Pilgerfahrten nach Santiago de Compostela im 15. Jahrhundert bei. Wie erfinderisch man bei der Umgestaltung der Pilgertracht zuweilen war, mag die zweite Bedeutung des bereits genannten Wortes »Jacobsstab« verdeutlichen, denn hiermit wurde auch eine »verborgene Waffe, in einem Pilgerstab versteckter Dolch oder Degen«, bezeichnet.

Soweit einige »Jacobswörter«, welche die Bedeutung des Jakobuskultes und seine Ausstrahlung in Deutschland andeuten mögen. Sieht man von Frankreich ab, so darf Deutschland neben Italien als das wichtigste Land gelten, in dem der Kult des Apostels nachhaltige Wirkungen zeitigte und seine Spuren hinterließ. Einige dieser Spuren sollen im folgenden gesichert werden. Allerdings kann beim jetzigen Stand der Forschung hier nur der Versuch einer Zwischenbilanz gewagt werden.

Seit dem 9. Jahrhundert wußte man in Deutschland – zumindest an einigen Orten – vom Grab des hl. Jakobus in Spanien. Diese frühesten Hinweise sind in den zeitgenössischen Martyrologien (= Verzeichnisse der Heiligen) enthalten. Es sei hier das Martyrologium des Hrabanus Maurus (780–856) sowie dasjenige Notkers des Stammlers von St. Gallen (gest. 912) genannt. Urkundliches Material und nachgewiesene Patrozinien lassen erste Anfänge einer Jakobusverehrung in Deutschland seit dem 9. Jahrhundert erkennen. Dabei stammen fast alle überlieferten frühen Nachweise aus dem bayerischen und alemannischen Raum, wie zuletzt Plötz hervorgehoben hat. Sicherlich herrschten gerade auch in Bayern gute Voraussetzungen, denn schon im 8. Jahrhundert besaßen bayerische Klöster einige derjenigen Werke in Abschrift, welche die Nachricht über eine Mission des Apostels in Spanien verzeichnen.

Bereits im 11. Jahrhundert ist das Gebiet, in dem der Kult des hl. Jakobus konkret faßbar wird, deutlich ausgedehnter: Altar- und Kirchenpatrozinien im mittelalterlichen Sachsen, in Mainz und im Elsaß seien hier erwähnt. Das 11. Jahrhundert bedeutete für die Jakobusverehrung in Deutschland einen Wendepunkt; besser gesagt: Jetzt begann der Jakobuskult erst richtig Fuß zu fassen. Nicht nur weihte man immer mehr Kirchen und Altäre dem hl.

Jakobus, sondern aus dieser Zeit stammen auch die ersten Nachweise von einzelnen Pilgern, die nach dem entfernten Santiago de Compostela aufbrachen. Immerhin betrug der einfache Weg selbst von Süddeutschland aus noch ca. 1800 km.

Im September des Jahres 1072 machte sich Siegfried von Mainz auf den Weg nach Galicien, um dort zu beten. Der Mainzer Erzbischof war wohl seiner Amtsgeschäfte überdrüssig geworden, wie aus dem Quellenbericht des Geschichtsschreibers Lambert von Hersfeld (1025–1081/85) hervorgeht. Allerdings gelangte er wohl nicht bis nach Galicien, sondern blieb zuvor kurze Zeit in dem burgundischen Reformkloster Cluny, um sich als Mönch dem »Lärm der weltlichen Geschäfte« zu entziehen, bis ihn Klerus und Volk von Mainz zurückriefen. So kam es nicht mehr zur Ausführung der ursprünglich geplanten Pilgerreise, und Siegfried kann nicht im strengen Sinn als der früheste deutsche Pilger nach Santiago de Compostela gelten, wenn sich auch an der Ernsthaftigkeit seines Vorsatzes nicht zweifeln läßt.

Etwa um dieselbe Zeit besuchte die Gräfin Richardis von Sponheim Santiago de Compostela. Graf Eberhard von Nellenburg (gest. 1078/79) unternahm mit seiner Frau Ida ebenfalls in den 70er Jahren des 11. Jahrhunderts eine Pilgerreise in den Nordwesten Spaniens; wie es in den Quellen heißt, taten sie dies, weil sie den hl. Jakobus so sehr lieb hatten. Vielleicht gehört zu den ersten deutschen Pilgern auch ein Abt des Klosters Fulda.

Wie es scheint, konnten sich nur Adlige und höhergestellte geistliche Würdenträger eine so weite Pilgerfahrt leisten; um so bemerkenswerter ist die Nachricht aus dem Jahre 1072, daß ein nicht näher bezeichneter Blinder namens Folbert nach Santiago de Compostela aufbrach. Es liegt nämlich auch an der Eigenart der Quellen, daß in der Regel nur über Fahrten von sozial höher gestellten Personen berichtet wird. Aber nicht nur das Beispiel des Folbert, sondern auch andere allgemein gehaltene Quellenaussagen lassen den Schluß zu, daß bereits im 11./12. Jahrhundert nicht ausschließlich Adlige aus Deutschland nach Santiago de Compostela pilgerten. So heißt es im *Liber Sancti Jacobi* aus dem 12. Jahrhundert, während der üblichen Nachtwachen in Santiago de Compostela säßen die *Franci*, *Itali* und die *Theutonici* jeweils in einem eigenen Teil der Kathedrale. Auch die Bistumsgeschichte von Santiago aus dem 12. Jahrhundert, die *Historia Compostelana*, hebt die Beliebtheit der Jakobusverehrung in Deutschland eigens hervor. Was schließlich sollte den Verfasser des Pilgerführers aus dem *Liber Sancti Jacobi* bewogen haben, die Route durch Frankreich, welche deutsche Pilger einschlugen, besonders zu kennzeichnen: »Die Burgunder und Deutschen, die über die Straße von Le Puy nach Santiago ziehen, müssen das Grab der hl. Jungfrau und Märtyrerin Fides (in Conques) besuchen.« Nur am Rande sei in diesem Zusammenhang vermerkt, daß in einen lateinischen Pilgergesang aus dem 12. Jahrhundert einige Passagen eines Pilgerliedes in niederdeutsch-flämischer Sprache aufgenommen worden sind.

Es sei darauf verzichtet, weitere Belege einzelner deutscher Pilger des 11. und 12. Jahrhunderts hier zu nennen. Die meisten Nachweise stammen aus dem Gebiet des Mittelrheins sowie aus dem süddeutschen Raum. Wie bereits erwähnt, war in diesen Gegenden auch die Legende des hl. Jakobus zuerst bekannt. Wahrscheinlich erklären sich auch so die relativ zahlreichen Quellennotizen zu einzelnen Pilgern gerade aus diesen Regionen.

Nur schwer sind die Motive für die Fahrten deutscher Pilger zu ermitteln; die Quellen schweigen entweder hierzu, oder sie heben knapp die religiösen Gründe hervor. Zwar läßt sich wie bei dem erwähnten Erzbischof Siegfried von Mainz der Überdruß an weltlichen Geschäften als Grund für seine Fahrt feststellen, aber seine Suche nach einer Flucht aus dem »Weltlichen« hätte ihn ohne eine besondere Verehrung für den hl. Jakobus ebenso durchaus in andere Richtungen führen können. Ob die Pilgerfahrt des Grafen Friedrich von Pfirt im Jahre 1144 wirklich eine Sühnewallfahrt war, die der Graf angeblich unternahm, weil er die Klosterfrauen von Kleinlützel belästigt hatte, bleibt noch zu überprüfen. Die Wahl von Santiago de Compostela als Zielort könnte in diesem Falle allerdings, wie meist vermutet, auf den Einfluß des hl. Morandus aus Cluny, den Patron des Sundgau, zurückgeführt werden. Bei der Pilgerreise des Bischofs Anno von Minden (gest. 1185) zur Jahreswende 1174/1175 hat man vermutet, der Bischof habe sich der Heeresfolge für den Italienzug von Friedrich Barbarossa (1152–1190) entziehen wollen. Jedoch beweisen die zahlreichen Gebetsverbrüderungen, die Anno unterwegs und in Santiago de Compostela schloß, wie sehr religiöse Heilssuche die Reise des Bischofs bestimmte. Die Gebetsverbrüderungen, die Anno einging, zeigen jedoch ein Weiteres: Anno von Minden zog wohl nicht entlang des im Pilgerführer von Aimeric Picaud angegebenen Weges von Le Puy. Er schloß Gebetsverbrüderungen mit Gorze, Cluny, St-Gilles, St-Martin in Tours und mit Santiago de Compostela. Wollte er nicht äußerst große Umwege in Kauf nehmen, so ist er auf dem Hinweg die später als »Oberstraße« bezeichnete Route rhôneabwärts über St-Gilles, auf dem Rückweg über Bordeaux und St-Martin in Tours (später »Niederstraße«) gezogen. Dies beweisen die Datierungen in den Aufzeichnungen über die Verbrüderungen, die jüngst D. Poeck neu ediert und besprochen hat. Eine »Ober-« und »Niederstraße« unterschied im 15. Jahrhundert der noch vorzustellende Hermann Künig von Vach.

Zuletzt sei noch für diese erste (hochmittelalterliche) Periode der Jakobsfahrten auf die Pilgerreisen per Schiff hingewiesen. Deutsche Kreuzritter, die zur Eroberung von Lissabon auszogen, statteten selbstverständlich der Grabesstätte des großen spanischen Heiligen einen Besuch ab, und auch Kreuzfahrer oder Jerusalempilger, deren eigentliches Ziel das Heilige Land war, unterbrachen ihre Fahrt zuweilen an der Nordwestspitze Spaniens.

Es ist wohl gerechtfertigt, das 11./12. Jahrhundert als die erste bedeutende Phase der europäischen Verehrung des hl. Jakobus zu bezeichnen, denn ohne Zweifel hatte Compostela im 12. Jahrhundert auch den Rang von Rom und Jerusalem als Ziel einer *peregrinatio maior* erreicht. Im Spätmittelalter setzte sich diese Tendenz weiter fort, und die Mehrzahl der Spuren, die wir noch heute als Zeichen des Jakobuskultes in Deutschland besitzen, stammen aus der Zeit des 13.–15./16. Jahrhunderts. Berichte deutscher Pilger aus dieser Epoche erlauben es, eine (spät)mittelalterliche Pilgerfahrt nach Santiago de Compostela nachzuvollziehen.

Eines dieser Bücher, das sicher eine ziemlich große Verbreitung erlangte, war der Bericht des Servitenmönches Hermann Künig von Vach aus dem Kloster Vacha (Werra): *Die Walfart und Straß zu sant Jacob*. Er vollendete sein Werk wohl 1495 im Anschluß an seine eigene Pilgerreise.

Schon mit den Einleitungsworten mahnte der Verfasser den deutschen Pilger, sich vor Betrug in acht zu nehmen und hob gleichzeitig als das eigentliche Ziel einer jeden Pilgerfahrt die Verehrung des hl. Jakobus hervor. Beginnen läßt Hermann Künig seine Wegbeschreibung in Einsiedeln, weiter ging es über Luzern, Bern, Freiburg in der Schweiz und Lausanne. En passant nannte der Autor immer wieder – ähnlich wie sein berühmter Vorgänger Aimeric Picaud – die zahlreichen Reliquien am Wege, die man aufsuchen solle. Er versäumte es auch nicht, auf trinkbares Wasser (»darnach fyndestu eynen born der ist reyn«) oder auf fällige Zollabgaben (»darnach müßtu geben Tzoll«) hinzuweisen. Der Weg des deutschen Pilgers führte weiter über Genf; für diesen Ort empfahl Hermann Künig die Einkehr in einem deutschen Gasthaus, das neben einer Jakobskapelle gelegen sei. Auch nach der Durchquerung Savoyens über Chambéry sei der Besuch eines deutschen Hauses vor allem wegen des notwendigen Geldwechsels nützlich, meinte der besorgte Autor. Der Weg folgte dann dem Isère- und Rhônetal, und nach Valence ging es über Uzès nach Nîmes. Anschließend entsprach seine Wegbeschreibung mit leichten Varianten der bereits im 12. Jahrhundert von Aimeric Picaud aufgezeichneten Route. Das leibliche Wohl der Pilger war Hermann Künig besonders angelegen, jedenfalls versäumte er es nicht, immer wieder bestimmte Herbergen zu empfehlen oder aber vor ihnen zu warnen. Das Gebiet vor dem Anstieg der Pyrenäen, das »Armagnac«, nannte der Verfasser »Armer jacken land« (»armer jacken land wert bis an den Rontzefal«), eine Verballhornung, die der Kenntnis fremder Sprachen und Kulturen sicher nur wenig förderlich war. Über den spanischen Wegabschnitt berichtete der Autor wesentlich knapper, allerdings gedachte er immer wieder der einzelnen Stationen und Hospize, die man kennen mußte, um eine Pilgerfahrt zu planen und zu organisieren. Ebenso nannte er stets die Wasserstellen, die vor allem in den trockenen Zonen Kastiliens sicherlich nicht besonders zahlreich vorhanden waren.

Hatte Hermann Künig für den Hinweg nach Compostela die »Oberstraße« beschrieben, so führte er den Pilger auf dem Rückweg über die »Niederstraße«:

*Nu wil ichs aber heben in gottes namen an*
*Die Wege zů wissen die uff der nyderstrassen gan.*

Bis zu den Pyrenäen blieb der Weg gleich, dann ging es über Bordeaux, Blaye, Saintes, Poitiers, Tours; von dort entweder nach Metz oder weiter über Paris, Valenciennes und Brüssel nach Aachen, wo der Verfasser seine Reisebeschreibung enden läßt.

Hermann Künigs Buch bot sicher allen, die sich von Deutschland auf die Reise machten, eine sehr hilfreiche Wegbeschreibung, die Vorbereitung und Durchführung einer Pilgerfahrt erleichterte. Der mehrfache Druck des kleinen Büchleins zeigt, wie sehr man seine Ratschläge schätzte. Die Verehrung für den hl. Jakobus setzte Hermann Künig bereits voraus, denn abweichend von vielen anderen Autoren ähnlicher Schriften widmete er dem Ziel der Reise, Santiago de Compostela, nur wenige Sätze.

Der Ritter Arnold von Harff aus dem Rheinland legte 1499, vier Jahre später als Hermann Künig, seine Reiseerfahrungen schriftlich nieder. Sein Bericht, der die Beschreibung mehrerer Länder umfaßte, war wesentlich schematischer angelegt, wie man jüngst hervorgehoben hat. Santiago de Compostela kennzeichnete Arnold von Harff als eine kleine, schöne, lustige Stadt; auch der Kathedrale widmete er einige Zeilen. Seine Zweifel, ob der hl. Jakobus wirklich in der Kathedrale unter dem Hochaltar liege, wurden am Ort nicht einmal ernst genommen. Barsch erklärte man ihm, jeder der daran zweifele, verfalle auf der Stelle dem Wahnsinn »wie eyn raesen hunt«. Arnold von Harff berichtete weiter von besonderem Spott über die Deutschen, weil sich nur diese Volksgruppe die Krone des hl. Jakobus aufsetzte. Diese ganz einzigartige Sonderstellung der deutschen Pilger ist uns auch aus anderen Quellen bekannt. U. Lewald und R. Plötz haben die in Deutschland vorhandenen bildlichen Zeugnisse solcher »Pilgerkrönungen« zusammengestellt. Neben Linz, Allnerbach, Oberbreisig, Niedermendig, Mölln und Neuweiler (Elsaß) besitzt wohl Villingen die eindrucksvollste Darstellung. Auch ein Fenster in der Villinger Kapelle des Freiburger Münsters zeigt den hl. Jakobus, der die beiden Stifter, Jacob Villinger und seine Frau Ursula, krönt. Dieses Fenster ist auch deshalb so bemerkenswert, weil im Hintergrund der Verkauf von Pilgermuscheln und Devotionalien gezeigt wird. Der Ursprung der Krönungszeremonie ist ungeklärt, Lewald hat auf die Compostela-Reise des 1178 in Gelnhausen abgesetzten Heinrich des Löwen im Jahr 1182 hingewiesen. Plötz kann einen Zusammenhang mit den in Deutschland besonders heftig geführten Auseinandersetzungen des Investiturstreites wahrscheinlich machen.

Bezüglich der Tendenz des Berichtes von Arnold von Harff muß freilich noch angemerkt werden, daß der rheinische Ritter wie einige seiner Zeitgenossen eine Fahrt nach Santiago de Compostela eher als eine Art Kavalierstour betrachtete, bei der religiöse Ziele deutlich in den Hintergrund traten. Spanien war dabei für Arnold von Harff eher ein untergeordnetes Ziel, wie sein Ausspruch »summa summarum ist Hyspanien gar eyn buesser land« beweist. Diese eher kritischen Äußerungen dürfen jedoch nicht darüber hinwegtäuschen, daß neben diesen »Prestigereisen« des Adels, über die wir noch weitere Berichte besitzen, Santiago de Compostela als Pilgerziel aller Bevölkerungsgruppen hohes Ansehen genoß. Würde man alle Pilger des späten Mittelalters, von denen eine Fahrt nach Santiago de Compostela in irgendeiner Form belegt ist, mit einem Punkt in eine Karte eintragen, so blieben sicher nur wenige Stellen weiß. Wie viele Punkte jedoch eine solche Karte aufzuweisen hätte, läßt sich beim heutigen Stand der Forschung noch nicht sicher sagen. Unsere Kenntnisse reichen jedoch aus, um eine stetige Zunahme der Pilger seit dem 13. Jahrhundert festzustellen. Diese kamen aus fast allen Gebieten Deutschlands, auch aus Landschaften, die vor dieser Zeit noch nicht als Herkunftsregionen von Jakobspilgern belegt waren. Pilger aus Österreich oder aus dem Ostseeraum sind keine Seltenheit. Aus Quellen wissen wir auch von namentlich nicht genannten, jedoch als »deutsch« und als »arm« bezeichneten Pilgern, denen als Almosen oftmals ein neues Paar Schuhe geschenkt wurde.

Besondere Beachtung verdient der norddeutsche Raum, denn von dort brachen im Spätmittelalter immer mehr Pilger nach Santiago de Compostela auf. Geschäftlich-wirtschaftliche Motive sind in vielen Fällen nicht leicht von religiöser Heilssuche zu trennen. Sicherlich erlangte jedoch der hl. Jakobus gerade im Hanseraum wie kaum in anderen Gegenden Deutschlands eine ganz hervorragende Stellung. Anders sind die zahlreichen Spuren, die man noch heute vor allem in Bremen entdecken kann, nicht zu erklären. Das Gedenken an Jakobus als den Patron der Pilger und Reisenden hatte sogar noch bis weit in die Zeit nach der Reformation Bestand; die Statue im Bremer Schnoorviertel, die unverwechselbar den hl. Jakobus als Pilger zeigt, legt heute noch ein beredtes Zeugnis davon ab. B. Heyne erwähnt eine niederdeutsche Redensart: »He is' daarmit behangen, as sunt Jaaks mit den Musseln«, die für Personen mit auffallender Kleidung und von sonderbarem Aussehen verwendet wurde. Von den Hansestädten wählte man zumeist den Seeweg nach Santiago de Compostela. Wahrscheinlich stach von Hamburg jährlich ein Schiff mit Santiagopilgern in See. Die Quellen verzeichnen allerdings nur außergewöhnliche Vorkommnisse wie die Verluste von Schiffen. So wird zum Jahre 1506 berichtet, ein Schiff mit 200 Pilgern sei durch einen Sturm untergegangen. Über eine Schiffsreise aus Stralsund erfahren wir, ein Pilger sei von zweien seiner Mitpilger erstochen worden – Zustände, die einer Pilgerfahrt nicht gerade angemessen waren! Pilger aus Norddeutschland wählten wohl vorzugsweise, aber nicht ausschließlich den Seeweg. Für wen sollte sonst ein niederdeutscher Pilgerführer (vielleicht die Übersetzung des Führers von Hermann Künig) in Braunschweig im Jahre 1518 gedruckt worden sein?

Von Pilgerreisen aus Norddeutschland wissen wir auch aus Testamenten; das besonders ergiebige Lübecker Material wertete jüngst N. Ohler erneut aus. Zahlreiche Lübecker Bürger setzten in ihren Testamenten eine bestimmte Summe fest, die zu einer Pilgerfahrt verwendet werden sollte. Manch einer glaubte wohl, so kurz vor seinem Tod mit dem Testament das wettmachen zu können, was er selbst während seines Lebens versäumt hatte. Johannes Hilge verfügte z. B. im Jahre 1413, mit 100 lübischen Mark je einen Pilger nach Santiago de Compostela und nach Jerusalem zu entsenden. Die Lübecker Testamente erbringen eine Fülle von Belegen für Pilgerfahrten, wobei jedoch offenbleiben muß, ob jeder Wunsch eines Testamentes auch wirklich ausgeführt wurde. Auffallend ist jedoch, daß neben anderen Zielorten, die bezeichnenderweise auch den Hauptrichtungen des lübischen Handels entsprachen, Santiago einen durchaus respektablen Platz einnahm.

Neben den gemäß testamentarischer Verfügung reisenden Auf- trags- oder Delegationspilgern sind aus dem niederdeutschen Raum auch zahlreiche Pilger zwangsweise aufgebrochen, um mit ihrer Pilgerfahrt ein Vergehen zu sühnen. Diese Strafwallfahrten wurden im niederländischen Raum nicht nur von kirchlichen, sondern auch von weltlichen Instanzen auferlegt. Nicht ganz zu Unrecht hat man diese Form gern als eine Art »Sozialhygiene« bezeichnet; die Städte entledigten sich derjenigen Mitglieder ihrer Gemeinschaft, welche den sozialen Frieden gefährdeten oder von denen man dieses annahm. Auch die Strafwallfahrten erreichten bezeichnenderweise in der ersten Hälfte des 15. Jahrhunderts einen Höhepunkt, wie J. van Herwaarden herausgearbeitet hat.

Für das 15. Jahrhundert sind wir umfassender über Pilgerfahrten aus dem oberdeutschen Raum unterrichtet. Allerdings wird aus den Quellen auch deutlich, was man nun zuweilen unter einer »Pilger- fahrt« verstand. Schon der zitierte Bericht des Ritters Arnold von Harff deutete ein neues Verständnis an, ganz ähnlich klingen auch mehrere süddeutsche Aufzeichnungen. Sehr oft wurde eine »Heils- fahrt« zur Gelegenheit, fremde Länder oder ausländische Höfe kennenzulernen oder seinen Mut unterwegs bei ritterlichen Turnie- ren unter Beweis zu stellen. In manchen Familien scheint sich sogar eine Art Pilgertradition ausgebildet zu haben. So folgte 1462 der Nürnberger Patrizier Sebald Rieter den Spuren seines Vaters Peter, der bereits 1428 nach Santiago de Compostela gepilgert war. Sebald Rieter reiste nicht allein, sondern eine Gruppe von zehn Gleichge- sinnten zog von Hof zu Hof durch Frankreich und Spanien. Aus Rieters Bericht erfahren wir, daß edle Herren wohl ihre Wappen im Chor der Kathedrale von Santiago aufhängen ließen; Sebald Rieter veranlaßte sogar, das von seinem Vater gestiftete Bild im Chor der Kathedrale von Compostela zu erneuern.

Aus einer Notiz der Zimmerschen Chronik zum Jahre 1517 geht hervor, wie sich solche adligen Pilgergruppen zusammenfanden: Schweikhart, Freiherr von Gundelfingen und Jörg, Truchseß zu Waldburg beschlossen Anfang des Jahres »ain walfart in das küni- greich Galliciam zu s. Jacoben zu thon«. Anschließend brachten sie »etlich ritter und vom Adel, auch ander mehr zu inen in ir gesell- schaft«; neben verschiedenen Adligen auch den Apotheker von Überlingen und einen »pfaff Sebold«, der »iren aller caplon« war. In der ersten Woche der Fastenzeit reisten noch drei weitere Herren der Pilgergruppe nach, und alle zogen über Frankreich nach Spa- nien, »besuchten den liben s. Jacob, auch die gaistlichen herren zu Montserat« und kamen zum Fronleichnamsfest (11. Juni) wieder zurück.

Interessant ist an diesem Bericht auch, daß wir die Dauer der Fahrt nach Compostela ziemlich genau berechnen können. Die Fastenzeit begann im Jahre 1517 am 25. Februar, daraus ergibt sich eine Reisezeit von etwa 14 Wochen; bedenkt man den Umweg über das katalonische Montserrat, so dürfte die Gruppe wohl über gute Pferde verfügt haben. Die geschilderte Fahrt war wohl durchaus noch aus religiösen Motiven unternommen worden. Daneben gibt es jedoch häufig Nachrichten über »Gelegenheitspilger«. Ob man zum Beispiel den Ritter Georg von Ehingen (1428–1508), der nur deshalb Santiago de Compostela besuchte, weil eine Kreuzzugsaktion gegen die Mauren ausfiel, noch als Pilger bezeichnen kann, scheint mehr als zweifelhaft. Ohne hier im einzelnen alle Aspekte dieses Prozesses, den man gern als »Strukturwandel« der Pilgerfahrten bezeichnet, ausführlich darlegen zu wollen, sei doch darauf hingewiesen, wie verschieden beispielsweise die Ratschläge des *Liber Sancti Jacobi* aus dem 12. Jahrhundert von denen eines Arnold von Harff waren. Empfahl das Jakobsbuch noch nachdrücklich, eine Pilgerfahrt sei in Armut anzutreten, damit man dem Vorbild Christi und der Apostel folge, so riet der rheinische Ritter, ausreichend Gold in sein Gepäck zu stecken, weil man so unabhängig von der jeweiligen Landeswährung sei. Zwei verschiedene Konzeptionen von Pilgerfahrten stehen sich hier schroff gegenüber. Die Vorschläge Arnolds von Harff orientierten sich sicherlich weit mehr an der Realität, denn eine Pilgerfahrt in Armut zu unternehmen, setzte ein funktionierendes Verköstigungs- und Nächtigungssystem voraus, das, seit dem 12. Jahrhundert mühsam aufgebaut, im 15. Jahrhundert ernsthaft in Gefahr geriet. Eine Pilgerfahrt allein und dazu noch in Armut zu unternehmen, wurde immer mehr zu einem großen Wagnis. Allzuoft täuscht man sich über die wirklichen Mühen und Gefahren, die eine Pilgerreise nach Galicien im Mittelalter mit sich brachte. Zwar waren seit dem hohen Mittelalter in einigen Gebieten wie in Nordspanien die Straßen sicherer geworden, aber in anderen Gegenden wie in Südfrankreich mußte ein Pilger zuweilen doch um sein Leben bangen. Räuber, Diebe, Banditen oder Landstreicher bedeuteten eine ständige Bedrohung vor allem seit der Mitte des 15. Jahrhunderts. Welches Ausmaß die Gefahren für Pilger annahmen, belegt die Anordnung von König Ferdinand dem Katholischen aus dem Jahre 1478. Er verfügte, gegen jedwede Form von Wegelagerei mit aller Härte vorzugehen, weil andernfalls die Pilger aus Angst nicht mehr nach Santiago de Compostela kämen. Wer nicht wie Arnold von Harff mit großem Gefolge reiste, hatte es da schwer.

Neben diesen unbestreitbar vorhandenen Gefahren ließen jedoch auch Mühen und Anstrengungen so manchen Pilger unterwegs sterben. Aus dem 15. und besonders aus dem 16. Jahrhundert kennen wir Schweizer Quellen mit Notizen, in denen es lakonisch heißt: »blib uf sant Jacobs Strass«. Es wurde bereits erwähnt, daß Pilger vor dem Aufbruch vorsorglich ihr Testament abfaßten, eine besondere Klausel für den Fall einer Rückkehr findet sich nur in Ausnahmefällen.

Kamen die Pilger jedoch bis nach Santiago de Compostela, so erwarben sie — ob arm oder reich — die berühmte Pilgermuschel und brachten sie mit nach Hause. Bis zum 14. Jahrhundert hefteten sie diese zumeist an ihre Pilgertaschen, später auch an den Hut oder den Pilgermantel. Sie galt als eine Art Beweis der abgeschlossenen Pilgerfahrt und verschaffte vielfältigen Schutz und Vorteile. Wenn auch die Muschel im Spätmittelalter zum Pilgerattribut schlechthin wurde, so blieb sie doch vornehmlich ein Abzeichen der Compostelapilger. Nicht jede Darstellung mit einer Muschel sollte jedoch vorschnell auf eine Pilgerfahrt bezogen werden. So gibt es z. B. Bilder von Adligen, die ihre »einschlägigen« Erfolge durch die Anbringung einer bestimmten Anzahl von Venusmuscheln darstellen ließen. Unbestreitbar auf die Pilgerfahrt nach Santiago de Compostela beziehen sich jedoch wohl die bei archäologischen Ausgrabungen gefundenen Muscheln, die erst vor kurzem K. Köster zusammengestellt hat. Dabei handelt es sich in der Regel um Muscheln, die man den Pilgern mit ins Grab gegeben hat. Mehr als 180 Muscheln sind verzeichnet; dabei entfallen auf das deutsche Sprachgebiet etwa ein Viertel. Mit Ausnahme des großen Schleswiger Fundes und der Nachweise aus Hannover und Aachen, entdeckte man die übrigen Muscheln in Süddeutschland.

Adligen wie einfachen Pilgern genügte es jedoch nicht, nur nach Santiago de Compostela zu pilgern, sondern sie machten den von ihnen verehrten Heiligen auch in ihrer Heimat bekannt und förderten den Jakobuskult. Nicht immer lassen sich allerdings Pilgerfahrten und Verehrung in Deutschland unmittelbar aufeinander beziehen; manche Spuren des Jakobuskultes kamen auf Umwegen nach Deutschland, von manchen wissen wir nichts zur Vorgeschichte. Um so wertvoller sind deshalb einzelne Nachrichten, die uns ein wenig genauer informieren. Der bereits erwähnte Graf Friedrich von Pfirt gründete nach seiner Pilgerfahrt 1144 das Kloster Feldbach, das dem hl. Jakobus geweiht wurde. Ein weiteres schönes Beispiel ist aus dem Raum Trier bekannt. Der Trierer Bürger und Weber Wilhelm machte in seinem Leben mindestens dreimal eine Pilgerfahrt nach Santiago de Compostela, gründete im Minoritenkloster zu Trier eine Bruderschaft zu Ehren des hl. Jakobus und brachte eine am 14. Dezember 1464 ausgefertigte Urkunde des Kardinals Theoderich aus Santiago de Compostela mit. Darin wurde allen, welche die Bruderschaft unterstützen oder ihr beitreten wollten, ein Ablaß versprochen. Wie andere Bruderschaften widmeten sich auch diejenigen, die den hl. Jakobus zu ihrem Patron erwählt hatten, meist sozialen Aufgaben, waren daneben aber auch gesellige Vereinigungen. Vielfach mußten die Mitglieder einmal in ihrem Leben nach Santiago de Compostela pilgern. Diese Verpflichtung konnte zuweilen durch eine Geldsumme abgelöst werden. Manche dieser Bruderschaften bestehen noch heute, so z. B. diejenige in Bamberg. Leider fehlt es an einer Studie über alle Jakobusbruderschaften in Deutschland; jedoch dürfte die Zahl insgesamt zumindest 100 betragen haben; für Franken ist etwa ein Dutzend solcher Jakobusbruderschaften nachgewiesen; für die Schweiz etwa ebensoviel. In einigen Fällen gründeten (ähnlich wie in Trier) Santiagopilger eigene Bruderschaften, so in den fränkischen Orten Hof und in Hochdorf sowie in der Schweiz in Hohenrein und Eschenbach. Zogen Pilger in größerer Zahl durch diese Orte, so wurden sie meist von den Mitgliedern unterstützt. In Freiburg (Schweiz) legten Pilger aus Süddeutschland, Tirol und der Innerschweiz häufig eine Etappe ein. Aus Freiburger Ratsprotokollen wissen wir von den zahlreichen Geldspenden für durchziehende Pilger. Auch im Hanseraum waren Bruderschaften keine Seltenheit, und sogar in dem kleinen Ort Killer bei Hechingen ist spätestens seit 1510 eine Jakobusbruderschaft belegt. Nicht immer, aber häufig wurden die Pilgerhospitäler am Pilgerweg von Bruderschaften betrieben. In Frankfurt am Main hieß z. B. das auch noch Goethe bekannte Pilgerspital »das Kompostell«. Die Spitäler lagen meist an Durchgangsstraßen und standen grundsätzlich allen Durchreisenden offen. So kann man nur in einzelnen Fällen bestimmte Spitäler in direkten Zusammenhang mit der *Jacobus-peregrinatio* bringen. Zuweilen – wie im Falle von Hof – wissen wir von Spitalgründungen durch ehemalige Jakobspilger. Auf die ständig ansteigende Beliebtheit der Pilgerfahrten aus Deutschland verweisen ferner die zahlreichen Patrozinien im deutschen Sprachgebiet. Wenn auch eine vollständige Katalogisierung noch aussteht, so lassen sich doch einige Hauptverehrungsgebiete hervorheben. Nach den Forschungen von Hüffer ragen Altbayern mit Tirol, die Schweiz, das Rheinland und die Hansestädte deutlich heraus, allerdings hat Plötz die Angaben von Hüffer mit Belegen aus Franken relativiert. Dort wurde der hl. Jakobus besonders häufig als Patron für Kirchen gewählt, welche mit der Reformbewegung von Gorze in Zusammenhang standen. Unbestritten bleibt jedoch: Die Zunahme von Pilgerfahrten nach Santiago de Compostela beeinflußte sicherlich auch die Patrozinienwahl. Im einzelnen Fall spielten überdies andere Faktoren eine Rolle, wie die jeweilige Position der Bischöfe in den verschiedenen Diözesen, religiöse (Mode-)bewegungen oder sonstige Traditionen.

Bezieht man die zahlreichen Spuren künstlerischen Schaffens in die Betrachtung mit ein, so fällt auch hier auf: Weniger die in der Bibel verzeichneten Taten des hl. Jakobus als vielmehr die Pilgerfahrten zu dessen vermeintlichem Grab in Santiago de Compostela regten die verschiedensten Künstler bei ihren Werken an. Frühe ikonographische Darstellungen des hl. Jakobus finden sich seit dem 6. Jahrhundert. Der hl. Jakobus ähnelt hier noch den übrigen Aposteln. Mit Tunika und Buch ist er von seinen apostolischen Mitstreitern oft nicht zu unterscheiden. Seit dem 12. Jahrhundert bildeten sich in der Kunst des lateinischen Westens immer stärker die individuellen Attribute der Heiligen aus. So wurde der hl. Petrus gerne als Himmelspförtner mit einem oder mehreren Schlüsseln dargestellt. Meistens beziehen sich die Attribute der Heiligen auf ein bedeutendes Ereignis aus ihrem Leben. Beim hl. Jakobus hätte z. B. das Schwert, durch das er als wohl erster Apostel enthauptet wurde, zu einem solchen Zeichen werden können. Der Psalter von Magdeburg oder der Dreikönigsschrein in Köln zeigen auch solche Darstellungen. Ebensowenig wie die Kennzeichnung des Apostels mit Buch oder Schriftrolle setzte sich dieser Typus letztlich durch. Der hl. Jakobus wurde bald fast nur noch mit Pilgerhut, -stab, -mantel und -tasche als reisender Pilger dargestellt, der wohl (paradoxerweise?) zu seinem eigenen Grab nach Santiago de Compostela unterwegs war. Diese Art der Darstellung entstand nicht in Santiago de Compostela selbst, ja der früheste heute erhaltene Nachweis kann noch nicht einmal an den Verlauf der Pilgerstraße gelegt werden. Wie Plötz hervorgehoben hat, entwickelte sich die Kennzeichnung des hl. Jakobus als Pilger aus früheren Darstellungen, in denen die Pilgermuschel als Merkmal für die Darstellung von Pilgern verwendet wurde. Die Muschel als Symbol des Pilgers schlechthin (nicht nur der Santiagopilger) führte wohl dazu, auch ihren Patron mit denselben Attributen (Muschel, Tasche, Stab, Umhang und Hut) oder wenigstens einigen davon zu kennzeichnen. Aus Deutschland ist als erster Nachweis die Bildhauerarbeit aus Wasserburg am Inn aus dem 13. Jahrhundert zu nennen; dort wird der hl. Jakobus mit Hut, Stab und muschelbesetzter Tasche dargestellt. In dem Maße wie sich die Pilgerkleidung weiterentwickelte – so wurden seit dem 14. Jahrhundert die Muscheln seltener an den Taschen, dafür jedoch häufiger an Mantel oder Hut befestigt – änderte sich auch die ikonographische Darstellung des Pilgerheiligen Jakobus. Als Pilger mit Muschel, Hut, Stab und Mantel, findet sich der Apostel auch in vielfachen Variationen im deutschen Sprachraum.

Gegenüber diesem vorherrschenden Typus geriet die zweite ikonographische Variante, die Jakobus als Ritter- und Schlachtenhelfer darstellt, außerhalb Spaniens in den Hintergrund. Plötz vermutet wohl zu Recht, das Bild des hl. Jakobus als Maurentöter *(matamoros)* habe erst dann in das mitteleuropäische ikonographische Programm Eingang gefunden, als die Türken das Reich von Südosten seit dem 15. Jahrhundert bedrohten. Diese Argumentation gewinnt an Wahrscheinlichkeit, wenn man bedenkt, daß die weitaus größte Zahl der Beispiele im deutschen Sprachraum bezeichnenderweise im Südosten zu suchen sind, so z. B. in St. Jakobus am Anger (München, im 2. Weltkrieg zerstört), in der Klosterkirche in Ensdorf, der Pfarrkiche in Lenggries oder in der Kirche von Schwechat bei Wien (die drei letztgenannten alle aus dem 18. Jahrhundert). Die insgesamt bekannteste Darstellung dürfte wohl der wahrscheinlich von Martin Schongauer stammende Stich von ca. 1470 sein. Bemerkenswert ist jedoch: Der hl. Jakobus als Schlachtenhelfer hoch zu Roß wurde häufig mit einer Pilgermuschel kenntlich gemacht (so auch in dem zuletzt genannten Bild); ein Zeichen dafür, wie sehr die andere ikonographische Variante schon fest zur Darstellung des hl. Jakobus gehörte.

Ein letzter ikonographischer Typus, der allerdings eng mit der Darstellung des Apostels als Pilger zusammenhängt, ist in Deutschland und wohl nur dort belegt. Es handelt sich um zwei Darstellungen aus Mainz und Konstanz. In der Mauritiuskapelle des Konstanzer Münsters ist unter den zwölf Apostelfiguren auch diejenige des hl. Jakobus, der in einer Hand mehrere Pilgerstäbe, in der anderen etwa ein halbes Dutzend muschelbesetzer Taschen hält. Eine ganz ähnliche Darstellung findet man im Bischöflichen Dom- und Diözesanmuseum in Mainz, die wohl ursprünglich am Lettner der Augustinerkirche gestanden hat. Was sollte der hl. Jakobus mit dieser Vielzahl von Pilgertaschen und Stäben tun? Beide Insignien, Stab und Tasche, wurden schon seit dem 10. Jahrhundert in die Liturgie miteinbezogen. Es gibt in vielfachen Variationen, so auch in dem berühmten Jakobsbuch *(Liber Sancti Jacobi)* aus dem 12. Jahrhundert, Segensformeln, die beim Aufbruch der Pilger über Stab und Tasche gesprochen werden. So sprach der Priester zunächst:

*Im Namen unseres Herrn Jesus Christus. Nimm diese Tasche als Zeichen deiner Pilgerschaft, damit du geläutert und befreit zum Grab des hl. Jakobus gelangen mögest, zu dem du aufbrechen willst, und kehre nach Vollendung deines Weges unversehrt mit Freude zu uns durch die Hilfe Gottes zurück, der lebt und herrscht von Ewigkeit zu Ewigkeit. Amen.*

Danach wurde der Segen über den Stab erteilt:

*Nimm diesen Stab zur Unterstützung deiner Reise und deiner Mühe für deinen Pilgerweg, damit du alle Feindesscharen besiegen kannst, sicher zum Grab des hl. Jakobus gelangest und nach Vollendung deiner Fahrt zu uns mit Freude zurückkehrest. Dies gewähre Gott selbst, der lebt und herrscht von Ewigkeit zu Ewigkeit. Amen.*
(*deutsch in*: K. Herbers, Der Jakobsweg, 1986, S. 64 f.)

Was lag nun näher, als an Orten, wo man diesen Segen sprach, auch entsprechende Darstellungen zu schaffen, wie bereits Plötz zu Recht vermutet hat. Trotzdem bleibt merkwürdig, daß wir bisher nur diese beiden Figuren in dieser Art kennen. In Mainz und Konstanz waren diese Darstellungen allerdings sicher am richtigen Platz. Von beiden Städten wissen wir, daß sie wichtige Stationen am Jakobsweg in Deutschland waren; von Mainz gelangten Pilger über Metz und Dijon ins Rhônetal, von Konstanz über Freiburg/Schweiz und Genf nach Lyon.

Die Resonanz der Jakobusverehrung im Heiligen Römischen Reich Deutscher Nation läßt sich jedoch auch daran ablesen, daß man die Legende des Heiligen in unterschiedlicher Weise künstlerisch verarbeitete. Seit dem 15./16. Jahrhundert finden wir die Jakobuslegende auf zahlreichen Altarbildern. Besonders bekannt ist der 1465 von Friedrich Herlin geschaffene Zwölfbotenaltar in Rothenburg ob der Tauber. Auf einem Teil der Altarbilder sieht man die angebliche Predigt des hl. Jakobus in Spanien, ferner die Enthauptung in Jerusalem sowie den Einzug des Apostelleichnams in Compostela auf einem Wagen, der von den zahm gewordenen Stieren der Königin Lupa gezogen wird. Der 1520 in der Schloßkirche in Winnenden (bei Stuttgart) aufgestellte Jakobusaltar zeigt eine leicht variierte Bildauswahl. Die Predigt des Apostels in Spanien, die Verbrennung der Bücher des Magiers Hermogenes, die Enthauptung des Apostels und die Übertragung des Apostelleichnams nach Spanien in einem Boot. Auf beiden Altären ist jedoch weiterhin noch ein durch den Apostel gewirktes Wunder dargestellt; diese zumeist als »Galgen-« oder »Hühnerwunder« bekannte Geschichte dürfte wohl von allen Mirakelerzählungen gerade in Deutschland die größte Verbreitung erlangt haben. Die verschiedenen Varianten der Geschichte – bei einem gleichbleibenden Kern – bezeugen, wie sehr Wundererzählungen ihren festen Platz im mündlich weitergegebenen Erzählgut hatten. Im Laufe der Jahre und Jahrhunderte veränderten sich aber auch die Geschichten; sie wurden ausgeschmückt oder gekürzt und so den jeweiligen (Zeit-) Umständen und Bedürfnissen angepaßt. Eine der frühesten Fassungen des Wunders, so auch diejenige im *Liber Sancti Jacobi*, lokalisiert die Ereignisse in Toulouse:

Um 1090 wollte ein deutscher Vater mit seinem Sohn nach Santiago de Compostela pilgern. In einer Herberge in Toulouse machte ein Wirt sie trunken, versteckte einen goldenen Becher im Gepäck des Pilgers und klagte ihn am nächsten Morgen des Diebstahls an. Einer der beiden, Vater oder Sohn, wurde zum Tod am Galgen verurteilt; der Vater wollte für den Sohn, der Sohn für den Vater sterben. Schließlich hängte man den Jüngling auf. Der Vater zog weiter nach Santiago de Compostela. Als er von dort zurückkehrte, fand er seinen Sohn zwar immer noch am Galgen, dieser redete jedoch und berichtete dem Vater, der hl. Jakobus habe ihn vor dem Tod bewahrt. Als die Bewohner der Stadt dies erfuhren, nahmen sie den Sohn vom Galgen und henkten statt dessen den betrügerischen Wirt.

In ähnlicher Form wird das Wunder auch in der weit verbreiteten *Legenda aurea* (Goldene Legende) des Jacobus von Varazze (Voragine) (1228/30–1298) berichtet. Aber insbesondere erfuhr dieses Wundermotiv im Verlauf des Mittelalters noch zahlreiche Ausgestaltungen. Am bekanntesten ist die Fassung, deren Handlung in Santo Domingo de la Calzada spielt und mit dramatischen Elementen ausgestattet wurde. Aus den beiden Pilgern wurde eine Familie, die in Santo Domingo de la Calzada in einem Wirtshaus einkehrte. Als der Sohn die Liebe einer Wirtstochter nicht erwiderte, versteckte diese ein wertvolles Teil in dessen Gepäck. Es folgte dann, wie erwartet, die Verurteilung des Jünglings. Vater und Mutter pilgerten weiter nach Santiago de Compostela und erfuhren in einer Erscheinung des Apostels Jakobus, daß ihr Sohn lebe. Der Richter, dem man auf der Rückkehr von dem noch lebenden Jüngling am Galgen berichtete, briet gerade zwei Hühner und spottete, der Gehenkte lebe ebensowenig wie seine zwei gebratenen Hühner. Da flatterten plötzlich beide Hühner davon und überführten so den Bösewicht.

Dieses Wunder ist jedoch nicht nur in Rothenburg oder Winnenden abgebildet, es findet sich ebenso auf Teilen eines in Nürnberg entstandenen Altarwerkes, in Kempen oder auf anderen Altarbildern, die Hüffer und Gribl verzeichnet haben. 1903 entdeckte man in Überlingen die Fresken der Jodokkapelle, die wohl noch aus dem Anfang des 15. Jahrhunderts stammen und auch das Hühnerwunder als Bildgeschichte erzählen.

Im spanischen Santo Domingo de la Calzada werden noch heute in der Kirche in einem Käfig Hühner gehalten, denn – wie man meint – flogen sie vom Bratspieß direkt dorthin. Der bereits erwähnte Hermann Künig von Vach verweist bei der Beschreibung von Santo Domingo darauf:

*Der hunlr (!) hinder dem altar saltu nicht vergessen/*
*und salt sie recht schawen an/*
*gedenck, das got alle dinck wonderlich gemacht hat/*
*Das sye von dem bratspyß synt geflogen/*
*ich weiß furwar das es nicht ist erlogen/*
*Dan ich selber hab gesehen das loch/*
*daruß eyns dem anderen nachfloch/*
*Und den hert dar uff sye synt gebraten.*

Eine besondere Nachwirkung des Hühnerwunders ist aus Fulda bekannt. Das Beispiel blieb bislang ein einzigartiges Kuriosum: In der Jakobuskapelle neben der alten Fuldaer Stiftskirche soll es bereits im 14. Jahrhundert einen Altar mit der Bezeichnung »auf der Hünner Hort« gegeben haben. Es handelt sich wahrscheinlich um den Altar über einem Hühnerstall, der dem Hühnerkäfig in Santo Domingo de la Calzada wohl nachempfunden war. Möglicherweise brachte ein Fuldaer Pilger ein Huhn oder ein Ei aus Santo Domingo in seine Heimat mit und ließ den ausgebrüteten Tieren eine Unterkunft nach spanischem Vorbild einrichten. Vielleicht steckte man sich nun auch bereits in Fulda – wie in Santo Domingo de la Calzada üblich – einige Federn an den Hut, um so die Mühen des Weges leichter ertragen zu können. Oder man versuchte, die Legende dahingehend umzugestalten, daß nun Fuldaer Pilger das berühmte Hühnerwunder erlebt hätten. Solche Deutungen gab es nämlich öfter, wie wir aus anderen Orten wissen und wie Gribl es z. B. für einige bayerische Darstellungen nachgewiesen hat. Auch in der Literatur wurde das Thema vom erhenkten Pilger aufgegriffen, so heißt der Titel einer 1624 aufgeführten Tragikomödie:

*Von ainem unschuldigen Jüngling, welicher sambt seinen Eltern*
*ein Walfahrt zu dem heiligen Apostel Jacob gen Compstell*

*verrichten woellen, aber underwegen fälschlich eines Diebstahls
bezüchtigt, und mit dem Strang hingerichtet worden, doch durch
Hülff und Beistand der Muetter Gottes und des Heiligen Apostels Jakobi an dem Strick unverletzt und lebendig verbliben und
endlich einen von der Walfahrt widerkehrenden Eltern loss und
ledig geben worden, wie soliches weitläufiger beschreibt Lucius
Marinaeus, lib 5. de rebus Hispanicis, cap. ultimo. Gehalten in
dem Ertzherzoglichen Gymnasio zu Inssprugg den 16. Octob.
Anno Domini MDCXXIV.*

Ebenso sind in Italien mehrere literarische Bearbeitungen des Hühnerwunders nachweisbar.

Allerdings berichtete man am Ende desselben Jahrhunderts auch
kritisch über die Hühnerlegende. Johann Limberg, der 1690 einen
Bericht seiner Reisen veröffentlichte, sah es zum Beispiel eher als
ein Wunder an, daß den Tieren in Santo Domingo de la Calzada so
viele Federn ausgerupft wurden, ohne daß diese tot umfielen. Laut
seinem Bericht lachte man auch in Santiago de Compostela darüber,
»daß sich die Teutschen [. . .] so bethoren lassen«. Man finde
nämlich in Spanien nicht einmal eine weiße Sau, geschweige denn
einen weißen Hahn und eine weiße Henne, wie sie in Santo
Domingo vorhanden seien. Der Ruf der Deutschen in Compostela
war offensichtlich nicht mehr der beste; vielleicht lag es daran, daß
seit der Reformation nur noch wenige deutsche Pilger nach Spanien
zogen. Die kritischen Stimmen der Humanisten und Reformatoren
prangerten die Pilgerfahrten an und meinten, nur einfältige Gemü-
ter wären zu diesen Formen religiöser Praxis fähig. In den katholischen Gebieten Deutschlands riß die große Tradition der Pilgerfahrten jedoch nicht ganz ab, wenn auch die Unsicherheit auf den
Wegen sowie das Mißtrauen, das seit der Reformation den deutschen Pilgern in Spanien generell entgegengebracht wurde, zunah-
men. Bartholomäus Khevenhüller, der 1559 mit einigen Gefährten
in Santiago de Compostela weilte, war ein Opfer dieser Verdächti-
gungen. Allein die Tatsache, daß die Gruppe von Santiago de
Compostela wieder aufbrach, ohne wie üblich gebeichtet zu haben,
genügte, um weiter verfolgt zu werden. Weil man sie der Ketzerei
verdächtigte, konnten sie erst nach einem Verhör und einem weiteren Aufenthalt von sechs Wochen durch Fürsprache und Geldopfer
die Stadt endlich wieder verlassen. Gewiß war dies »nicht der wahre
Jacob«, und man sollte sich auch vor einer Verallgemeinerung
solcher Vorfälle zunächst einmal hüten. Aber die große Zeit der
europäischen Pilgerfahrten war vorbei. Nicht nur in protestanti-
schen Kreisen regte sich Kritik. Die Aufklärung tat noch das ihre

dazu. So heißt es in einem 1790 »von einem katholischen Selbstden-
ker« veröffentlichten Lustspiel von Johann Georg Jacobi am Schluß:
»Wallfahrten [. . .] kann vielleicht in seltnen Fällen seinen Nutzen
haben; aber sein Haus besorgen, Kinder erziehen, rathen und
helfen, wo es Noth thut, das ist ein besserer Gottesdienst, als nach
Compostel zu reisen.« Trotzdem lebte der Jakobuskult – wenn auch
in bescheidenen Ausmaßen – weiter fort. Der Theologe der Gegenreformation Jacob Gretser widmete 1606 der Pilgerfahrt nach Compostela ein eigenes Buch. Aber auch solche Werke erlangten schon
von der Konzeption her keine größere Breitenwirkung. So war die
Zeit, als durch die Pilgerfahrten auch die Kulturen verschiedener
Länder zumindest gelegentlich näher aneinanderrückten, endgültig
vorbei. Nur noch eine Erinnerung an den einstmaligen Austausch
zwischen verschiedenen Nationen war das noch im 19. Jahrhundert
gesungene Kirchenlied:

*Freu' dich span'sche Nation*
*Deutschland, sing im Jubelton.*
*Preist in Wechselheeren.*
*Sankt Jakobus, dessen Grab*
*Compostell den Namen gab,*
*Glänzt in hohen Ehren.*

Wenn die Pilgerfahrten nach Santiago de Compostela zur Zeit eine
gewisse Renaissance erleben, so knüpft man damit teilweise an die
große mittelalterliche Tradition an oder versucht es zumindest.
Auch in Deutschland nimmt das Interesse an dieser »großen Wallfahrt des Mittelalters« aus diesen Gründen in den letzten Jahren
ständig zu. Und wenn man nicht nur nach Santiago de Compostela
fährt, sondern auch die zahlreichen Auswirkungen des Jakobuskultes und der Pilgerfahrten in Deutschland mit offenen Augen und
Ohren wahrnimmt, so ist man dabei, »den wahren Jacob« zu
entdecken.

## Bibliographische Hinweise

Das Thema »Jakobus und/in Deutschland« ist bisher noch recht
ungleichmäßig aufgearbeitet. Einerseits gibt es zahlreiche Abhandlungen zu Einzelproblemen, andererseits sind wissenschaftlich fun-
dierte Studien zu größeren Themenkomplexen oder Regionen noch
die Ausnahme. Deshalb werden nachfolgend nur einige Hinweise
auf die Arbeiten gegeben, die dem Autor bei der Abfassung dienlich

waren. Bei der Nennung wird im wesentlichen dem Gedankengang der Darstellung gefolgt.

Zu den verzeichneten Redensarten vgl. J. und W. Grimm, *Deutsches Wörterbuch*, Band IV/2, Leipzig 1877; zur Verbindung Karls des Großen mit dem Jakobuskult vgl. die zur Einleitung (S. 23 f.) zitierten Werke, insbesondere diejenigen von Klooke und Bédier. Zur Verbreitung der Legende in Deutschland ist als neuestes Werk R. Plötz, *Santiago-peregrinatio und Jacobus-Kult mit besonderer Berücksichtigung des deutschen Frankenlandes*, in: Spanische Forschungen der Görresgesellschaft, 1. Reihe, Gesammelte Aufsätze zur Kulturgeschichte Spaniens 31, Münster 1984, S. 24−135, heranzuziehen. Ergänzungen hierzu bieten verschiedene Aufsätze und Objektbeschreibungen des Katalogs: *Santiago de Compostela. 1000 ans de pèlerinage européen*, Gent 1985. Die meisten Belege über deutsche Jakobspilger finden sich in dem Überblick von K. Haebler, *Das Wallfahrtsbuch des Hermannus Künig von Vach und die Pilgerreisen der Deutschen nach Santiago de Compostela*, Straßburg 1899, sowie bei H. J. Hüffer, *Sant'Jago. Entwicklung und Bedeutung des Jakobuskultes in Spanien und dem Römisch-Deutschen Reich*, München 1957. Die Pilger aus Fulda und dem Fuldaer Raum hat J. Leineweber, *Die Santiagowallfahrt in ihren Auswirkungen auf das damalige Hochstift Fulda. Zur Frömmigkeits- und Kulturgeschichte im Mittelalter*, in: Fuldaer Geschichtsblätter 52/ 1976, S. 134−155, dokumentiert.

Zum *Liber Sancti Jacobi* sowie dem darin enthaltenen Pilgerführer aus dem 12. Jahrhundert vgl. die auf S. 23 f. zitierten Abhandlungen. Zur Reise des Bischofs Anno von Minden hat zuletzt D. Poeck, *Zur Reise des Bischofs Anno nach Santiago (1175)*, in: Aus Weser und Wiehen, Beiträge zur Geschichte und Kultur einer Landschaft, Festschrift für Wilhelm Brepohl, Minden 1984, S. 101−108, gearbeitet. Der Reiseführer des Hermann Künig von Vach wurde im Faksimile von K. Haebler (s. o.) herausgegeben; eine Neuausgabe mit neuhochdeutscher Übertragung und Kommentar wird von R. Ploetz und K. Herbers vorbereitet. Arnold von Harffs Berichte edierte E. von Groote, *Die Pilgerfahrt des Ritters Arnold von Harff von Cöln durch Italien, Syrien, Aegypten, Arabien, Aethiopien, Nubien, Palästina, die Türkei, Frankreich und Spanien*, Cöln 1860, die Passagen zum Jakobsweg auf den S. 220−251. Vgl. hierzu H. Beckers, *Zu den Fremdalphabeten und Fremdsprachenproben im Reisebericht Arnolds von Harff (1496−98)*; in: Collectanea Philologica. Festschrift für H. Gipper zum 65. Geburtstag, hg. von G. Heintz und P. Schmitter, Baden-Baden 1984, S. 73−86. Die Pilgerkrönungen der deutschen Pilger hat zuletzt R. Plötz, *»Benedictio perarum* *et baculorum«* und *»coronatio peregrinorum«. Beiträge zur Ikono-graphie des hl. Jacobus im deutschsprachigen Raum,* in: Volkskultur und Heimat. Festschrift für J. Dünninger zum 80. Geburtstag, 1986, S. 339–376, umfassend bearbeitet. Zu den Pilgerfahrten aus dem Hanseraum vgl. B. Heyne, *Von den Hansestädten nach Santiago: Die große Wallfahrt des Mittelalters,* in: Bremisches Jahrbuch 52/1972, S. 65–84. Eine Auswertung der Lübecker Testamente bietet N. Ohler, *Zur Seligkeit und zum Troste meiner Seele. Lübecker unterwegs zu mittelalterlichen Wallfahrtsstätten,* in: Zeitschrift des Vereins für Lübeckische Geschichte und Altertumskunde 83/1983, S. 83–103. Zu den Strafwallfahrten vgl. neben J. van Herwaarden, *Opgelegde Bedevaarten. Een studie over de praktijk van oblegen van bedevaarten in den Nederlanden gerunde de late meddeleuwen (ca. 1300–ca. 1500),* Amsterdam 1978, auch: L. Th. Maes, *Mittelalterliche Wallfahrten nach Santiago de Compostela* und *Unsere Liebe Frau von Finisterra,* in: Festschrift G. Kisch, Stuttgart 1955, S. 99–118, sowie: I. Mieck, *Zur Wallfahrt nach Santiago de Compostela zwischen 1400 und 1650. Resonanz, Strukturwandel und Krise,* in: Spanischen Forschungen der Görresgesellschaft, 1. Reihe, Gesammelte Aufsätze zur Kulturgeschichte Spaniens 19, Münster 1978, S. 483–533. Die Pilgerfahrten aus Franken hat zuletzt R. Plötz in der zitierten Abhandlung (S. 271) gründlich erforscht. Zu oberdeutschen und schweizerischen Pilgern sind die Überblicke von H. Bauckner, *Die Wallfahrt nach Santiago de Compostela. Spuren in unserer Heimat,* in: Das Markgräflerland 1985, Heft 2, S. 57–90, sowie die reich bebilderte Darstellung: *Auf Jakobswegen durch die Schweiz,* in: Schweiz 58, Heft 7, 1985, lesenswert. Für die Jakobusbruderschaften gibt es die Detailstudien von H. Hoberg, *Das Bruderschaftswesen am Oberrhein im Spätmittelalter,* in: Historisches Jahrbuch 72/1952, S. 238–252, und von R. Henggeler, *Die kirchlichen Bruderschaften und Zünfte der Innerschweiz,* Einsiedeln 1955, S. 95 ff. Allgemein ist auch der insgesamt immer noch lesenswerte Überblick von G. Schreiber, *Deutschland und Spanien: Volkskundliche und kulturkundliche Beziehungen,* Düsseldorf 1936, S. 91–129 zu vergleichen. Zu den Patrozinien liegt aus jüngerer Zeit nur die Studie von Plötz (vgl. S. 283) für Franken vor. Über die Ikonographie und sonstige künstlerische Darstellungen hat Hüffer (vgl. S. 282) und zuletzt R. Plötz im Katalogband: *Wallfahrt kennt keine Grenzen,* München 1984, S. 248–264 gehandelt. Vgl. außerdem zur Darstellung des Hühnermirakels in Bayern: A. Gribl, *Die Legende vom Galgen- und Hühnerwunder in Bayern,* in: Bayerisches Jahrbuch für Volkskunde 1976/77, S. 36–52, sowie umfassender demnächst:

R. Plötz, *Der hunler hinder dem altar saltu nicht vergessen*, in: Gedenkschrift für Gregor Hörchmann. Beiträge zur Geschichte des Niederrheins, Geldern 1987 (im Druck). Die Funde von Pilgermuscheln in Deutschland hat K. Köster im Katalog *Wallfahrt kennt keine Grenzen*, München 1984, S. 203–225, und ausführlicher in seiner Abhandlung: *Pilgerzeichen und Pilgermuscheln von mittelalterlichen Santiagostraßen*, Neumünster 1983, beschrieben. Zahlreiche Abbildungen finden sich in: V. und H. Hell, *Die große Wallfahrt des Mittelalters*, Tübingen, 4. Auflage 1985. Die zitierte Tragikomödie wurde zuletzt von F. Hermann, *Note sulla Peregrinatio Jacobea in Svizeera*, in: Il pellegrinaggi a Santiago de Compostela e la letteratura jacopea, Perugia 1983 (erschienen 1985), besprochen. Weitere Literaturangaben finden sich im Literaturverzeichnis.

# Bibliographie

## I. Allgemeine Untersuchungen

Carro García, J., *Estudios jacobeos*, Saint-Jacques-de Compostelle, 1954.
Daniel-Rops, *Sur le chemin de Compostelle*, Paris, 1952.
Defourneaux, M., *Les Français en Espagne aux XIᵉ et XIIᵉ siècles*, Paris, 1949.
Fita, F.-J. und Vinson, J., *Le codex de Saint-Jacques de Compostelle*, Paris, 1888.
Flórez, *España sagrada*. T. XX, *Historia Compostelana*, Madrid, 1765.
Lambert, É., *Études médiévales*, 4 Bde., Toulouse 1956–1957. Band IV enthält Karten der Pilgerstraßen, Grundrisse der Pilgerkirchen und Abbildungen. Bd. I beginnt mit der Bibliographie der Arbeiten Élie Lamberts. Wir fassen diese unter dem Titel „Mittelalterstudien" zusammen.
Le Goff, J., *La civilisation de l'Occident médiéval*, Paris, Arthaud, 1964, deutsch: *Kultur des europäischen Mittelalters*, München, Zürich 1970.
López Ferreiro, A., *Historia de la Santa Iglesia de Santiago de Compostela*, 2 Bde., Santiago de la Compostela, 1898–1909.
Mâle, É., *L'art religieux du XIIᵉ siècle en France*, Paris, 1922.
Mâle, É., *Les saints compagnons du Christ*, Paris, 1958.
Oursel, R., *Les pèlerins du Moyen Age*, Paris, 1963.
Pérez de Urbel, F. J., *Los monjes españoles en la Edad media*, Madrid, 1933–1934.
Quarré, P., *Sanctuaires romans sur le chemin de Saint-Jacques*, Musée de Dijon, 1962.
Renouard. Y., *Le pèlerinage à Saint-Jacques de Compostelle et son importance dans le monde médiéval*, Revue historique, 1951, S. 255–261.
Salet, F., *Sur les chemins de Saint-Jacques*, in: Bulletin de la Société des Amis du musée de Dijon, 1952–1954, S. 16–18.
Secret, J., *Sur les chemins de Compostelle*, Paris, 1956.
Terrasse, H., *Islam d'Espagne*, Paris, 1958.
Valous, G. de, *Les monastères et la pénétration française en Espagne du XIᵉ au XIIIᵉ siècle*, in: Revue Mabillon, Oktober–Dezember 1940, S. 77–97.
Vázquez de Parga, L., Lacarra J.-M., Uría Ríu, J., *Las peregrinaciones a Santiago de Compostela*, 3 Bde., Madrid, 1948–1949. Der erste Band ist den allgemeinen Untersuchungen gewidmet, der zweite den Wegen und der dritte den Textveröffentlichungen sowie den Reproduktionen/Abbildungen. Wir verweisen auf diese Bände unter dem gekürzten Titel *Peregrinaciones a Santiago*.
Vielliard, J., *Le Guide du pèlerin de Saint-Jacques de Compostelle*, Mâcon, 1950. 2. Aufl. 1963 Latein. Text und französ. Übersetzung, aus denen sämtliche Zitate entlehnt sind, die in der franz. Ausg. Ausgabe zu finden sind. Zur deutschen Übersetzung vgl. K. Herbers, Der Jakobsweg, genauer Titel S. 279.
Whitehill, W. M., *Liber Sancti Jacobi. Codex Calixtinus*, Santiago de Compostela, 1944.
Ausstellungskatalog *Francia y los caminos de Santiago*, Madrid, Institut français, 1950 und Sonderausgabe der Zeitschrift *Goya*, die sich mit romanischer Kunst beschäftigt und Artikel von G. Gaillard, A. Bonet Correa und M. Chamoso Lamas (Juli–Dezember 1961) enthält.
Ausstellungskatalog *El arte románico*, Barcelone et Compostelle, 1961; 1963 veröffentlicht.

Katalog der Ausstellung *Pèlerins et chemins de Saint-Jacques en France et en Europe*, Paris, Archives Nationales, 1964. R. de la Coste-Messelière organisierte die Ausstellung und ist für die Textsammlung verantwortlich.
Auf die aktuellen/heutigen Pilgerfahrten nach Santiago beziehen sich folgende Werke:
Ducrot, J., *Vers Compostelle*, Paris 1964.
Paladilhe, D., *Carnet de route d'un étudiant. A pied vers Compostelle*, Paris, 1956.
Die allgemeinen historischen Gegebenheiten in Spanien des 11.–22. Jahrhunderts wurden untersucht von:
Guinard, P., *La péninsule ibérique. La reconquête chrétienne de la dislocation du Califat de Cordoue à la mort de saint Ferdinand*, in: l'Histoire du Moyen Age, hrsg. v. Gustave Glotz. Paris, 1944, Bd. IV, 2. Teil, S. 287 ff.
Menéndez Pidal, R., *La España del Cid*, 2 Bde., 1929. Dieses hervorragende Werk ist, wie jeder weiß, von besonderer Bedeutung.
Menéndez Pidal, *Historia de España dirigida por . . .*, Bd. VI., Del Arco, R., und Pérez de Urbel, F. J., *España cristiana, comienzo de la Reconquista* (711–1039).
Die »Société des Amis de Saint-Jacques de Compostelle«, 89, rue Vieille-du-Temple, Paris 3ᵉ, veröffentlicht regelmäßig einen Bericht, in dem sehr viele unterschiedliche Angaben über die Pilgerfahrt enthalten sind. Darüber hinaus erscheinen nennenswerte Untersuchungen im Bulletin des »Centre international d'Études romanes«.


## II. Einzeluntersuchungen

Im folgenden finden sich Untersuchungen, deren Thema verhältnismäßig eng gefaßt ist, oder die wir für einen bestimmten Zweck herangezogen haben.

### 1. Die doppelte Auffindung des hl. Jakobus des Älteren

Chamoso Lamas, M., *Excavaciones en la catedral de Santiago de Compostela*, in: Archivo Español de Arte, 1954, No. 106, Ss. 183–186, und 1958, No. 121, Ss. 39–47.
Duchesne, L., *Fastes épiscopaux de l'Ancienne Gaule*, 3 Bde., Paris, 2. Aufl. 1907–1915.
Duchesne, L., *Saint-Jacques en Galice*, in: Annales du Midi, Bd. XII, 1900, Ss. 145–158.
Pérez de Urbel, F. J., *Historia de España dirigida por* Menéndez Pidal, Bd. VI, S. 51–57.
*Peregrinaciones a Santiago*. Bd. I, S. 9–36.

### 2. Die mittelalterliche Jakobuslegende

David, P., *Études sur le Livre de Saint-Jacques attribué au pape Calixte II. – I. Le manuscrit de Compostelle et le manuscrit d'Alcobaça. – II. Les livres liturgiques et le livre des miracles. – III. Le Pseudo-Turpin et le guide du pèlerin. – IV. Révision et conclusion*, Lissabon, 1946–1949. Teilweise entnommen aus dem »Bulletin des Études Portugaises«.
Sala Balust, L., *Los autores de la Historia compostelana*, in Hispania, Bd. III, 1943, Ss. 16–19.
Vázquez de Parga, L., *El Liber Sancti Jacobi y el Codice Calixtino*, in: Revista de Archivos, Bibliotecas y Museos, Bd. LIII, S. 35–45.
Voragine, J. de, *La légende dorée*, deutsch: Jacobus

von Voragine, Die Legenda aurea, eingeleitet und übersetzt von R. Benz, 10. Aufl. 1984.

3. GLANZZEIT UND NIEDERGANG DER PILGERFAHRT
Peregrinaciones a Santiago. Bd. I, Ss. 39−118.
Études médiévales, Bd. I, L'histoire du pèlerinage, S. 121−126.

4. DIE WEGE
Wir beziehen uns auf die Karte von Francis Salet (Musée des Monuments français) über die Pilgerwege in Frankreich und auf diejenigen von Élie Lambert (France et Espagne) im Band IV der Études médiévales. Siehe gleichzeitig die Wegkarten in Peregrinaciones a Santiago und die von M. M. R. de La Coste-Messelière und C. Petitet im Artikel in L'Œil, der weiter unten zitiert wird.
Neben der bereits zitierten Ausgabe von Jeanne Vielliard, Guide du pèlerin de Saint-Jacques de Compostelle gibt es noch folgende Untersuchungen: Peregrinaciones a Santiago, Bd. II und III.
Études médiévales, Bd. I: Le Livre de Saint-Jacques et les routes de pèlerinage en France, S. 145−158; Les routes des Pyrénées atlantiques et le pèlerinage en Espagne, S. 189−224.
Bonnaut D'Houet, baron de, Pèlerinage d'un paysan picard à Saint-Jacques de Compostelle au commencement du XVIIIe siècle, Montdidier, 1890.
Dufourcet, Les voies romaines et les chemins de Saint-Jacques, in: Congrès archéologique de Dax et Bayonne, 1888, S. 241 ff.
La Coste-Messelière, R. de, Les Chemins de Saint-Jacques in L'Œil, 1958, Ss. 35−41 und 80 und im Katalog der Ausstellung Pèlerins et chemins de Saint-Jacques en France et en Europe, Paris, Nationalarchiv, 1964, Ss. 41−58.
Lavergne, A., Les Chemins de Saint-Jacques en Gascogne, Bordeaux, 1887.
Menéndez Pidal, G., Los caminos en la historia de España.
Secret, J., Un itinéraire de Paris à Compostelle en 1659, in: Bulletin de la Societé Borda, Dax, Januar−März 1957, S. 51−56.

5. DIE PILGER, DIE REISE UND DIE GASTLICHKEIT
Peregrinaciones a Santiago. Bd. I, S. 118−167, 281−399, passim.
Études médiévales. Bd. I: Ordes et confréries dans l'histoire du pèlerinage, S. 127−144.
Bulletin des Musée Carnavalet, November 1955, S. 2−6. Untersuchung von Legrand über Dokumente, die sich auf die Pariser Verbrüderung der Jakobspilger beziehen und im Carnavalet-Museum aufbewahrt werden.
Labande, E.-R., Recherches sur le pèlerin dans l'Europe des XIe et XIIe siècles, in: Les Cahiers de civilisation médiévales, 1958, S. 159 ff. und 339 ff.
Maes, L., Mittelalterliche Strafwallfahrten nach Santiago ( . . . ) in: Festschrift Guido Kisch, Stuttgart, 1955, S. 99−118.

6. DIE FRANZOSEN UND DIE WIEDERBESIEDLUNG DES CAMINO
Außer dem schon zitierten Werk von Defoureaux: Boissonnade, P., Du nouveau sur la Chanson de Roland, Paris, 1923.
Peregrinaciones a Santiago, Bd. I, S. 465−497.

7. VON ERZBISCHOF TURPIN BIS ZU JOSEPH BEDIER
Außer den bereits zitierten Untersuchungen von David, P., und Boissonnade, P., sind erschienen:
Bédier, J., Les légendes épiques, Bd. I bis IV, Paris, 1908−1912.

Burger, A., La question rolandienne. Faits et hypothèses, in: Cahiers de civilisation médiévale, 1861, S. 269−291.
Faral, E., La Chanson de Roland, Paris, 1933.
Lambert, É., L'Historia Rotholandi du Pseudo-Turpin et le Pèlerinage de Compostelle, in: Bulletin de l'Université et de l'académie de Toulouse. Toulouse, Mai−Juli 1943, Ss. 369−403.
Menéndez Pidal, R., La Chanson de Roland et la tradition épique des Francs, Paris, 1960.
Meredith-Jones, C., Historia Karoli magni et Rotholandi ou Chronique du Pseudo-Turpin. Paris, 1936.
Peregrinaciones a Santiago. Bd. I, S. 499−534.
Siehe auch die Untersuchungen von R. Louis Girard, comte de Vienne (Auxerre, 1946), L'épopée française et carolingienne (Texte des »Coloquios de Roncesvalles«), Ramón Menéndez Pidal et le progrès actuel des recherches sur l'épopée romane (La Nouvelle Clio, Bd. X., S. 35−89).

8. DER APOSTEL IN DER SCHAR DER HEILIGEN
Grimme, E., Das Karlsfenster der Kathedrale von Chartres, in: Aachener Kunstblätter, 18/19, 1960−1961.
Peregrinaciones a Santiago, Bd. I, S. 565−573.
Réau, L., Iconographie de l'Art chrétien, 6 Bände, Paris, 1955−1959; siehe Bd. III, S. 690−702.
Mâle, É., L'art religieux du XIIe siècle en France, siehe S. 187−243 und 292−297.

9. DIE JAKOBSWEGE UND DIE ROMANISCHE ARCHITEKTUR UND DER BEGINN DER ROMANISCHEN PLASTIK
Aubert, M., L'église Saint-Sernin de Toulouse. Paris, 1933.
Aubert, M., La sculpture française au Moyen Age. Paris, 1946.
Aubert, M., L'eglise de Conques. Paris, 1954.
Aubert, M., und Goubet, S., Cathédrales, abbatiales, collégiales et prieurés romans de France. Paris, Arthaud, 1965.
Azcrate, J. M. de, La Portada de las Platerias y el programa iconográfico de la catedral de Santiago, in: Archivo español de Arte, Januar 1963, S. 1−20.
Baltrusaïtis, J., La stylistique ornementale dans la sculpture romane. Paris, 1931.
Bertaux, E., La sculpture chrétienne en Espagne des origines au XIVe siècle, in: l'Histoire de l'Art, hrsg. von André Michel. Bd. II, 1. Teil, Paris, 1906.
Bonet Correa, A., Las peregrinaciones a Santiago de Compostela y el arte románico, in: Goya, 1961, Nr. 43−45, S. 127−136.
Boullet, A., Sainte-Foy de Conques, Saint-Sernin de Toulouse, Saint-Jacques de Compostelle, in: Bulletin de la Société Nationale des Antiquaires de France, Bd. LIII, Paris, 1893, S. 168.
Camps Carzorla, E., El arte románico en España. Barcelona, 1935.
Chamoso Lamas, M., Esculturas del desaparecido pórtico occidental de la catedral de Santiago, in: Cuadernos de estudios Gallegos, 1959, S. 202−208.
Conant, K. J., The early architectural history of the Cathedral of Santiago de Compostela. Cambridge, Havard University Press, 1926.
Conant, K. J., Carolingian and Romanesque architecture 800−1200. The Pelican History of Art, 1959.
Crozet, R., in: Boletín del Seminario de Estudios de Arte, Université de Valladolid, 1953−1954. Zusammenfassung von Salet, F., im Bulletin monumental. Bd. CXIII, 1955, Nr. 3, S. 212−213.
Crozet, R., Remarque sur les relations artistiques entre la France du sud-ouest et le nord de l'Espagne à l'époque romane, Actes du XIXe congrès international d'Histoire de l'Art, Paris, 1958.

Crozet, R., *Recheres sur la sculpture romane en Navarre et en Aragon*, in: Cahiers de civilisation médiévale, von 1960.
Crozet, R., *L'église d'Aulnay et la route de Saint-Jacques*, in: Bulletin de la Société des Antiquaires de l'Ouest, 1963, S. 303–312.
Deschamps, P., *Notes sur la sculpture romane en Languedoc et dans le Nord de l'Espagne*, in: Bulletin monumental, 1923, S. 305–351.
Deschamps, P., *L'autel roman de Saint-Sernin de Toulouse et les sculptures du cloître de Moissac*, in: Bulletin archéologique de Comité des travaux historiques et scientifiques, 1923, S. 239–250.
Deschamps, P., *Étude sur les sculptures de Sainte-Foy de Conques et de Saint-Sernin de Toulouse, et leurs relations avec celles de Saint-Isidore de Léon et de Saint-Jacques de Compostelle*, in: Bulletin monumental, 1941, S. 239–264.
Durliat, M., *L'art roman en Espagne*. Paris, 1962.
Durliat, M., *Les débuts de la sculpture romane à Toulouse*, in: Bulletin du Centre international d'Études romanes, Juli 1962, S. 9–12.
Durliat, M., *Les chapiteaux et le portail de Saint-Michel des Lescure*, in: Cahiers de civilisation médiévale, Oktober–Dezember 1962, S. 411–418.
Durliat, M., *La construction de Saint-Sernin de Toulose au XIᵉ siécle*, in: Bulletin monumental, 1963, S. 151–170.
Durliat, M., *L'atelier de Bernard Gilduin à Saint-Sernin de Toulouse*. in: Anuario de estudios medievales, Barcelona, 1964, S. 521–529.
Durliat, M., *Le portail occidental de Saint-Sernin de Toulouse*, in: Annales du Midi, April 1965, S. 215–224.
Ferrandis, J., *Márfiles y azabaches españoles*. Barcelona, 1928.
Focillon, H., *L'art des sculpteurs romans*. Paris, 1931; 2. Aufl. 1964.
Focillon, H., *Les mouvements artistiques*, in: Histoire du Moyen Age, hrsg. von Gustave Glotz, Bd. VIII, Paris, 1933, S. 418–663.
Focillon, H., *Art d'Occident*. Paris, 1947.
Gaillard, G., *Les débuts de la sculpture romane espagnole, León. Jaca. Compostelle*. Paris, 1938.
Gaillard, G., *De la diversité des styles dans la sculpture romane des pèlerinages*, in: La Revue des Arts, Paris, 1951, Nr. 2, S. 77–87.
Gaillard, G., *La sculpture romane espagnole sur la route de Saint-Jacques*, in: Bulletin du Centre international d'Études romanes, 1957, S. 27–30.
Gaillard, G., *Le Porche de la Gloire à Saint-Jacques de Compostelle et ses origines espagnoles*, in: Les Cahiers de civilisation médiévale, Poitiers, 1958, S. 465 ff.
Gaillard, G., *Cluny et l'Espagne dans l'art roman du XIᵉ siècle*, in: Bulletin hispanique, Juli–Dezember 1961, S. 153–160.
Gaillard, G., *Dans le Rouergue roman*. Editions du Zodiaque, 1964.
García Romo, F., *Influencias hispano-musulmanas y mozárabes en general y en el románico francés del siglo XI*. in: Arte Español, 1953–1954.
García Romo, F., *Los pórticos de San Isidoro de León y de Saint-Benoît-sur-Loire y la Iglesia de Sainte-Foy de Conques*, in: Archivo Español de arte, 1955, No. 111.
García Romo, F., *Teoría de la Escultura románica*. in: Revista de Ideas Estéticas, No. 53, 1956.
Gómez Moreno, M., *Iglesias mozárabes*. Madrid, 1919.
Gómez Moreno, M., *El arte románico español*. Madrid, 1934.
Gudiol Ricart, J., *Arquitectura y Escultura románicas*. in: Ars Hispaniae, Bd. V, Madrid, 1948.

Gudiol Ricart, J., und Cook, W. W. S., *Pintura e imagineria románicas*. in: Art Hispaniae, Bd. VI, Madrid, 1950.
Hubert, J., *L'art préroman*. Paris, 1938.
Kingsley-Porter, A., *The romanesque scultpure of the pilgrimage roads*. Boston, 1923.
Kingsley-Porter, A., *Spanish romanesque sculpture*. 1928–1929.
Lambert, É., *L'art gothique en Espagne aux XIIᵉ et XIIIᵉ siècles*. Paris, 1931.
Lambert, É., *L'art en Espagne et au Portugal*. Paris, 1945.
Lambert, É., *Études médiévales*. Bd. I, 4. Teil: *L'art préroman et roman de long des routes de pèlerinage*, S. 189–224; *La Cathédrale de Saint-Jacques de Compostelle et l'école des grandes églises romanes des routes de pèlerinage*, S. 245–259.
Lambert, É., *L'ancienne église abbatiale de Saint-Martial de Limoges*, in: Ausstellungskatalog *L'art roman à Saint-Martial de Limoges*, S. 27–42, Limoges, Musée municipal, 1950. Wir haben die Zeitrechnung des hl. Martial nach É. Lambert dargestellt, S. 104–105. Ein anderes chronologisches System wurde von M. Duchein im Bulletin de la Société archéologique du Limousin, 1951 vorgestellt und vom Fr. Salet im Bulletin monumental, 1951, S. 322–326 untersucht; gemäß letzterem System hätte sich der hl. Martial seit Anfang des 11. Jahrhunderts das Aufkommen der »Wallfahrtskirchen« dargelegt, jedoch nur in Entwürfen. Außer den vorhergehenden Untersuchungen von Élie Lambert können gegebenenfalls noch einige Artikel herangezogen werden, die am Anfang der Bibliographie der *Études médiévales* aufgeführt sind.
Lampérez y Romea, V., *Historia de la arquitectura cristiana española*. Madrid, 1930.
Lesueur, Dr., *Saint-Martin de Tours et les origines de l'art roman*, in: Bulletin monumental, 1949.
Mâle, É., *Art et artistes du Moyen Age*. Paris, 1928. Und vom gleichen Autor das bereits erwähnte Werk, *L'art religieux du XIIᵉ siècle en France*.
Masson, A., *Existe-t-il une architecture des hospices de Saint-Jacques?* in: Revue historique de Bordeaux et du départment de la Gironde, 1941, S. 5–17.
Mesplé P., *Toulouse, Musée des Augustins*, in: La Revue du Louvre et des musées de France, 1961, S. 167–174.
Naesgard, O., *Saint-Jacques des Compostelle et les débuts de la grande sculpture vers 1100*, in: Publications de la Société archéologique du Jutland, Universitetsforlaget i Aarhus, 1962.
Oursel, C., *L'art de Bourgogne*. Paris-Grenoble, Arthaud, 1953.
Pérez de Urbel, F. J., *El claustro de Silos*. Burgos, 1955.
Rey, R., *La sculpture romane languedocienne*, 1936.
Scott, D. W., *A restoration of the West Portal relief decoration of Saint-Sernin of Toulouse*, in: The Art Bulletin, 1964, S. 271–282.
Torres Balbas, L., *Los modillones de lóbulos: ensayo de análisis de una forma arquitectónica a través de diez y seis siglos*. in: Archivo Español de Arte y Arqueologia. Bd. XI, Madrid, 1936.
Vázsquez de Parga, L., in: *Peregrinaciones a Santiago*. Bd. I, S. 541–564.
Darüber hinaus kann in den Bänden über die *Congrès archéologiques* von 1929 (Toulouse) und 1937 (Conques) sowie im Sammelband über die Romanische Kunst von M. Aubert, F. Benoit, R. Crozet, M. Durliat, G. Gaillard, M. Thibout, J. Vallery-Radot, Paris, 1961, nachgeschlagen werden. Die großen Abteien der Pilgerfahrten können am

Beispiel von St.-Martial veranschaulicht werden. Der Katalog aus der Auststellung L'art roman à Saint-Martial de Limoges, die von M. S. Gauthier 1950 im Gemeindemuseum von Limoges eingerichtet wurde, ist hierbei sehr nützlich.

## ÜBER DIE ANFÄNGE DES GRUBENSCHMELZEMAILS

Falke, O. von, Deutsche Schmelzarbeiten des Mittelalters ( . . . ). Frankfurt, 1904.
Gauthier, M.-M. S., Catalogue de l'exposition Émaux limousins XII<sup>e</sup>, XIII<sup>e</sup>, XIV<sup>e</sup>. siècles Limoges, Musée municipal, 1948.
Gauthier, M.-M. S., Émaux limousins champlevés des XII<sup>e</sup>, XIII<sup>e</sup> et XIV<sup>e</sup> siècles. Préface de Pierre Verlet, Paris, 1950.
Gauthier, M.-M. S., La légende de sainte Valérie et les émaux champlevés de Limoges, in: Bulletin de la Société archéologique et historique du Limousin, 1955, Bd. LXXXVI, S. 36–80.
Gauthier, M.-M. S., Les émaux champlevés »Limousin« et »L'œuvre de Limoges«, in: Cahiers de la Céramique et des Arts du feu, Nr. 8 Herbst 1957, S. 146 ff. Man findet in diesem bedeutenden Artikel neben einer Kunstgeschichte, die sich mit der Grubenschmelzkunst befaßt, und einer gründlichen Untersuchung über die Werke auch eine genaue Bibliographie.
Gauthier, M.-M. S., Les émaux limousins champlevés, in: L'information d'histoire de l'Art, Bd. III, 1958, S. 67–78.
Gauthier, M.-M. S., Les décors vermiculés dans les émaux champlevés limousins et méridionaux, in: Les Cahiers de civilisation médiévale. Poitiers, 1958, S. 349 ff.
Gauthier, M.-M. S., Le frontal limousin de San Miguel in Excelsis, in: Art de France, Bd. III, 1963, S. 40–61.
Hildburgh, W. L., Spanish medieval enamels, 1936.
Hildburgh, W. L., Medieval cooper champlevé enamelled images of the Virgin and Child. Oxford, for the Society of Antiquaries of London, 1955. Postum, hrsg. von CC. Oman.
Juaristi, V., Esmaltes, con especial mención de los españoles. Barcelona, 1933.
Landais, H., Notice de la plaque de Geoffroy Plantagenet dans le catalogue de l'exposition des Chefs-d'œuvre romans des Musées de province. Musée du Louvre, 1957–1958, Nr. 107, S. 65–67.
Marquet de Vasselot, J.-J., Voir les articles consacrés à l'émaillerie dans: l'Histoire générale de l'Art, hrsg. von André Michel. Bd. I, Teil 2, S. 865 ff. und Bd. II, Teil 2, S. 939 ff.
Marquet de Vasselot, J.-J., Catalogue sommaire de l'orfèvrerie, de l'émaillerie et des gemmes Paris (Musée du Louvre), 1914.
Marquet de Vasselot, J.-J., Bibliographie de l'orfèvrerie et de l'émaillerie françaises.Paris, 1925.
Marquet de Vasselot, J.-J., Les crosses limousines du XIII<sup>e</sup> siècle, Paris, 1941.
Marquet de Vasselot, J.-J., Le gémellions limousins du XIII<sup>e</sup> siècle. Post. hrsg. von Pierre Verlet, Paris, 1952.
Molinier, E., L'émaillerie. Paris, 1891.
Roulin, D. E., L'ancien trésor de l'abbaye de Silos. Paris, 1901.
Rupin, E., L'œuvre de Limoges. Paris, 1890.
Soughal, G., Les émaux de Grandmont au XII<sup>e</sup> siècle. in: Bulletin monumental, à partir de 1961.
Swarzenki, H., Monuments of Romanesque Art. London, 1956.

Thoby, P., Les croix limousines. Paris, 1953.
Weiterhin findet man wertvolle Angaben im Artikel von Francis Salet, der in den Gesamtwerken zitiert wird. Eine Vorlesung von Salet an der l'École du Louvre, die sich mit der Grubenschmelzkunst beschäftigt, ist bis heute unveröffentlicht geblieben.

## REISENOTIZEN

Die obige Bibliographie gilt auch für diesen Teil.
Allgemeine Orientierung bieten für Frankreich die Veröffentlichungen der Congrès archéologiques in der Reihe Petites monographies des grands édifices de la France, hrsg. von Marcel Aubert in: Bulletin du Centre international d'Études romanes. Zu Spanien siehe: Band II der Peregrinaciones a Santiago, in: Catálogo monumental de la Provincia de Léon von Gómez Moreno in der Reihe Monumentos cardinales de España sowie in Guias artisticas de España und der Reihe El Arte en España. Sehr nützlich ist ebenfalls die Reihe Monumentos españoles, Madrid, 1953–1954.

### SAINT-BENOÎT SUR LOIRE
Banchereau, J., Saint-Benoît-sur-Loire. Paris, 1947.
ders., Clarté de Saint-Benoît, Cahiers de l'atelier du coeur meurtry, Nr. 30.

### VÉZELAY
Salet, F., La Madeleine de Vézelay. Étude iconographique par Jean Adhémar. Melun, 1948.

### LE PUY
Neben den zitierten Werken von d'Émile Mâle und Élie Lambert, vgl. Ahmed Fikry, L'art roman du Puy et les influences islamiques. 1934.

### SAINTE-FOY IN CONQUES
Aubert, M., L'église de Conques. Paris, 1954.
Deyre, M., La construction de l'abbatiale Sainte-Foy de Conques, in: Bulletin monumental, 1965, S. 7–23.
Gaillard, G., Gauthier M.-M. S., Balsan, L., Surchamp, D. A., Rouergue roman. La Pierre-Qui-Vire, 1963.
Gaulejac, B. de, Histoire de l'orfèvrerie en Rouergue. Rodez, 1938.
Lambert, É., in: Bulletin de la Société nationale des Antiquaires de France, 1947, S. 238–241.
Taralon, J., La nouvelle présentation du trésor de Conques, in: Les monuments historiques de la France, 1953, Bd. I, S. 121–141.
Sainte-Foy de Conques, éd. du Zodiaque, 1965

### NACH TOULOUSE UND IN DIE PYRENÄEN
Außer den erwähnten Arbeiten von Paul Deschamps, Marcel Durliat, Paul Mesplé und Raymond Rey
Aubert, M., L'église Saint-Sernin de Toulouse. Paris, 1933.
Auriol, A., und Rey, R., La basilique Saint-Sernin de Toulouse. Toulouse, 1930.
Bruard, Y., L'autel de Bernard Gilduin à Saint-Sernin de Toulouse. in: Bulletin monumental, 1959, S. 299–301.
Zur Apokalypse von Saint-Sever siehe folgende Ausstellungskataloge:
Manuscrits à peintures du VII<sup>e</sup> et XII<sup>e</sup> siècle. Paris, Bibl. Nat., 1954, No. 304 et Chefs-d'œuvre ro-

*mans des musées de Province.* Paris, Musée du Louvre, 1957–1958, No. 144.

Von Somport und Roncesvalles nach Puente la Reina
Lambert, É., *Roncevaux et ses monuments,* in: Études médiévales Bd. I, S. 159–188.
Marquet de Vasselot, J.-J., *Le trésor de l'abbaye de Roncevaux,* in: Gazette de Beaux-Arts, 1897, Bd. II, S. 205–216 und 319–333.

Von Puente la Reina nach Burgos und León
Zu Silos siehe die Untersuchungen von P. Deschamps, Porter, Roulin, und Fray Justo Pérez de Urbel in den Kapiteln 9–10.

Nach Galicien und Santiago de Compostela
Alcolea, S., *La catedral de Santiago.* In der Sammlung Los monumentos Cardinales de España. Madrid, o.J.
Bonet Correa, A., *Arquitectura barroca gallega del siglo XVII (unveröffentlicht)* und *La arquitectura en Galicia durante el siglo XVII,* in: Goya, 1960, S. 189–319.
Chamoso Lamas, M., *La Arquitectura barroca en Galicia.* Madrid, 1955, und *El templete del Apóstol en la catedral de Santiago,* in: Goya, 1961, S. 322–326.
Ein Film mit dem Titel *Chemin de Compostelle* wurde von einem Team unter der Leitung von Abbé Branthaume gedreht, an dem auch B. Luc und René de La Coste-Messelière beteiligt waren.

III. Nachtrag
Verschiedene Untersuchungen und Berichte über die Wallfahrt

Aubry, J.-N., *Un pèlerinage à Saint-Jacques . . .* Évreux, 1981.
Barret, P., und Gurgand, J.-N., *Priez pour nous à Compostelle.* Paris, 1978.
Bennassar, B., *Saint-Jacques de Compostelle.* Paris, 1970.
Echeverria Bravo, P., *Cancionero de los peregrinos de Santiago.* Madrid, 1967.
Hell, V., und Hell, H., *Die Große Wallfahrt des Mittelalters: Kunst an den romanischen Pilgerstraßen durch Frankreich und Spanien nach Santiago de Compostella.* Tübingen, 1973, 4. Aufl. 1985.
La Coste-Messelière, R. de, *Cat. de l'exp. Hopiteaux et confréries de pèlerins de saint Jacques,* Château des ducs d'Épernon, Cadillac-sur-Garonne, 1976.
Layton, T. A., *The Way of Saint James or the Pilgrim's road to Santiago,* London, 1976.
Martin, A.-M., *Le pèlerinage anachronique,* Paris, 1977.
Secret, J., *Saint-Jacques et les chemins de Compostelle.* nouvelle édition. Paris, 1982.
Sigal, P.-A., *Les marcheurs de Dieu. Pèlerinages et pèlerins au Moyen Age.* Paris, 1974.
Valiña Sampedro, E., *El camino de Santiago, estudio historico-juridico.* Madrid, 1971.
Die Ausgabe Nr. 20, Januar–Februar 1977 der Zeitschrift Les Dossiers de l'archéologie ist vollständig Santiago de Compostela und verschiedenen Aspekten der Wallfahrt gewidmet. Sie enthält Beiträge von Pierre-André Sigal und anderen.

Probleme der Kunst

Die neuesten Ausgaben der Werke, die den Regionen gewidmet sind, durch die die Wallfahrer gepilgert sind, finden sich in der Sammlung »La nuit des temps« (Zodiaque).
Bousquet, J., *La sculpture à Conques aux XIe et XIIe siècles, essai de chronologie comparée,* 2 Textbde. 1 Bd. mit Skizzen. Lille, 1973.
Durliat, M., *Les coupoles de la cathédrale du Puy et leurs origines,* in: les Comptes rendus de l'Académie des Inscriptions et Belles-Lettres, Juli–Oktober 1976, S. 494–524. *La cathédrale du Puy,* in: Congrès archéologique du Velay. Paris, 1976, S. 55–163. *Pèlerinages et architecture romane,* in: Les Dossiers de l'archéologie, Nr. 20, Januar-Februar 1977, S. 22–35. *Le »camino francés« et la sculpture romane,* in: der selben Revue, S. 58–72.
Durliat, M., *L'art roman.* Mazenod. Paris, 1982.
Lelong, Ch., *Les date du déambulatoire de Saint-Martin de Tours,* in: Bulletin monumental, 1973, S. 297–309. *Le transept de Saint-Martin de Tours.* in der selben Revue, 1975, S. 113–119 und *La nef de Saint-Martin de Tours,* in der selben Revue, 1975, S. 205–231.
Williams, J. W., *San Isidoro in León: Evidence for a New History,* in: The Art Bulletin, Bd. LV, Teil 2, S. 171–184 und »Spain or Toulouse?« A Half Century Later Oberservations on the Chronology of Santiago de Compostela, in: Actas del XXIII Congreso International de Historia del Arte, Grenada, 1973, Bd. I, Grenada, 1976, S. 557–570.

Bibliographische Ergänzungen zur deutschen Ausgabe

Die Forschungen zum Jakobuskult haben in den letzten Jahren deutlich zugenommen, auch in Deutschland. Deshalb wird im folgenden eine Auswahl von Titeln zusammengestellt, die an den neuesten Stand der Diskussion heranführen soll. Dabei werden neben wissenschaftlichen Arbeiten auch Bücher ohne wissenschaftlichen Anspruch zitiert. Allerdings bleiben die neueren Reiseführer, die nur in einem Kapitel oder Abschnitt den Jakobsweg behandeln, ausgespart. Aufgenommen wurden vornehmlich neuere und – soweit vertretbar – deutschsprachige Titel, soweit sie nicht in der vorangehenden Bibliographie von Yves Bottineau verzeichnet sind. – Seit dem Februar 1987 gibt es eine »Deutsche St. Jakobus Gesellschaft« (Kontaktadresse: Wilhelmstr. 50/52, 5100 Aachen), die neben praktischer Unterstützung auch weitere Forschungen zum Jakobuskult betreibt, und die zu Auskünften jederzeit bereit ist.

Klaus Herbers

Barret, P./Gurgand, J.-N., *Unterwegs nach Santiago/ Auf den Spuren der Jakobspilger,* Freiburg–Wien, 1982.
Baumer, I., *Wallfahrt als Metapher,* in: Wallfahrt kennt keine Grenzen, München-Zürich 1984, S. 55–64.
Bauckner, H., *Die Wallfahrt nach Santiago de Compostela. Spuren in unserer Heimat,* in: Das Marktgräflerland 1985, Heft 2, S. 57–90).
Beckers, H., *Neues zur Reisebeschreibung Arnolds von Harff, Die Handschrift Dietrichs V. von Millendonk-Drachenfels vom Jahre 1554 und ihre Bedeutung für die Rezeptions- und Überlieferungsgeschichte,* in: Rheinische Vierteljahresblätter 48, 1984, S. 102–111.

Beckers, H., *Zu den Fremdalphabeten und Fremd-sprachenproben im Reisebericht Arnolds von Harff* (1496–98), in: Collectanea Philologica, Festschrift für Helmut Gipper zum 65. Geburtstag, hg. von Günther Heintz und Peter Schmitter, Baden-Baden 1984, S. 73–86.
Beckers, H., *Zur Reisebeschreibung Arnold von Harffs. Bericht über zwei bisher unbekannte Handschriften und Hinweise zur Geschichte dreier verschollener Codices*, in: Annalen des historischen Vereins für den Niederrhein 182, 1979, S. 89–98.
Bernoulli, Ch., *Die Skulpturen der Abtei Conques*, (phil. Diss.) Basel, 1956.
Bonet Correa, A., *Santiago de Compostela*, Die Wege der Pilger, Freiburg-Basel-Wien, 1981.
Caucci von Saucken, P. G., *La littérature de voyage et le pèlerinage de Compostela*, in: Santiago de Compostela, Gent 1985, S. 173–181.
Cohen, E. *In the Name of God and of Profit. The Pilgrimage Industry in Southern France in the Late Middle Ages* (Brown Univ., Phil. Diss., 1977).
Cohen, E., *Roads and Pilgrimage. A Study in Economic Interaction*, in: Studi Medievali 21, 1980, S. 321–341.
Cohen, E., *»In haec signa«: Pilgrim-Badge Trade in Southern France*, in: Journal of Medieval History 2, 1976, S. 193–214.
Davies, H. und M. H., *Holy Days and Holidays. The Medieval Pilgrimage to Compostela*, London – Toronto, 1982.
Díaz y Díaz M. C., *La littérature jacobite jusqu'au XIIᵉ siècle*, in: Santiago de Compostela, Gent 1985, S. 165–171.
Diemer, D., *Untersuchungen zur Architektur und Skulptur der Abteikirche von Saint-Gilles*. Stuttgart, 1978.
Domke, H., *Frankreichs Süden. Im Bannkreis der Pyrenäen, Wege nach Santiago*, München, 1983.
Domke, H., *Spaniens Norden. Der Weg nach Santiago*, München, 1973.
Dupront, A. (Hg.), *La quête du sacré. Saint-Jacques de Compostelle*, Turnhout, 1985.
Durliat, M., *Les chemins de Saint-Jacques et l'Art: L'architecture et la sculpture*, in: Santiago de Compostela, Gent, 1985, S. 155–164.
Engels, O., *Die Anfänge des spanischen Jakobusgrabes in kirchenpolitischer Sicht*, in: Römische Quartalschrift 75, 1980, S. 146–170.
Ferreiro Alemparte, J., *El Compostela francfortés y otros vestigios jacobeos en la ciudad de Goethe*, in: Cuadernos de Estudios Gallegos 30, 1976–1977, S. 45-87.
Filgueira Valverde, J., *La littérature sur le chemin du pèlerinage de Saint-Jacques de Compostelle*, in: Santiago de Compostela, Gent, 1985, S. 183–194.
Fletcher, R. A., *Saint James' Catapult. The Life and Times of Diego Gelmírez of Santiago de Compostela*, Oxford, 1984.
Frohn, R., *Köln als Pilgerziel und Sammelpunkt der Jakobspilger*, in: Die Kalebasse, Heft 3, 1987, S. 3–7.
Geary, P. J., *Furta Sacra. Thefts of Relics in the Central Middle Ages*, Princeton, 1978.
Georges, A., *Le pèlerinage à Compostelle en Belgique et le Nord de la France, suivi d'une étude sur l'iconographie de Saint-Jacques en Belgique*, Brüssel, 1971.
Gilles, A.-V., *L'évolution de l'hagiographie de Saint-Saturnin de Toulouse et son influence sur la liturgie*, in: Liturgie et musique. Cahiers de Fanjeaux 17, Toulouse, 1982. S. 359–379.
Gruber, R., *Tagebuch eines Pilgers nach Santiago de Compostela*, erschienen in: »año Compostellano«, Linz, 1976.

Gribl, A., *Die Legende vom Galgen- und Hühnerwunder in Bayern. Eine ikonographische Gegenwartsspur der mittelalterlichen Fernwallfahrt nach Santiago de Compostela*, in: Bayerisches Jahrbuch für Volkskunde 1976/1977, S. 36–52.
Guerra Campos, L., *Exploraciones arqueologicas en torno al sepulcro del Apostol Santiago*, Santiago de Compostela, 1982.
*Guia del peregrino. El camino de Santiago*, Santiago de Compostela 1982.
Hämel, A., *Überlieferung und Bedeutung des Liber Sancti Jacobi und des Pseudo-Turpin*, in: Sitzungsberichte der Bayerischen Akademie der Wissenschaften, phil.-hist. Klasse, Heft 2, München, 1950.
Hamann, R., *Die Abteikirche von St. Gilles und ihre künstlerische Nachfolge*, Berlin, 1955.
Hassauer, F., *Eine Straße durch die Zeit. Die mittelalterlichen Pilgerwege nach Santiago de Compostela*, in: Epochenschwellen und Epochenstrukturen im Diskurs der Literatur- und Sprachhistorie, (Suhrkamp Taschenbuch der Wissenschaft 486), Frankfurt, 1985, S. 409–422.
Hassauer, F., I. *Volkssprachliche Reiseliteratur: Faszination des Reisens und räumlicher ordo*, in: Grundriß der Romanischen Literaturen des Mittelalters XI, hg. von H.R. Jauss, E. Köhler, H.U. Gumbrecht, U. Mölk, Bd. 1: La Litterature Historiographique des Origines en 1500, Heidelberg, 1986, S. 215–239.
Hell, V. und H., *Die goße Wallfahrt des Mittelalters, Kunst an den berühmten Pilgerstraßen durch Frankreich und Spanien nach Santiago de Compostela. Mit einer Einführung von Hermann J. Hüffer* (Tübingen, 1964, 4. überarbeitete und ergänzte Auflage 1985.
Hell, V. und H., Nordspanien. *Aragonien, Navarra und Baskenland, Nordkastilien, Leon mit Asturien und Galicien* (Kohlhammer Kunst- und Reiseführer), Stuttgart, 1985.
Henggeler, R., *Die kirchlichen Bruderschaften und Zünfte der Innerschweiz*, 1955.
Herbers, K., *Der Jakobuskult des 12. Jahrhunderts und der »Liber sancti Jacobi«. Studien über das Verhältnis zwischen Religion und Gesellschaft im hohen Mittelalter* (Historische Forschungen 7), Wiesbaden, 1984.
Herbers, K., *Der Jakobsweg, Mit einem mittelalterlichen Pilgerführer unterwegs nach Santiago de Compostela*, Tübingen, 2. Auflage 1986.
Herbers, K., *Santiago de Compostela zur Zeit von Bischof und Erzbischof Diego Gelmírez (1098/1099–1140)*, in: Zeitschrift für Kirchengeschichte 1987 (im Druck).
Herwaarden, J. van, *L'integrità del testo del Codex Calixtinus*: Il pellegrinaggio a Santiago de Compostela e la litteratura jacopea, Atti del Convegno 1983, Perugia, 1986, S. 251–270.
Herwaarden, J. van, *Opgeleide Bedevaarten. Een studie over de praktijk van oblegen van bedevaarten in de Nederlande gerunde de late meddeleeuwen (ca. 1300–ca. 1500)*, Amsterdam, 1978.
Herwaarden, J. van, *The Origins of the Cult of St. James of Compostela*: in: Journal of Medieval History 6, 1980, S. 1–35.
Herwaarden, J. van, *Le pèlerinage à Saint-Jacques de Compostelle (XIIᵉ–XVIIIᵉ siècle)*, in: Santiago de Compostela, Gent, 1985, S. 71–83.
Herwaarden, J. van (Hg.), *Pelgrims door de eeuwen heen. Santiago de Compostela*, Turnhout, 1985.
Herwaarden, J. van, *Saint James in Spain up to the 12th Century*, in: Wallfahrt kennt keine Grenzen, München-Zürich, 1984, S. 235–247.
Hoberg, H., *Das Bruderschaftswesen am Oberrhein*

im *Spätmittelalter*, in: Historisches Jahrbuch 72, 1952, S. 238–252 (= Festschrift für Georg Schreiber).
Hohler, Ch., *A Note on Jacobus*, in: Journal of the Warburg und Courtauld Institutes 35, 1972, S. 31–80.
Honemann, V., *Ilsung, Sebastian*, in: Verfasserlexikon IV, Lieferung 2/3, 1982, Sp. 364 f.
Honemann, V., *Künig, Hermann, von Vach*, in: Verfasserlexikon V, Lieferung 1/2, 1984, Sp. 437 f.
*Die Hospitalkapelle »St. Jakobus« in Lahnstein*, Festschrift aus Anlaß der Übergabe des restaurierten Gebäudes am 8. Dezember 1984, Lahnstein, 1984.
Hüffer, H. J., *Sant'Jago. Entwicklung und Bedeutung des Jacobuskultes in Spanien und dem Römisch-Deutschen Reich*, München, 1957.
*Auf Jakobswegen durch die Schweiz*, in: Schweiz, Offizielle Monatszeitschrift der Schweizerischen Verkehrszentrale 58, 1985, Heft 7, S. 1–63.
Jetter, D., *Spanien von den Anfängen bis um 1500 (Geschichte des Hospitals IV)*, Wiesbaden, 1980.
Kampe, D./ Wulf, Ch., *Im Schatten der Milchstraße*, Tübingen, 1981.
Kaufmann H.G./ Lechner, O., *Der Weg der großen Sehnsucht. Santiago de Compostela*, München, 1986.
Kirschbaum, E., *Das Grab des Apostels Jakobus in Santiago de Compostela*, in: Stimmen der Zeit 176, 1965, S. 352–362.
Klein, H.W., *Die Chronik von Karl dem Großen und Roland. Der lateinische Pseudo-Turpin in den Handschriften aus Aachen und Andernach*, München, 1986.
Klein, H.-W., *Die Bedeutung der Aachener Handschriften des Pseudo-Turpin (Chronik von Karl dem Großen und Roland)*, in: Zeitschrift des Aachener Geschichtsvereins 93, 1986, S. 31–38.
Köster, K., *Les coquilles et enseignes de pèlerinage de Saint-Jacques de Compostelle et des routes de Saint-Jacques en Occident*, in: Santiago de Compostela, Gent, 1985, S. 85–95.
Köster, K., *Pilgerzeichen und Pilgermuscheln von mittelalterlichen Santiagostraßen, Saint-Leonard, Rocamadour, Saint-Gilles, Santiago de Compostela, Schleswiger Funde und Gesamtüberlieferung*, Neumünster, 1983.
Köster, K., *Mittelalterliche Pilgerzeichen*, in: Wallfahrt kennt keine Grenzen, München–Zürich, 1984, S. 203–223.
Köster, K., *Pilgerzeichen und Pilgermuscheln*, in: Sankt Elisabeth. Fürstin Dienerin, Heilige, Ausstellungskatalog Marburg, Sigmaringen, 1981, S. 452–458.
Köster, K., *Pilgerzeichen und Ampullen. Zu neuen Braunschweiger Bodenfunden*, in: Forschungen zur Denkmalpflege in Niedersachsen 3, Hameln, 1985, S. ...
Köster K. *Mittelalterliche Pilgerzeichen*, in: Stadt im Wandel, Ausstellungskatalog des Braunschweigischen Landesmuseums, 24. August bis 24. November 1985, Stuttgart, 1985, S. 404 ff.
Kötting, B., *Peregrinatio religiosa, Wallfahrten in der Antike und das Pilgerwesen in der alten Kirche* (Forschungen zur Volkskunde 32–35), Münster 1950. Fotomechanischer Abdruck, Münster, 1980.
Kriss-Rettenbeck, L. und R./ Illich, I., *Homo viator – Ideen und Wirklichkeiten*, in: Wallfahrt kennt keine Grenzen, München–Zürich, 1984, S. 10–22.
Layton, T. A., *The Way of Saint James, or the Pilgrims' Road to Santiago*, London 1976.
Leclercq, J., *Mönchtum und Peregrinatio im Frühmittelalter*, in: Römische Quartalschrift 55, 1960, S. 212–225.
La Coste-Messelière, R., de, *Des chemins de Saint-*

Jacques et de quelques itinéraires jacobites, in: Santiago de Compostela, Gent, 1985, S. 103–121.
Lewald, U., *Von der Pfarrkirche St. Martin, ihren Wandgemälden und der Wallfahrt nach Santiago de Compostela in Spanien*, in: 1100 Jahre Linz am Rhein, 874–1974, Neuwied, 1974, S. 145–157.
Leinweber, J., *Die Santiago-Wallfahrt in ihren Auswirkungen auf das ehemalige Hochstift Fulda. Zur Frömmigkeits- und Kulturgeschichte im Mittelalter*, in: Fuldaer Geschichtsblätter 52, 1976, S. 134–155.
Lopez Alsina, F., *Compostelle, ville de Saint-Jacques*, in: Santiago de Compostela, Gent, 1985, S. 53–60.
Lopez-Calo, J., *La musique sur le chemin de Saint-Jacques*, in: Santiago de Compostela, Gent, 1985, S. 195–200.
Malangré, H., *Auf Pilgerfahrt nach Santiago de Compostela. Vom falschen und vom wahren Jakob* (im Druck).
Mieck, I., *Zur Wallfahrt nach Santiago de Compostela zwischen 1400 und 1650. Resonanz, Strukturwandel und Krise*, in: Spanische Forschungen der Görresgesellschaft, 1. Reihe, Gesammelte Aufsätze zur Kulturgeschichte Spaniens 29, Münster, 1978, S. 483–533.
Moralejo, S., *Le Lieu Saint. Le tombeau et les basiliques médiévales*, in: Santiago de Compostela, Gent, 1985, S. 41–52.
Moser, D.-R., *Die Pilgerlieder der Wallfahrt nach Santiago*, in: Festschrift für Ernst Klusen zum 75. Geburtstag, hg. von G. Noll und M. Bröcker, Bonn, 1985, S. 321–352.
Mullins, E., *The Pilgrimage to Santiago*, London, 1974.
Ohler, N., *Menschen unterwegs zu mittelalterlichen Wallfahrtsstätten*, in: Das Münster 2, 1985, S. 105–121.
Ohler, N., *Reisen im Mittelalter*, München, 1986
Ohler, N., *Zur Seligkeit und zum Troste meiner Seele. Lübecker unterwegs zu mittelalterlichen Wallfahrtsstätten*, in: Zeitschrift für Lübeckische Geschichte und Altertumskunde 83, 1983, S. 83–103.
Ohler, N., *Unterwegs nach Santiago de Compostela*, in: Journal für Geschichte 1983, Heft 6, S. 48–52.
Passini, J., *Villes médiévales du chemin de Saint-Jacques de Compostelle (de Pampelune à Burgos)*, Paris, 1984.
*Le pèlerinage* (Cahiers de Fanjeaux 15), Toulouse, 1980.
*Pellegrinaggio a Santiago de Compostela e la letteratura jacopea*, Atti del Convegno internazionale di studi, Perugi 23–25 Settembre 1983, Perugia, 1985.
*Die Pilgerwege nach Compostella. Texte des hl. Augustinus und Auszüge aus den Miracula des hl. Jakobus*, eingeleitet von R. Oursel, o.O, o.J. (Würzburg), 1984.
Plötz, R., *Der Apostel Jacobus in Spanien bis zum 9. Jahrhundert* (Spanische Forschungen der Görresgesellschaft, 1. Reihe, Gesammelte Aufsätze zur Kulturgeschichte Spaniens 30), Münster, 1982, S. 19–145.
Plötz, R., *»Benedictio perarum et baculorum« und »coronatio peregrinorum«, Beiträge zu der Ikonographie des Hl. Jakobus im deutschen Sprachgebiet*, in: Volkskultur und Heimat, Festschrift für Josef Dünninger zum 80. Geburtstag, Würzburg, 1986, S. 339–376.
Plötz, R., *Peregrini-Palmieri-Romei, Untersuchungen zum Pilgerbegriff der Zeit Dantes*, in: Jahrbuch für Volkskunde, Neue Folge 2, 1979, S. 103–134.
Plötz, R., *»der hunler hinder dem altar saltu nicht vergessen«. Zur Motivgeschichte eines Flügelaltars*

der Kempener Propsteikirche, in: Gedenkschrift für Gregor Hövelmann. Beiträge zur Geschichte des Niederrheins, Geldern, 1987 (im Druck).

Plötz, R., Imago Beati Jacobi, Beiträge zur Ikonographie des hl. Jakobus Maior im Hochmittelalter, in: Wallfahrt kennt keine Grenzen, hg. von Lenz Kriss-Rettenbeck und Gerda Möhler, München und Zürich, 1984, S. 248–264.

Plötz, R., Santiago-peregrinatio und Jacobuskult mit besonderer Berücksichtigung des deutschen Frankenlandes, in: (Spanische Forschungen der Görresgesellschaft 1. Reihe, Gesammelte Aufsätze zur Kulturgeschichte Spaniens 31) Münster, 1984, S. 25–135.

Plötz, R., Strukturwandel der peregrinatio im Hochmittelalter. Begriff und Komponenten, in: Rheinische-westfälische Zeitschrift für Volkskunde 26–27/1981–82, S. 129–151.

Plötz, R., Traditiones hispanicae beati Jacobi. Les origines du culte de Saint-Jacques à Compostelle, in: Santiago de Compostela, Gent, 1985, S. 27–39.

Poeck, D., Zur Reise des Bischofs Anno nach Santiago (1175), in: An Weser und Wiehen, Beiträge zur Geschichte und Kultur einer Landschaft. Festschrift für Wilhelm Brepuhl (Mindener Beiträge 20), Minden, 1984, S. 101–108.

Puzicha, M., Christus peregrinus. Die Fremdenaufnahme als Werk der pivaten Wohltätigkeit im Urteil der Alten Kirche, Münster, 1980.

Remling, L., Bruderschaften in Franken, Kirchen- und sozialgeschichtliche Untersuchungen zum spätmittelalterlichen und früh-neuzeitlichen Bruderschaftswesen im alten Bistum Würzburg, in: Quellen und Forschungen zur Geschichte des Bistums und Hochstifts 34, 1985.

Richard, J., Les récits de voyages et de pèlerinages (Typologie des sources du Moyen Age occidental 38), Turnhout, 1981.

Saint-Léonard et les chemins de Saint-Jacques en Limousin (XIᵉ–XVIIIᵉ siècles), (Ausstellungskatalog) 1985.

Santiago de Compostela. 1000 ans de pèlerinage européen, (Ausstellungskatalog) Gent, 1985.

Sauerländer, W., Omnes perversi sic sunt in tartara mersi. Skulptur als Bildpredigt. Das Weltgerichtstympanon von Sainte-Foy in Conques, in: Jahrbuch der Akademie der Wissenschaft in Göttingen, 1979, S. 33–74.

Schahl, A., Station an der Pilgerstraße nach Santiago. Das Hochaltar-Retabel der Schloßkirche Winnenden, in: Beiträge zur Landeskunde. Regelmäßige Beilage zum Staatsanzeiger für Baden-Württemberg, Nr. 5, Oktober 1983, S. 1–7.

Schimmelpfennig, B., Die Anfänge des Heiligen Jahres von Santiago de Compostela im Mittelalter, in: Journal of Medieval History 4, 1978, S. 285–303.

Schmugge, L., Zu den Anfängen des organisierten Pilgerverkehrs und zur Unterbringung und Verpflegung von Pilgern im Mittelalter, in: Gastfreundschaft, Taverne und Gasthaus im Mittelalter, hg. von C. Peyer/E. Müller-Luckner, 1983, S. 37–60.

Schmugge, L., Die Anfänge des organisierten Pilgerverkehrs im Mittelalter, in: Quellen und Forschungen aus italienischen Archiven und Bibliotheken 64, 1984, S. 1–83.

Schmugge, L., Die Pilger, in: Unterwegssein im Spätmittelalter, hg. von Peter Moraw, 1985, S. 17–49 (Zeitschrift für Historische Forschung, Beiheft 1).

Schmugge, L., »Pilgerfahrt macht frei« – Eine These zur Bedeutung des mittelalterlichen Pilgerwesens, in: Römische Quartalschrift 74/1979, S. 16–31.

Schreiner, K., Discrimen veri ac falsi. Ansätze und Formen der Kritik an der Heiligen- und Reliquien-

verehrung des Mittelalters, in: Archiv für Kulturgeschichte 48, 1966, S. 1–53.

Schreiner, K., Zum Wahrheitsverständnis im Heiligen- und Reliquienwesen des Mittelalters, in: Saeculum 17, 1966, S. 131–169.

Segl, P., Königtum und Klosterreform in Spanien. Untersuchungen über die Cluniazenserklöster in Kastilien-León vom Beginn des 11. bis zur Mitte des 12. Jahrhunderts, Kallmünz, 1974.

Sigal, P. A., L'homme et le miracle dans la France médiévale (XIᵉ–XIIᵉ siècle), Paris, 1985.

Sigal, P. A., Les différents types de pèlerinages, in: Santiago de Compostela, Gent, 1985, S. 97–101.

Sing, H., Der Jakobsweg, Ulm, 1985.

Stalley, R., Pèlerinage maritime à Saint-Jacques, in: Santiago de Compostela, Gent, 1985, S. 123–128.

Steppe, J. K., L'iconographie de Saint Jacques le Majeur (Santiago), in: Santiago de Compostela, Gent, 1985, S. 129–153.

Stokstad, M., Santiago de Compostela in the Age of the Great Pilgrimages, Norman University of Oklahoma Press, 1978.

Stones, A., Four illustrated Jacobus Manuscripts, in: The Vanishing Past: Studies of Medieval Art, Liturgy and Metrology presented to Christopher Hohler, Oxford, 1981, S. 197–222.

Sumption, J., Pilgrimage. An Image of Medieval Religion, London, 1975.

Turner, V. und E., Image and Pilgrimage in Christian Culture, New York, 1978.

Vones, L., Die ›Historia Compostellana‹ und die Kirchenpolitik des nordwestspanischen Raumes 1070–1130, Ein Beitrag zur Geschichte der Beziehungen zwischen Spanien und dem Papsttum zu Beginn des 12. Jahrhunderts (Kölner Historische Abhandlungen 29), Köln-Wien, 1980.

Wallfahrt kennt keine Grenzen, Themen zu einer Ausstellung des Bayerischen Nationalmuseums und des Adalbert-Stifter-Vereins, München, hg. von L. Kriss-Rettenbeck und Gerda Möhler, München und Zürich, 1984.

Wallfahrt kennt keine Grenzen, Katalog der Ausstellung im Bayerischen Nationalmuseum, München 28. 6. bis 7. 10. 1984, München, 1984.

Wettstein, J., La fresque romane. La route de Saint-Jacques, de Tours à León. Études Comparatives, II, (Bibliothéque de la Societé française d'archéologie 9) Genf, 1978.

Wilckens, L. von, Die Kleidung der Pilger, in: Wallfahrt kennt keine Grenzen, München-Zürich, 1984, S. 174–180.

Williams, J., La arquitectura del Camino de Santiago, in: Compostela 28, 1985, S. 267–290.

Wittstock, J., Pilgerzeichen und andere Wallfahrtsdevotionalien in Norddeutschland, in: Aus dem Alltag der mittelalterlichen Stadt (Hefte des Focke-Museums 62) Bremen, 1982, S. 193–200.

Zender, M., Regionale und soziale Auswirkungen in der Heiligenverehrung, in: Hagiography and Medieval Literature, 1981, S. 9–26.

283

284

# DER WEG DER JAKOBSPILGER

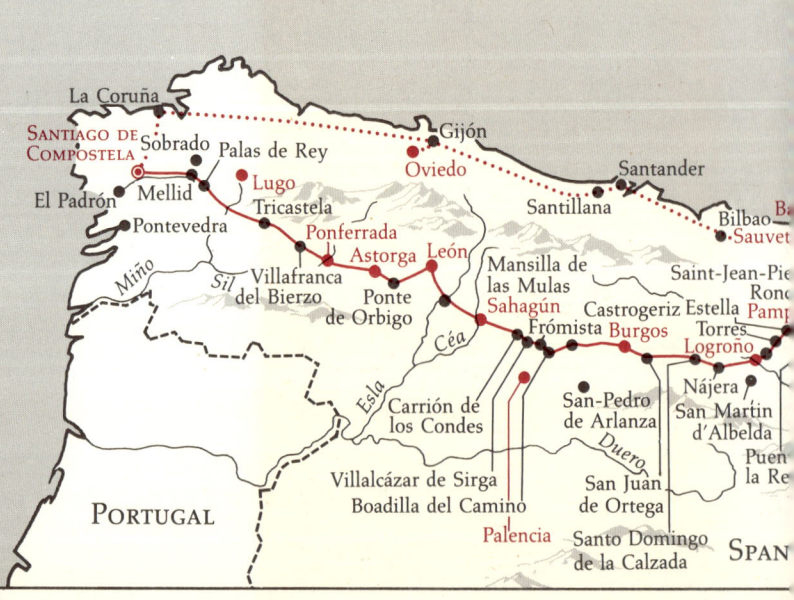

La Coruña

Gijón

SANTIAGO DE
COMPOSTELA  Sobrado  Palas de Rey

Santander

Oviedo

El Padrón  Mellid  Lugo

Santillana

Bilbao  B
Sauvet

Pontevedra  Tricastela

Ponferrada  Villafranca  Ponte  León  Saint-Jean-Pie
Astorga  del Bierzo  de Orbigo  Ron
Pam

Miño  Sil  Céa  Mansilla de
las Mulas  Sahagún  Castrogeriz  Estella
Frómista  Burgos  Torres
Logroño

Esla  Carrión de
los Condes  San-Pedro
de Arlanza  Nájera  San Martín
d'Albelda

Duero  Puen
la Re

Villalcázar de Sirga
Boadilla del Camino

San Juan
de Ortega

PORTUGAL  Palencia  Santo Domingo
de la Calzada  SPAN